高等院校人力资源管理专业应用型特色教材

U0663162

（第三版）

人力资源管理
心理学

RENLI ZIYUAN GUANLI
XINLIXUE

许明月 编著

中国财经出版传媒集团
经济科学出版社
Economic Science Press

图书在版编目（CIP）数据

人力资源管理心理学/许明月编著 . —3 版 . —北京：
经济科学出版社，2018.6（2023.2 重印）
ISBN 978 - 7 - 5141 - 9472 - 2

Ⅰ. ①人… Ⅱ. ①许… Ⅲ. ①人力资源管理 -
管理心理学 Ⅳ. ①F241 - 05

中国版本图书馆 CIP 数据核字（2018）第 139567 号

责任编辑：程辛宁
责任校对：靳玉环
责任印制：张佳裕

人力资源管理心理学 （第三版）
许明月 编著
经济科学出版社出版、发行 新华书店经销
社址：北京市海淀区阜成路甲 28 号 邮编：100142
总编部电话：010 - 88191217 发行部电话：010 - 88191522
网址：www. esp. com. cn
电子邮件：esp@ esp. com. cn
天猫网店：经济科学出版社旗舰店
网址：http：//jjkxcbs. tmall. com
固安华明印业有限公司印装
710 × 1000 16 开 20. 75 印张 430000 字
2018 年 8 月第 3 版 2023 年 2 月第 7 次印刷
ISBN 978 - 7 - 5141 - 9472 - 2 定价：58. 00 元
（图书出现印装问题，本社负责调换。电话：010 - 88191510）
（版权所有 侵权必究 举报电话：010 - 88191586
电子邮箱：dbts@ esp. com. cn）

第三版前言

近年来，随着经济全球化的发展和我国经济结构转型、升级，企业之间的竞争主要表现为人才的竞争，吸引、发展、留住和合理配置最优人才是企业赢得竞争力的关键。很多企业在管理实践中探索人力资源管理的新模式、新方法，从心理学的视角研究如何甄选、开发、激励、提升最优秀员工，使人才成为组织的持续竞争优势。来自企业管理实践的改革尝试也推进了人力资源管理心理学的学科发展。

《人力资源管理心理学（第三版）》在前版理论体系基础上，立足于当前我国企业人力资源管理的实际，吸收、借鉴先进的理论研究和改革实践的成果。从章节内容、案例讨论、阅读资料、课后练习等方面进行了修订。

（1）对基本理论、基本概念等理论问题进行了重新梳理，使理论体系更科学、严谨。

（2）从企业人力资源管理工作岗位出发，按人力资源管理工作流程重新设计章节顺序。如"绩效考评心理"由第三章调整为第五章。

（3）增加理论研究、改革实践的新成果，如第二章增加了"O*NET职位分析方法"、第四章增加了"培训心理场"、第五章增加了"绩效面谈"、第十章增加了"心理健康"等内容。

（4）删减陈旧的知识内容。如删除了部分章节的理论知识、阅读资料、讨论案例。

（5）新增实践训练内容。如第六章增加了学生课堂讨论、实践训练的内容。

如需本书电子课件请发邮件至 xumingyue1015@163.com。

总之，第三版在修订过程中参考和吸收了国内外最新出版的教材和研究成果，修订内容尽可能突出学科前沿和管理实践。此外，教材还引用了互联网上的相关资料，以突出实用性、应用性的特点。本书修订过程中参考的文献资料，虽然大部分在书末的参考文献中列举，但由于篇幅有限，未能全部收列。在此向相关作者致以诚挚谢意。

本书为北京联合大学"十三五"校级规划教材立项项目，许明月负责全书的设计、修订和统稿定稿。此外，时雨博士参与了第二章的编写工作。囿于编者的学术水平和教学经验，在教材修订过程中，难免会有错误与疏漏之处，恳请读者批评指正。

许明月
2018 年 5 月

前言

进入 21 世纪，心理学基本理论和方法更加被广泛应用到社会生活的各个领域，人力资源管理心理学是工业与组织心理学的一个分支，是传统人事心理学的演变，是将心理学的基本理论和方法应用到人力资源管理实践中的一门学科。

人力资源管理心理学是人力资源管理专业的一门重要的专业课，笔者从2004 年起一直从事人力资源管理心理学的教学和研究工作，也一直在寻觅适宜学生特点的、具有应用型特色的教材。有鉴于此，笔者在多年教学讲义的基础上编写了这本《人力资源管理心理学》。本教材适用于高等院校人力资源管理专业的本专科教学和企业人力资源管理的培训，也适合从事人力资源管理理论和实践研究的人员阅读。

本书定位为应用型特色教材，区别于传统的以理论教学为主的研究型教材，编写目的是为加强对学生应用能力的培养，使学生不仅具备基本理论知识，更要具有应用能力。本教材立足于当前我国企业人力资源管理的实际，吸收、借鉴国外先进的研究成果和经验。编写过程中，本书力求突出以下几个特点：

（1）系统阐述本门学科的基本概念、基本理论，力求做到表述清楚、准确规范；

（2）紧紧围绕应用型人才的培养目标，力求突出人力资源管理职业技能的培养；

（3）参考和引用了大量国内外文献资料，力求反映本学科最新的研究成果；

（4）教材编写体例设计上将学习目标、案例分析、阅读资料、课后练习融于各章内容中，力求体现教辅合一。

本教材共计 10 章内容，分别为人力资源管理心理学绪论，工作分析，招聘

1

与选拔心理，人员培训心理，绩效考评心理，职业生涯管理，人员激励心理，人员流动心理，人际交往、沟通与冲突心理，工作压力、心理健康与员工帮助计划等。考虑到适用对象的专业特点，因此，本教材仍以人力资源管理的各个功能模块为基本框架，针对人力资源管理中的工作分析、绩效评估、招聘选拔、培训、激励、人员流失、人际关系、员工压力等领域所涉及的心理学理论和方法进行重点阐释。

在本书的编著过程中，参考和吸收了国内外相关的教材和研究成果，并引用了互联网上的相关资料，以增强教材的实用性和趣味性，以此启发学生深入探讨有意义的问题，在此，向有关作者表示衷心的感谢。

最后，特别感谢北京联合大学生物化学工程学院的王宝石、刘凤霞两位老师的鼓励和支持；感谢经济科学出版社给予出版上的支持和帮助。

囿于编者的学术水平和教学经验，在教材编写过程中，难免会有错误与疏漏之处，恳请读者批评指正。

目录

1

第一章

绪论

学习目标 通过本章的学习，理解人力资源管理心理学含义及学科性质；了解人力资源管理心理学的历史发展；重点掌握人力资源管理心理学的基本内容及其研究方法。

引导案例

企业需要懂心理学的 HR

21 世纪的企业不仅要懂绩效管理，还要懂心理学，当前，国内有许多企业管理者都在以不同方式将心理学引进并应用到自身的企业管理中，尽管远期效果现在还很难确认，但在应用过程中所取得的短期效果却是显著的。例如，高层管理者利用心理学知识调动员工的积极性，改善组织结构，提高企业效益；中层管理者借助心理学缓解压力，调节情绪，纠正管理中的偏差，找到最佳的激励自我和下属的方法；而作为企业的 HR 则利用心理学可以做好本职工作，更好地认识自我，完善自我。

HR 在人员招聘、绩效沟通、人员激励、管理培训、人才流动、压力管理等很多方面需要心理学的指导。例如，在人才选拔测评中，最不可靠的因素是评分者信度，学了心理学首先要让自己变得可靠些，才可能选对人。管理培训方面，管理最大的敌人是管理者思维的表面化、逻辑的简单化，管理培训的重点是思维能力训练，不学心理学，不了解人的认识特点，管理培训就只能是讲道理。人员激励方面，员工的能力和天赋并不能直接决定其对企业的价值，其能力和天赋在

1

多大程度上的发挥才是价值体现的关键，恰到好处地对员工进行激励，使其最大限度地发挥潜能，提高工作积极性，需要心理学知识和方法的指导。管理沟通方面，沟通要跨越的障碍首先是大脑，人的大脑是本能、情绪和理性三个中央处理器（CPU）在协同工作，沟通也受这三个CPU的控制，这三个CPU工作原理是本能优先于情绪、情绪优先于理性。沟通不仅仅是"话术"，没有心理学知识，就会影响管理沟通效能的发挥。此外，人际关系的和谐、企业文化的建构、甚至企业利润的增加等，都在不同程度上得益于心理学在企业管理中的实际应用。

▶ 第一节　人力资源管理心理学概述

一、人力资源管理心理学的含义

人力资源管理是组织对"人"这个资源进行有效开发、合理利用和科学管理的活动。其目的是实现个体、社会和企业的多方利益。人力资源管理在其发展历程中，有四大学科对其发展产生了重要影响，即管理学、经济学、心理学和法学。其中，以人为研究对象的心理学在人力资源管理活动中发挥着重要的作用，它从个体关怀角度出发回答企业管理各个环节与人有关的问题。心理学对人力资源管理问题的研究是利用心理学理论和方法从组织、群体和个人等不同层面和角度，分析组织中的人力资源管理过程，研究如何科学地选拔、评价、激励、培训员工，有效消除员工心理障碍，全面提高心理素质，充分调动员工的积极性、主动性，激发员工潜能，达到人与组织的最佳匹配。人力资源管理心理学就是基于心理学的视角进行人力资源管理问题研究的一门学科。

有人认为，人力资源管理心理学是研究人力资源管理活动中人的心理现象及其规律的一门学科。但也有人提出不同的观点，认为人力资源管理心理学是一门将心理学的基本理论和方法应用到人力资源管理领域中的学科。这两种观点不同之处在于，前者认为人力资源管理心理学是心理学的一个分支，是研究人力资源管理活动中人的心理活动和行为规律的学科，研究内容和框架是以心理学为基础。而后者认为人力资源管理心理学应着重强调心理学的理论和方法在人力资源管理领域中的运用，应从人力资源管理角度来界定人力资源管理心理学，研究框架以人力资源管理为基础。前者强调的是研究对象的特殊性，而后者强调的是学科知识和方法的具体应用。可见，人力资源管理心理学作为一门理论学科，它是研究和揭示人力资源管理活动中人的心理现象及其规律；另外，作为一门应用学科，它服务于人力资源管理实践的需要，致力于心理学的理论和方法在人力资源管理领域中的应用也是该学科的重要任务之一。因此，概括来说，人力资源管理心理学是研究人力资源管理活动中人的心理现象及其规律，并将心理学的理论和方法应用于人力资源管理实践中的一门学科。

二、人力资源管理心理学的学科性质

人力资源管理心理学是心理学和人力资源管理结合而形成的一门新学科，以科学、有效地实施现代人力资源管理各大系统的职能为目的，致力于将心理学揭示的人的心理活动规律和方法运用到人力资源管理实践活动中，使人力资源管理心理学成为一门完整的学科。

（一）学科性质

1. 人力资源管理心理学是心理学与人力资源管理相结合的一门学科

人力资源管理心理学运用心理学的原理和方法来研究人力资源管理工作中人的心理和行为规律。它通过将心理学的知识应用到人力资源管理实践中，来改善和提高当前人力资源管理的效能。因此，人力资源管理心理学一方面包括与人力资源管理有关的心理学，另一方面又包括与心理学有关的人力资源管理。两部分融会贯通、有机结合，构成了人力资源管理心理学。

2. 人力资源管理心理学既是一门自然学科，也是一门社会学科

心理学的研究必然要涉及人的神经类型、神经系统、反应时等自然属性，而且现代心理学的研究要运用各种实验、计算机模拟、数据处理等自然科学的研究方法和手段，因此，人力资源管理心理学具有自然科学的性质。同时，人力资源管理心理学又是一门社会性很强的学科，人力资源管理工作者和其管理的对象均生活在社会之中，除了具有自然属性外，还有更重要的社会属性。所以说，人力资源管理心理学既具备自然科学的性质，也具备社会科学的性质。

3. 人力资源管理心理学既是一门理论学科，也是一门应用学科

人力资源管理心理学是由传统人事心理学发展而来的，在过去几十年的发展过程中，很多新的研究成果逐步丰富和完善了这门学科，如心理契约、组织承诺、员工帮助计划等等。将新的理论和研究成果应用到人力资源管理实践中，以满足管理实践的需要是人力资源管理心理学的重要意义所在。因此，从这个角度上来讲，人力资源管理心理学只有将理论和实践结合起来，才能得到更好的发展。

（二）与人力资源管理心理学密切相关的学科

1. 心理学

心理学是研究人的心理现象及其规律的一门学科。研究人的心理活动从古希腊开始，那时候心理学从属于哲学范畴，随着西方自然科学的出现和发展，心理学逐渐从哲学母体中分化出来。1879 年，德国心理学家冯特（Wilhellm Wundt）在德国莱比锡大学创建了历史上第一个心理学实验室，自此心理学真正摆脱了哲学的附庸而成为一门独立的学科。但无论心理学是属于哲学还是自然科学，对人

类心理活动进行分类、分领域研究，一直是心理学所关注的主要问题。以下几门心理学的分支学科，都与人力资源管理心理学关系密切，将这些学科的知识和理论有效运用在人力资源管理活动中，会有效提升人力资源管理的效益。

（1）人格心理学。人格心理学是研究人格结构、人格动力和人格发展与适应规律的学科。人格心理学关注的是个体的差异，关注这种差异是如何形成的以及这种差异对个体的意义所在。在人力资源管理活动中，人员选拔与配置都要重视员工的个体差异，把岗位的要求和员工的人格特点结合起来，实现人—职的最佳匹配。

（2）发展心理学。发展心理学是心理学的一个重要分支，是研究个体在从出生到死亡的整个过程中心理发生、发展特点和规律的一门学科，它关注于人类心理发展与变化的各个方面。随着发展心理学的学科发展，迄今它已逐步分化成诸多分支学科，如婴儿心理学、青年心理学、中年心理学、老年心理学等等。其中，青年和中年时期的心理特点和规律可以为人力资源管理中的员工培训、沟通、压力管理、职业生涯规划等提供心理学依据。

（3）学习心理学。学习心理学是研究人类学习规律的一门科学。学习理论主要探讨的是通过经验而使行为发生相对永久性改变的规律，这种变化规律是有效培训的重要基础。了解和掌握学习理论，分析员工的心理状况，探索和总结学习的特点和规律，并将其运用到员工培训的实际工作中，这对提高培训效益，增强培训效果具有重要的意义。

（4）心理测量学。心理测量学是研究如何数量化描述个体心理差异的科学，其重点在测量理论的构建和测量工具的编制和实施上。心理测量对人力资源管理有着非常重要的意义，在人员选拔与配置、绩效考评、人员素质测评中都需要借助心理测量的方法和工具。

（5）社会心理学。社会心理学是对人的社会心理和社会行为规律进行系统研究的科学，这里所说的人既包括个体也包括群体。社会心理学是一门应用性很强的学科，它的研究结果被广泛地应用到社会生活的各个方面。在人力资源管理活动中，要提高组织的凝聚力，改善员工间的关系，保持组织内沟通渠道的畅通，都离不开社会心理学的理论和方法。

（6）医学心理学。医学心理学是心理学与医学相结合的产物，是研究心理因素在疾病的发生、诊断、治疗及预防中的作用。在疾病的诊断与治疗方面，医学心理学主张运用心理学的知识，维护人的心理健康，达到预防疾病的目的。当前企业员工正承受着来自各方面的压力，如何使员工正确认识和处理这些压力，如何使员工保持健康的心理和较高的工作效率，这是医学心理学和人力资源管理心理学共同关心的问题。

（7）管理心理学。管理心理学是研究组织管理活动中人的心理特点及其规律的一门学科，它是把心理学的知识运用到管理活动中。人力资源管理心理学是把心理学的理论和方法应用到人力资源管理实践中，与管理心理学研究的内容有部分的交叉，但不能把二者等同起来，因为两者研究的侧重点不同。

2. 人力资源管理

人力资源管理是对"人力"这一资源进行有效开发、合理利用和科学管理。从开发的角度看，它不仅包括人力资源的智力开发，也包括人力资源的思想文化素质和道德觉悟的提高；不仅包括人的现有能力的充分发挥，也包括潜在能力的有效挖掘。从利用的角度看，它包括人力资源的发现、鉴别、选拔、分配和合理使用。从管理的角度看，既包括人力资源的预测与规划，也包括人力资源的组织和培训。而人力资源管理心理学是研究人力资源管理活动中人的心理和行为规律的学科，也就是说，人力资源管理心理学主要研究人力资源管理过程中一切与员工心理有关的问题。如果说人力资源管理比较注重的是制度、体系、规则等较为宏观的问题，以及重视外在行为方面的问题的话，那么人力资源管理心理学则较为关注员工个体层面微观的问题，以及重视员工心理层面的问题。

3. 组织行为学

人力资源管理心理学与组织行为学既有密切的联系，又有一定的区别。人力资源管理心理学是研究人力资源管理活动中，即人力资源规划、工作分析、招聘与选拔、员工培训、绩效评价、激励、流动、职业发展等方面人的行为规律及其内在心理机制，其研究重点为这些管理活动中的员工心理规律和特点；而组织行为学是研究组织管理活动中个体、群体、领导、组织等方面的心理与行为规律，其研究内容和范围不同于人力资源管理心理学，其研究重点为行为规律和特点，把个体与群体的外显行为作为研究对象，重点探讨行为特点和规律，以达到预测和控制行为的目的。

人力资源管理心理学与组织行为学之间也有紧密的联系，因为心理和行为之间是密不可分的，一方面，行为是心理的外在表现，组织行为学在研究人的行为时，必然会涉及行为背后的潜在心理机制；另一方面，心理是内隐的活动，在探讨人的心理活动规律和特点时，也需要通过观察分析人的外部行为来达到推断内在心理的目的。行为与心理的联系决定了人力资源管理心理学与组织行为学之间的密切关系。

三、人力资源管理心理学的研究内容

人力资源管理心理学的研究内容很广，具体包括：工作分析；招聘与选拔心理；人员培训心理；绩效考评心理；职业生涯规划；人员激励心理；人才流动心理；人际交往、沟通与冲突心理；工作压力、心理健康与员工帮助计划；等等。

（一）工作分析

工作分析是一个获得有关工作信息的过程。它是人力资源管理的基础性工作，无论是人力资源规划、招聘与选拔，还是培训与开发、绩效考评都需要通过工作分析获得有关的信息。本书第二章将重点分析工作分析的过程、方法及工作分析实践中常遇到的问题，以此保证工作分析的科学性和客观性。

（二）招聘与选拔心理

招聘与选拔是组织根据人力资源发展规划，将符合条件的人招进组织，安置在合适的岗位，并让其安心工作的过程。传统的人才招聘与选拔过于看重人才的学历和专业，而忽视人的个性方面的特征，本书第三章将介绍当前人才招聘与选拔中常用的一些方法：如面试、心理测验、评价中心等，通过这些测评方法，了解员工的心理特征，按照员工个性特点将合适的员工放到适合他们的岗位上。

（三）人员培训心理

员工培训是现代人力资源管理中非常重要的一项内容，企业培训的目的就是帮助员工提高工作所需的知识和技能，这是企业培养和发展员工的方式，也是对员工的福利。但仍有些企业不为员工做培训，或即使做了培训但效果不明显，不能调动学员的积极性，达不到应有的培训效果。究其原因在于培训前没有充分了解员工需求和内在特点。因此，培训管理过程中，了解员工的学习心理，掌握员工的学习特点，根据员工的个性差异使用不同的培训方法和手段，才能激发员工工作的积极性和进取心，这也是本章需要学习和讨论的内容。

（四）绩效考评心理

绩效考评是用科学的方法对员工的工作业绩进行客观描述的过程。良好的工作绩效是所有企业追求的目标之一，企业要取得好的绩效，必须采取科学的方法，有效地管理员工的工作绩效。本书第五章将从心理学角度，分析绩效考评人员易出现的心理偏差及绩效面谈的技巧，通过科学的绩效管理手段达到组织的绩效考核目标。

（五）职业生涯规划

成功的职业发展离不开合理的职业规划，而合理的职业规划必须以个人了解自己的兴趣、性格、能力和价值观为基础。心理学的方法和技术可以帮助员工在职业规划之前准确地了解自己，使规划更有针对性和价值性。本书第六章将介绍职业生涯规划的基本理论、方法和步骤，为员工正确设定自己的职业发展目标、制订行动计划，为企业对员工的职业生涯设计及管理提供依据和参考。

（六）人员激励心理

激励是激发员工的工作热情和工作动机，调动员工积极性和创造性，使其出色实现组织目标的活动。一般表现为通过多种形式对个体的需要予以不同程度的满足或限制。满足员工的需求是手段，达成组织的目标是目的，只有先了解员工的确实所需，再进行激励，才会达到最好的效果。本书第七章将重点介绍几个重要的激励理论和常用的激励方法，通过对员工需要的准确把握，选择激励模式，提高激励的效果和价值。

（七）人才流动心理

组织内合理的人员流动对组织和个人都是有益的，而超过合理限度的流动就成为人才流失，人才流失会给组织带来极大的损失和影响。因此，组织在做好人才引进和培养的同时，也应注意防止人才的流失。本书第八章主要介绍人员流动的含义、人才流失对组织造成的影响，重点从心理契约、组织承诺、工作满意度的角度分析减少人才流失的方法和措施。

（八）人际交往、沟通与冲突心理

企业中有效人力资源管理活动的开展，离不开良好人际交往活动的进行，而员工之间人际交往的改善离不开良好的沟通，有效的沟通可以有效传达组织的目标，密切员工之间、上下级之间的关系。交往的不力、沟通的不畅，往往会导致员工之间的冲突，从而影响组织目标的达成。因此，本书第九章将讨论如何建立与改善员工关系、保持沟通渠道的畅通、减少冲突的产生，这对提高组织效能具有重要意义。

（九）工作压力、心理健康与员工帮助计划

随着组织工作的日益复杂化和丰富化，员工感受到的压力也越来越多，如果员工不能有效地处理自己遇到的压力问题，就会直接影响到自己的工作绩效，甚至是身心健康。因此，如何减压，如何创造出一个高效和富有创造力的工作环境来保持员工健康的心理水平，是本书第十章将重点讨论和关注的问题。

▶ 第二节　人力资源管理心理学的发展历史

人力资源管理心理学是传统人事心理学的演变，因此两者早期的历史是共同的。传统的人事心理学是工业与组织心理学最经典的分支和研究领域。在过去几十年的发展中，人事心理学与组织心理学、工业心理学高度地融合和交叉。因此，人事心理学的发展历史始终贯穿于工业与组织心理学的历史发展中。

一、西方人力资源管理心理学的发展历史

西方人力资源管理心理学的发展大致经历了三个阶段，即孕育阶段、成长阶段、成熟阶段。

（一）孕育阶段

19世纪初期，随着现代工业的进步与发展，工业与组织心理学应运而生。工业与组织心理学的发展来自两个方面的成就：一方面，科学管理理论的提出。

1898 年科学管理之父泰勒（F. W. Taylor）受雇于美国宾夕法尼亚的钢铁公司，着手搬铁块试验、铁锹试验。通过这两个试验，他提出两个重要的原则，一是能力要与工作相适应，根据人的能力将其分配到相应的工作岗位上，并对其进行培训；二是他提出用科学的工作方法取代经验工作方法。他最早采用科学的方法研究工人的工作效率问题，并对职务做了重新设计，制定了员工培训方案，采用选员方法筛选员工，从而加深了管理对个体的关注。科学管理理论的提出及应用，大幅度地提高了劳动生产率，并直接导致了企业低成本、高效率、高工资和高利润的出现。另一方面，科学心理学的诞生。1879 年德国心理学家威廉·冯特（Wilhelm Wundt）在德国莱比锡大学建立了第一个心理学实验室，这标志着科学心理学的诞生，此后心理学的研究领域不断扩大，心理学的理论成果被广泛应用到医学、教育、法律、管理等各个领域，最终产生了大量的分支学科。工业与组织心理学的产生正是心理学研究迈向企业管理领域的最好尝试。

1911 年美国实验心理学家沃尔特·迪尔·斯科特（Walter Dill Scott）出版了《有影响力的企业人》和《增进人们在企业中的效能》两本著作，并提出将心理学方法用于工业组织，并为工业组织服务的思想。1917 年他为参加第一次世界大战的美国军队提供了人事选拔方面的心理学服务，后来他将自己的服务领域扩展到工业组织领域，为当时许多的工业组织提供人事选拔和提高工作效率方面的服务与援助。

1912 年美国哈佛大学心理学教授雨果·闵斯特伯格（Hugo Minsterberg）出版了《心理学与产业效率》一书，这标志着工业心理学的诞生，闵斯特伯格后来也被称为"工业心理学之父"。闵斯特伯格在职业指导和培训、心理测验等方面都做出了巨大的贡献。他建议用心理测验来改进人员甄选工作，强调学习理论对培训方法开发的指导，提倡通过研究人的行为来了解对工人最有效的激励方式。目前，我们现行的许多有关甄选技巧、人员培训、工作设计以及激励方面的理论都是建立在闵斯特伯格的研究基础之上的。

1913 年，美国学者与企业主成立了全美职业指导协会，其职能主要是进行就业辅导和改善人们对职业的心理适应，这标志着心理学在人事管理中的应用已经得到了初步的规范与系统化。

在这一阶段，工业与组织心理学的研究主要强调的是如何将心理学的概念和方法应用到企业的实际工作中去，其目的在于解决一些现实问题，提高企业的经济利益，企业在这一阶段已经开始雇佣心理学家为其服务，部分心理学家也逐步开展了具体的应用心理学的研究，人事心理学的基本领域和研究课题都已被触及。1917 年《应用心理学》杂志创刊，第一期就登载了大量人事心理学方面的文章，直到今天，它依然是工业与组织心理学最受欢迎的代表性刊物之一。

（二）成长阶段

1917～1945 年两次世界大战使工业与组织心理学获得了快速成长与发展。无论是士兵的选拔、军工生产的轮班制、工作疲劳的克服与事故的预防等都需要心理学的介入。

第一次世界大战期间，针对美国士兵中出现的恐惧、多疑、失眠、紧张、过度疲劳等情况的增多，美国心理学家伍德沃斯（Woodworth）编制了一份《伍德沃斯个人资料调查表》，对士兵的心理状况进行调查，这是应用心理学技术进行人员甄选的开端。此外，第一次世界大战期间，为了提高士兵战斗能力，筛除心理素质不良者，美国军队开始使用心理测验法选拔新兵。当时美国心理学会（APA）主席罗伯特·耶基斯（Robert Yerkes）与其他心理学家在以往智力测验的研究基础上，发展出了著名"陆军 A 智力测验"和"陆军 B 智力测验"。后者是第一个非言语的团体智力测验，主要用于测验那些新移民到美国的非美国人。整个战争期间，大约有 100 多万美国士兵参加了这个团体智力测验。除了智力测验外，心理学家还研究士兵的动机、士气、心理健康等问题。

第一次世界大战期间由于心理学解决了大量的现实中的实际问题，因此受到公众和权威机构的认可，心理学也很快被应用到政府、企业部门的人员招募与选拔、生产效率的改善等领域。其中，1921 年詹姆士·卡特尔（James Cattell）创建了以旨在推动心理科学在工业组织中的应用与发展的心理公司，如今该公司已经成为美国乃至全世界最大的心理测验出版商之一。

在此阶段，心理学在企业中应用的一个标志性事件是 20 世纪 30 年代的霍桑实验。霍桑实验是由美国哈佛大学行为科学家乔治·埃尔顿·梅奥（George Elton Myao）及他的合作者们共同完成的，被视为跨时代的实验经典。

霍桑实验的初衷是试图寻找改善外部条件与环境以提高劳动生产率的途径，但结果表明影响生产率的根本因素不是外部工作条件，而是工人自身因素以及团体的融洽感和安全感。基于霍桑实验，梅奥等人创建了人际关系理论，该理论的核心思想是"员工的心理因素与社会因素是提高劳动生产率的直接动力，生产率高低取决于员工的情绪，组织提高劳动生产率的办法就是提高员工的工作满意度。"

阅读资料

霍桑实验

霍桑实验是在美国芝加哥西部电器公司所属的霍桑工厂进行的，由哈佛大学的心理学教授梅奥主持。

实验背景：霍桑工厂是一个制造电话交换机的工厂，具有较完善的娱乐设施、医疗制度和养老金制度，但工人们仍愤愤不平，生产成绩很不理想。为找出原因，美国国家研究委员会组织研究小组开展一系列实验。

第一阶段，照明实验（1924 年 11 月～1927 年 4 月）。当时关于生产效率的理论占统治地位的是劳动医学的观点，认为影响工人生产效率的是疲劳和单调感等，于是当时的实验假设是"提高照明度有助于减少疲劳，使生产效率提高"。可是经过两年多实验发现，照明度的改变对生产效率并无影响。无论照明度增大或减小，实验组和控制组都增产，这说明还有比照明更重要的影响工作效率的因素未被发现。

第二阶段，福利实验（1927 年 4 月～1929 年 6 月）。实验目的总的来说是查明福利待遇的变换与生产效率的关系。但经过两年多的实验发现，不管福利待遇如何改变（包括工资支付办法的改变、优惠措施的增减、休息时间的增减等），都不影响产量的持续上升，甚至工人自己对生产效率提高的原因也说不清楚，这说明重要的影响因素依旧没有找到。

第三阶段，访谈实验（1928～1930 年）。组织了大规模的员工态度访谈调查，在访谈中，访问者起初提出的问题大都是事先设计好的，例如，工厂的督导工作及工作环境等方面的问题。虽然访问者事先声明，将严格保守秘密，请工人们放心，可是受访者在回答问题时，仍遮遮掩掩，存有戒心，怕厂方知道，谈话总是无关痛痒。后来，实验人员放弃了设计好的问题，采用事先不规定内容而让受访者自行选择适当话题的访谈形式，每次访谈的平均时间从30分钟延长到1～1.5个小时，多听少说，详细记录工人的不满和意见。访谈实验后，工人的产量大幅提高。研究者分析认为，这是由于工人长期以来对工厂的各项管理方法有许多不满，但无处发泄，通过自由面谈，倾听工人意见，工人由此而感到心情舒畅，因此使产量迅速上升。

第四阶段，群体实验。选择 14 名男工人在单独的房间里从事绕线、焊接和检验工作，实行特殊的工人计件工资制度，以期提高产量。但观察的结果发现，产量只保持在中等水平，每个工人的日产量平均差不多，而且工人并不如实地报告产量。深入地调查发现，这个班组为了维护他们群体的利益，自发地形成了一些规范：谁也不能干的太多，突出自己；谁也不能干的太少，影响全组的产量，并且约法三章，不准向管理当局告密，如有人违反这些规定，轻则挖苦谩骂，重则拳打脚踢。而工人们之所以维持中等水平的产量，是担心产量提高，管理当局会改变现行奖励制度，或裁减人员，使部分工人失业，或者会使干得慢的伙伴受到惩罚。由此梅奥提出"非正式群体"的概念，认为在正式的组织中存在着自发形成的非正式群体，这种群体有自己特殊的行为规范，对人的行为起着调节和控制作用。

在这一系列的实验中，梅奥等人得出如下结论：改变工作条件和劳动效率没有直接关系；提高生产效率的决定因素是员工情绪，而不是工作条件；关心员工的情感和员工的不满情绪，有助于提高劳动生产率；非正式团体对个体行为有控制作用。所有这些观点都促使研究者去深入了解人性的社会面和行为面。

资料来源：张杉杉，罗震雷，徐晓峰. 人力资源管理心理学 [M]. 北京：首都经济贸易大学出版社，2009：14。

霍桑实验得出的结论在当时具有相当的震撼力，它说明作为企业管理者不仅应具有组织、计划、指导、控制的管理技能，更应重视员工的需要、动机、满意度等个体因素。有激励员工工作热情，了解员工的情感，并加以控制的能力。霍桑实验是工业与组织心理学发展中的一个转折点，它们揭开了对组织中人的行为研究的序幕。

第二次世界大战再次推动工业心理学的发展，心理学家在更广泛的范围内提供服务以满足军队的需要，包括士兵的选拔、士兵在战时的态度评估、参与飞行训练申请者的选拔和分类等。

如果说第一次世界大战促进了工业心理学的形成，那么，第二次世界大战极大地推动了工业心理学的发展和应用。第二次世界大战期间工业心理学受到更为热烈的欢迎，美国军方在工业与组织心理学家的帮助下成功地发展了大量具有高度应用价值的心理测验。例如，在选拔飞行员时，开始只采用传统的生理指标作为选拔的依据，这样选拔的人员在地面训练时成绩很好，而进行到飞行训练时，合格率仅为35%，后来军方请来了心理学家，在选拔程序中加入了心理测验，合格率提高到了72%。再如，美国军方利用军队一般分类测验筛选并安置了大约120万的美国士兵。由于心理测验在军事上的成功运用，第二次世界大战后，这种方法被广泛地应用于各行各业的人员评价、选拔、配置等实际工作中。此外，这一时期还出现了许多全新的心理评估方法，目前流行的评价中心技术就是源于当时的研究。

1946年美国的组织与工业心理学会（APA）成立；1948年，《人事心理学》杂志正式创刊，这标志着人事心理学成为一个独立的研究领域。

（三）成熟阶段

20世纪40年代末开始，在人际关系理论基础上，更多的管理者、专家致力于人的行为研究，致使行为科学这一新兴学科在50年代初正式形成。行为科学是对人们在组织中的行为以及这些行为的成因进行分析研究的学科，它涉及组织成员的需要、动机、个性、情绪，特别是人群之间的相互关系等内容。

20世纪50~70年代，学术界出现了一股对动机研究的热潮，一些著名的激励理论也应运而生，代表性的有亚伯拉罕·马斯洛（Abraham Maslow）的需要层次理论、道格拉斯·麦格雷戈（Douglas McGregor）的X理论和Y理论、弗雷德里克·赫茨伯格（Frederick Herzberg）的双因素理论，等等。

与此相应，当代著名管理学家彼得·德鲁克（Peter F. Drucker）针对传统"人事管理"观念提出一个新的概念"人力资源"。在德鲁克看来，传统人事管理的工作性质基本上属于行政事务性的工作，很少涉及企业高层战略决策，这种管理形式正在成为过去，一场新的以人力资源开发为主调的人事管理正在到来。德鲁克认为，人力资源拥有当前其他资源所没有的素质，即协调能力、融合能力、判断力和想象力，人力资源管理的内涵是建立在企业中的每一个个体都是有价值的资源这一理念基础之上的，人力资源管理的职能对于组织的成功来讲是至关重要的，其目的是为了对工作场所的个体进行适当的管理，具体包括理解、维持、开发、利用和协调一致。

随着人力资源管理概念的提出，企业如何适应人们心态上和观念上的变化？如何满足企业员工多样化和多层次的需要等问题是学者们所关心的，由此出现了一些著名的激励理论，例如，克雷顿·阿尔德佛（Clayton Alderfer）的生存—关系—成长理论、大卫·麦克利兰（David McClelland）的成就动机理论及认知评价理论、亚当斯（J. S. Adams）的公平理论和维克托·弗鲁姆（Victor H. Vroom）的期望理论，这些理论强调了工作动机、工作满意度、工作品质和工作丰富化等内容的研究，对人力资源管理产生了多方面的影响，被广泛应用到人力资源管理理论与实践中，用于回答和解决人力资源管理中有关心理的各种问题。

随着两次世界大战及其战后的经济发展，人事心理学的相关研究领域逐步扩大，相关的权威学术杂志也不断出现，例如，1958 年创刊的《管理学院报》，1966 年创刊的《组织行为与人的绩效》，还有 1976 年创刊的《管理学评论》等，这些杂志的发行极大地促进了人力资源管理心理学研究者的学术研究与交流。

进入 20 世纪 80 年代，古典管理理论的刻板性使美国的企业在日新月异的技术和商业环境变化中，不断遭遇日本人的挑战。日本人采用了原本由美国人提出但被冷落的管理方法而获得了巨大的成功。1984 年《管理年鉴》上的一篇文章分析指出，日本管理技术的成功在于：先进的制造技术、产品质量和产量的提高，产品成本的降低、参与管理技术的应用、统计质量监控技术的使用、集体决策、终身制、长期计划等。而在此方面的认识，直接推动了学术界在 20 世纪 80年代中后期对质量圈、参与管理、组织氛围等问题研究的重视。

20 世纪 90 年代以后，人力资源管理的职能对于一个组织的重要性和获取竞争优势的重要性越来越明显，人力资源管理的各项职能与组织其他职能紧密合作，以帮助组织获得较强的竞争力。工作满意度、心理契约、组织承诺、工作压力、员工流动、员工帮助计划等方面的问题在人力资源管理心理学领域中越来越受到关注。

二、人力资源管理心理学在中国的发展

（一）初步引进阶段

20世纪初，中国工业发展比较落后，加之战争等条件的限制，这个时期人力资源管理心理学只是翻译、介绍国外的有关研究成果，相关理论研究和实践应用研究都非常有限。这个时期代表性的事件有：一是1934年心理学家何清儒在中华教育促进社的支持下，成立了中国人事管理学会，并于1935年9月创办了《人事管理》杂志。二是抗日战争时期，萧孝嵘主持了人事心理研究社，他在《人事心理之使命》一书中解释说，人事心理学的领域比工业心理学广泛，人事心理学要研究"人"和"事"。前者含"人的个别差异"、智商、情绪等人格品质，后者有职业、任务、教育、训练等复杂的问题。要实现"人事恰当配合"，还有人与人的关系问题，重点在于"情感之培植与动机的运用"。三是1935年心理学家陈立留学归国后出版了《工业心理概观》，这是中国人自著的第一本工业心理学专著，其中论述有环境因素与效率、疲劳与休息、工作方法与效率等问题，尤其详细分析了工厂中的组织问题以及工作激励问题，这是将心理学原理与中国企业管理的实际相结合的一次尝试。此后，人事管理方面的心理学研究也逐步开展起来，如杨时雨研究了人员选择、职务分配、职业测验、人员培训、考核方法、环境因素等问题。

（二）缓慢发展阶段

新中国成立后，在老一辈心理学家的努力下，一系列的工业心理学研究得以顺利开展，例如，1959年陈立等人在杭州开展对事故分析、细纱工培训、操作分析、工艺流程、视觉疲劳等问题的研究；20世纪60年代基于我国工程建设的需要，国内心理学家开展了铁路、水电站中央控制台的信号显示以及关于飞行员的选拔、训练和飞行错觉方面的研究；70年代后期又开展了工业心理学以及与心理学有关的工效学和工厂管理问题的研究。这些研究工作为现在我国工业企业中心理学的应用奠定了重要的基础。由于受到"文化大革命"的影响，70年代人事心理学的学科发展基本处于停滞状态。

（三）迅速发展阶段

自20世纪80年代起，对于心理学的研究迅速发展起来，许多学者相继编写了组织和人事心理学方面的著作，各大高校也设立了有关的课程，特别是越来越多的企业界人士加入到人事心理学的研究领域中来，使人事心理学的研究与实践有了更加紧密的结合。代表性的事件有：1987年杨永明、刘志超编著了新中国成立以来第一本论述人事心理学的专著《人事心理学》；1980年徐联仓、凌文辁等人首先采用问卷方法对职工的思想状况与激励因素作了调查，这次调查在国内引起了极大反响，也得到了国外学者的关注；1982年王重鸣通过对工作动机的

现场研究后提出，对于不同需求特点的员工应当运用不同的激励手段，设计不同的激励方案；1991 年俞文钊通过大量的理论和实证研究，提出了"激励的模型"，阐述了激励、保健、"去激励"向激励因素转化的途径，并提出了同步激励理论和公平差别理论，以及激励与激励因素的连续带模式。1992 年吴谅谅、陈子光分析了奖金公平性、激励作用和副效应，并对完善企业奖励制度提出了有益的建议；1992 年，郑全全通过调查研究，提出弹性工作时间可以大大提高职工劳动积极性和工效，成为比较有效的激励手段。

（四）稳定成长阶段

20 世纪 90 年代以后，随着外资企业的大量引入，西方先进的管理经验和理念也被引进，很多最新的招聘选拔、员工培训、素质测评、绩效管理等方法和技术也被广泛地介绍进来，人力资源管理心理学的应用在中国快速发展起来。在北京、上海等大城市，大量的人才机构、管理咨询与培训机构也如雨后春笋般发展起来，这些专业机构的出现促进了人力资源管理心理学在管理实践中的应用。

在此阶段对于人力资源管理心理学的研究，概括起来主要为以下几个方面：第一，态度方面的研究，如对员工满意度、组织承诺、心理契约、离职意向等问题的研究；第二，职业适宜性方面的研究，如不同职业的人格特质问题的研究、个性因素模型的研究、胜任特征模型的研究等；第三，人事测评方面的研究，成立了人事测评机构，出版了人事测评教材；第四，绩效方面的研究，主要对绩效考评及其影响因素等问题进行研究；第五，员工心理健康方面的研究，主要对职业压力管理问题、职业心理健康、员工帮助计划等问题进行研究。

从人力资源管理心理学的发展历程可以看出，随着经济的发展、社会的进步，企业对员工的心理需求也越加重视，这也促进了心理学在工业管理领域中更广泛的运用。当前对于人力资源管理工作者来说，吸收国外先进的研究成果，创建出真正根植于我国"土壤"的人力资源管理心理学的理论和体系是重要的课题之一。

▶ 第三节 人力资源管理心理学的研究方法

人力资源管理心理学的研究方法可以分为质的研究方法和量的研究方法，质的研究方法是研究者通过对研究对象长期、深入、细腻的体验，了解事物本质的研究方法，其目的主要是描述和解释；量的研究方法是研究者通过一定方法对事物进行分析和量化，了解事物规律的研究方法，其目的是解释、预测和控制。

一、质的研究

质的研究也称为质性研究、质化研究，是指"以研究者本人为研究工具，在自然情境下采用多种资料收集方法对社会现象进行整体性探究，使用归纳法分析资料和形成理论，通过与研究对象互动对其行为和意义建构获得解释性理解的一种活动"（陈向明，1998）。质的研究方法主要有观察法、访谈法和个案研究法。

（一）观察法

观察法是有目的、有计划地观察、记录被观察对象在一定条件下的行为或言语等特征的研究方法，是科学研究收集资料的一种基本方法。在人力资源管理实践中，观察法应用比较广泛。例如，在人员招聘和选拔时，通过对应聘者在面试中各种表现的观察，了解其人格特质，作为人员选拔与配置的依据；在进行工作岗位研究时，通过对工作人员日常工作的观察，进行职务分析，作为建立工作制度和提高管理效率的基础。

从不同角度划分，观察法可以分为不同类型。首先，按事先是否确定具体观察项目，可分为"有结构观察"和"无结构观察"。在有结构观察中，观察者有比较严密的观察和记录的计划；在无结构观察时，则一般没有详细的有关数据收集的观察计划。其次，按观察者是否直接参加所研究的活动，可分为"参与观察"和"非参与观察"。在参与观察中，观察者和被观察者一起生活、工作，在密切的相互接触和直接体验中倾听和观看他们的言行，对所观察的活动能有更深的理解，并能及时发现新的研究信息。而非参与观察不要求研究者直接进入被研究者的日常活动，只是作为旁观者来了解事情的发展动态。参与观察一般比非参与观察效果好，因此在条件允许情况下，多采用参与观察。最后，按照对行为的不同取样来划分，可分为"事件取样观察"和"时间取样观察"。事件取样观察只对某种与研究目的直接有关的预先确定了的行为进行观察与记录。时间取样观察则是在一定时间间隔进行观察，对这一时间中发生的各种行为表现作较全面的记录。时间取样可以随机进行，也可以在可能发生典型行为表现的时间进行，一般应在活动开始、中期和结束阶段都能抽取一定时间做出观察。

在任何观察中，首先，要考虑的问题是究竟要观察什么？许多观察之所以失败或收效甚微，就是没有明确的目的，因此采用观察法需要事先进行研究设计，突出目的性和计划性，在观察前要制定观察计划，确定观察目的、内容、对象、范围和方式。其次，观察要尽量客观，尽量减少由观察者带来的误差。观察时观察者不能带有任何感情色彩，要如实反映现实状况，为达到这一目的，可以采用长期、连续、反复进行观察，观察的次数越多，越能准确反映客观事实。最后，为取得好的观察效果，我们的注意力要集中和保持在经过选择的观察对象上，要尽量排除无关因素干扰，把观察和有意注意结合起来，这样的观察才能达到预期的效果。

作为一种基础的研究方法，观察法具有很多优点，可以直接、客观地记录被观察者的言语、行为，获得的材料直接来自被观察者，因此观察数据比较客观、全面和准确。不足之处在于，在对观察材料的解释上，往往容易受观察水平、能力的局限而带有主观色彩；在有些情况下，观察活动可能影响被观察者的正常行为，使观察结果失真。

（二）访谈法

访谈法是指研究者与被调查的对象进行直接的交谈，从而了解事实的真相或者被访问者的各种心理、行为倾向的研究方法。访谈法是心理学研究中运用最广泛的研究方法之一，特别是在人力资源管理心理学中，我们常用访谈法来了解员工的态度、感受、意见，从而对他们的各种心理特征和活动进行研究。

一般来说，访谈法可以分为不同的类型，首先，按照提问和反应的结构方式不同，可分为"结构化访谈"、"无结构化访谈"和"半结构化访谈"。结构化访谈是一种有指导性的、正式的、事先决定了问题项目和反应可能性的访谈形式。研究者对所有研究对象都以同样的程序进行访谈；无结构化访谈也称为开放式访谈，是一种非指导性的、非正式的、自由提问和做出回答的访谈形式；半结构化访谈是研究者对访谈结构具有一定控制作用，但也允许被访谈者自由发挥。在半结构化访谈中，研究者可事先准备访谈提纲，但这个提纲只是一个提示，在访谈过程中可以根据访谈程序和内容进行灵活调整。在研究中采用何种类型的访谈，要根据研究的目的、访谈者对被试人情况的熟悉程度，以及被访者的能力和心理特征。在人力资源管理心理学的研究和实践中，无结构化和半结构化的访谈使用比较多，特别在研究初期，多使用无结构化访谈了解研究对象关心的问题和对问题的看法。其次，根据被访者的人数，访谈法还可以分为个人访谈和集体访谈。访谈中只有1名访谈者和1名被访者，两个人就研究问题进行交谈的形式是个人访谈；集体访谈通常是由1名（或2～3名）访谈者和多名参与者一同进行的访谈形式，访谈者主要控制谈话的节奏和把握谈话的方向，参与者之间就研究问题进行讨论。

访谈法的优点是比较灵活，谈话双方可以随时改变方式，有利于了解、搜集新的信息；在访谈中可以随时观察被访者的行为表现，获得大量真实、详尽的感性材料；适用面较广。这种方法也有缺点，需要花费时间和精力，收集材料较慢，不适合于大规模的调查；对访谈结果的处理和分析比较复杂，因此对访谈者的素质要求也很高；访谈者个人的价值观、信念会影响被访者的反应，因此要事先进行访谈技术培训。

在运用访谈法时，应十分重视访谈设计，注意访谈法可能出现的偏差和口头报告的局限性，并对访谈人进行严格而规范的训练。为了使访谈获得预想的效果，必须做到：第一，赢得被访谈者的信任，双方的谈话在自由轻松的氛围中进行；第二，把握谈话的方向，抓住重点，有的放矢；第三，做好记录工作，记录被访谈者的言语和非言语行为。

（三）个案研究法

个案研究法是以单个被试或单一组织为研究对象，通过对其直接或间接的、深入而具体的考察，搜集和整理有关其各方面的完整的客观情况及资料，从而找出被研究对象的心理特征、问题形成和发展原因及过程的一种研究方法。个案研究的对象可以是个人，也可以是个别团体或机构。前者如对一个或少数几个优秀的员工进行个案分析，后者如对某企业或其中的某个部门进行个案研究。个案研究一般对研究对象的一些典型特征作全面、深入地考察和分析，但不仅停留在对个案的研究和认识的水平上，需要认识现象背后的因果关系，并提出一些积极的经验和对策，以便推广。

个案研究法的优点是有助于对个体规律的探讨，能加深对特定个人的了解；有助于对事件变化过程的深入探讨，通过与所研究的个案有关的事实深入细致的调查研究，研究者可以积累丰富的资料，从而可以了解事物的变化过程，透过现象探讨事物的本质；有助于研究者获得某种假设，然后依据这个假设做进一步的研究；个案研究法一般只涉及少数的研究对象，可以节省人力、物力和财力。

个案研究法也有其局限性，由于个案研究的对象数量较少、代表性差，因此所收集的资料往往缺乏可靠性，也很难得出具有普遍性的规律和结论。

二、量的研究

量的研究又称定量研究、量化研究。指研究者把研究对象按某种方式进行数量化，通过对收集的资料进行统计分析，得出一般结论并预测和指导实践的研究方法。量的研究主要有实验法、问卷调查法、测验法等。

（一）实验法

实验法是通过控制和操作变量来研究变量间因果关系的一种研究方法。变量指的是在性质、数量上可以变化、操纵或测量的条件、现象或特征。变量包括自变量和因变量，自变量是研究者选用或操纵的变量，用以确定对人的心理活动和行为的影响；因变量是被试者在实验中的行为反应。人力资源管理心理学中常见的自变量有：工作时间、收入类别、是否接受培训、是否设置工作目标等。常见的因变量有：工作绩效、缺勤率、离职率、工作满意度等。

实验法有别于其他研究方法的重要特点在于对所研究的情境给予一定程度的控制，突出自变量和因变量之间的关系，尽可能防止无关因素的干扰。

实验法既可以在实验室里使用，也可以在其他场合使用。由于研究使用的场合的不同，控制的方法和程度的不同，实验法可以分为实验室实验法、现场实验法和自然实验法三种。实验室实验法是在人为的情况下严格地控制外界条件，在实验室内借助各种仪器和设备进行研究的方法。实验室内进行的实验，可以排除无关因素的干扰，所得结果一般准确性较高。现场实验法是在真实的组织情境中，适当控制条件，研究自变量和因变量之间关系的研究方法。现场实验法得到的结果可以更好地应用于组织实践中，由于现场实验的条件控制不如实验室实验那么严格，有些偶然因素不易排除，因此得出的结论有时可能不能确定因变量的变化就是由自变量所导致的。自然实验法是有目的地创设某些条件或变更某些条件，给研究对象的心理活动一定的刺激或诱导，从而观察其心理活动的方法。自然实验法的特点是所研究的变量不是由实验者操纵的，而是由环境操纵的，实验者只是利用一定的条件进行实验研究，研究情境中的事件是按照自然顺序进行的。

实验法的优点是实验者能够操纵或者在一定程度上控制实验的进行，排除自然状态下各种无关因素的干扰，可以将复杂的事物简化，可以把整体分成若干部分逐个加以研究，便于揭示事物之间的本质联系和因果关系，由于实验法中的实验室实验法能人为地控制有关条件，所以它可以使研究者观察到在自然状态下观察不到的情况，从而扩大研究范围。

实验法也有其局限性，如研究中的许多变量是无法操纵控制的，不能通过实验法去研究；实验控制有时使实验情景与生活情景存在一定差距；研究者本人的价值观、态度等会自觉不自觉地影响观察和资料收集；现有的测量工具还不能十分正确恰当地测量管理情景下的复杂行为。

（二）问卷调查法

问卷调查法是调查者用事先设计好的问卷向被调查者了解情况或征询意见，收集研究资料和数据，并对其进行分析的一种研究方法。

问卷调查法可以采用量表方式进行定量化的测定，也可以运用提问方式，让被调查者自由地做出书面回答。这种技术使得我们仅通过询问被调查者一系列经过精心编制的问题就可以了解到大量想知道的问题，因此适用的范围很广泛。在人力资源管理活动中采用问卷法，可以系统地了解员工的满意度、基本需要、工作动机、工作紧张、工作负荷、价值观和态度，等等。

问卷调查法的优点是简便易行、节省时间，所收集的材料也比较容易整理和统计，有时采用无记名形式，可以获得通过访问或开调查会所不容易获得的某些有价值的资料；统计结果高度数量化、规范化。问卷法的局限性在于，首先，它有很强的主观性，被试可能存在认知偏差，这样会影响问卷的真实性；其次，如果问卷的回收率低，会影响调查的代表性；最后，问卷调查结果是否具有可推广性依赖于研究样本的代表性，因此，在选择被试者作问卷调查时要注意抽样方法的选择，以保证回答问卷的人员的心理行为能够反映问卷调查所要研究的总体的特点。

（三）测验法

测验法是指运用标准化的心理测验量表来测定个体心理特征的方法。通常是用编制好的心理测验作为工具，测量被试的某一种行为，然后将得到的数值与心理测验提供的平均水平相比较，从中看出被试的个别差异。心理测验的种类很多，有能力测验、人格测验、兴趣测验等。采用的形式也很多，有文字或图形测验，也有符号类的测验；有个别测验，也有团体测验。在人力资源管理的实践中，心理测验的功能主要体现在了解员工个体差异，诊断、预测和评价员工个体心理特点，针对个体心理特点进行人员甄选与配置，为心理辅导与心理咨询提供服务。使用心理测验时，测验量表要经过信度效度的检验，信度效度低的测验是不能用来作为人力资源管理的测评工具的。

心理测验法的优点是能把个体的心理品质量化地反映出来，使这些内在的心理特征变成实体，让人们有进行比较和研究的根据。但这种方法也有其局限性，心理测验工具是在一定理论基础上发展、形成的，每一个理论都有其使用条件、范围和局限性，因此，使用它建立起来的心理测验工具也不可避免地带有一定的局限性，测验结果只能作为主试的一个参考，不能作为客观、精确地反映被测对象心理品质的依据。

> ## 复习思考题

1. 人力资源管理心理学的学科性质。
2. 人力资源管理心理学的研究内容。
3. 人力资源管理心理学的发展阶段。
4. 人力资源管理心理学的研究方法有哪些？

> ## 案例分析

HR 管理中的心理效应运用

人力资源管理是现代人事管理的主要内容，它是保证人力资源培养、选拔、使用的有效方法。在人力资源管理的实践中，各级领导或人事管理工作者如果灵活运用人事心理效应，就能充分调动下属或人才的积极性，使人尽其才，才尽其能，从而使工作效能达到最优。

一、自觉运用罗森塔尔效应

美国心理学家罗森塔尔考察某校，随意从每班抽 3 名学生共 18 人，将他们的名字写在一张纸上交给校长，极为认真地说："这 18 名学生经过科学测定全都是智商型人才。"事过半年，罗氏又来到该校，发现这 18 名学生的确超过一般学生，进步很大，再后来这 18 人全都在不同的岗位上干出了非凡的成绩。这一效应就是期望心理中的共鸣现象。运用到人事管理中，就要求领导对下属要投入感情、希望和特别的诱导，使下属得以发挥自身的主动性、积极性和创造性。如领导在交办某一项任务时，不妨对下属说："我相信你一定能办好""你是会有办法的""我想早点听到你们成功的消息"……这样下属就会朝你期待的方向发展，人才也就在期待之中得以产生。我们通常所说的"说你行，不行也行；说你不行，行也不行。"从某种意义上来说也是有一定道理的。一个人如果本身能力不是很行，但是经过激励后，才能得以最大限度的发挥，不行也就变成了行；反之，则相反。

二、充分运用贝尔效应

英国学者贝尔天赋极高。有人估计过他毕业后若研究晶体和生物化学，定会赢得多次诺贝尔奖。但他却心甘情愿地走了另一条道路——把一个个开拓性的课题提出来，指引别人登上了科学高峰，此举被称为贝尔效应。这一效应要求领导者具有伯乐精神、人梯精神、绿地精神，在人才培养中，要以国家和民族的大业为重，以单位和集体为先，慧眼识才，放手用才，敢于提拔任用能力比自己强的人，积极为有才干的下属创造脱颖而出的机会。

三、适当运用鲶鱼效应

挪威人在海上捕得沙丁鱼后，如果能让它活着抵港，卖价就会比死鱼高好几倍。但只有一只渔船能成功地带活鱼回港。该船长严守成功秘密，直到他死后，人们才打开他的鱼槽，发现只不过是多了一条鲶鱼。原来当鲶鱼装入鱼槽后，由于环境陌生，就会四处游动，而沙丁鱼发现这一异己分子后，也会紧张起来，加速游动，如此一来，沙丁鱼便活着回到港口。这就是所谓的"鲶鱼效应"。运用这一效应，通过个体的"中途介入"，对群体起到竞争作用，它符合人才管理的运行机制。目前，一些机关单位实行的公开招考和竞争上岗，就是很好的典型。这种方法能够使人产生危机感从而更好地工作。

四、巧妙运用海潮效应

海水因天体的引力而涌起，引力大则出现大潮，引力小则出现小潮，引力过弱则无潮。此乃海潮效应。人才与社会时代的关系也是这样。社会需要人才，时代呼唤人才，人才便应运而生。依据这一效应，作为国家，要加大对人才的宣传力度，形成尊重知识、尊重人才的良好风气。对于一个单位来说，重要的是要通过调节对人才的待遇，以达到人才的合理配置，从而加大本单位对人才的吸引力。现在很多知名企业都提出这样的人力资源管理理念：以待遇吸引人，以感情凝聚人，以事业激励人。

五、谨慎运用马太效应

《新约·马太福音》有个故事：天国主人要外出，临走前把家产分给三个不同才干的仆人，分别是五千两、二千两和一千两。那个领五千两的随即去做买卖，又赚了五千两；领两千两的也赚了两千两，唯独那个领一千两的把银子埋到地里。主人回来，对前两位大加赞赏，用原数奖励他们，却把第三位仆人的一千两银子收回来奖给了第一位。随后告诉他们：凡是有的，还要加给他，让他有余；没有的，连他所有的也要夺回来。这就是马太效应。这一效应可以给予我们三点启示：一是要根据每个人的实际能力，委以相应的工作，授以相应的职务。二是要引导人才适应市场经济的发展，树立竞争意识，积极参与竞争。只有才干而不去运用，也是不受欢迎的。三是要运用目标激励机制，奖勤罚懒，优胜劣汰。只是运用过程中，要根据政策掌握分寸。

六、有效控制晕轮效应

晕轮效应是指人们看问题时，应像日晕一样，由一个中心点逐步向外扩散成越来越大的圆圈。某位干部一次表现好，就认为他一切皆优，犯了一次错误，就说他一贯表现差。晕轮效应的危害是一叶障目，以点代面，以偏概全，容易影响干部考核的准确性，降低人才评价的可信度。

七、避免运用首因效应

第一印象所产生的作用称之为首因效应。根据第一印象来评价一个人的好往往失之偏颇，如果在公务员考试、考察干部时，只凭第一印象，就会被某些表面现象所蒙蔽。其主要表现有两个方面：一是以貌取人，对仪表堂堂、风度翩翩的人容易产生好的印象，而其缺点很容易被忽视。二是以言取人，那些口若悬河、对答如流者往往给人留下好印象。因此在考察、选拔人才时，既要听其言、观其貌，还要察其行、考其绩。

资料来源：人事心理管理的七大效应［J］. 科技与企业，2008（6）：45－46。

思考：

通过阅读，你有哪些启示？你认为心理学在人力资源管理工作中起到什么作用？

第二章

工作分析

学习目标 通过本章的学习，了解工作分析的概念、工作分析的历史发展；理解工作分析的方法、O*NET 含义及内容模型；重点掌握工作分析实践中存在的问题。

引导案例

卡特洗衣公司

小王 MBA 毕业后，去了卡特洗衣公司，他对洗衣店的各项工作了解后得出结论是，他要做的工作首先是为管理人员编写工作说明书。

正像小王所说，他在学习过程中老师都强调了工作说明书的重要性，但在学习时，他一直不相信工作说明书在一家企业运行有如此重要的地位。在他上班的最初几周内，他多次发现，当他问及洗衣店的管理人员为什么违反公司既定的政策和办事程序时，他们总是回答："因为我不知道这是我的工作内容"或"我不知道应该这么做"。小王这时才知道，只有花大力气编写工作说明书并制定一整套标准和程序来告诉大家应该做些什么以及如何做，才能使这些问题得以缓解。

资料来源：卡特洗衣公司 ［EB/OL］. 国家精品课程资源网，http：//www. jingpink. com。

无论是一个新的组织产生，还是由于环境变化组织需要设立新的职位，或者由于新技术、新方法的出现而使工作的性质发生变化，都需要及时通过工作分析将有关职位的工作信息进行分析并做规范化的说明。工作分析是各项人力资源管理活动的基础，只有经过详细的工作分析，形成明确的工作说明书才不会出现案例中的问题。

＞ 第一节　工作分析概述

一、工作分析的概念

工作分析是收集、分析与工作岗位有关的信息，以此确定工作的职责和内容，以及具备什么素质的人可以胜任该岗位的过程。工作分析的结果是形成工作说明书。工作分析是全面了解一项职务的管理活动，也是对该项职务的工作内容和任职说明的描述和研究过程，即制定职务描述和任职说明的系统过程。工作分析从以下六个方面（6W）着手：

Why：为什么做，即该岗位的主要目的和价值是什么。

Whom：为谁做。客户（包括内部客户和外部客户）是谁。该岗位在整个公司中处于一种什么样的位置，与公司内部哪些职位有经常性的业务往来，与公司外部哪些单位有经常性的业务往来。

What：做什么，即该岗位的主要工作内容是什么，应达到什么样的成果，任职者对其工作成果承担多大程度的责任，对其工作成果的衡量标准是什么。

When：工作在时间方面有什么要求，即工作应在什么时候完成。

Who：谁从事此项工作，承担多大程度的责任。对任职者在学历、知识、技能、能力、态度、品质和价值观方面有什么具体要求。

Where：工作的地点、环境等，一般在什么样的环境下完成工作。

二、工作分析中的常用术语

为了科学正确地进行工作分析，有必要对工作分析中涉及的一些关键术语和概念进行界定，以免出现工作分析中的概念混淆和混乱。

任务（task），是为了达到某一特定目的所从事的一系列活动。例如，打字员打份文件、秘书制定一份报表等。

职责（duty），指在工作岗位上需要完成的主要任务或大部分任务。它可以由一个任务或多个任务组成。例如，打字员的职业是打字、校对；车工的职责是加工零件、加工零件的质量检查、机床的维护与保养等。

职位（position），是根据组织目标，个体在一段时间内所承担的一组工作任务和相应的职责。职位与个体是一一匹配的，即有多少职位就有多少人。例如，人事助理、财务总监、营销经理就都是职位。

职务（job），是一组重要责任相似或相同的职位。例如，一个企业可以有几个工程师，他们每人或许有不同的工作范围，如其中一位是总工程师，负责企业整体的规划和协调工作，其余几位的工作均由总工程师进行调配，他们的主要工作职责应该基本相同，因为，他们的职务都是工程师。因此，一个职务可以拥有一个职位，也可以拥有几个职位。

职位分类，是指将所有的工作岗位（职位），按其业务性质分为若干职组、职系（从横向上讲），然后按责任的大小、工作难易、所需教育程度及技术高低分为若干职级、职等（从纵向上讲），对每一职位给予准确的定义和描述，制成职位说明书，以此作为对聘用人员管理的依据。

职业（occupation），在不同组织从事相似工作活动的一系列工作的总称。例如，教师、医生等。

三、工作分析的作用

工作分析是整个人力资源开发与管理的基础，是现代人力资源管理所有职能（即人力资源规划、招聘、培训与开发、绩效考核、薪酬管理等工作）的前提，只有做好了工作分析，才能有效地完成人力资源管理各项职能。没有工作分析，就无法有效地完成人力资源管理工作中的诸项内容。具体来说，工作分析在人力资源管理中的作用与价值主要表现在以下几个方面：

（一）工作分析是人力资源开发与管理科学化的基础

人力资源管理过程包括岗位设计、招聘配置、培训开发、绩效考核、薪酬管理等环节，每个环节的工作均需要以工作分析为基础。当某个工作岗位的效率不理想时，往往通过岗位设计来提高工作效率，而岗位设计要以岗位职责与工作说明书为依据。有效的招聘可以实现人—职的最佳匹配，要达到这点就必须了解空缺岗位的工作职责、工作内容及工作规范，这些信息就要通过工作分析来获得。培训的根本目的是使员工具备岗位任职资格、提高员工胜任岗位工作的能力，达到这一目的就要依据工作分析的结果——工作说明书和工作规范来设计培训内容和方案。工作分析明确了工作主要职责和任职要求，这为员工的绩效考核提供了依据，组织依据此奖勤罚懒。此外，工作分析可以明确各个岗位的职责和重要性，这为制订组织内及组织间相对公平合理的薪酬制度提供了依据。总之，人力资源管理的一切活动都要以工作分析为基础，因此，工作分析有助于工作评价、人员测评、人员招聘、职业发展设计与指导、绩效考评、薪酬管理及人员培训的科学化、规范化和标准化。

（二）工作分析有助于企业实行规范化管理

现代企业管理实践表明，提高效益要依靠好的政策和技术进步，更要依靠严格和科学的管理。但是在日常管理中，经常可以看到这样一些现象，有些工作出了问题没人负责，有些工作要管理者事必躬亲，这都是没有做好工作分析所带来的结果。进行科学的工作分析可以对每个岗位的工作职责、权限、工作流程等做出明确的界定，通过对岗位工作客观数据和主观数据的分析，充分揭示整个劳动过程的现象和本质的关系，有助于整个企业管理逐步走向标准化和规范化。

（三）工作分析是管理者决策的基础

对于一个组织来说，每个岗位的工作相当于建筑大厦中的砖块，不但是组织结构中最为基本的组成部分，而且是一切管理行为的出发点和归宿。任何一个管理者，包括高层决策者，都不能不考虑什么样的工作内容与条件才能让员工的潜能与积极性得到充分发挥，什么样的工作标准与要求才能使员工的产品或服务满足社会需求，进而使自己的组织获得生存力和发展力，从而更具有竞争力。工作分析正是帮助管理者全面把握组织内外各项工作信息的有效工具，如果缺少这一过程，管理者的决策与管理将缺乏所需要的关于资源配置及其有效使用的重要信息。

（四）为员工在组织内的职业生涯规划提供依据

工作分析可以被用来建立员工的晋升渠道和职业发展路径，帮助员工进行有效的职业定位并准确了解自己是否具备职业申请资格。在组织帮助员工建立自己的职业生涯规划时，只有组织和个人都对工作的要求和各项工作之间的联系有明确的了解，才能设计出有效的职业规划，促进员工的职业生涯发展和职业成熟。

工作分析中的工作描述应把每一项工作所需要的职能分析的准确、到位，根据这些分析再来确定员工的职业发展规划，就能做到切合实际、效果明显。

（五）工作分析为有效激励员工提供依据

工作分析对调动员工的工作积极性、主动性，提高工作效率方面，具有重要的作用。由工作分析所产生的工作说明书对岗位职责及员工的知识、技能、经验、能力等做出了明确的规定，这使员工更清楚自己的工作职责，更能发现自己的不足，更明确自己当前的工作表现和目标要求的差距，以及今后的努力方向。因此对照工作说明书，努力工作、不断进取，使自己成为一名优秀的员工。员工也在进步中体验到成就感和责任感。因此，进行工作分析对调动员工工作积极性是非常必要的。

四、工作分析的过程

实施工作分析主要分为四个阶段：准备阶段、实施阶段、形成结果阶段、反馈阶段。

（一）准备阶段

工作分析的准备阶段主要解决以下几个问题：工作分析的目标和侧重点；制定总体实施方案；收集和分析有关的背景资料；确定工作分析所需信息；选择收集信息的方法。

1. 工作分析的目标和侧重点

工作分析前，要明确工作分析的目的，工作分析的目的直接决定了工作分析的侧重点，进而决定了工作分析需要收集的信息和获取信息的方法，因此必须在工作分析前明确其目的。在一个新成立的组织中或在一个刚刚进行了重组的组织中实施工作分析时，其首要目的是将组织的职能分解到各个职务，明确职责，明确组织中的纵向隶属关系和横向的关联关系。这时工作分析的侧重点就在于各个职务的职责、权限和关联关系方面。

2. 制定总体实施方案

一次完整的工作分析活动，往往需要调动大量的资源，需要花费相当长的时间，需要来自各个方面的人员的配合，因此需要在实施之前制定一个总体方案，以便有计划、有条理的实施工作分析。工作分析的总体方案包含：工作分析的目的和意义、所需收集的信息内容、活动的组织形式与实施者、实施的过程和步骤、时间和活动安排、方法的选择等。

3. 收集和分析有关的背景资料

对工作分析有参考价值的背景资料包括：国家职业分类标准或国际职业分类标准、有关整个组织的信息、现有的工作描述。

4. 确定工作分析所需信息

确定要收集哪些信息，涉及以下几方面：做什么、为什么、谁、什么时候、在哪里、为谁和如何做。

阅读资料

工作分析所需要收集的信息类型

进行工作分析需要收集很多的信息，这些信息可以分为以下六种类型：

（1）工作活动。指工作者必须进行的与工作有关的活动，如清扫、编织或绘画等。从这类信息中我们可以了解到，工作者应如何执行每一项工作活动，为什么要执行这些活动，何时执行这些活动。工作活动是用"工作"的术语表示工作的特征，通常反映最终的结果或产出。

（2）工作中人的行为。指人在工作中的行为类型，如感知、决策、沟通或与工作有关的身体动作等。这类信息反映的是工作对任职者有什么要求，如需要消耗多少能量、要走多远的路等。

（3）工作中使用的机器、设备、工具以及其他辅助工作用具。这类信息也包括与工作相关的有形和无形的内容，例如，在工作过程中生产的产品、加工的材料、接触或需要运用的学科知识（如生物知识或会计知识），以及需要提供的服务（如咨询或修理）。

（4）工作的绩效标准。指工作的数量、质量或者工作在每一方面所耗费的时间。这类信息可以帮助我们搞清楚应当用一种什么样的标准对从事这一工作的人进行评价。

（5）工作的环境。指工作空间和工作情景的物理和社会环境，既包括工作的物理环境、工作时间表等方面的信息，也包括工作的组织形式和社会环境（如平常同什么人打交道）等方面的信息，还包括在工作中将获得何种经济激励和非经济激励方面的信息。

（6）工作对人员的要求。指对任职者的知识或技能和个人特性等多种特征的要求，其中包括教育水平、培训经历、工作经验、智力和体力、生理特征、个性特点和兴趣等。

工作分析信息可以分为定性信息和定量信息两种形式。定性信息一般来说是描述性的，如工作的纪实性描述或对工作条件、社会背景、人员要求等的一般陈述。定量信息则是对工作单元进行量化后的数字信息，如工作难度、需要的时间或耗氧量。

工作分析信息多数来源于任职者（通过观察、面谈或填写书面表格而获得）。此外，这种信息也有其他来源，如上级主管、相关职业的专家、工作记录、培训手册与材料以及设备和工具的蓝图和草图等。

资料来源：孟慧.人事心理学［M］.上海：上海社会科学出版社，2009：54－55。

5. 选择收集信息的方法

收集信息的方法很多，在选择时，首先，要考虑工作分析所要达到的目标。如果工作分析是用于招聘，就应该选用关注任职者特征的方法；如果是为了建立薪酬体系时，则应选用定量的方法，以便对各职位的价值进行评价。其次，要考虑所分析工作的不同特点。如果是以机械操作为主的工作，其活动比较外显，可以使用观察法；以脑力活动为主的工作使用访谈法便于深入挖掘其工作方面的重要信息。最后，还应考虑实际条件的限制。有些方法虽然可以得到较多信息，但可能由于花费时间或财力较多而无法采用。

（二）实施阶段

实施阶段主要做的工作是与参与工作分析的有关人员进行沟通、制定具体的实施操作计划、实际收集和分析工作信息。

1. 与有关人员沟通

工作分析与大量的任职者密切相关，因此与任职者建立工作联系，获得任职者的理解和支持对顺利开展工作分析至关重要。在实施工作分析前，需要与涉及的人员进行沟通，让其了解工作分析的目的、意义，并获得他们的支持。

2. 制订实施操作计划

在工作分析前，工作分析人员应拟订详细的实施操作计划，在计划中列出具体、精确的时间表，每个人的具体职责和任务等。

3. 实际收集和分析工作信息

主要按照事先选定的方法，根据既定的操作程序或计划收集与工作有关的各种信息，并对信息进行描述、分类、整理，使之成为书面文字。

（三）结果形成阶段

结果形成阶段主要完成以下工作：形成信息分析报告、编写工作说明书。

1. 形成信息分析报告

工作分析人员在对所收集的信息分析整理后，应形成信息分析报告，并请有关任职者及其直接上级核对、确认，以避免信息分析出现偏差。

2. 编写工作说明书

工作分析的信息报告可以作为"职位描述"和"任职说明"的基础信息，在这两种文件的基础上，可以编写工作说明书。

职位描述是用书面的形式对组织中各类职位的工作性质、任务、职责和工作环境做出统一的规定。任职说明则表明各职位的任职者在教育程度、工作经验、知识、技能、体能、个性特征等方面应具备的最低资格与条件。

（四）反馈阶段

这一阶段主要包括两项工作：工作说明书的使用培训、使用工作说明书的反馈和调整。

1. 工作说明书的使用培训

工作说明书是由专业人员编写的，而使用者是实际工作人员。因此，在工作说明书的使用培训时，一方面，要让使用者了解工作说明书的意义与内容，另一方面，要让使用者了解如何在工作中运用工作说明书。

2. 使用工作说明书的反馈和调整

随着社会的不断发展，一些原有的工作会逐步消亡，一些新的工作会产生，现有的很多工作的内涵和外延也会发生改变，因此，应经常对工作说明书的内容进行调整和修订。此外，工作说明书是否适应实际工作的需要，也需在使用过程中得到反馈。

▶ 第二节 工作分析的方法

一、常用的工作分析方法

工作分析的方法很多，主要有观察法、访谈法、问卷法、关键事件法等，每种方法都有其优缺点，做好工作分析，要注意不同方法的差异性、适用性，根据组织的特点、工作分析的目的，选择适合的方法。

（一）观察法

观察法是通过观察，把有关工作各部分的内容、原因、方法、程序、目的等信息记录下来，把所获得的岗位工作信息进行整理。采用观察法进行工作分析可以获得客观而可靠的工作信息，比较直观。但采用这种观察法有时会不可避免地影响到工作的完成，因为，当有他人在场时，会分散当事人的注意力，不利于对工作操作做客观而真实的反映。

阅读资料

集体助长与集体遏制

有研究证明，有旁人在场时虽然分散注意力，但当事人一般却会更加努力工作。这是因为旁观者激发了当事人的工作动机而加强了他们熟练而正确的反应。当然，并不是所有的人都会出现这种被称之为"集体助长"的现象。一般来说，如果员工承担的是他们非常熟练的工作，那么有人在场将使他们表现得更好。而在工作尚处于生疏阶段而显得操作艰难笨拙的情况下，或是在操作者心知正在被旁观者所评价，且评价对自己又有较重要的意义时，许多人总是会有惧怕和焦虑心理，从而大大降低操作的水平。这就是所谓的"集体遏制"现象。被观察者的行为是被助长还是被遏制，要受到许多因素的影响，如人的个性、工作的难易程度、被评价的意义或与观察者的关系等。然而不管是哪种情况都是不利于对工作操作做客观而真实的反映的。

资料来源：俞文钊，苏永华. 人事心理学［M］. 大连：东北财经大学出版社，2006：51。

观察法适用于常规性、重复性、以体力劳动为主的工作，不适用于脑力劳动为主的工作。为了使观察更有效，需要注意以下问题：一是要多观察几位任职者的工作过程，然后综合工作信息；二是选择有代表性的工作行为样本进行观察；三是观察时不能影响任职者的正常工作；四是观察前应制定一份观察提纲，以免遗漏工作重点。

在观察过程中，有些工作行为可能一直没有表现出来，对于这些重要但需依赖于客观条件才会出现的工作行为，可以让任职者进行工作表演，虽然工作表演可能与真实情况相比有差异，但有利于节省时间，提高工作分析的效率。

（二）访谈法

这种方法通过访问任职者，了解他们所做的工作内容，为什么这样做与怎么样做，由此获得岗位工作的资料。有些情况下，对于某些岗位不可能去现场观察或者存在难以观察的情况，或需要进行短时间或长时间的心理特征的分析，以及被分析的对象是对文字理解有困难的人，诸如此类情况下，需要采用访谈法。

访谈法是工作分析中大量运用的一种方法，这种方法能面对面地交换信息，可对对方的工作态度和工作动机等较深层次的内容有详细的了解，因此，它有其他方法不可替代的作用。工作分析专家和任职者的面谈主要围绕以下内容：第一，工作目标。组织为什么要设立这一工作，根据什么确定对此工作的报酬。第二，工作内容。任职者在组织中有多大的作用，其行动对组织产生的后果有多大。第三，工作的性质与范围。这是访谈的核心，这方面主要了解该工作在组织中的关系，其上下级职能关系，所需的一般技术知识、管理知识、人际关系知识、需要解决的问题的性质以及自主权。第四，所负的责任。涉及组织、战略决策、执行等方面。

访谈法是建立在工作分析专家与任职者面谈之上，需要专门的技巧。因此，工作分析专家访谈时应注意以下几点：首先，尊重被调查人，接待要热情，态度要诚恳，用语要适当；其次，营造一种良好的气氛，使被调查者感到轻松愉快；最后，调查者应采用启发、引导的方式，对重大问题应尽量避免发表个人的观点与看法。

阅读资料

访谈法应注意大而无当

"请你谈谈你这份工作对公司的价值。"听到这样的问题，小A愣住了，该怎么回答呢？当然要说价值很大啦，怎么大呢？思索了半天，她也不知道该如何回答，只能说"我的工作是公司正常运转不可缺少的一个环节"，心里暗想，这回答还真是废话。

不仅仅是小A，还有不少员工都在访谈中遭遇这样的"宏观"问题。原本以为工作分析，人力资源部在了解情况后会对每个人的工作做个评价，谁知道，上来就让员工自己谈价值。这下可把大伙难住了，说高了，一听就是空话；自谦一下，不等于让人家来炒鱿鱼？只好统一口径，简单几句话把进行工作分析的人打发走了。

点评：要想了解一个工作岗位到底有什么样的工作内容、工作流程，从事该项工作的员工有怎样的素质和技能要求，工作分析小组需要采取各种方法，了解相关信息。与员工面谈是工作分析的重要方法之一。在面谈时就需要一定的技巧和方法，即提问要具体、细致。像小A遭遇到的这样大而无当的问题是最忌讳的。因为这样的问题容易引起员工不安，也得不到有效信息。

为此，工作分析小组成员应该技巧性地提问，获得的细节越多越好。例如，让员工描述他工作中典型的一天，从上班到下班都做了什么。假如他回答开会，可以继续了解和谁开会，开什么会，对开会讨论的问题他发表了怎样的观点，他的意见是否被采纳。也可以了解员工在不同工作上花费的时间。例如，对于销售，可以问问有多少时间是和客户打交道；有多少时间和同事商量销售方法；工作中遇到最大的问题是什么，如何解决，解决的时候是否找人帮忙；等等。除本人之外，还可以与他的同事、主管面谈，了解他的具体工作、工作时间分配等。同样，问题也是越具体越好，仅记那些评价性的大问题是无效的。

资料来源：根据章凌. 如何消除工作分析中员工的恐惧心理［EB/OL］. 中科软件网，http://www.4oa.com/office/748/940/949/200511/67568.html 整理而得。

访谈法的优点是易于控制多方面信息；可获得完全的工作资料以免去员工填写工作说明书之麻烦；可进一步使员工和管理者沟通观念，以获取谅解和信任；可以不拘形式，问题内容较有弹性，又可随时补充和反问，这是问卷法所不能办到的；收集方式简单；适用于对文字理解有困难的人。

访谈法的缺点是一旦被访谈者对访谈的动机持怀疑态度，则回答问题时就会有所保留，或分析者访谈技巧不佳等因素而造成信息的扭曲；分析项目繁杂时，费时又费钱；分析者的观点影响工作信息正确的判断；占用员工工作时间，妨碍生产；访谈者易从自身利益考虑而导致信息失真，例如，把一件容易的工作说得很难或把一件很难的工作说得比较容易。

（三）问卷法

问卷法是通过问卷来获取工作分析信息，实现工作分析目的的一种方法。通常，问卷由工作分析人员编制问题或陈述，这些问题或陈述涉及实际的行为和心理素质，要求被调查者对这些行为和心理素质在他们工作中的重要性和频次按给定的方法作答。

问卷法的形式多种多样，依照不同的标准有不同的形式。按问卷的通用性划分，有适合于各种职务调查的通用性问卷和针对某一专业岗位的问卷；按问卷的结构化程度划分，有封闭式问卷和开放式问卷。此外，问卷法还可以分成职务定向和人员定向两种。职务定向问卷比较强调工作本身的条件和结果；人员定向问卷则集中于了解工作人员的工作行为。

问卷法的优点是比较规范化、数量化，适合于用计算机对结果进行统计分析；调查范围广，可用于多种目的的工作分析；费用低、速度快，节省时间、不影响工作；容易进行，且可同时分析大量员工；员工有参与感，有助于双方计划的了解。

问卷法的缺点是设计问卷并进行测量所耗费的钱财和时间较多，有时很难设计出一个能够收集完整资料的问卷表；设计比较费工，也不像访谈法那样可以面对面地交流信息，除非问卷很长，否则就不能获得足够详细的信息，不容易了解被调查对象的态度和动机等较深层次的信息；不易唤起被调查对象的兴趣，一般员工不愿意花时间正确地填写问卷表；调查之前，需要说明，否则会因理解不同，产生信息误差。

（四）工作日志法

工作日志法要求工作分析人员指导从事工作的员工每天做现场工作日记或日志，即让他们每天记录下他们在一天中所进行的活动。每个员工都要将自己所从事的每一项活动按照时间顺序以日志的形式记录下来。

工作日志法的流程包括：工作者本人连续记录自己所完成的工作任务，一般要记录 10 天以上，包括工作任务、工作程序、工作方法、工作职责、工作权限以及各项工作所花费的时间等。分析者对这些记录内容进行归类和分析，对记录分析结果进行必要的检查。

工作日志法的优点是它可以向工作分析者提供一个非常完整的工作图景，在以连续同员工及其主管进行面谈为辅助手段的情况下，这种工作信息搜集方法的效果会更好，对工作可以充分地了解；采取逐日或在工作活动后及时记录，可以避免遗漏；可以收集到最详尽的资料。它适用于管理或其他随意性大、内容复杂的岗位分析。

工作日志法的缺点是员工可能会夸张或隐藏某些活动；费时、费成本且干扰员工工作；记录者可能会带有主观色彩将注意力集中于活动过程，而不是结果；整理信息的工作量大，归纳工作烦琐；填写者因不认真可能会漏填某些内容从而影响分析结果。

（五）关键事件法

关键事件法就是请管理人员和工作人员回忆、报告对他们的工作绩效来说比较关键的工作特征和事件，从而获得工作分析资料。关键事件是使工作成功或失败的行为特征或事件（如成功与失败、赢利与亏损、高效与低产等）。该方法要求将工作过程中的"关键事件"详细地加以记录，在大量收集信息后，对岗位的特征和要求进行分析研究。关键事件的记录包括：一是导致事件发生的原因和背景；二是员工特别有效或多余的行为；三是关键行为的后果；四是员工自己能否支配或控制。

关键事件法的优点是，关键事件法既能获得有关职务的静态信息，也可以了解职务的动态特点；针对员工工作上的行为，能深入了解工作的动态性；行为是可观察可衡量的，故记录的信息容易应用。

关键事件法的缺点是需花大量时间收集、整合、分类资料；不适于描述日常工作；易遗漏一些不显著的工作行为，难以把握整个工作实体。

（六）工作参与法

工作参与法是工作分析人员亲自参加工作活动，体验工作的整个过程，从中获得工作分析的资料。要想对某一工作有一个深刻的了解，最好的方法就是去实践。通过实地考察，可以细致、深入地体验、了解和分析某个工作者的心理因素及该工作所需具备的各种心理品质和行为模型。所以，从获得工作分析资料的质量方面而言，这种方法比前几种方法效果好。

二、常用的工作分析问卷

以上讨论的各种方法属于定性化的工作分析方法，但在有些时候这种定性化的方法并不适用，例如，当要求对各项工作进行比较，用以协助设计薪酬体系或业绩考评时，就必须对每项工作的价值进行衡量。这时，采用量化的工作分析方法就比较适合。定量化的工作方法主要通过工作分析问卷来实现。

（一）职位分析问卷

职位分析问卷（position analysis questionnaire，PAQ）是一种结构严密的工作分析问卷，它对工作进行了等级划分。根据决策、熟练性活动、身体活动、设备操作以及信息加工等特点对每一项工作分配一个量化的分数，然后在总得分之间进行对比。该问卷分为六个部分：

（1）信息输入。指任职者在什么地方以及如何获取工作所必需的信息，信息的性质、数量和类型。

（2）心智活动。指任职者在工作中所做的分析推理、决策、计划和安排，以及其他信息加工过程。

（3）工作输出。任职者在工作中所需付出的体力劳动以及所需要使用的工具或设备。

（4）人际交往。任职者在工作中与什么人有什么联系。

（5）工作环境。工作的自然环境条件和社会关系。

（6）其他职位特征。以上各方面以外的其他的活动、条件或特征，包括着装要求、工作时间要求等。

整个问卷包括 194 个项目，由任职者或工作分析专家根据拟分析职位的实际情况，对每个项目进行评定。然后，对任职者的回答进行统计分析，以确定该职位的主要活动和其他一些因素。PAQ 的具体评定方式如 2 - 1。

表 2 - 1　　　　　　　　　　　PAQ 问卷的评定方式示例

信息输入
1.1 工作所需信息的来源：这部分包括工作所需信息的来源。请根据本职位对这些信息需要的程度来评定。
1.1.1 视觉信息来源

序号	项目	不需要	很少需要	有时需要	一般	很需要	非常需要
1	文字材料（如书籍、报告、文章、说明书、办公记录等）						
2	数据材料（如图表、账目、数字表等）						

续表

序号	项目	不需要	很少需要	有时需要	一般	很需要	非常需要
3	图形或图案材料（如草图、工程蓝图、工艺图、线路图、地图、电视画面）						
4	模型或有关装置（工作中作为观察的信息来源的模板、样板、模型等，不包括第3项中所指材料）						
5	……						

PAQ 最大优点在于，能够通过统计分析给被调查职位确定一个量化的分数，便于对各职位进行比较分析，并在此基础上制定每一职位的工资等级。但是，PAQ 也有其局限性，首先，职位分析问卷主要适合于技术和半技术性工作，而对于管理职位和专业性工作（如人力资源经理或销售人员）显得有些不足。其次，虽然可以给每一被调查职位一个确定的分数，但是这种分数也模糊了各职位之间的具体区别。例如，两个职位的得分一样，但是，其工作内容可能相差特别大。最后，两个职位的工作活动可能都包括职位分析问卷中的项目，例如，口头交流，但是其工作性质可能有本质的区别，而 PAQ 在揭示这些区别方面显得有些不够明确。

（二）管理职位描述问卷

管理职位描述问卷（management position description questionnaire，MPDQ）是专门针对管理类工作而设计的职位分析问卷。该问卷由沃尔特·W. 托诺（Walter W. Tornow）和帕特里克·R. 平托（Patrick R. Pinto）所编制，早期的 MPDQ 将工作活动分为 13 项，在进行分析时，要求管理者按照 0 ~ 4 五个等级评定每个项目所描述的工作活动对管理者职位的重要性程度，然后写下管理者认为在某一因素中尚未被包括的工作活动作为补充。经过二十多年的发展，已形成如下 9 个方面对管理工作进行评定的管理职位描述问卷。

（1）人员管理。通过和下属一起工作来分析他们的优势和不足，以提高员工业绩；提供培训，培养技能，安排工作并制定绩效目标。

（2）计划和组织。制定并贯彻落实短期计划，编制预算，确定资源的最优化分配和利用；将长期的计划转化成短期的操作性目标；制定操作性的政策和程序。

（3）决策。在非结构性情况下，快速做出决策；允许为了解决新的或不一般的问题对已有程序做出修改。

（4）组织发展。监控外部和内部可能会影响公司的因素，包括业绩指标、企业资本和资金、市场条件以及文化、社会和政治氛围。

（5）控制。评估生产产品或提供服务所需的时间，并制定时间进度表，跟踪生产过程，确保产品的质量和服务的有效性，分析生产流程的有效性。

（6）代言人。作为代言人，回答有关问题或对外界的抱怨做出反应；与外界沟通，以促进公司与外界的关系；与外界谈判；组织活动以维护或树立公司形象。

（7）协调。能和公司内部没有上下级关系的人沟通，以分享信息、按时完成工作任务、解决问题或达到目标；和同事保持良好的工作关系；协调关键员工的不一致或矛盾。

（8）咨询。跟踪某一领域的技术进展，帮助公司引进新的技术，能作为专家、咨询师为其他管理人员提供咨询或解决问题。

（9）行政管理。从事基本的行政管理活动，包括分析例行的信息，维护详细和准确的文档资料等。

管理职位描述问卷是专门为评定管理职位而编制的问卷。该问卷对评价管理工作、决定该职位的培训需求、工作分类、薪酬评定、制定选择程序和绩效评估方案等人事活动都具有重要的意义。

（三）通用职位分析问卷

通用职位分析问卷（common-metric questionnaire，CMQ）是美国学者罗伯特·J. 哈维（Robert J. Harvey）编制的标准化职位分析问卷。与以前的职位分析问卷相比，CMQ不论是在内容方面，还是在形式方面都弥补了以前标准化职位分析问卷的不足，同时也应用了最新的测量理论，因此，通用职位分析问卷是现在比较流行的标准化职位分析问卷之一。该问卷从13个方面对职位进行评定。

（1）接受管理和实施管理。该职位接受哪些职位的管理，并对哪些职位进行管理。

（2）知识和技能。完成该职位的工作需要具备哪些知识和技能。

（3）语言的运用。该职位对语言有哪些特殊要求。

（4）利用视觉信息或其他感觉信息。在工作中利用视觉信息和其他感觉信息的情况。

（5）管理和业务决策。在哪些方面参与决策，决策的权限有多大。

（6）内部联系。与单位内部哪些人员有联系。

（7）外部联系。与单位外部哪些人员有联系。

（8）主持或发起会议。主持或发起的会议有哪些。

（9）参与会议。经常参加哪些会议。

（10）体力活动。工作中需要哪些体力活动。

（11）设备、机器和工具的使用。需要使用哪些设备、机器和工具。

（12）环境条件。工作的环境条件如何，这些环境条件对任职者是否有危害性。

（13）其他特征。与工作有关的其他一些特征。例如，任职者的工作是否经常被他人所打扰，工作是否要求与生病或受伤的人相处等。

表2-2为CMQ的具体评定方式。

表2-2　　　　　　　　　　CMQ的具体评定方式示例

您进行这种决策的频率是多少？ （选择最佳的答案）	您在制定决策中起什么样的作用? （选择最具代表性的答案）
1. 从不间断到每小时一次	1. 我对决策具有最终决定权
2. 从几小时一次到每天一次	2. 通常我做出决策，上级不作改变
3. 从几天一次到每星期一次	3. 我做出决策，但需要上级的批准
4. 从几星期一次到每月一次	4. 我向决策制定者提供决策建议
5. 从几个月一次到每年一次	5. 我向决策制定者提供有关信息

与其他职位分析分卷相比，通用职位分析问卷的优点在于，不仅可以用来分析技术性和半技术性的职位，而且适合于管理职位和专业职位。CMQ的分析结果不仅可以用来撰写职位说明书，而且可以用来进行培训需求分析和设计绩效考核标准。和以前的职位分析问卷相比，通用职位分析问卷的项目更为行为化、具体化，更容易进行操作、评定和统计。此外，通用职位分析问卷所使用的语言要求不高，评定者只要具备初中以上文化程度就能看懂，进行评定时易于操作。

（四）功能性职位分析

此外，定量化的工作分析方法还有功能性职位分析技术。功能性职位分析（functional job analysis，FJA）是悉尼·法恩（Sydney Fine）在美国劳工部（DOL）的职位分析程序的基础上发展起来的一种职位分析技术。这种方法依据的假设是每一种工作的功能都反映在它与信息、人和物三项要素的关系上，故可由此而对各项工作进行评估。功能性职位分析技术的基本假设主要包括以下几点：

（1）必须明确区分"工作结果"和"工作过程"。在进行职位分析时，更应关注工作过程，而不是工作结果。例如，程序员的任务是编程，而不是所编的程序。

（2）所有的工作都与"信息""人""物"有关，而工作就是处理信息、人和物之间关系的过程。

（3）尽管各职位的行为和任务的变化很大，但几乎所有的职位都可以用数目不多的职能来说明。例如，与机器打交道的过程只包括进料、照看、操作和装配等四项功能。

（4）各个职位的职能是一个多层次结构系统，每项职能都可以用等级量表来评价，具体见表2-3。

表2-3　　　　　　　　　　功能性职位等级分析

信息	人	物
协调	谈判	控制
分析	教导	驾驶
汇总	监督	操作
计算	转移	照管
模仿	说服	运送
综合	督导	装配
比较	口头指导	运用
	服务	
	辅导指导	

在采用功能性职位分析技术进行职位分析时，可利用各种方法搜集信息，确定该职位的主要任务。然后，对照功能等级表确定其功能等级，确定工作时需要得到多大程度的指导，该职位对逻辑推理能力、数学和语言方面有哪些要求，工作的绩效标准以及对任职者的培训要求。

▶ 第三节　O*NET职位分析方法

一、O*NET的含义

O*NET工作分析系统是 occupational information network 的简写，这是一项由美国劳工部组织发起开发的工作分析系统，吸收了多种工作分析问卷（如PAQ、CMQ等）优点，是一个全面的职业描述系统，综合、发展了职位名称词典（dictionary of occupational title，DOT）60年来关于工作和职位性质的相关知识，能够满足未来工作信息的需要。

O*NET包括多重指标系统，如工作行为、能力、技能、知识和工作情境等，不仅考虑到职业需求和职业特征，而且还考虑到任职者的要求和特征。更重要的是考虑到整个社会情境和组织情境的影响作用。同时该系统具有跨职位的指标描述系统，为描述不同的职位提供了共同语言，从而使得不同职业之间的比较成为可能。

二、O*NET 的基本原则

（一）多重描述

O*NET 在许多领域将会有广泛的应用（没有一个单独的指标类型能够达到这一点），因此需要一个多重的指标系统，例如，任务、工作行为、能力、技能、知识、领域和工作情境，来为工作提供多重的描述。这种方法有助于人们了解很多关于工作的有效信息，同时也有助于人们建立不同的描述指标之间的关系，为思考不同指标之间的关系提供一些理论启示。

（二）共同语

O*NET 发展了跨职位的指标描述系统，这就为描述不同的职位提供了共同语。这样，我们无须为每个职位都建立特殊的描述系统，并且能够迅速地收集和更新职位信息。O*NET 的许多应用都需要进行职位之间的比较，因此，必须形成共同语。

（三）职位描述指标的分类和层次

O*NET 运用了分类学的方法对职位进行分类，这种方法使得广泛的信息能够被概括，并且能够被分到较少的类别中。因为 O*NET 同时关注职业和职位两个方面，所以需要建立范围宽广的描述指标系统，不仅要包括进行特定工作需要的关键技能，而且要包括更广范围的组织或者情境因素描述指标（如组织文化等）。

三、O*NET 内容模型及其应用

O*NET 的三个原则形成了 O*NET 内容模型的基本形式，这个模型全面包含了职位之间描述指标的主要类型，并且提供了特定职位信息的基本描述性框架。

O*NET 的内容模型主要包括六个方面，并且每个方面又都有分类，如图 2-1 所示。

（一）工作特征

工作特征是相对持久的个人特质，主要包括能力、工作风格和职业价值观及兴趣。

1. 能力

能力是一个人相对持久的基本特征之一，虽然它是相对稳定的，但是在不同情境下也会随着时间和经验的增加而变化。O*NET 的能力分类和测量系统是在弗莱施曼（Fleishman）广泛研究的基础上发展起来的，他的研究确定了能力的 4

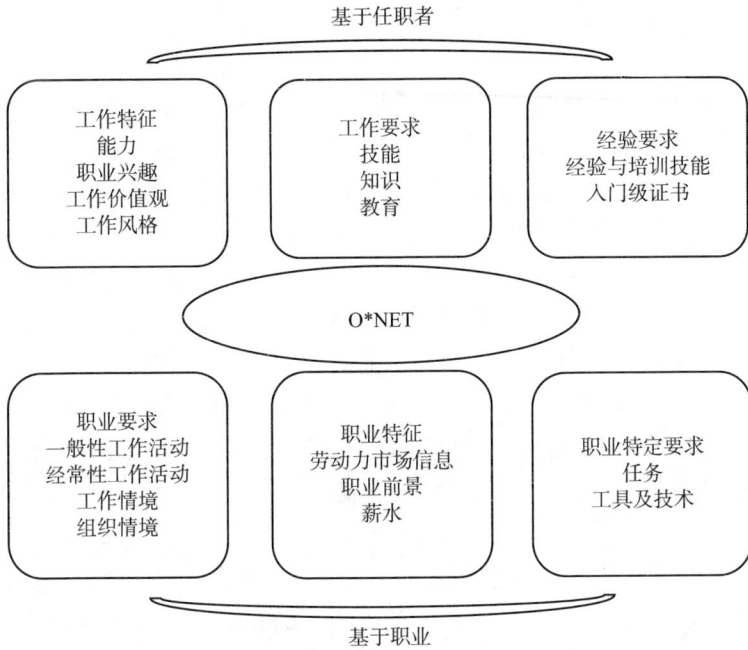

图 2-1   O＊NET 内容模型

个高层级结构、15 个中层级结构和 52 个能力特征。能力将工作任务特征和有效工作表现所需的能力联系起来，很好地组织了工作的相关信息。它有多种应用，例如，建立选拔程序、职业咨询、工作族的发展、设置绩效标准、将工作要求和残疾及医疗标准联系起来。

2. 工作风格

工作风格主要跟一系列人格和气质因素有关。这一分类的建立，参考了 5 种主要的与工作相关的人格分类。同时还检索了人格方面因素分析和相关研究的进展。最后得出的工作风格分类包括 7 个高层级的结构和 17 个低层级的结构。

工作风格的应用至少有三个方面：可以用于高工作绩效人员的选拔工作，职业咨询师可以将其应用于人—职匹配中，而择业者也可以利用这方面的信息选择适合自己的职业。

3. 职业价值观和兴趣

职业价值观是对工作活动和工作环境的其他性质的重要性进行的评价。兴趣是源于对生活经历情感评价的好恶。职业兴趣是通过霍兰德的六因素职业兴趣评价问卷进行评价的，职业价值观和兴趣的分类采用了戴维斯（Dawis，1991）的工作价值观六因素分类法。六种价值观下面又有 21 个层级的描述指标。

职业兴趣的价值观多在职业咨询和寻求职业中用于人—职匹配，同时也有其他应用。例如，一个职业的从业者们喜欢的工作环境的特点可以让职业咨询师和政策制订者了解不同职业的价值观。

（二）工作要求

工作要求是通过教育和经验发展起来的一般特征。它们比工作特性更容易改变，主要包括知识、技能和教育三个方面。

1. 知识

知识是一个人拥有的与工作表现相关的信息，主要通过教育、培训和特定的经历获得的。知识分类是基于弗莱施曼（Fleishman）的同时发展能力要求的方法建立的。经过一系列的研究和讨论，最后确定了 33 个知识范围，这 33 个知识范围又分组形成了 10 个更高层级的知识范围。

O*NET 获得的知识方面的信息可以用于人员选拔、人—职匹配、培训和再培训、职业咨询、确定职业兴趣和产生新的工作族，同时可以用于工作的分类和薪酬系统的发展。

2. 技能

技能是一个人的工作熟练水平或者完成任务的能力。技能通常会随着培训或者经验的增加而提高。O*NET 中包含两种类型的技能：基本技能和跨功能型技能。基本技能是指那些使人能够更好地学习和获得新知识的能力，可以分为内容型和过程型两个部分。内容型技能主要用来获得特定的技能，包括阅读、书写和数学等；过程型的技能反映的是个体更好地进行学习的方式，因此它能够有助于更快地获得知识和技能，主要包括主动学习和批判性思维等。

跨功能型技能主要指个体形成的能够促进各种不同工作表现的能力。主要由 5 个部分组成：任务解决技能、社交技能、技术技能、系统技能和资源管理技能。技能的分类中有 2 个高层级的结构、7 个中等层级的结构和 46 个低层级结构。技能需求信息的应用有很多。首先，技能方面的信息可以用于人力资源开发。可以利用这些方面的信息确定员工从事某项工作是否合格，还需要获得什么样的工作经验才能合格，因此，技能信息能够提供培训需求的信息。其次，刚被裁员或者新找工作的员工可以利用跨功能型技能和基本技能的数据来确定应该寻找相关的哪些工作。再次，技能需求信息可以应用到工作分类和薪酬系统的发展中。最后，技能需求信息可以被用于选拔或者员工晋升系统的发展。

3. 教育

教育主要是指接受过的正规的学校教育、课程学习和培训。教育的重点不是在于获得知识的内容本身，而主要是指这些知识是何时获得以及如何获得的。教育对员工的知识和技能都有很大影响。教育要求方面，O*NET 关注的是工作需要的正式教育的量和需要的资格证书。尽管有许多主题领域的分类系统，但是只有 1990 年美国教育部（CIP）分类系统在理解不同职业的教育要求方面是有用的。CIP 分类包括多种教育项目，例如，资格证书、高中、大学和研究生教育和成人教育项目等。

教育信息对许多人都是非常有用的，例如，职业咨询师、员工、学生、培训开发者和求职者。教育信息的应用包括职业选择、职业计划、课程开发、人事选拔。例如，雇主可以应用教育信息帮助设置最低的雇用标准。

（三）职业要求

跟工作要求相似，职业要求主要是对工作本身的描述。因此，职业要求描述的是工作活动、工作情境和组织情境等。

1. 一般工作活动

一般工作活动是完成主要的工作职能所需要进行的一组类似的工作活动或者行为。这个定义是基于职位分析问卷和工作取向的观点而设置的。在进行了大量关于工作活动文献综述的基础上，通过因素分析以及对产生因素进行对比，揭示出了工作潜在的基本结构，最后选择了42种一般工作活动，这42种一般工作活动又归入了4个更高层级的结构：信息输入、心智过程、工作输出和跟他人的相互作用。

一般工作活动的应用范围非常广泛。首先，研究者和从业者能够观察不同职业关键工作活动的异同，这样有利于对工作进行分类。其次，择业者可以用来确定不同职业需要的工作活动。最后，一般工作活动可以用作绩效系统考核维度。

2. 工作情境

工作情境主要是描述工作实施的社会心理和物理环境。工作情境一般分成三个主要部分：第一部分是人际关系，主要是描述工作的人际互动过程；第二部分是工作的物理条件，主要是指工作者和工作物理环境的相互作用；第三部分是结构化的工作特点，主要关注工作本身。对求职者来说，工作情境是一个必须考虑的重要因素。有关工作情境的信息对于工作者的安全、健康、压力的降低等方面都有重要的指导作用。有关工作结构的信息和需要的人际关系的信息在选拔程序的设计中非常有用，同时有关工作物理条件的信息在薪酬系统的设计中也非常重要。

3. 组织情境

工作情境对某个工作或者某个工作族是特定的，而组织情境主要是指能够影响组织中所有工作的组织特征。O*MET中包含许多类型的组织情境因素。第一，行业类型很早就被认为是影响组织的重要因素，主要通过标准行业分类代码来对职业进行分类。第二是结构特点，包括组织结构（如组织规模、决策系统等）和人力资源系统及实践（如选拔、培训、薪酬系统）等。第三，还要对社会过程进行测量，包括组织文化、目标、角色和领导等，这些因素之所以非常重要，是因为这些因素都会影响到工作的组织和实施。组织情境的应用有很多，首先，它能够提供影响到工作如何进行组织的组织水平的变量；其次，能够为求职者和职业咨询师提供有关人—职匹配的信息。

（四）经验要求

经验要求主要是指特定职业需要的经验的种类和数量，主要包括对任职者在从事其他工作的经验、与工作相关的培训、在职培训和资格证书方面的要求。个体主要通过经验、工作相关培训和资格认证等方式使自己符合某项工作的要求。培训和经验跟工作相关经验相联系，主要用来评价工作要求的经验是通过现场培训、在职培训还是通过学徒的方式获得。任职资格要求主要是指需要哪些特定的证书、获得证书的条件和谁要求个体来获得这些认证。不管是对员工还是对雇主，经验要求的信息对于使员工和职业匹配方面都是非常重要的。因此，经验要求的信息对职业和生涯咨询、选拔、晋升都有帮助。

（五）职业性质

为了描述某个职业，必须明确劳动力市场的三个不同方面：劳动力需求、劳动力供应和其他劳动力市场的信息。劳动力需求的描述指标主要提供某个特定职业劳动力的现有和潜在需要。主要有三个指标：现有职业雇用情况、现有不同行业的职业雇用情况和潜在的职业雇用情况。现有职业雇用情况主要提供关于某个职业雇用数量和近几年发展趋势方面的基本信息。现有不同行业的职业雇用情况主要提供某个职业中哪个行业最有可能雇用员工。潜在的职业雇用情况主要描述特定职业的雇用前景。

描述劳动力的潜在供应比描述它的需求更加困难，对劳动力需求情况的分析是基于入学登记人数和完成正式培训项目的人数来确定的。但是，这只能提供一个劳动力供应的粗略估计。主要有两个描述指标：专业技术类的入学登记人数和完成学业人数提供了专业和技术职业的可以提供的正式培训员工数目，低于专业技术水平类型的入学登记人数和完成学业人数提供了其他职业的供应情况。其他劳动力市场描述指标可以提供全国水平的劳动力供需状况信息，还提供各地不同的职业信息，而且提供各种职业不同薪酬状况的信息。

劳动力市场状况信息有多种功能。咨询师和求职者可以将它应用于职业咨询、生涯探索和生涯规划，求职和机构的人员安置。教育者和对经济发展感兴趣的人士可以用它来进行职业教育规划、培训和开发课程。人力资源管理者可以用它来预测劳动力供应情况从而调整招聘战略，为新的厂房选择合适的地点。政府机构也可以利用这些数据进行外籍员工的就业资格认证、提供平等就业机会和目标设置等。

（六）职业特定要求

除了以上几方面外，O*NET 也包括职位特定信息和具体职责、工具以及设备方面的信息，需要发展一种技术来获得这些信息。这些技术包括让一组主题问题专家审阅某项职业的一般工作活动，形成该职业一般工作活动的一组意见。然后，对于这些被保留的一般工作活动，主要问题专家组要形成一组特定的工作任务。同样，职位特定技能和知识也通过同样的方法产生。

＞第四节　工作分析实践中的问题

　　人力资源专员小李接到指示，公司将从本月开展工作分析。人力资源部的每个成员自然成为工作分析小组的成员，其中小李负责销售部门各个岗位的工作分析。他决定先从普通的销售员开始，从下往上分析，把销售经理摆在最后。遗憾的是，员工们的态度并没有小李预期的那样配合。资历深厚者直接质问小李："工作分析？干吗用的？你们人力资源部吃饱了撑的没事干啦？!"悲观者疑心重重，马上反应："哦，是不是要裁人啦？怎么突然要做工作分析了呢？"工作中表现出明显的戒备、恐惧甚至排斥。更多的员工消极抵抗，以各种理由推三阻四，态度冷淡。"真抱歉，手头忙，等过一阵再谈吧。"一周下来，小李精疲力竭，却收获寥寥。负责其他部门的工作分析小组成员所处的情况也大同小异。

　　讨论：出现这种现象的原因？

资料来源：根据章凌．如何消除工作分析中员工的恐惧心理［EB/OL］．中科软件网 http：//www.4oa.com/office/748/940/949/200511/67568.html 整理而得。

　　员工之所以对工作分析产生恐惧，主要原因就是事先没有作宣传动员。员工不清楚工作分析的原因、流程、目的，心里没底，自然对这项突如其来的工作不配合，对实施者也有不信任感。因此，在工作分析实施前做好充分的准备是非常必要的。

一、工作分析实践中的问题

　　在工作分析的实践中，可能会遇到一些问题和干扰，影响工作分析的正常进行。具体来说，会遇到以下一些问题。

（一）员工心理拒绝

　　员工心理拒绝是指由于员工害怕工作分析对其熟悉的工作环境带来变化或对自身利益带来损失，而对工作分析实施者充满敌意及对其工作采取不合作的态度。一般来说，工作分析过程中遇到以下现象，就可以认为存在员工心理拒绝。

　　首先，员工心理拒绝表现为员工对工作分析实施者的冷淡、抵触情绪。即如果工作分析人员在进行问卷调查、访谈、收集资料时，明显感到员工对其态度冷淡、言语讥讽或者故意找借口对工作分析实施者所需要的资料不给予提供，不支持其访谈和调查工作，而这些问题又不是因为工作分析实施人员本身的原因，如对员工态度傲慢、给员工造成压力，那么即可断定存在员工心理拒绝。

其次，员工心理拒绝表现在员工所提供的信息资料的准确性上，即如果某工作分析者在分析员工提供的有关工作的信息资料时，发现这些信息与实际情况有较大的出入时，即可断定存在员工心理拒绝。其表现为：员工故意提供虚假的信息资料，故意夸大其所在岗位的实际工作责任、工作内容，对其他岗位的工作予以贬低等。

阅读资料

工作分析中员工心理拒绝的原因

首先，工作分析的减员降薪功能是员工心理拒绝的先天性原因。员工通常会认为工作分析会对其就业、工作内容、工作权力、责任、工作范围、薪酬水平造成威胁，因此，心理上对工作分析产生拒绝是理所当然的。之所以会有这种观点，是因为长期以来企业一直把工作分析作为减员降薪时使用的一种手段。因此，员工就对工作分析存在着一种天生的心理拒绝。

其次，测量工作负荷和强度是员工心理拒绝产生的现实原因。在霍桑实验中，实验者发现员工在工作中一般不会用最高的效率从事工作，而只是追从团队中的中等效率。这是因为员工不仅仅有经济方面的要求，更有团队归属需求。更为重要的是，员工认为如果自己保持中等效率，管理者会增加其工作强度至较高的水平。如果自己的工作效率太高，管理者也会再增加自己的工作强度，那么自己可能达不到管理者的要求，这样会给管理者造成自己不努力的印象，因此，员工对工作分析有心理恐惧也是有其现实意义的。

最后，用工作分析中的衡量标准和工作职责对员工进行考评，也是员工产生心理拒绝的原因。在没有进行工作分析的企业，对于那些管理人员，往往无法进行绩效考评，如果有了工作分析，可以通过工作职责和衡量标准进行考核，这对于工作懒散的人无疑会产生抵制态度。

员工心理拒绝对工作分析的影响

员工心理拒绝对工作分析的影响具体表现在对工作分析的实施过程、工作分析结果的可靠性及工作分析结果的应用等三个方面。

（1）对工作分析实施过程的影响。由于员工担心工作分析对其现存利益造成威胁，因此会产生对工作分析小组的工作抵触情绪，不支持其访谈或调查工作，从而使工作分析实施者收集工作信息的工作难以进行下去。

（2）对工作分析结果可靠性的影响。因员工固有的观念认为工作分析是为裁员、降薪而实施的，所以，即使提供给工作分析专家有关工作的信息，也有可能是虚假的。而工作分析专家在这些虚假信息的基础上对工作做出的具体分析，很难说是正确的，最终产生的工作分析结果——工作说明书的可信度也值得怀疑。

（3）对工作分析结果应用的影响。如果在员工的培训中，根据这些不符合实际的工作说明书和工作规范中有关员工知识、技术、能力的要求而安排培训计划，那培训项目很可能并不能为公司带来预想的成效。如果采用这些虚假信息进行绩效评估，那评估结果的真实性和可信性也值得深究。甚至，如果再根据此评估结果对员工进行奖惩、升降等，会打击高效率员工工作的积极性，而且会强化那些工作原本不怎么出色的员工某些不利于公司发展的行为。

资料来源：康锐，萧鸣政. 企业职务分析中的常见问题及解决方法［J］. 中国人才，2001（8）。

（二）环境变化的问题

现代企业处于智能化、信息化的外部环境和组织结构弹性化、制度体系创新化的内部环境之中。企业员工的能力和需求也在不断地提高，他们追求更多的工作责任、更好的工作环境、更多的信任和尊重。在这种瞬息万变的内外部环境中，工作分析也面临着巨大的冲击。由于工作分析的特殊地位，很多企业也曾投入巨大的人力、物力来进行工作分析，整理内部的工作说明书与任职说明书。可是在所有的工作完成之后，却发现因为内外环境的变化、职位的调整，员工能力和需求层次提高而导致了原有的工作分析不适用了，导致许多管理者认为工作分析是多此一举，浪费资源。

从表面上看，问题是出在工作分析上面，因为工作分析的结果落伍于市场的变化，已经不适用了。但其实错误的根源在于最重要的企业战略问题没有真正落实在工作分析的过程中，而只是目前的各职位的说明，这样刚刚写好的工作说明书很快就无法适应企业的需要。

（三）缺乏高层管理者的支持

高层管理者的认同和支持是有效完成工作分析及工作说明书编写的重要前提。大量工作分析的实践表明，多数员工对工作分析的目的、意义认识不清，在工作分析过程中，经常以"工作忙，没时间"为借口，拒绝或消极抵抗这项工作。出现这种现象的原因，一是在于高层管理者本身没有认识到工作分析的重要性，没有充分发挥领导者的带头、示范作用，极大影响了工作分析的效率；二是有些高层管理者认为工作分析是走形式，浪费时间、人力，不愿投入太多精力和资金开展这项工作。因此，人力资源部门在工作分析之前，应积极获得高层管理者的认同和支持，才能减少工作分析过程中的阻力和障碍。

（四）缺少主管人员、工作实施者的参与

在企业人力资源管理实践中，存在这样一个认识上的误区，工作分析是人力资源部门的事情，与各职能部门的关系不大。为此，在具体实施过程中，部门主管、核心员工参与度不高，即使参与了也没有结合企业内外部环境的变化认真思

考工作岗位信息的变化。心理学研究表明，如果人们认真参与一项工作的规划，会增强其今后工作的投入，增强人们的责任感，增强人们对其工作内容的配合。因此，工作分析之初应充分吸收主管人员、工作实施者参与到具体的工作分析工作中，以保证工作分析的顺利进行和结果的落实。

（五）忽视对工作分析实施者相关知识的培训

工作实施者是工作分析数据的重要来源渠道，可是由于员工的素质参差不齐，加之缺少相关工作分析的培训，往往意识不到工作分析的重要性，无法为工作分析提供高质量的数据和资料。甚至可能存在歪曲事实的现象，误导工作分析的方向。

（六）工作分析方法过于单一

工作分析方法种类很多，如观察法、问卷法、日志法、任务清单法等。每种方法都有其优点与不足，我们在进行工作分析时如果方法选择不当就无法获取准确的数据，无法实现工作分析的最终目标，因此，在工作分析内容确定后选择适当的分析方法十分重要。

（七）工作分析的评价体系不健全

工作分析往往是认真地开始，草草地结束，相关部门领导和员工对工作分析的结果不甚了解，也不清楚这项工作对他们的工作有什么帮助。有些员工还提出，工作分析没有对他们的具体工作产生相应的指导、调控和引导作用。这就使工作分析的作用没有得到很好的发挥，降低了工作分析的效率，从而也会导致员工的不配合、不支持，影响了工作分析进一步的发展。

二、有效开展工作分析的对策

（一）加强与员工的沟通

要成功地实施工作分析，就必须克服员工对工作分析的恐惧和排斥，从而使其提供真实的信息。最好的办法是尽可能使员工及其代表参与到工作分析中来，加强与企业员工的沟通，解释工作分析的目的，这有利于消除恐惧，保证工作分析的正常进行。

首先，在工作分析开始之前，应该向员工解释清楚以下几方面的内容：一是实施工作分析的原因、目的、意义和作用；二是工作分析小组的成员组成；三是工作分析不会对员工的就业和薪资福利产生负面影响，相反能够让员工更好地做好本职工作；四是为什么员工提供的信息资料对工作分析是十分重要的，因为只有当员工了解了工作分析的实际情况，并且参与到整个工作分析过程中，才会忠于工作分析，才会提供真实可靠的信息；五是工作分析小组及企业管理者应做出书面的承诺，企业决不会因工作分析的结果而解雇任何员工，也不会降低员工的工资水平。

阅读资料

人力资源经理小李，刚从某外企跳槽到一家民营企业，发现企业管理有些混乱，员工职责不清，工作流程也不科学。她希望进行工作分析，重新安排组织架构。一听是外企的管理做法，老板马上点头答应，还很配合地作了宣传和动员。小李和工作分析小组的成员，积极筹备一番后开始行动。不料，员工的反应和态度出乎意料地不配合。"我们部门可是最忙的部门了，我一个人就要干3个人的活""我每天都要加班到9点以后才回去，你们可别再给我加工作量了"。

多方了解后，小李才知道，她的前任也做过工作分析。不但做了工作分析，还立即根据分析结果进行了大调整。不但删减了大量的人员和岗位，还对员工的工作量都做了调整，几乎每个人都被分配到更多工作。有了前车之鉴，大家忙不迭地夸大自己的工作量，生怕工作分析把自己"分析掉了"。

资料来源：根据章凌. 如何消除工作分析中员工的恐惧心理［EB/OL］. 中科软件网，http：//www.4oa.com/office/748/940/949/200511/67568.html 整理而得。

其次，要使工作分析的进程与员工紧密结合。在工作分析实施过程中和工作分析完结之后，也应及时向员工反馈工作分析的阶段性成果和最终结果，这样员工才会有参与感，才会对参与的工作分析的实施和结果的执行给予支持。

（二）获取高层管理者的支持

实践证明，高层的持续性支持是工作分析成功的基石。企业高层的支持不能停留在口头承诺与宣讲上，必须渗透到操作环节中。最好在全体员工大会上，通报工作分析的目的，让员工明白，这是一个客观公正的调查分析，是为了改进工作方法、规范工作内容，而不是针对某个人，更不是要裁员或者降薪，消除员工的心理障碍。通过持续深入地沟通与互动，建立起高层对工作分析及后续应用的"心理承诺"。另外，人力资源部也需要把工作分析的执行步骤、方法告诉全体员工，让员工心中有数，从而避免大家的猜疑。

（三）以组织战略为导向进行工作分析

急剧变化的社会环境和组织环境，要求工作分析不仅能体现大背景下工作内容和性质的发展变化趋势，而且还要跟具体组织的特性及组织的发展目标结合起来。桑切斯（Sanchez）在2000年提出了在迅速变化的环境下如何进行工作分析的问题。传统工作分析往往把任职者作为主要的信息来源，桑切斯认为，为了适应新的需要，不能仅仅把任职者作为唯一的工作信息来源，还应该让一些非任职者，例如，企业的战略制订者和人力资源管理者以及相关领域的行业专家，加入到工作分析的过程中，这样他们可以就企业需要的一些比较抽象的个性特质和企业的战略需求提出建议。在做工作分析的初期，必须对企业的战略进行短期或长期的定位，把战略目标作一一分解，形成部门的战略目标，部门主管在此基础上，再深入分解成为员工的职位描述书和任职说明书。在分解过程中，需要各个环节间不断地沟通。只有把分解后的职位描述书和任职说明书，与目前员工的工作状况进行对比，才能形成最后的工作分析结果。

（四）建立工作分析小组，保证工作分析实施者的充分参与

工作分析需要全员参与，因为每个岗位既是工作分析的对象，同时也是岗位信息的提供者。为了保证信息的真实性和客观性，同时又要使岗位说明书内容趋于规范化和标准化，需要工作分析的各个主体互相沟通，并达成一致的意见。因此，工作分析需要形成人力资源部推动，全员参与的局面。

虽然需要建立工作分析小组，但实际上这个组织是"虚拟"的。也就是说它并不是将某些人从日常的工作中抽调出来独立做工作分析，而是将其作为一项临时性的工作任务。当然，对于人力资源部来讲，工作分析就是本部门的本职工作。

工作分析小组中的人员在工作分析的不同阶段，各自担当一定的工作分析职责。小组由四类人员构成：人力资源部人员、部门经理（包括公司高层副总、总经理，根据实际情况也可以包括部门内业务主管）、员工代表、各个岗位代表。有些企业可能需要聘请外部咨询机构展开工作分析，那么咨询机构也属于该组织中的一个构成部分。

组织中各类人员在工作分析的不同阶段，担任着不同的职责。其中，岗位代表是每个岗位选择一个素质较为全面的人来负责提供本岗位的信息。这主要是对于一岗多人的情况下，并不需要所有的人员参与岗位信息调查。

员工代表是从本部门内部挑选出业务知识较为全面、理解能力和写作表达能力较强的员工，他们一般是作为本部门进行工作分析的代表。设置员工代表主要解决岗位信息初步确认与整理的目的。首先，基层员工素质参差不齐，很难保证所有岗位有能力按照要求完成信息提交，这就需要员工代表起到辅助作用；其次，所有岗位的信息收集上来，部门经理由于忙于日常事务，也很难抽出时间逐一检查，这就需要员工代表能够根据自己的业务经验，对岗位信息进行初步判断后，再将存在问题的岗位信息与部门经理沟通协商；最后，人力资源部的人员精力有限，很难随时地解决员工填写信息调查问卷时存在的疑问，这样员工代表可以起到辅助、解释的作用；同时对于自己无法解答的问题，可以汇总到人力资源部门集中解答。

（五）组织工作分析的培训

工作分析实践中很多员工根本不知道为什么要做工作分析，怎样做工作分析，因此，人力资源部门有必要组织关于工作分析的培训，这是工作分析得以顺利展开的基础。培训的根本目的在于保证参与工作分析的人能充分理解这件事情的目的、意义以及一些基本的方法等。这种沟通更倾向于单向的教育与解释，要尽量保证参与工作分析的人都接受这样的培训。可以从网络上、培训课程以及书籍中找到介绍工作分析的内容，并请教有过工作分析经验的同行结合经验与相关知识编写成工作分析的培训教材。

培训可分为两个层面，一个层面包括公司高层及人力资源部门全体员工可以请外部咨询公司具体加以指导，培训的主要内容包括工作分析的理念、工作分析的主要内容和流程、工作分析常用方法（观察法、问卷法、访谈法）、如何进行有效沟通等。如果连人力资源部门的员工都不能掌握这些技能就很难保证他们正确地运用工作分析这种管理工具，工作分析的目的也就无法达到。另一个层面是岗位信息提供者包括公司中层及基层员工。通过培训让他们认识到工作分析的目的和意义，争取他们的理解与支持以及如何正确填写岗位信息，让参与的人知道如何更好地完成这项工作。

（六）选择合适的工作分析方法

工作分析的方法多种多样，但企业在进行具体的工作分析时要根据工作分析目的的不同选择不同的方法。一般来说工作分析主要有问卷调查法、面谈法和关键事件法等。这些方法各有利弊，例如，面谈法易于控制，可获得更多的职务信息，适用于对文字理解有困难的人，但分析者的观点影响工作信息正确的判断，面谈者易从自身利益考虑而导致工作信息失真；问卷法费用低、速度快，节省时间，调查范围广，可用于多种目的的职务分析，缺点是需要说明，否则会因理解不同产生信息误差。人力资源管理者除要根据工作分析方法本身的优缺点来选取外，还要根据工作分析的对象来选择方法。具体来说，选择方法是需要考虑以下几个因素。第一，工作分析的目的。工作分析的目的不同，使用的方法也不同。例如，当工作分析用于招聘时，就应该选用关注任职者的特征的方法；当工作分析用于薪酬体系建立时，就应当选用定量的方法，以便对不同工作的价值进行比较。第二，岗位特点。若岗位活动以操作机械设备为主，则可使用现场观察法；若岗位活动以脑力劳动为主，观察法则会失效，此时访谈法或问卷法则更为合适。第三，企业的实际状况。有些方法虽可获得较多信息，但可能由于花费的时间或资源较多而无法采用。例如，访谈法虽能较深入地挖掘有关工作的信息，但需花费较高成本；而问卷法则因样本量大，范围广和效率较高，更符合企业的现实需要。

在实际工作分析中，通常会将各种方法结合使用。例如，在分析事务性工作和管理工作时，可能会采用问卷法，并辅之以面谈和有限的观察法；在研究生产性工作时，可能采用面谈和广泛的观察法。因此，只有根据具体的目的和实际情况，有针对性地选择最适合的方法及其组合，才能取得最佳效果。

（七）在实践中应用工作分析并及时地修正

工作分析最忌讳只重形式不重应用。如果不能够有效利用工作分析结果，势必会影响后续人力资源工作的开展。员工感觉不到工作分析之后带来的相应变化和改进，也很难在今后的工作中再度配合人力资源部的工作。所以，一定要把工作分析的结果真正的应用于人力资源的各项工作中。

另外，工作分析是一个过程，并非一成不变的标准，需要不断根据企业战略目标来修订，从而达到人力资源的优化管理。任何组织都要随着外界环境的变化进行相应的变革活动，组织结构、工作构成、人员结构等都可能处于不断变动之中，这种动态环境要求人力资源管理部门制定出相应的审核制度，定期或不定期地对正在使用的岗位说明书进行梳理，发现问题，及时修正。只有这样，工作分析才能够适应组织发展的变化。

▶ 复习思考题

1. 工作分析的作用。
2. 常用的工作分析方法。
3. O*NET 内容模型有哪些?
4. 工作分析实践中常遇到哪些问题?
5. 如何有效开展工作分析?

▶ 案例分析

A 公司的问题出在哪里

A 公司人力资源部负责招聘的小王最近遇到一个问题，研发部负责人向他抱怨，初试来的几位求职者在第二轮面试中都被淘汰了。

"我已经送去了 4 位求职者面试，这 4 人都基本符合工作说明书的要求，可是，您却将他们全部拒之门外。"

"符合工作说明书的要求?"，李经理很惊讶地回答道，"我要找的是那种一录用，就能够直接上手做事的人，而你们推荐来的人，都不能胜任实际工作，并不是我所要找的人。再者，我根本没有看见你所说的工作说明书。"

闻听此言，小王二话没说，拿来工作说明书，当他们将工作说明书与现实所需岗位逐条加以对照后发现，原来这些工作说明书已经严重脱离实际，也就是说，工作说明书没有将实际工作中的变动写进去。

李经理向小王描述了所需人才的技能及需要履行的职责后，小王表示，将尽快组织编写工作说明书，并以此为指导来开展招聘工作。

思考：如果你是人力资源部的负责人，你会如何开展这项工作？请制定一个初步的解决方案。

第三章

招聘与选拔心理

学习目标 通过本章的学习，理解招聘中易出现的心理偏差，面试中应注意的问题；了解招聘的基本过程；重点掌握招聘的心理学基础、常用的心理测验方法。

引导案例

天诚公司是一家发展中的公司，随着生产规模的扩大，为了对生产部门的人力资源进行更为有效的管理，公司决定在生产部建立一个处理人事事务的职位，主要工作是协调生产部与人力资源部的工作。人力资源部经理王量、生产部经理李初对应聘者进行了筛选。最后留下了两人，这两个人的简历及具体情况如下：

赵安：男，32岁，企业管理硕士学位，有5年一般人事管理及生产经验，在以前所从事的两份工作中均有良好的表现。

面谈结果：可录用。

钱力：男，32岁，企业管理学士学位，有7年人事管理及生产经验，以前曾在两个单位工作过，第一个单位的主管对他评价很高，没有第二个单位主管的评价资料。

面谈结果：可录用。

看过上述资料和进行面谈后，生产部经理李初与王量商谈何人可录用。李初说："两位候选人的资格审查都合格了，唯一存在的问题是，钱力的第二位主管给的资料太少。虽然如此，我也看不出他有什么不好的背景。你的意见呢？"

王量说："很好，李经理，显然你我对钱力的面谈表现都有很好的印象，人嘛，有点圆滑，但我想我会容易与他共事，相信在以后的工作中不会出现大的问题。"

李初说："既然他将与你共事，当然由你做出决定更好，明天就可以通知他来工作。"

于是，钱力被公司录用了。进入公司6个月以后，钱力的工作成效远远达不到公司的要求，对指定的工作，他经常不能按时间完成，有时甚至表现出不胜任工作的行为，引起了管理层的抱怨。显然，钱力不适合此职位，必须另找人选。

资料来源：王宝石．人力资源管理［M］．北京：机械工业出版社，2008：120。

人员的招聘与选拔是人力资源管理过程中的首要环节，组织能否根据发展的需要和岗位的要求找到一定数量的合格人才，直接决定了组织中人力资源的整体质量，影响组织发展战略目标的实现。当前，我国企业越来越重视采用科学的手段来选拔员工，但也有一些中小企业甄选人才时手段单一、方法不当，降低了招聘选拔工作的质量，因此，采用科学、适宜的测评方法与工具尤为重要。

▶ 第一节　招聘与选拔心理概述

一、招聘概述

所谓招聘是指当组织出现职位空缺后，借助一定的渠道吸引或寻找具备任职资格和条件的求职者或适合者，并采取某种方法从中甄选和确定合适的候选者予以聘用的过程。招聘的目的是为了满足企业自身生存和发展的需要，解决企业人力资源的供需矛盾，获得企业所需要的人才，树立企业良好形象的活动。

有效的招聘可以使组织从诸多候选者中选出与组织目标趋于一致并愿意与组织共同发展的员工，避免引入素质较差或不能融入组织的员工，以确保录用人员的质量，避免日后的离职或解聘，为人力资源管理与开发活动打好基础。

二、招聘的流程

招聘工作是一个复杂、系统而又连续的程序化操作过程，为了使招聘工作科学化、规范化，需制定严格的招聘程序。一个完整的招聘过程包括准备阶段、实施阶段、评估阶段。

（一）准备阶段

1. 招聘需求的提出

招聘工作一般是从提出招聘需求开始的，招聘需求通常是由用人部门提出。一般来说，组织会根据一定时期的业务发展需要制定人员预算，招聘需求通常是在人员预算的控制之下的。但是实际工作的需要和业务的变化也会导致人员需求的一定变化，对于这些变化的情况，往往需要用人部门和人力资源部门根据对实际情况的分析共同做出决定。一般来说，用人部门基于以下情况向人力资源部门提出招聘需求：年度人员招聘计划；有员工离职或调动到其他部门，造成职位的空缺；由于业务量的扩大造成现有人手不足；组建新部门；现有队伍需要调整，裁减多余人员，招聘紧缺人才。

2. 招聘计划的制订

在确定招聘需求之后，需要制订一个完整的招聘计划，一个招聘计划通常包括以下内容：第一，什么岗位需要招聘人？招聘多少人？每个岗位的具体要求等。第二，招聘对象的条件。第三，招聘地区的分布情况，是本单位、本市，还是面向全国招聘。第四，信息发布，通过什么渠道发布招聘信息，何时发布。第五，是否要委托某个部门或机构进行甄选。第六，招聘工作的具体安排，即招聘过程中组织人员构成和职责分工、经费预算、日程安排等。

招聘计划制定完成后，还需提交相关领导审批，批准后才能进行招聘信息的发布，招聘活动才能继续进行。如果拟招聘人员是在人员预算范围内，一般审批程序会进行较快；如果待招聘人员是在人员预算之外，高层领导需要对招聘的必要性进行审核和论证。

3. 招聘渠道、方法的选择

人力资源管理部门通过何种渠道寻找潜在的职位候选人，要根据当地的劳动力市场情况，工作职位的类型、层级以及组织的性质、行业、规模来决定。通常招聘的渠道有两种：一是内部招聘，二是外部招聘。选择内部招聘还是外部招聘，要根据企业实际情况来确定，例如，考虑本企业的人员状况，空缺岗位任职条件，信息发布的费用成本等。采用内部招聘，可以考虑职位公告、员工推荐等方法；如选择外部招聘，可以通过校园招聘、中介机构、招聘会、猎头公司等。当企业要寻找入门职位的候选人，通常可以在学校或公共就业机构寻找；要寻找中高级的企业管理人员，通常需要猎头公司的服务。

招聘的方法有很多，主要有笔试、面试、心理测验、评价中心等。不同方法适合于不同职位人员的招聘和选拔，而且不同方法的实际操作效果也是不同的。在人力资源管理工作中，我们要根据不同方法的不同效果，相互配合使用，使招聘和选拔工作更加科学化。

（二）实施阶段

招聘工作实施阶段是整个招聘活动的核心，也是最关键的环节，包括招募、选拔、录用、入职四个阶段。

1. 招募信息的发布

发布招募信息通常可以获得比实际所需任职者人数多的职位候选人。企业一旦确定了自己对人才的需要，就应该及时把这一信息发布出去，招聘信息可通过报纸、杂志、广播、电视、网络等媒体发布，也可以通过中介公司的介绍。信息发布的范围是由招聘对象的来源范围决定的，如果企业某岗位需要在大的范围内招聘人员，那么招聘信息的发布范围需要广一些，这样可能招聘到合适人选的概率就越大。

招募信息发布之后，求职者的求职信和简历会像雪片一样飞来，人力资源部门应及时对求职者的资料进行分类整理，与用人部门一同筛选出初步具有资格的人员，并确定参加面试的人选和时间。

2. 申请人员的甄选

为了找到合适的人选，通常需要一个科学的甄选过程。甄选过程包括三部分内容：填写职位申请表、组织测试、评估应聘者。

填写职位申请表。几乎所有的组织都会要求候选人填写一张职位申请表。有些职位申请表比较简单，仅仅填写个人的基本信息，而有些组织的职位申请表是一份综合性的个人履历表，要求求职者填写个人经历、受教育培训情况、个人技能和成就等。这种申请表中的一些信息可以作为某些工作绩效的衡量标准，人力资源部门可能根据其中信息进行评分、甄选。

组织测试。测试分为笔试和面试。笔试又分为考察候选人基础知识、专业知识的知识性考试和考察候选人能力水平、性格特征的心理测试和评价中心技术。一份设计妥当的笔试问卷可以大大减小决策错误的可能性。面试是获得正确甄选结果的一种保障，面试所得到的主观印象好坏往往与将来是否能友好合作具有密切联系。但面试本身的预测效度并不高，因此它不能作为唯一的方法使用。

评估应聘者。主要对通过以上方式获得的有关应聘者的专业知识和技能、实际工作能力、沟通与交往能力、环境适应性等状况进行评估，以此作为甄选的依据。

3. 录用决策

经过筛选将具备相应资格的应聘者从最佳到最差进行排序，然后进行决策。决策时应该着重选择那些熟悉工作、经验丰富、很快适应工作的人，对工作具有强烈愿望和动机的人，选择最合适的人，未必是最优秀的人。

4. 劳动合同的签订

确定了录用人员以后，要发出录用通知书。在正式聘任前，应该有一个试用期，在试用期内，组织可以对候选人作进一步了解，如发现候选人不理想，可以及时采取补救措施。试用期结束后，对那些试用合格的候选人可以做出正式录用决定，并与之签订劳动用工合同。

（三）评估阶段

评估阶段，即对招聘效果进行评估。招聘效果评估主要包括招聘成本效用的评估、录用人员的评估和招聘方法效果的评估。通过对招聘成本效用的评估，能够使招聘人员清楚知道费用的支出情况，这有利于降低以后招聘的费用；通过对录用人员工作质量的评估，了解他们之前测评的结果与实际的业绩是否具有较高的一致性，检验招聘工作成果与方法的有效性，有利于招聘方法的改进；通过对招聘方法信度与效度检验，可以发现使用的评价方法是不是可靠和准确，或者对已有的评价方法进行改正和完善。

▶ 第二节 招聘与选拔的心理学基础

在心理学发展史上，产生了许多流派，例如，行为主义心理学派、认知主义心理学派、人本主义心理学派等。这些心理学流派的理论对人力资源管理理论与实践的发展影响很大。其中人—职匹配理论、个性差异理论对现代人员招聘与选拔工作有着重要的影响作用。

一、人—职匹配理论

人—职匹配理论即关于人的个性特征与职业性质一致的理论。其基本思想是，个体差异是普遍存在的，每一个个体都有自己的个性特征，而每一种职业由于其工作性质、环境、条件、方式的不同，对工作者的能力、知识、技能、性格、气质、心理素质等有不同的要求。进行职业决策（如招聘、配置、职业指导）时，就要根据一个人的个性特征来选择与之相对应的职业种类，即进行人—职匹配。如果匹配得好，则个人的特性与职业环境协调一致，工作效率和职业成功的可能性就大为提高；反之，则工作效率和职业成功的可能性就很低。所以，人—职匹配理论是现代人员招聘与选拔的理论基础，其中，最有影响的是"特质—因素论"和"人格类型论"。

（一）特质—因素论

特质—因素论是用于职业选择、职业介绍的经典性理论，也称特性与素质理论，最早由美国波士顿大学教授帕森斯（F. Parsons）提出。之后由美国职业指导专家威廉逊（E. G. Williamson）发展而成。

物质—因素论认为，每个人都有自己独特的能力和人格特点，职业选择时要充分考虑两大要素：一是特质，包括个性的态度、能力、兴趣、特长、局限和其他特征；二是因素，即职业的要求，主要指职业成功所需的知识以及岗位所具有的优势、不利和补偿、机会和前途等。在了解了自己和职业后，求职者需要做的就是根据自身的条件和职业的要求进行适当的"人—职匹配"。整个特质—因素论的指导思想可以分为三个步骤：

1. 了解自己

选择职业之前，首先要了解自己的身心特点。除了常规的身体和体质检查外，还要通过心理测量及其他手段获得有关身体状况、能力倾向、兴趣爱好、气质与性格、家庭背景、学业成绩、工作经历等方面的个人资料，并对这些资料进行分析与评价。

2. 了解职业

了解职业，即收集并分析有关的职业信息，研究职业的用人要求以及高效完成工作的职业标准。

3. 人—职匹配

在了解个人特质和职业因素的基础上，接着就是通过职业咨询或个人决策来选择适合自己的特性而又有可能获得的职业。

由此可见，特质—因素论的理论焦点是人—职匹配，通过对求职者和职业两方面的全面深入分析，寻找人与职之间的最佳匹配。该理论的特点是注意个别差异与职业资料的收集与利用，从而使职业选择建立在心理学的基础上，并且促进了求职者对职业的广泛了解。这也是目前比较常见的职业指导所遵循的指导思想之一，具有较强的可操作性。

（二）人业互择论

人业互择论是由美国职业指导专家霍兰德（J. Holland）提出的。他假设大多数人的人格都可以分为现实型、研究型、艺术型、社会型、企业型与常规型等六种，这六种人格类型都有相对应感兴趣的工作和学习，称为职业类型，人的职业选择就是其人格的反映。由于不同类型的人格决定了不同类型的职业兴趣，所以，霍兰德对职业兴趣类型的划分与其对人格的划分是相同的，即为现实型、研究型、艺术型、社会型、企业型、常规型。

1. 现实型

现实型（realistic，R）。现实型的人动手能力强，手脚灵活，动作协调，有较好的身体技能。他们可能在自我表达和向他人表达方面感到困难。他们喜欢在户外活动，喜欢使用和操作工具。他们宁愿与机械和工具打交道，也不愿意与人打交道。这种类型的人喜欢的职业领域包括机械制造、建筑、渔业、野外工作、试验技师、工程安装以及某些军事职业等，适合各类工程技术工作、农业工作，例如，工程师、技术人员、维修工人、矿工、木工、电工、测绘员等。

2. 研究型

研究型（investigative，I）。研究型的人抽象思维能力强，求知欲强，对科学研究和科学探索有热情，善思考，不愿动手，对周围的人并不感兴趣。喜欢独立的和富有创造性的工作，知识渊博，有学识才能。他们习惯于通过思考在头脑中解决所面临的难题，而并不一定实现具体的操作。在科学领域中，他们常常具有非传统的观念，倾向于创新和怀疑。这种类型的人适合从事科学研究和科学实验工作，例如，自然科学和社会科学方面的研究人员、专家，化学、冶金、电子、飞机等方面的工程技术人员等。

3. 艺术型

艺术型（artistic，A）。艺术型的人有创造力，乐于创造新颖、与众不同的成果；喜欢以各种艺术形式的创作来表现自己的才能，实现自身价值；做事理想化，追求完美，不重实际；具有特殊艺术才能和个性。这种类型的人适合各类艺术创作工作，如音乐、舞蹈、戏剧等方面的演员、编导、教师；文学、艺术方面的评论员；广播节目的主持人、编辑、作者；绘画、书法、摄影家等。

4. 社会型

社会型（social，S）。社会型的人喜欢与人交往，善言谈，愿意教导别人。喜欢参与解决人们共同关心的社会问题，渴望发挥自己的社会作用，喜欢通过与他人讨论来解决存在的难题，他们善于通过调整与他人的关系来解决存在的难题。这种类型的人适合从事直接为他人服务的工作，直接与人打交道的工作，例如，教育工作者、公关人员、咨询人员等。

5. 企业型

企业型（enterprising，E）。企业型的人精力充沛、自信、善交际，具有领导才能；喜欢竞争，敢冒风险，有野心和抱负；喜爱权力、地位和物质财富；喜欢从事有领导责任的社会工作；缺乏从事精细工作的耐心，不喜欢需要长期智力劳动的工作。这种类型的人适合从事影响他人共同完成组织目标的工作，例如经理、政府官员、部门和单位的领导者、管理者等。

6. 常规型

常规型（conventional，C）。常规型的人喜欢按计划办事，习惯接受他人指挥和领导；不喜欢冒险和竞争；工作踏实，忠诚可靠，遵守纪律。这种类型的人喜欢办公室工作，不喜欢在工作中与别人形成过于紧密的联系，对于明确规定的任务可以很好地完成。这种类型的人适合从事各类与文件档案、图书资料、统计报表之类相关的科室工作，例如，会计、出纳、统计人员、打字员、办公室人员、图书管理员、保管员、邮递员、审计人员等。

通常来说，人们倾向选择与自我人格类型匹配的职业环境，例如，现实型的人在现实型的职业环境中工作和学习，容易感到乐趣和内在满足，也最可能充分发挥自己的潜能。但是，在现实中由于种种原因你可能很难选择到完全匹配的职业类型。因此，你可能会不断妥协，退而寻求与之相近的职业环境，例如，现实型的人最后选择了在研究型的职业环境中工作和学习。在这种环境中，你通过努力是可以取得适应并获得成功的。但如果你选择了对立面上的职业环境，比如，传统型的人在艺术型的职业环境中工作，就意味着你进入了与自己的类型完全不匹配的职业环境，那么你可能感到自己很难适应这份工作，或者难以体会到工作带来的快乐，甚至还每天工作得很痛苦。

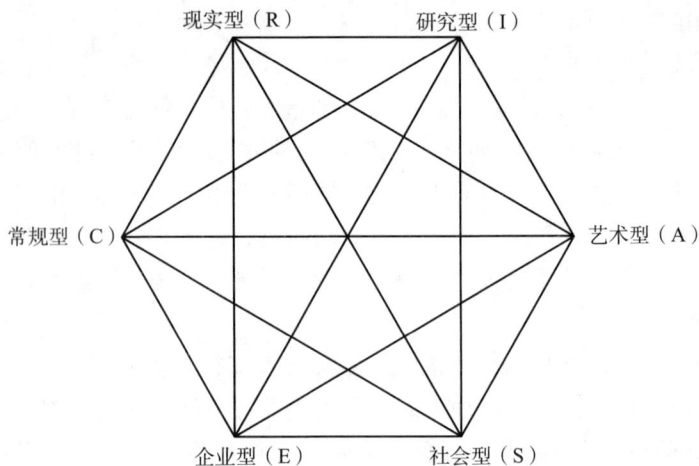

现实型（R）　　　　研究型（I）

常规型（C）　　　　　　　　　　　　艺术型（A）

企业型（E）　　　　社会型（S）

图 3-1　人格类型关系

图 3-1 中的六个角代表六种职业类型和劳动者类型。每种类型的劳动者与职业之间的关联程度以连线表示：连线距离越短，说明两种类型的人关联程度越大，适应程度就越高。当劳动者类型与职业类型在一个点上时，表明这种类型的劳动者从事了最适宜的工作，这是最好的职业选择。如果连线距离越长，表明劳动者与职业的适应性最低。

二、胜任特征理论

（一）胜任特征的概念

胜任特征（competency）概念最早是由美国哈佛大学的戴维·麦克利兰（David McClelland）教授于 1973 年提出的。麦克利兰对美国高等教育普遍使用智力测验来挑选学生的方法提出质疑，他认为真正影响学生学习绩效的，实际上并不是智商而是学生个人的素质条件和行为特征，即胜任特征。麦克利兰（1973）认为，胜任特征是那些与工作或工作绩效或生活中其他重要成果相似或直接相联系的知识、技能、能力、特质或动机。这个定义被视为胜任特征研究的起点。

自麦克利兰提出胜任特征的概念后，很多人力资源管理和组织行为学领域的学者相继开始了胜任特征的研究，提出了各自的观点。例如，帕特里夏·麦克拉根（Patricia Mclagan，1980）认为，胜任特征是足以完成主要工作结果的一连串知识、技能与能力。理查德·博亚特兹（Richard Boyatzis，1982）认为，胜任特征是一个人所具有的内在的、稳定的特性，它可以是动机、特质、技能、自我形象、社会角色或者是此人所能够运用的某项具体知识。伍德拉夫和查尔斯（Woodruffe & Charfes，1993）认为，胜任特征是在某一情境中完成工作任务所必需的一系列行为模式，这些行为与高工作绩效有关，并且通过工作中的高绩效个体得以具体表现。帕里（Parry，1996）认为，胜任特征就是影响一个人大部分工作（角色或职责）的一些相关的知识、技能和态度，它们与工作的绩效紧密相连，并可用一些被广泛接受的标准对它们进行测量，而且可以通过培训与发展加以改善和提高。米拉比莱（Mirabile，1997）认为，胜任特征是与一个职位高绩效相联系的知识、技能、能力和特征。他认为行为是一个特别明确的胜任素质的表达。行为是一些素质、技能、能力或者特征的可观察的展示。胜任特征是一套假定为可以被观察、教授、习得和测量的行为。戴维·D.杜波依斯和罗斯韦尔（David D. DuBois & Rothwell，2002）认为，胜任特征是指个体具有的、为了达到理想的绩效以恰当的、一贯的方式使用的特征，这些特征包括知识、技能、自我形象、社会性动机、特质、思维模式、心理定势以及思考、感知和行动的方式。

国外学者对于胜任特征的概念没有统一的界定，但有四点是被学者们所认同的。第一，胜任特征都强调工作情境中员工的价值观、动机、个性与态度、技能、能力、知识等特性；第二，胜任特征与工作绩效有密切的关系，可以用来预测员工未来的工作绩效；第三，与工作岗位的要求紧密联系，在某一工作岗位上非常重要的知识、技能，在另外一个工作岗位上或许发挥不了作用；第四，能够区分绩效优秀者和一般者。

综合以上观点，胜任特征是能将某一工作中表现优异者与表现平平者区分开来的个人潜在的、深层次特征，它可以是动机、特质、自我形象、态度或价值观、某领域知识、认知或行为技能，任何可以被可靠测量或计数的，并且能显著区分优秀绩效和一般绩效的个体特征。

（二）胜任特征模型

1. 胜任特征模型概述

胜任特征模型（competency model）是胜任特征要素的总和，是指担任某一特定的任务角色所需具备的胜任特征的总和，它是用行为方式来定义和描述员工完成工作需要具备的知识、技能、特质和工作能力，通过对不同层次的定义和相应层次的具体行为的描述，确定完成一项特定工作所要求的一系列不同胜任特征要素的组合。

胜任特征模型描述了将高绩效者与一般绩效或低绩效者区分开来的结果，它为某一特定组织、工作或角色提供了一个成功模型，反映了某一既定工作岗位中影响个体成功的所有重要的行为、技能和知识，通过胜任特征模型可以判断并发现员工绩效好坏差异的关键驱动因素，从而成为改进与提高工作绩效的基点。

达成某一绩效目标所需要的素质特征可以很多，但是胜任特征模型并不是要把所有需要的特征都描述出来，而是要分析、提炼那些能够达成优秀绩效的核心的、关键的素质，因此，胜任特征模型通常由 3~6 项与工作绩效密切相关的核心胜任特征要素构成。胜任特征模型是具有行业特色的，它应该反映某行业内对人员的整体素质要求，包括知识和技能的范围、对所服务客户的认识程度等。胜任特征模型还要有企业特色，不同企业不同岗位的胜任特征模型是不一样的，即使两个企业在人员要求的胜任特征条目上是一致的，也很少有两个企业的胜任特征的行为方式要求是完全一致的。因此，要根据企业的环境、战略、文化，特别是岗位工作要求构建企业的岗位胜任特征模型。

2. 冰山模型

冰山模型（iceberg model）是将个体素质的不同表现形式分为冰山表面的"冰山以上部分"和深藏的"冰山以下部分"，如图 3 - 2 所示。

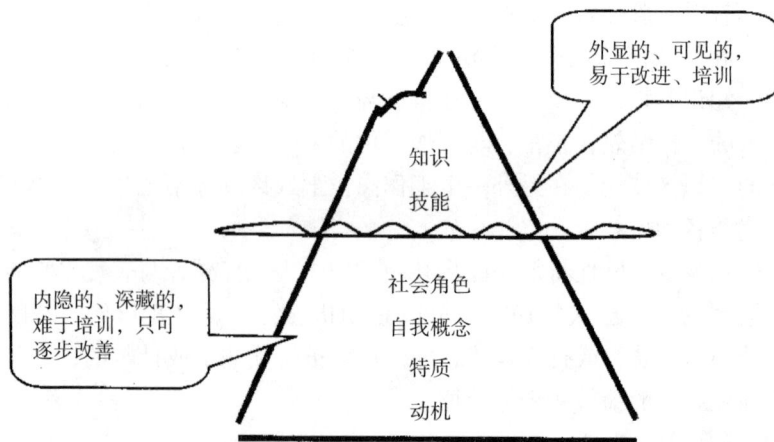

图 3 - 2　冰山模型

在冰山模型中，胜任特征被划分为两部分，一部分是冰上的部分，包括知识、技能，这部分是可以看见的，是个体完成某项工作所需的最基本的知识技能，对于冰上部分的评价可以从其工作结果中直接判断得出。另一部分是冰下的部分，包括社会角色、自我概念、动机和特质。这一部分相对于冰上部分而言，是不易被观察到的，是个体的内隐的素质，也是影响个人绩效的内在原因，不容易被测量和考核。冰山模型中各部分内容如下：

（1）知识。知识是从事某一职业领域劳动所需要的信息，如专业知识。知识是员工胜任本岗位工作必须具备的条件，但员工的绩效是否显著突出，事业能否取得成功，难以用其知识水平的高低进行测度和区分。

（2）技能。技能即掌握和运用专门技术的能力，如英语读写能力、计算机操作能力。技能通过训练而获得，例如，员工通过各种方式学习到的有关岗位工作的知识，必须转化为相应的技能，才能有效地运用到实践中去，发挥知识的应有作用。

（3）社会角色。员工个体对于社会规范的认知与理解，对自己在社会和经济活动中所扮演的角色的理解、认识和定位。

（4）自我概念。是员工对自己身份的知觉和评价，如认为自己是某一领域的权威。员工个人对自己的知觉和认识，包括个人的价值观、对人和事物的态度和看法等。

（5）特质。是员工个人所具有的特征或其典型的行为方式，如喜欢冒险、做事谨慎小心等。

（6）动机。决定外显行为的内在的、稳定的想法。人的某一行为总是由一定的动机引起的，动机总是和人的某种需要相联系的。

三、个性差异理论

（一）个性心理概述

1. 个性概念

人的心理现象是非常复杂的，每个人都会表现出自己独特的心理特点。例如，人人都能观察事物，但有的人细致入微，有的人则粗枝大叶；人人都有感情，但有的人热情奔放，有的人则态度冷淡。即使同是热情奔放的人，表现形式也不相同，有的外露，有的含蓄，这都是人的个性的不同表现。

所谓个性是一个人在生活实践中经常表现出来的本质的、比较稳定的、带有一定倾向性的个性心理特征的总和。个性心理有两部分组成：个性倾向性和个性心理特征。个性倾向性是推动人进行活动的动力系统，是个性结构中最活跃的因素，决定着人对周围世界认识和态度的选择和趋向。主要包括需要、动机、兴趣、价值观等。个性心理特征是一个人身上经常地、稳定地表现出来的心理特点。它是个性结构中比较稳定的成分。主要包括气质、性格和能力。

个性倾向性和个性心理特征之间不是彼此孤立的，而是相互渗透、相互影响、错综复杂地交织在一起，个性心理特征受个性倾向性的调节，个性心理特征的变化也会在一定程度上影响个性倾向性。

2. 个性的特征

（1）个性的整体性。个性是一个统一的整体，是人的整个心理面貌。每个人的个性倾向性和个性心理特征并不是孤立的，而是相互联系、相互制约，组成一个完整的个性。一个人有什么样的生活目标，就会有什么样的兴趣和爱好，就会有什么样的动机与行为，对人对事就会有什么样的态度。这是因为一个人的个性总是围绕着一定的生活目标而形成一个统一整体。

（2）个性的稳定性和可塑性。个性是一个人比较稳定的心理倾向和心理特征的总体。人在行为中的偶然表现不能表征他的个性，只有在行为中比较稳定、经常表现出来的心理倾向和心理特征才能表征他的个性。"江山易改，秉性难易"就说明了个性的稳定性，也正是由于人的个性具有稳定性的特点，才能够帮助我们将一个人的精神面貌与其他人区别开来。

然而，个性并不是一成不变的，也具有一定可塑性。个性是在主客观条件相互作用过程中发展起来的，同时又在主客观条件相互作用过程中发生变化。例如，逆境可以使人消沉，但通过自我调节也可以使自己变得坚强。总之，个性是稳定性和可塑性的统一。

（3）个性的独特性。人的个性客观地存在着差异，具有独特性。每个人的个性都是由独特的个性倾向和独特的个性心理特征所组成，即使是孪生兄弟，他们的心理特征也不会完全相同。因为个性是在遗传、环境、成熟和学习等许多因素影响下发展起来的。个性的独特性并不是说人与人之间在个性上没有任何相同之处，个性的形成有共同的规律，个性的形式与内容也有共同的特点和倾向，例如，民族的共同心理特征、阶级的共同心理特征、集体的共同心理特征、职业的共同心理特征等。

（二）气质

1. 气质的概念

现实生活中，气质是用来描述一个人整体表现出来的心理特征，如说某人的气质不错等。而在心理学中，气质指的是人的心理活动动力方面比较稳定的心理特征。它表现为心理活动的速度、强度、稳定性和指向性等方面的特点和差异的组合。

气质作为个体典型的心理动力特征，是在先天生理素质的基础上，通过生活实践，在后天条件影响下形成的。由于先天遗传因素的不同及后天生活环境的差异，不同个体之间在气质类型上存在着各种各样的差异，这种差异会直接影响个体的心理和行为，从而使每个人的行为表现出独特的风格和特点，例如，有的人热情活泼、善于交际、行动敏捷；有的人比较冷漠、不善于言谈、自我体验较为深刻。

2. 气质的类型

最早将气质进行分类的是古希腊医生希波克拉底（Hippcrates）和古罗马医生盖伦（Galenus）。希波克拉底认为，人体内有四种基本体液：血液、黏液、黑胆汁、黄胆汁，每种体液对应于一种气质，人体中的四种体液可以有不同的配置，其中占优势的体液主导着人的气质类型。500年后，罗马医生盖伦对希波克拉底的四种类型分类采用了气质概念，这四种体液与气质的对应关系是：血液—多血质。活泼、快乐、好动；黏液—黏液质。沉静、情绪淡漠、不好动；黑胆汁—抑郁质。忧郁、不快乐、易哀愁；黄胆汁—胆汁质。兴奋性强、急躁易怒。

看戏前的插曲

苏联心理学家曾做过一个实验，让四个不同气质的人去看一场戏，以观察其反应，四个人到戏院时，戏已经开始了。按照戏院规定，演出开始后，观众一般不能再入场擅自走动。检票员建议大家暂在大厅休息等候，待第一场结束中间休息时再进去。

A 性子急，当时就与检票员吵了起来，并不顾阻拦强行闯了进去。

B 很机灵，趁着检票员没注意，悄悄溜到了楼上，恰巧有空位，就坐下来看戏。

C 性情沉稳，做事有耐心，从不越雷池一步，此时，按照检票员的要求，耐心地等候，直到第一场结束休息时才进去。

D 感到十分沮丧，再也提不起看戏的兴致，转身回家去了。

苏联心理学家巴甫洛夫关于高级神经活动类型的学说，科学地解释了气质的机制。巴甫洛夫通过实验研究发现，高级神经活动的基本过程包括兴奋和抑制两个过程。两个过程的作用相反，但却又相互依存和转化。这两个过程有三个基本特征，即强度、平衡性和灵活性，这三种特性的独特结合构成了四种高级神经活动类型，即活泼型、安静型、兴奋型和抑制型。巴甫洛夫认为，神经系统的类型是气质的生理基础，兴奋型相当于胆汁质，活泼型相当于多血质，安静型相当于黏液质，抑制型相当于抑郁质，见表 3-1。

表 3-1   高级神经活动类型与气质类型对照

神经过程的特征			高级神经活动类型	气质类型	气质类型的主要心理特征
强度	平衡性	灵活性			
强	不平衡		兴奋型	胆汁质	直率、果断、热情、内心外露、心境变化剧烈、精力充沛、反应迅速、易激动
强	平衡	灵活	活泼型	多血质	活泼好动、敏捷乐观、喜欢与人交往、注意力容易转移、兴趣易变更、轻率、浮躁
强	平衡	不灵活	安静型	黏液质	安静、稳重、善于忍耐、脚踏实地、反应缓慢、情绪不外露、注意力稳定但难以转移
弱	不平衡		抑制型	抑郁质	富于联想、善于觉察他人不易觉察的细节、情绪体验深刻、孤僻、胆小、多愁善感

现实生活中，并不是所有的人都可按照四种传统气质类型来划分，只有少数人是四种气质类型的典型代表，多数人是介于各类型之间的中间类型。因此，在判断某个人的气质时，并非一定要把他划归为某种类型，主要是观察和测定构成他的气质类型的各种心理特性以及构成气质生理基础的高级神经活动的基本特性。

气质作为心理活动的动力特征，虽然有不同的表现类型，但并没有好与坏的区别，任何一种气质类型都有优点和缺点。例如，胆汁质类型的人热情直率、精力旺盛、反应迅速，但脾气急躁、易冲动；多血质类型的人反应快、易接受新事物，但情绪不稳定、精力易分散；黏液质类型的人，安静稳重、善于忍耐，但对周围事物冷淡、反应缓慢；抑郁质类型的人，情感体验深刻而稳定、观察敏锐、认真，但过于多愁善感、反应迟缓。

3. 气质差异与职业选择

虽然气质在人的各项实践活动中不起决定作用，但它却会影响活动的性质和效率，一般来说，大多数工作对从业人员的气质要求并不是十分严格，但如果了解了气质与职业之间的匹配关系，则可以做到根据气质类型的特点选择职业，这样就可能提高工作效率，并在工作中发挥自己的优势。表3-2列出了气质与职业之间的匹配关系。

表3-2 气质与职业选择

气质类型	气质特点	适合职业
胆汁质	冲动、急躁、兴奋、反应性强	导游、推销员、节目主持人、演讲者、演员等
多血质	活泼、乐观、适应性强	管理者、外事人员、驾驶员、飞行员、宇航员、服务员、记者等
黏液质	反应迟缓、淡漠、忍耐性强	会计师、出纳员、调解员、话务员等
抑郁质	抑郁、敏感、孤僻、不喜欢交际	打字员、化验员、报关员、档案管理员等

气质类型与职业选择的关系不是绝对的，许多职业，如教师和作家，各种不同气质类型的人都可以从事，并且都能取得很好的成就。各国心理学家对气质类型与群体协同活动的关系的研究发现，两个气质类型不同的人在协同活动中，比气质类型相同的两个人配合所取得的成绩要好。气质特征相反的两个人合作，不仅合作效果好，而且还有利于团结。

（三）性格

1. 性格的概念

性格是一个人比较稳定的对现实的态度和习惯化的行为方式。它是人的个性中最重要、最显著的心理特征，它通过对事物的倾向性态度、意志、活动、言语及外貌等方面表现出来，是个体本质属性的独特组合，是人的主要个性态度的集中体现，是一个人区别于其他人的主要心理标志。

2. 性格的特征

性格是一个十分复杂的心理特征系统，从结构上看，它包含了多个侧面，并在每个个体身上形成了独特的组合。一般对性格结构的分析，着眼于性格的态度特征、性格的理智特征、性格的情绪特征、性格的意志特征四个方面。

（1）性格的态度特征。人对现实的稳定的态度系统，是性格特征的重要组成部分。性格的态度特征表现为个人对现实的态度倾向性特点，例如，对社会、集体和他人的态度；对劳动、工作和学习的态度；对自己的态度；等等。这些态度特征的有机结合，构成个体起主导作用的性格特征，性格的态度特征属于人的道德品质的范畴，是性格的核心。

（2）性格的理智特征。是人们在感知、记忆、想象和思维等认知方面的个体差异。它表现为不同的个体心理活动的差异。例如，在感知方面是主动观察型还是被动感知型；在思维方式方面是具体罗列型还是抽象概括型；在想象方面是丰富型还是贫乏型；等等。

（3）性格的情绪特征。是指一个人在情绪活动中经常表现出来的强度、稳定性、持久性以及主导心境方面的特征。表现为个人受情绪影响或自我控制情绪程度和状态的特点。例如，个人受情绪感染和支配的程度、情绪受意志控制的程度、个人情绪反应的强弱或快慢、情绪起伏波动的程度、情绪主导心境的程度等。

（4）性格的意志特征。是指个体对自己的行为进行自觉调节的能力，表现在个人自觉控制自己行为以及行为的努力程度方面，例如，是否具有明确的行为目标、能否自觉调节和控制自身的行为、在意志行动中表现出的是独立性还是依赖性、是主动性还是被动性，性格的意志特征还表现为是否坚定、顽强、忍耐和持久等。

以上性格结构的四个方面不是独立存在的，它们相互联系，相互影响，构成一个统一体存在于每个人身上，要了解一个人，就应对性格的各个方面作全面分析。

3. 性格的类型

性格的类型是一类人身上所共有的性格特征的独特结合。按一定原则和标准把性格加以分类，有助于了解一个人性格的主要特点和揭示性格的实质。由于性格结构的复杂性，在心理学的研究中至今还没有公认的性格类型划分的原则与标准。代表性的观点如下。

（1）机能类型说。英国心理学家培因（A. Bain）和法国心理学家李波特

（T. Ribot）提出的分类法。他们根据理智、情绪、意志三种心理机能在人的性格中所占优势不同，将人的性格分为理智型、情绪型、意志型。理智型的人通常用理智来衡量一切和支配行动，处世冷静；情绪型的人通常用情绪来评估一切，言谈举止易受情绪左右，不能三思而后行；意志型的人行动目标明确，主动、积极、果敢、坚定，有较强的自制力。以上三种是日常生活中极典型的性格类型，实际上大多数人都是混合类型。

（2）内外倾说。瑞士心理学家荣格（Carl Gustav Jung）按照人的心理活动倾向于外部世界还是内部世界，可将性格分为内倾型和外倾型。外倾型的人活泼开朗、情感外露、热情大方，不拘小节，善于交际，易适应外部环境的变化，但有时易轻率、散漫、感情用事；内倾型的人深沉稳重、办事谨慎、三思而后行，不善于交际，反应缓慢，较难适应环境的变化，很注重别人的评价，有时显得拘谨、冷漠和孤僻。

（3）独立顺从说。美国心理学家威特金（H. A. Witkin）等人根据场的理论，将人的性格分成场独立型和场依存型。前者也称独立型，后者称为顺从型。独立型的人不易受环境因素的影响，具有独立判断事物、发现问题、解决问题的能力，同时具有较强的应激能力；场依存型者，倾向于以外在参照物作为信息加工的依据，易受环境或附加物的干扰，常不加批评地接受别人的意见，应激能力差。

需要说明的是，两种性格特点各有优劣，在某些方面，场独立型的人占有优势，而在另一方面，则是场依存型的人占有优势。例如，场独立型的人具有较强的判断能力和自主性，在理性思维方面较为出色，但社会敏感度和社交技能往往偏低；而场依存型的人能很快察觉环境中微妙的人际信息，从而做出最恰当的反应，所以社交能力往往出众。

（4）AB 型人格说。AB 型人格是美国著名心脏病学家弗里德曼（M. Friedman）和罗森曼（R. H. Roseman）于 20 世纪 50 年代提出的概念。他们根据多年的临床经验，按是否易患心脏病将人格分为 A 型人格和 B 型人格。A 型人格的人精力旺盛、做事迅速、经常给人以攻击性、竞争性和野心勃勃的印象。与 A 型人格相对的是 B 型人格，这种人格类型的人突出特征是从容、随和，不太有时间紧迫感，很少表现出敌意和攻击性行为。大量的研究表明，与 B 型人格的人相比，具有 A 型人格的人无论是在工作中还是在其他情境中都容易产生压力感。而且，A 型人格的人更容易患心脏病，研究者推测这可能与他们的过度紧张、敌意和易怒有关。

4. 性格差异与职业选择

一般来说，性格影响着一个人对职业的适应性，一定的性格适宜从事一定的职业。不同的职业对从业者的性格要求是不同的。例如，从事教师职业的人要乐于与人接触、耐心、正直、责任心强；从事科学研究的人必须认真、聪明、独立、自信、富于批判精神和创新意识。

案　例

技术员与商务代表

陈波从某高校机械专业毕业后，找到了一家企业，做技术支持的工作。几年过去了，虽然他全身心投入、兢兢业业，可业绩却非常一般，而同时进公司的其他同事却得到了提升。在朋友的建议下，他做了一次性格测试。测试结果告诉他，他比较擅长与人打交道，更适合做类似销售或经纪人之类的工作。随后，他跳槽到一家机械公司作商务代表，将他的专业和特长相结合，最大地发挥了他的优势。

点评：陈波具有机械技术方面的知识背景，但是作为技术人员，需要专注于技术研究，不会对此感到枯燥。而性格外向的陈波在此岗位上就会心猿意马。而作为机械公司的商务代表，则需要的不仅是机械技术方面的基本知识，还需要擅长与人交流，处理人际关系等方面的性格特征。陈波的性格特征与商务代表的职位是相匹配的。

资料来源：你知道自己的职业性格吗？［EB/OL］．上海招聘网，http：//www. 021job. cn/Html/Info/592. html。

如果性格特征与岗位要求相适应，工作起来会得心应手，精力充沛，很有成就感。如果不具有岗位所要求的性格特征的人选择了该岗位，不仅会导致他们工作绩效的下降，而且不能充分发挥他们自身的优势。因此，从招聘与配置的角度来说，有针对性地选拔那些具有岗位所需的性格特征的个体，可以增加个体与岗位的匹配度，做到人尽其才、才尽其用，最充分地发挥和利用组织的人力资源，提高员工的工作效率。

（四）能力

1. 能力的概念

能力是人们顺利完成某种活动所必须具备的基本条件。能力是同人们完成一定的活动相联系的，并且只有通过活动才能表现出来。离开了活动，能力就无从表现，也不能形成。如管理者的决策能力、组织能力和协调能力都是在管理中显现出来的；音乐家的旋律感觉能力，作家的文字语言表达能力，画家的视觉记忆能力等等，无不同各自所从事的专业活动发生最直接、最基本的联系。人们只有从所从事的活动中，才能了解到他所具备的能力。

能力是保证活动得以顺利完成的基本条件，是影响活动效率的基本因素。能力强的人比能力弱的人更能快速、有效地完成活动，并取得成功。

2. 能力的类型

（1）按适用范围可将能力分为一般能力和特殊能力。一般能力又称智力，是个体完成多种活动所必备的基本能力。如观察力、注意力、记忆力、思维力、想象力等。一般能力是工作、学习、生活等活动顺利完成不可缺少的基本能力。

特殊能力又称专门能力，是个体完成某种专门活动所必备的能力。如音乐能力、绘画能力、写作能力等。它只在特殊活动领域内发挥作用，是完成特殊活动必不可少的能力。

（2）按创造性可将能力分为模仿能力和创造能力。模仿能力又称再造能力，是仿效他人的言行举止、并用与之相似的行为方式进行活动的能力。例如，学画时的临摹。模仿能力是个体早期获得知识技能的重要方式。

创造能力是能创造出具有社会价值的独特的、新颖的产品的能力。例如，文学创作、技术革新等都要具有创造能力。创造能力是成功完成某种创造性活动所必需的条件。

（3）按功能可将能力分为认识能力、操作能力和社交能力。认识能力是个体用于学习、理解、分析和概括的能力，它是掌握知识、完成各种活动所必备的最基本、最重要的心理条件。操作能力是个体用于操纵、制作和运动的能力，如劳动能力、体育能力、实验能力、制作能力等。社交能力是参加社会活动、与他人相互交往的能力，如组织能力、协调能力、管理能力等。

（4）按能力指向可将能力分为认知能力和元认知能力。认知能力是个体接受、加工和运用信息的能力。如观察能力、记忆能力、注意能力等。它表现于人对客观世界的认识活动之中。元认知能力是个体对自己的认识活动的评价和监控能力。它表现为人对自己内心正在进行的认知活动的认识、体验和监控。认知能力指向的是认知信息，元认知能力指向的是个体的认知活动本身。

3. 能力的发展

（1）能力发展的一般趋势。首先，在总体趋势上，能力随着年龄的增长而变化。美国心理学家桑代克（Edward Thorndike）曾绘制过学习能力与年龄的关系曲线，指出学习能力到 23 岁左右达到高峰，一直到 45 岁，学习能力并不低于 17~18 岁的学生。但 45 岁以后，学习能力就显著下降。其次，能力发展速度不均衡。能力发展速度有时快有时慢。通常，从三四岁到十三四岁之间是等速发展，之后为负加速发展。最后，能力结构中不同成分的发展不一致。个体的某些能力发展较早，某些能力发展较迟。通常感知能力发展的较早，下降的也较早，推理能力发展较慢，下降的也较迟。

（2）能力发展的个体差异。个体在能力发展上存在明显的个体差异，这种差异主要表现在类型、发展水平和表现早晚三个方面。第一，能力发展类型的差异。是指个体的能力结构差异，表明每个人的能力发展存在质的差异，这种差异主要表现在知觉、想象、记忆、言语和思维等方面。有的人知觉速度快，记忆力好；有的人言语表达能力强，想象力丰富等。研究发现，女性在知觉速度、语言理解、机械记忆能力、形象思维和模仿能力等方面占有优势，而男性在空间想象力、理解记忆能力、抽象逻辑思维能力等方面占有优势。第二，能力发展水平的差异。是指个体之间同种能力的发展在量上存在差异，表明每个人的能力有高低之别。能力发展的水平差异主要指智力发展差异，有的人智力超常，有的人智力低弱，但多数人处于中间状态。第三，能力表现早晚的差异。人的能力表现早晚是不相同的，有些人在童年期在某方面就表现出非凡的能力，被称为"早慧""早熟"。有的人的才能表现较晚，晚年才表现出来，即所谓的"大器晚成"。对于大多数人来说，中年时期则是成才或出成果的最佳年龄。

（3）能力发展的影响因素。第一，遗传因素。遗传因素对能力发展有极为重要的影响，是能力发展的物质前提。生来失明的人难以发展绘画能力，天生失聪的人难以发展音乐能力。虽然遗传因素对能力发展有着重要的影响，但仅为能力发展提供某种可能性，要把可能变为现实，还需要环境、教育等因素的共同作用。第二，环境因素。大多数人遗传素质相差不大，能力发展的差异主要是受后天环境影响造成的。个体早期经验对能力发展起着重要作用，研究表明，1~7岁是脑快速发展的时期，也是智力发展的关键时期，丰富多彩的环境刺激可使儿童获得相当的早期经验，这些经验既影响智力发展，也影响未来的发展，而早期经验贫乏，就会造成儿童智力落后。第三，实践活动。实践活动是能力发展的重要基础，人的能力是在主体的实践活动中得到发展的。实践活动的性质不同、广度和深度不同，就使人形成各种不同的能力。

4. 能力差异与职业选择

社会上任何一种职业对工作者的能力都有一定的要求，如会计、出纳、统计等职业，工作者必须有较强的计算能力；工程、建筑及服装设计等职业的工作者需具备空间判断能力；飞行员、外科医生、运动员、舞蹈演员等职业的工作者则要具备眼与手的协调能力。人员招聘时，并不谋求把能力最优秀者招聘录用来，而是把最适合该岗位的人录用过来，因为不同的工作要求具有与之相当能力水平的人来承担。研究能力的差异，目的是掌握员工各自的能力特点，在合理选拔和使用人才时做到量才录用、量才使用。

▶ 第三节　招聘与选拔的方法

成功的人才招聘选拔依赖于有效的人才测评技术，人才测评既能够帮助企业选到适合岗位的人员，又能为企业提供未来人员发展的建议，因此，做好人才选拔工作，必须采用有效的、标准化的程序和方法。一般来说，常用的选拔方法主要有笔试、面试、心理测验、评价中心技术等四种类型。下面重点介绍后三种常用的方法。

一、面试

（一）面试的概念

面试是指在特定的时间和地点，由面试考官与应聘者按照预先设计好的目的和程序，进行面谈、相互观察、相互沟通的过程。在面试过程中，招聘者可以根据应聘者当场对所提问题的回答，考察其运用专业知识分析问题的熟练程度、求职动机、个人修养、实践经验、思维的敏捷性、语言表达能力等。面试是人员选拔中不可缺少的重要方法。

（二）面试的内容

个人信息。指面试对象的主要背景情况，包括：姓名、性别、年龄、主要工作经历等。

仪表、仪态和风度。指应试者的体型外貌、穿着举止以及精神风貌等。

工作经验。主要包括应试者过去曾经做过的工作或担任过的职务、取得的成就、工作的满意度、人际关系情况、薪金情况等。

知识的广度和深度。可以从专业的角度了解应试者所掌握的专业知识的深度和广度、技能的高低。面试对专业知识和技能的考察更具有灵活性，所提问题应接近岗位或工作对专业能力的要求。

工作态度和求职动机。从工作的积极性和工作绩效的角度来看，工作态度和动机对于工作完成的情况往往有直接的影响。所以对工作态度、动机的考察十分必要。对工作态度的考察可以通过对应试者过去对工作、学习态度的状况来加以了解。

事业进取心。有事业进取心的人，一般都能确立事业上的奋斗目标，并为之积极不懈的努力，表现在工作上就兢兢业业、努力工作。对事业进取心的考察可从奋斗目标、理想抱负、工作意愿、工作成就、工作业绩和奖励情况等方面进行考察。

反应能力与应变能力。反应能力和应变能力是面试考核的主要内容，这种能力主要看应试者对面试官所提问题能否迅速、准确地理解并尽快地做出贴切、适当的回答。

分析判断与综合概括能力。主要考察应试者在面试中能否抓住面试官所提问题的本质，能否分析全面、条理清晰，能否提出自己的观点和独特的看法。

兴趣爱好与活动。主要通过了解应试者业余时间的安排，经常从事的活动、业余爱好、生活方式、嗜好等侧面来分析一个人的情趣，包括他的精力和活力等。

自我控制能力与情绪稳定性。在面试中，对管理层和其他领域人才的测评，自控力和稳定性的考察是一项重要内容。一方面，考察应试者在面临批评、责难、困难、压力时能否克制，宽容，理智地对待。另一方面，看其做工作是否有足够的耐心和韧性等，这是体现一个人成熟度和社会化程度的重要组成部分。

口头表达能力。主要通过对应试者语言的逻辑性、感染力、影响力、清晰度、准确性等具体内容的考察来评价应试者能否将自己的思想、观点、意见清晰准确地表达出来。

（三）面试中注意的问题

1. 面试倾听

倾听是一种听对方讲话的技巧，即把握住说话者的信息含义，了解说话者的情感，并正确理解说话者的谈话内容。面试考官要做到积极有效的倾听，除了需将自己的全部注意力都集中在对说话者的语言精确理解上，了解他所讲的真实内容，准确把握信息发出者传递的信息外，还要注意以下几个问题。

（1）排除各种干扰。在面试过程中经常会遇到些干扰，例如，电话铃响了、机械设备的噪音等。因此，一般面试场所宜选在远离办公区的安静之处。此外，面试者应保持注意力的高度集中，积极倾听应试者的谈话。

（2）要善于提取要点。在应聘者回答问题时，考官没有必要将其所说的每一句话、每一个字都记下，而要善于从应聘者的原话中提取与职位胜任特征有关的信息。

（3）要善于发挥眼睛、点头的作用。在面试中，考官的目光大体应该在应试者的嘴、头顶和脸颊两侧这个范围内活动，这样会使考官集中注意力，关注所听到的信息，同时还会给应试者一种对他感兴趣、在认真听他回答的感觉。此外，在听应聘者回答问题时，还要适度点头，点头意味着你注意听并且听懂了应聘者的回答。

（4）在听的同时要注意思考。研究表明，人的思考速度大概是每分钟400字，而说话的速度是每分钟150字左右。这就说明想比说要快得多。因此，在应聘者说话时，考官有足够的时间进行思考，例如，考官可以分析一下应聘者所说的话的含义，使自己不仅听到了语言的表层意思，而且"听"到了应聘者想表达的深层次的内涵。

（5）要善于进行阶段性的总结。在面试中，应聘者常常不是一次性地在某个胜任特征方面表现出全部的信息，这就需要考官将应聘者所说的话与其前面所说的话联系起来，对应聘者所说的话进行归纳、总结。

（6）倾听时不要带着自己的观点。考官在倾听时不要带着自己的观点。每个人对事物都有自己的想法和看法，当应聘者说了一些与考官相同的观点时，考官很容易将自己的其他观点也当作是应聘者的观点，结果听到的都是应聘者与自己相同的观点，而那些不同观点被忽视了。其实，这是考官对应聘者本意的歪曲，也是面试中最忌讳的。

阅读资料

面试倾听的技巧

面试过程中，70%的时间都是应聘者在陈述，面试考官更多的是要做一个好的听众。面试，实质上是一种倾听的艺术。面试的效果直接取决于面试考官的倾听水平。面试官提问的目的是为了倾听应聘者的回答，并从应聘者给出的信息中判断出具有的综合素质与岗位胜任能力。在倾听的过程中，积极的肢体语言无疑可以帮助应聘者放松，让其更好地表达自己，以便面试官收集到更加全面的信息。面试倾听分为静态倾听和动态倾听两种形式（见表3-3）。

表3-3   静态倾听和动态倾听的比较

	静态倾听	动态倾听
含义	面试官静静地坐着听应聘者说话，不发表任何意见	面试官不仅要显示出正在倾听应聘者说话，还要表示出在分析谈话的内容
具体做法	保持目光接触，表示对谈话感兴趣	不断提醒自己，防止偏离目标
	适当地点头，表示对谈话认可	对存有疑惑的内容及时发问
	"继续"手势，表示可以继续	适当总结应聘者的谈话

资料来源：贺新闻. 招聘管理［M］. 北京：高等教育出版社，2016：236。

2. 面试提问

（1）提问应力求通俗、简明、有力。首先，面试提问应做到通俗易懂，不要用生僻的字词和专业性太强的词汇，以免让应试者费解。提问的内容、方式和用语要适合应试者的接受水平。其次，提问一定要简明扼要。有研究表明，一个问题描述的时间宜在45秒以内，不能超过1分半钟。超过这个限度，不论是应试者还是考官，都会感到不好理解，或者说问题不大明确。此外，考官提问时，还须注意不要无精打采，要活泼有力，可配上得体的手势，使问题产生一定的感染力和吸引力。

（2）问题安排尽量做到先易后难。面试的问题一般事先需要准备一些，尤其是一些反映职位胜任特征的基本问题和重点问题，事先要安排好。问题与问题之间的顺序，应遵循先易后难、先具体后抽象的原则，这样有利于应试者逐步适应，展开思路。

（3）根据应试者的问题回答来灵活地提问。尽管面试的关键问题事先有准备，但面试提问并不拘泥于已有的问题，而是可以根据应试者的回答情况，围绕特定的面试目的和职位胜任特征，灵活地进行提问。有时，应试者对该回答的问题没有回答或者只回答了一部分，如果这个问题关系到应试者的关键胜任特征，那么就需要考官进一步就此问题进行追问。

（4）应该避免直接让应试者描述自己的能力或个性的问题。在面试中，每位应试者总想表现自己好的一面。所以，如果直接问应试者是否具备某种能力，那么你很难得到真实的回答，对于应试者的其他个性特征也同样，假如你招聘一名营销人员，你直接问他："你的个性特点如何？"那么对方很可能说："我很喜欢与人打交道，能与各种各样的人交朋友。"可你无法验证他的回答是否真实可信。比较好的办法是追问一个行为性问题，例如："请你举一个例子来说明你在工作中是如何有效地与人打交道的？"这样应试者就必须说出自己经历过的实例来证实自己的回答。

（5）应该多用开放性的问题进行提问。面试中的提问应多用开放性的问题，并尽量让应试者列举出一些实例，而不要用多项选择式的问题，因为那样会让应试者感到正确答案必然存在于几个选项之中，从而他会根据考官的意图去做出猜测。

3. 面试观察

面试中考官除了倾听应试者所说的话外，还需要观察其非言语行为。有心理学家研究表明，在人际交流中，言辞只占7%，声音占38%，而体态竟占55%。由此可见，非言语信息在信息交流中有很重要的地位。而面试中应试者的非言语行为只有通过考官的观察才能得到，面试观察的重要性可想而知。

（1）注意应试者说话与其非言语行为的一致性。在面试中，经常需要防备的一个问题是应试者撒谎。如何判断应试者有没有撒谎？观察其非言语行为是一条重要的途径，一般来说，人们说话时言语行为与非言语行为是一致的，而在说谎时会有一些比较典型的不一致的非言语行为表现。例如，说话时眼睛不敢正视考官、声音比较小等。又如，考官问应试者是否有过某方面的实践经验，应试者回答是的，同时用手指很快地摸了一下鼻子，或用手捂住自己的嘴，那么很可能这一点与事实不符。一旦怀疑应试者有说谎倾向，就可以就有关问题的细节进行追问，从而确认其是不是在说谎。当然有时候自信心比较低的应试者也会有这样的表现，考官需要根据具体情况来判断。

（2）把握非言语行为的内涵。对于应试者的非言语行为，考官应注意在面试实践中琢磨其内涵。《人物志》认为，人的面部表情的变化均发自心气，"诚仁，必有温柔之色。诚勇，必有矜奋之色。诚智，必有明达之色。"当然，仅仅通过表现来辨人之善恶是极不可靠的方法。但是我们也不能否认，各种非言语行为在面试中往往有特定的内涵。例如，摇头，代表不赞同、不相信；打哈欠，代表厌倦；微笑，代表满意、理解、鼓励；等等。

（3）切忌以貌取人。容貌本来与人的内在素质没有必然的联系，但是由于日常生活中的心理定势，小说、电影、电视艺术造型的感染以及相面术的影响，我们在面试观察时难免会以貌取人。例如，有的人看上去显得有点"阴险"，于是，考官就认为他一定不是好人；有的人进入面试现场时东张西望了一下，考官便认为此人可能诡计多端。这种推断都是在面试观察时应避免的，我们应该保持开放的头脑，理性地去观察面试中应试者所表现出来的行为。

（4）充分发挥感官的综合效应与直觉效应。笔试的判断是依靠大脑的思维分析与综合，而面试则集回答、观察、耳闻与分析于一体，因此各种感觉器官有一种共鸣的信息综合效应，其中直觉效应尤为明显。因此，对于经验丰富的考官来说，要充分发挥其直觉性的作用。然而直觉不一定绝对可靠，所以，直觉的结果应该尽可能获得"证据"上的支持，应该通过具体的观察去验证、去说明。

二、心理测验

（一）心理测验的概念

心理测验是能够对人的智力、潜能、气质、性格、态度、兴趣等心理素质进行有效测度的标准化测量工具。它是企业选拔人员的一个重要手段，是选拔合格人才，并做到人尽其才的重要保证。

科学的心理测验始于20世纪初，世界上第一个心理测验是1905年法国心理学家比奈（A. Binet）和西蒙（T. Simon）编制的用于鉴别弱智儿童的智力测验。后来心理测验从智力测验扩展到一般能力测验、个性测验和成就测验，也成为人才招聘、选拔、测评的主要技术和工具。第一次世界大战期间，美国政府出于甄选新兵的需要，委托心理学家编制了陆军甲种和乙种测验，这是一些非言语形式的能力测验。这是心理测验应用于人员选拔的开端。第二次世界大战期间，美国要选拔飞行员，开始只采用传统的生理指标作为选拔的依据，这样选拔的人员在地面训练时成绩很好，而进行到飞行训练时，合格率仅为35%，后来军方请来了心理学家，在选拔程序中加入了心理测验，合格率提高到了72%。由于心理测验在军事上的成功运用，第二次世界大战后，这种方法被广泛地应用于各行各业的人员评价、选拔、配置等实际工作中。

（二）心理测验的意义

（1）通过心理测验评定应聘者当前的能力水平、性格特征，实现人—职的最佳匹配。有了心理测验，招聘单位看到的就不再仅仅是简历中呈现的平面化的信息，而是能了解到应聘者的能力水平、性格特点等方方面面的情况，看到的是一个立体化的应聘者。他喜欢与人打交道吗？他的思维逻辑性如何？他善于影响带动其他人吗？这些都会在测评结果中找到答案。有了这些丰富的信息作为参考，招聘和选拔就会变得更容易和更准确。国内某大型 IT 集团的人力资源部主管曾总结道："单纯通过面试招人的准确率是40%，而加入心理测验可将招聘的准确率提高到60%。"因此，使用心理测验可以提高员工与岗位的契合度，实现人—职匹配，达到人尽其才的目的。

（2）可以评估应聘者未来的发展潜力，减少企业对人员调整和培训的成本。目前心理测验在国外已经被广泛使用，而在我国，只有一些外资企业和大型企业在人员招聘选拔时使用心理测验，一些中小企业在选拔人员时还是依据应聘者的学历、专业、各种资格证书等传统的标准来选拔，这些选拔依据反映的是一个人当前是否具备从事某岗位的条件，而在此岗位的发展潜力和空间有多大不能评估出来。引入心理测验可以及早鉴别那些有发展潜能的人才，减少企业培训的成本。

（三）心理测验的特性

1. 心理测验的间接性

物体的物理特征是看得见、摸得着的，如人的高矮胖瘦、物的长短轻重。因此，物理测量可以直接以某种测量工具测出人或物的物理特征水平。然而，人的心理特性却是内在的，看不见也摸不着，不可能进行直接测量。我们不能说将一个人性格、智力拿出来用某种工具直接进行测量。心理测验往往是通过人们在面对问题情境时所表现出来的外显行为来推论其心理特质，例如，智力高的人往往在涉及智力任务中表现的既快又准确；气质外向的人往往表现出活泼、热情、善于社交、合作性高等行为特点。因此，心理测验可以通过人的外在行为推知其内在的心理特质水平，具有间接性。

2. 心理测验的相对性

任何测量都必须有参照点这一测量要素，即把事物及其属性数量化时，必须有一个计算的起点。现代测量中有两种参照点，一是绝对零点，二是相对零点。在心理测验中，没有理想的绝对零点，而只有相对零点。例如，智商为0，指的是0岁儿童的平均智力水平；学习成绩为0，表明在一次考试中全部没有做对，却并不表明在所测的能力上一点水平都没有。因此，一般情况下，每个人的心理测验结果都在一个连续体上占据一个位置，我们只是从人与人之间的相对位置上，对一个人某种心理特质水平做出判断，所以说，心理测验又是相对的。

3. 心理测验的客观性

任何测量都不可能是百分之百的客观准确，因为任何测量都有误差，心理测量更不例外，因此要尽可能地控制和减少误差，使测量结果尽可能地客观可靠。

（四）心理测验的技术指标

在选择心理测验工具的时候，一个重要的标准就是测验的准确性，但这一点对于很多人力资源工作者来说很难判断，因为心理测验有很强的专业性，从表面上很难看出测验的"质量"如何。其实，从心理测量学的角度来讲，一项好的心理测验，应该是可信的、有效的，并且是可重复的，这就涉及心理测验中的两个技术指标：信度和效度。

1. 信度

信度（reliability）指应用测验或量表测量某一对象所得结果的可靠性或可靠的程度。也就是说，我们希望在不同时间、不同测验条件下所得分数之间保持一致。事实上无论是物理测量还是素质测评，若对同一人或物施行若干次测量，其测得的每一次结果都不可能完全一致，这是由于测量误差的影响。测量误差越大，测评结果一致性越低，测评的信度也就越低。因此，在心理测量工具选定后尤其是自编的心理测验量表，我们要对其信度进行评估。信度不是绝对的有和无，而是程度上的大和小，是比较可信还是不太可信的问题。

要提高信度，首先，应在制定测验项目和测评标准上下功夫。对于不同的工作岗位，针对不同的管理层次的人员，制定不同的测评标准。测评标准内容要丰富，要能反映所要测量目标的各个方面。其次，对人员的测评不能"一锤定音"。可采用多次测评的方法，从而得出比较可靠的结果。此外，为了消除测验者主观因素对信度的影响，应该使参加测评的人员具有广泛的代表性。

一个测验的信度达到多少，企业才可以放心地使用呢？一般来说，能力测验的信度应在 0.9 以上，人格测验、兴趣测验的信度应在 0.75 以上，如果测验整体的信度在 0.65 以下，就不适宜使用了。

2. 效度

效度（validity）是测评量表对于它所要测量的特性或功能所达到的程度。测量结果与考察的内容越吻合则效度越高，反之，效度越低。例如，在一项考察管理人员逻辑推理能力的测验中，如果题目的文字表述过于晦涩，行文让人费解，过多使用生僻的词汇，可能决定测验分数高低的主要是被试者的语文理解水平，而不是逻辑推理能力。这样的测验就没有测量到其本应该测的素质特征，其结果无法用于评价被试者相应的能力，其效度很低。

如果在实际工作中运用了这类效度不足的测验工具，会产生严重的影响，为避免这种现象的出现，在测验中加入专门的"测谎量表"来对受测者是否真实作答进行鉴别，从而提高效度。

一个有效的测验首先是有信度的，如果没有较高信度，就不可能得到很高的效度。但是信度很高的测验并不意味着就一定能得到很高的效度。人员招聘与选拔过程中如果不讲信度和效度，就可能犯两种错误：一是错误认可，即错误地选拔、任用了不够条件的人员；二是错误拒绝，筛选掉了够条件的人员。不管是哪一种错误，都会给我们工作带来损失。

心理测验的信度和效度究竟多高才合适，当然是越高越好。对于信度应该高一点，因为人力资源管理工作涉及面广、情况复杂，因此，人事工作力求稳妥、可靠。而对于效度，则要根据我们进行心理测验的目的而定。如果测验的目的是为了分析个体的性格与能力，则测量的效度愈高，其可靠性越大。如果测验目的是选拔人员，只要区分出优劣即可，因此，效度系数不一定要求很高。

（五）心理测验的类型

（1）按测验的内容分，有测量个人能力素质的能力测验，如智力测验、语言能力测验、反应能力测验；有测量个人性格特征及相关心理品质的性格测验，例如，EPQ、16PF、MBTI、大五人格测验；还有兴趣测验、人际关系测验等。

（2）按测验的对象特点分，可以分为个人测验和团体测验。个人测验的优点是主试对应聘者的行为反应有较多的观察与控制机会。缺点是费时，不易大量施测，而且对主试要求高，一般人不易在短期内掌握。团体测验的优点是省时省钱，便于大量施测，但主试对应聘者的行为不易控制，易产生测量误差。

（3）按测验的表现形式分，可以分为文字测验和非文字测验。文字测验的优点是实施方便，但易受被试文化水平的影响。非文字测验的题目多是图形、实物、工具、模型的辨认和操作，因而受文化水平影响不高，但费时费钱，不利于大量的团体施测。

（4）按测验的目的分，可以分为描述性测验、诊断性测验和预测性测验。描述性测验的目的在于描述个人或团体的心理特征；诊断性测验的目的是诊断个人或团体的某一心理问题；预测性测验的目的是从测验得分来预测个人将来的表现及能达到的水平。

（5）按测验的时间分，可以分为速度测验和难度测验。速度测验限定时间，看在特定时间内完成任务的速度，因而题目并没有超过被试的能力水平，测的是反应速度。难度测验是不限时间，即每一题目都有时间去做，但有些题目不见得能做出来，测的是解题的最高能力。

（6）按测验的要求分，可以分为最高作为测验和典型行为测验。最高作为测验要求被试尽可能做出最好的回答，而且有正确答案。能力测验属于此类测验。典型行为测验要求被试按日常习惯回答，无标准答案，所有人格测验均属于典型行为测验。

（六）常用的心理测验

1. 能力测验

能力测验是用来测定被试者成功完成某些活动所必须具备的个性心理特征。能力测验可以分为智力测验（一般能力测验）、特殊能力测验和职业能力倾向测验。

（1）智力测验。智力测验是通过测验方法来衡量人的智力水平高低的一种科学方法。由于人们把智力看作是各种基本能力的综合，所以智力测验又称为一般能力测验。常用的智力测验有瑞文标准推理测验、韦克斯勒智力测验。

第一，瑞文标准推理测验。瑞文标准推理测验（Raven's standard progress matrices, SPM），是英国心理学家瑞文（R. J. Raven）于 1938 年设计的一种非文字智力测验。1947 年和 1956 年对该测验做了小规模的修订。另外，为了扩大该测验的使用范围，瑞文又于 1947 年编制了适用于更小年龄儿童和智力落后者的彩色推理测验（Raven's color progressive matrices, CPM）和适用于高智力水平者的瑞文高级推理测验（Raven's advanced progressive matrices, APM）。这些测验自问世以来，许多国家对它做了修订，直至现在仍被广泛使用。

测验的构成是每个题目都有一定主题图，但是每张大的主题图都缺少一部分，主题图下有 6~8 张小图片，其中有 1 张小图片可填补在主题图的缺失部分，从而使整个图案合理与完整。受测者的任务就是从每题下面所给的小图片中找出适合填补主题图的一张。如图 3-3 所示。

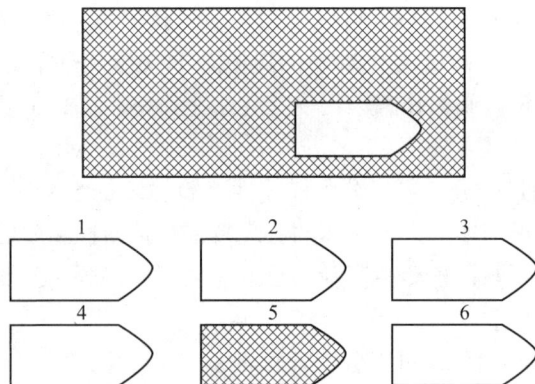

图 3-3　瑞文标准推理测验示例

瑞文标准推理测验具有一般文字智力测验所没有的特殊功能，由于该测验由一系列图形组成，因此测验对象不受文化、种族与语言的限制，还可以用于有语言障碍的被试，可以看作是一种公平测试。瑞文标准推理测验使用方便，结果可靠，即可个别施测，也可以团体施测，施测时间短，结果解释直观简单，而且具有较高的信度和效度。

瑞文标准推理测验经常被用于智能诊断和人才的选拔与培养，该测验是我国企业在人员招聘和选拔时所用能力测验中使用的最多的一种。

第二，韦克斯勒成人智力量表。韦克斯勒成人智力量表（Wechsler adult intelligence scale, WAIS），是世界上最有影响力和应用最为广泛的智力测验，1939 年韦克斯勒发表第一个成人智力量表后，又陆续推出了儿童和幼儿智力量表，并进行了多次的修订。下面以成人智力量表为例。

韦克斯勒成人智力量表包括言语量表和操作量表两部分。整套测验由 11 个分测验组成。言语量表由常识、数字广度、词汇、算术、理解和类同 6 个分测验组成；操作量表包括填图、图片排列、积木图案、物体拼凑、数字符号 5 个分测验，这些分测验从各个侧面来测量智力。如表 3 - 4 所示。

韦氏成人智力量表是典型的个别施测智力测验，它要求主试者严格按照测验手册的说明对被试者进行施测。如果在人员招聘和选拔中使用类似测验，无疑会加大工作量，但由于该量表在提供结果时，不仅可以给出一个可与他人进行比较的总智商分数，还可以给出每个分测验的分数及分量表的分数，进而可以得知受测者智力的详细情况，这在人员招聘与选拔时是非常有用的。

表 3 - 4　　　　　　　　　　　　　韦氏成人智力测验量表示例

分测验名称		所预测的内容	测验题目示例
言语量表	常识	知识的广度、对常见事物的认识以及长时期的记忆能力	例：巴拉圭在下列的哪个洲 A. 非洲　B. 南美洲
	数字广度	注意力和短时记忆能力	例：顺背 "76485214391"
	词汇	言语理解能力	例：找出与"确信"意义最相近的词
	算术	数学推理能力、计算和解决问题的能力	例：6（　）6（　）6（　）=1
	理解	判断能力和理解能力	例：人如果倒立着喝水，能不能喝进去
	类同	逻辑思维和抽象概括能力	例：请说出"汽油与食物"的相似之处
操作量表	填图	视觉记忆、辨认能力、有视觉理解能力	例：要求被试指出卡片上的图画所缺部分
	图片排列	知觉组织能力和对社会情境的理解能力	例：要求被试把几张图片在规定的时间内排列成一个有意义的故事
	积木图	分析综合能力、知觉组织及视动协调能力	例：要求被试用 4 块或 9 块红白两色的立方体积木摆出给定的几何图案
	图形拼凑	概括思维能力与知觉组织能力	例：要求被试把零乱的拼板拼出一个完整的图形
	数字符号	知觉辨别速度与组织能力	例：要求被试按照对应方式迅速在每个数字下填上相应的符号

（2）特殊能力测验。特殊能力又称专门能力，指从事某项专业活动所必须具备的能力。例如，音乐能力、绘画能力等。而特殊能力测验是测量一个人在某个专业领域所具有的能力及其潜力。例如，音乐能力测验，是一种特殊能力测验，不仅测量一个人目前是否具有音乐水平，更要测量有没有潜在的音乐能力，未来在音乐领域能否有所成就。目前，比较著名的特殊能力测验有心理运动能力测

验、文书能力测验、机械能力测验、艺术能力测验等。

（3）职业能力倾向测验。职业能力倾向就是指一个人所具有的有利于其在某一个职业方面成功的能力素质的总和。就是为有效地进行某类特定活动所必须具备的特殊能力素质，也是指经过适当学习或训练后或被置于一定条件下时，能完成某种职业活动的可能性或潜力。职业能力倾向测验可以有效地测量人的某种能力，从而预测人在一定职业领域中成功的可能性，或者筛除在该职业领域中没有成功可能性的个体。人们编制了许多针对不同职业领域的能力测验，用于人员的选拔和配置。例如，公务员录用考试把对行政职业能力的评价作为一个重要方面，它有利于帮助人事部门了解考生从事行政工作的能力与差异，避免选人过程中可能出现的"高分低能"现象，提高选人、用人的准确性。下面以国家公务员录用考试中的行政职业能力测验为例，说明职业能力倾向测验的结构和题目。

行政职业能力测验（administrative aptitude test，AAT）属于心理测验范畴，用来测试应试者与拟任职位相关的知识、技能和能力，考察从事公务员工作所必须具备的一般潜能的一种职业能力测试。行政职业能力测验是用于测查与行政职业有关的一系列心理潜能的一种标准化考试。

行政职业能力测验包括五个相对独立的分测验，即数量关系、推理判断、常识判断、言语理解与表达、资料分析。共有 100~150 道题，测验内容以文字、图形、数表三种形式出现，采用客观性试题。如表 3-5 所示。

表 3-5 行政职业能力测验的内容结构

部分	内容	题量	时限（分）	测试目标
一	数量关系	15	15	理解、把握事物间量化关系和解决数量关系问题的能力，主要涉及数据关系的分析、推理、判断、运算等。
二	推理判断	40	45	测试对各种事物关系的分析推理能力，涉及对图形、语词概念、事物关系和文字材料的理解、比较、组合、演绎和归纳等。
三	常识判断	20	10	测试应知应会的基本知识以及运用这些知识分析判断的基本能力。重点是对国情社情的了解程度、综合管理基本素质等，涉及政治、经济、法律、历史、文化、地理、环境、自然、科技等方面。
四	言语理解与表达	40	30	运用语言文字进行思考和交流、迅速准确地理解和把握文字材料内涵的能力
五	资料分析	20	20	测试对各种形式的文字、图表等资料的综合理解与分析加工能力，这部分内容通常由统计性的图表、数字及文字材料构成
合计		135	120	

2. 人格测验

人格是个体在长期发展过程中形成的相对稳定的心理特质和行为倾向的总和，主要表现为个体在适应环境时能力、情绪、需要、态度、气质、性格等方面的异同，它决定着人们行为的差异性。人格测验从人格特质的角度出发，用业已标准化的测验工具，对稳定调节人的行为的人格特质和行为倾向进行定量分析，从而对人的价值观、态度、情绪、气质、性格等素质特征进行测量与评价的一种心理测试方法。人格测验的类型很多，主要有自陈式测验，投射测验、情境测验、自我概念测验四种，这里主要介绍前两种。

（1）自陈式测验。自陈式测验向被试提出一组有关个人行为、态度、意向等方面的问题，被试根据自己的实际情况作真实的回答。自陈式测验有如下特征：一是它们结构明确，被试者面临的是在几个有限的选择中做出选择；二是测验的目的不隐蔽，主试者和被试者双方都了解测验的目的；三是记分简便、易作解释，稍经训练的人员就可以应用；四是此类测验广泛应用于人格研究、精神疾病诊断、咨询、教育、职业选择等多个方面。

经典的自陈式人格测验，例如，卡特尔16种人格因素测验（16PF）、艾森克人格问卷（EPQ）、明尼苏达多相人格测验（MMPI）、MBTI测验和"大五"人格测验等。

第一，卡特尔16种人格因素测验（16PF）。卡特尔16种人格因素测验（sixteen personality factor questionnaire，16PF）是由美国伊利诺州立大学个性与能力测验研究所的卡特尔（Raymond B. Cattell）教授编制的，他把人的个性分为"表面特性"和"根源特质"。所谓表面特性是一个人经常发生的，可以从外部观察到的行为；根源特质是制约着表面特性的潜在基础。他把对人类行为的80种描述称为人格的表面特质，并将这种描述通过因素分析的统计合并成16种因素，称这16种因素为根源特质。他认为只有根源特质才是人类潜在的、稳定的人格特征。他又据此编制了专门的量表来测量这16种特质。

卡特尔16种人格因素测验量表有187道题目，分为16个分量表，分别测量卡特尔16种人格特质，16个分量表所测量的特质名称和高低分者特征如表3-6所示。

表3-6　　　　　　　　16PF各因素及高分者和低分者特征

因素	特质名称	低分者特征	高分者特征
A	乐群性	缄默孤独	乐群、外向
B	聪慧性	学识浅薄	聪慧、才智
C	稳定性	情绪激动	情绪稳定

因素	特质名称	低分者特征	高分者特征
E	恃强性	谦逊、顺从	好强、固执
F	兴奋性	严肃、审慎	轻松、兴奋
G	有恒性	权宜、敷衍	有恒、负责
H	敢为性	畏缩、退缩	冒险、敢为
I	敏感性	理智、重事实	敏感、感情用事
L	怀疑性	依赖、随和	怀疑、刚愎
M	幻想性	现实、合乎成规	幻想、狂放不羁
N	世故性	坦白直率、天真	精明能干、世故
O	忧虑性	安详沉着、有自信	忧虑抑郁、烦恼
Q1	实验性	保守、传统	自由、批评、激进
Q2	独立性	依赖、随群附众	自立、当机立断
Q3	自律性	矛盾、不明大体	知己知彼、自律严谨
Q4	紧张性	心平气和	紧张困扰

16PF 人格问卷是一种经常使用的甄选工具，在学业预测、职业预测和心理健康预测方面得到了广泛应用。该测验是面对普通人的人格测验，因此只适用于普通工作人员的选拔，一般很少用于高级管理人员的选拔。

第二，MBTI 测验。MBTI 测验全称是"myers-briggs type indicator"它是一种迫选型、自我报告式的人格评估工具，用以衡量和描述人们在获取信息、做出决策、对待生活等方面的心理活动规律和行为倾向。它是 1956 年美国的迈尔斯 – 布里格斯（Myers – Briggs）母女在瑞士著名心理学家卡尔·荣格（Carl G. Jung）的心理类型理论基础上编制而成的。经过 60 多年的研究和发展，如今已经成为全球最为著名和权威的人格测试量表。

该量表从四个维度来解析人格：首先，从人们倾向将心理能量集中在外部世界还是内部世界的角度，可将人格分为外倾型（extroversion）和内倾型（introversion）。外倾型的人较多关注外部世界的人和事物，他们的心理能量是指向外部环境的，他们偏好通过交谈的方式沟通，喜好社交和表达；内倾型的人则倾向于将心理能量指向自身内部的观念和经验，他们喜欢反思，不愿意与人交流，喜好独处。

其次，从如何获取信息的角度，可将人格分为感觉型（sensing）和直觉型（intuiting）。感觉型的人倾向于通过感觉器官获取真实存在的信息，他们有敏锐的观察力，注重具体细节，比较实际；直觉型的人往往依靠直觉来获取信息，关注现实背后的可能，喜欢寻找事物发展的可能性，想象力丰富，富有创造性。

再次，从人们如何处理信息和做出决策的角度，可分为思考型（thinking）和情感型（feeling）。思考型的人处理信息和做出决策时依靠的是客观逻辑，擅长逻辑思维、客观分析，不以感情为转移，理性公平；情感型的人喜欢权衡事物对自己和他人的价值和意义，在决策时过多考虑人的因素而不是客观事实，具有同情心、理解力。

最后，从人们对待外部世界的方式上，可分为判断型（judging）和知觉型（perceiving）。判断型的人喜欢用判断的方式对待外部世界，他们生活得有计划、有秩序、他们擅长使用系统有组织的方式来解决问题，做事有条不紊、有计划、有目的；知觉型的人喜欢灵活，会随着信息的变化调整工作目标，喜欢用感知的功能来对待外部世界，他们容易冲动，适应性强，对事物的变化持开放态度。

以上每个人格维度都有两种不同的功能表现形式，经组合可得到 16 种人格类型（如表 3-7 所示）。每个人都可以归为 16 种行为风格类型中的一种。每种类型都对应有相应的行为特征和价值取向，为个人的发展提供了参考。

表 3-7　　　　　　　　　　　MBTI 测验 16 种人格类型

ISTJ 稽查员（inspector）	ISFJ 保护者（protector）	INFJ 咨询师（counselor）	INFP 治疗师/导师 （healer/tutor）
ESTJ 督导 （supervisor）	ESFJ 供给者/销售员 （provider/seller）	ENFJ 教师 （Teacher）	ENFP 倡导者/激发者 （champion/advocate）
ISTP 操作者/演奏者 （operator/instrumentor）	ISFP 作曲家/艺术家 （composer/artist）	INTJ 智多星/科学家 （mastermind/scientist）	INTP 建筑师/设计师 （architect/designer）
ESTP 发起者/创设者 （promotor）	ESFP 表演者/示范者 （performer/demonstrator）	ENTJ 统帅/调度者 （field marshall/mobilizer）	ENTP 发明家 （invertor）

首先，SJ 偏好的"现实的决策者"。具有 SJ 偏好的人被称为是"忠诚的监护人"，有很强的责任心和事业心，喜欢解决问题，忠诚，能按时完成任务，关注细节，强调安全、礼仪、规则、结构和服从，喜欢服务于社会需要。大约有

50%左右 SJ 偏好的人为政府部门及军事部门工作，并且显示出卓越成就。

其次，SP 偏好的"天才的艺术家"。具有 SP 偏好的人被称为"天才的艺术家"，有冒险精神，反应灵敏。在任何要求技巧性强的领域中游刃有余，常常被认为是喜欢活在危险边缘寻找刺激的人。为行动、冲动和享受现在而活着。

再次，NF 偏好的"理想主义者"。具有 NF 偏好的人被称为"精神领袖"，在精神上有极强的哲理性，善于言辞、充满活力、有感染力。帮助别人成长和进步，具有煽动性，用"教导"的方式帮助他人。约有一半的人在教育界、宗教界以及心理学等行业显示着他们的非凡成就。

最后，NT 偏好的"思想家的摇篮"。具有 NT 偏好的人有逻辑性且机敏，天生有好奇心，有独创性、洞察力，有兴趣获得新知识，有极强的分析问题、解决问题的能力。NT 型的人大多数喜欢物理、管理、电脑、工程等理论性和技术性强的工作。

MBTI 测验量表主要用于考察被试人员在组织中的贡献，领导风格、人际交往态度、偏好的工作环境等个体特征和潜力的，所以目前被广泛应用于人们的自身成长与发展、职业的发展与开拓、人际关系评估、组织发展、团队建设、管理人员和领导人员素质培训等。由于 MBTI 信息量大，信度与效度好，因而成为世界应用范围最广泛的识别个体差异的测评工具之一。

案例讨论

有位女销售员在工作中一直有力不从心之感，尽管她很努力工作，但销售业绩总是不尽如人意，这也影响了她所在团队的销售绩效。她感受到了巨大的压力，正在考虑是否该换个职业。

MBTI 测验结果显示，她的类型是 INTP，也就是内向、直觉、思考、知觉，这个结果也得到了她本人的认同。

讨论：这位销售员业绩不好的原因。

第三，"大五"人格测验。"大五"人格测验又称大五人格问卷、大五人格模型（Big Five 或 five-factor model，FFM），它是几代研究者共同努力的成果。1949 年菲斯克（Fiske，1949）在奥尔波特、卡特尔等人研究基础上，发现有五个因素是人格基本的特质，这是最早关于大五人格的研究。之后在研究"大五"人格因素的过程中，不同的研究者结合各自观点对提取出的五种因素进行了多种描述，麦克雷盖尔（Mecrae）和科斯塔（Costa）的命名法被心理学界广泛接受，他们把五个因素分别命名为：神经质、外向性、开放性、宜人性和尽责性。

大五人格涵盖了五个人格因素：神经质（neuroticism），又称情绪稳定性，是在人格测验中使用的最为广泛的人格特质。神经质评估的是情感的调节和情绪的稳定性。神经质得分高的个体倾向于有心理压力、不现实的想法、过多的要求和冲动等。在这个维度上有 6 个子维度，分别是焦虑、生气敌意、沮丧、自我意识、冲动性、脆弱性。

外向性（extraversion），外向性表示人际互动的数量和密度，对刺激的需要以及获得愉悦的能力。外向者非常爱好交际，通常表现为精力充沛、乐观、友好和自信。这个维度包括 6 个子维度，分别是热情、乐群性、独断性、忙碌、寻求刺激、积极情绪。

开放性（openness），是评估对经验本身的积极寻求和欣赏以及对不熟悉情景的容忍和探求，而不仅仅是一种人际意义上的开放。构成这一维度的特征包括，活跃的想象力、对新观念的自发接受、发散性思维等等。这个维度是最充满争论的，对它的探索也是最少的。在这个维度上有 6 个子维度，分别是想象力、审美、感受丰富、尝新、思辨、价值观。

宜人性（agreeableness），是考察个体对其他人所持的态度，这些态度既包括乐于助人的、信任他人的、有同情心的，也包括敌对的、无情的、多疑的等。在这个维度上有 6 个子维度，分别是信赖、直率、利他、顺从、谦逊、慈善。

尽责性（conscientiousness），是评估个体在目标导向行为上的组织、坚持和动机。是指我们如何控制自己、如何自律。尽责性得分高的个体做事有条理、有计划，并能持之以恒。在这个维度上有 6 个子维度，分别是胜任力、条理性、尽责、追求成就、自律、深思熟虑。

表 3 – 8 　　　　　　　　　大五人格各因素及高分者、低分者特征

因素	特质名称	低分者特征	高分者特征
N	神经质	平静、放松、不情绪化、果断、安全、自我陶醉	烦恼、紧张、情绪化、不安全、不准确、忧郁
E	外向性	谨慎、冷静、无精打采、冷淡、乐于做事、退让、话少	好社交、活跃、健谈、乐群、乐观、好玩乐、重感情
O	开放性	习俗化、讲实际、兴趣少、无艺术性	好奇、兴趣广泛、有创造力、有创新性、富于想象、非传统性
A	宜人性	愤世嫉俗、粗鲁、多疑、不合作、报复心重、残忍、易怒、好操纵别人	心肠软、脾气好、信任人、助人、宽宏大量、易轻信、直率
C	尽责性	无目标、不可靠、懒惰、粗心、松懈、不检点、意志弱、享乐	有条理、可靠、勤奋、自律、准时、细心、整洁、有抱负、有毅力

"大五"人格测验在人员选拔中受到普遍的欢迎，一个很重要的原因是这个测验具有很好的预测效度，对工作绩效能够较好的预测。

第四，九型人格测验。九型人格（enneagram）最早起源于古代中亚地区，由两个希腊词汇 ennea（九）和 grammos（尖角）组成，被称为"九柱图"，关于"九柱图"的符号体系的原作者已经不详，在 20 世纪以前，九型人格只在一些神秘团体中传播。20 世纪前二十年，葛吉夫（Gurdjieff）最早将九型人格介绍到苏联，在莫斯科等地集中讲授九型人格，并在 20 世纪上半叶逐渐传播到巴黎、伦敦、纽约等西方国家。

20 世纪 60 年代，智利心理学家奥斯卡·依察诺（Oscar Ichazo）将九型人格的描绘总结出来，并完善了现代九型人格理论，依察诺被认为是现代九型人格的真正创始人。但真正将九型人格运用到现代心理学研究中的是智利精神病学家纳兰德（Claudio Naranjo）。20 世纪 70 年代以后，九型人格被广为流传，主要通过两类群体传播，这两类群体代表着九型人格的两种视角：一类是基督教的牧师，他们传承了九型人格神秘传统，强调"精神性"，并作为人的灵修和心灵成长的训练方法；另一类是心理学者，他们侧重于心理学视角，将九型人格作为一门心理理论体系完善发展。

20 世纪 80 年代以后，九型人格在组织管理领域的应用逐渐兴起，由于九型人格理论能够帮助人们全面了解他人的行为，越来越多的公司应用九型人格进行员工培训和机构变革管理，九型人格在培养人们的沟通技巧、解决分歧、领导力开发、团队合作、战略规划以及企业文化变革等方面发挥了巨大作用。

九型人格按照人们的核心价值观和注意力焦点的不同，可将人格分为九种基本类型，具体如图 3－4 所示。

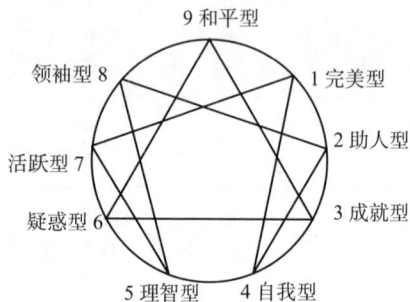

图 3－4　九型人格示意

第一型完美型。这种类型的人有极强的原则性、不易妥协、对自己和别人要求甚高、追求完美，希望把每件事都做得尽善尽美，希望自己或是这个世界都更进步。此类性格的人可能成为非常睿智的精神偶像。

第二型助人型。这种类型的人渴望得到他人的认同，甘愿迁就他人，很在意别人的感情和需要，愿意付出爱给别人，看到别人满足地接受他们的爱，才会觉得自己活得有价值。温和友善，随和，绝不直接表达需要，婉转含蓄。此类性格的人乐于助人，富有同情心。

第三型成就型。这种类型的人有强烈好胜心，喜欢权威，以成就衡量自己的价值高低，注重外表形象，希望能够得到大家的肯定，希望与众不同，受到别人的注目、羡慕，成为众人的焦点。此类性格的人可能成为领导者、推销员和团队的领军人物。

第四型自我型。这种类型的人情绪化，追求浪漫，惧怕被人拒绝，易受情绪影响，倾向追求不寻常、艺术性而富有意义的事物。性格内向、敏感，具有艺术气质。此类性格的人在生活中富有创造力，宁愿自己受苦，也要帮助别人。

第五型理智型。这种类型的人孤僻，喜欢远离人群，不善表达内心感受，不愿干涉别人的生活，想努力获取更多的知识来了解环境。此类性格的人可能成为优秀的决策制定者、大学学者和修道士。

第六型疑惑型。这种类型的人做事小心谨慎，不轻易相信别人，多疑虑，为别人做事尽心尽力，不喜欢受人注视，安于现状，相信权威，跟随权威的引导行事，然而另一方面又容易反权威，性格充满矛盾。团体意识很强，需要被接纳并得到安全的保障。此类性格的人可能成为团队中的好成员、忠实的战友和朋友。

第七型活跃型。这种类型的人乐观，富有童心，不喜欢承受压力，对事物的认识较肤浅，爱冒险、喜欢刺激，渴望享受的生活，从来不愿做出承诺，做事常常半途而废。此类性格的人可能成为优秀的综合管理者、理论家、艺人。

第八型领袖型。这种类型的人追求权力，讲求实力，不靠他人，有正义感，具有很强的保护能力，愿意保护他人，主动负责，喜欢挑战，自控力差、易怒、具有攻击性。此类性格的人可能成为出色的领导者。

第九型和平型。这种类型的人温和友善、忍耐、随和、怕竞争，总是处于矛盾之中，容易接受他人的观点，注意力通常集中在细节、次要的事情上，不喜欢被人支配，绝不直接表达不满。此类性格的人可能成为优秀的调解员、顾问、谈判者。

九型人格的名称只是对这个人格类型的一个主要特征的抽象代号，并不涵盖其全部特征。九型人格各型的核心价值观、注意力焦点、基本恐惧和主要特征的概括如表3-9所示。

表3-9　　　　　　　　　　　　九型人格各类型基本特征

型号	人格类型	核心价值观	注意力焦点	基本恐惧	主要特征
第一型	完美型（完美主义者）	按照标准做到正确、完美	错误、缺陷	事情做错、混乱、失序	极强的原则性、认真负责、追求完美、关注规则
第二型	助人型（给予者）	首先付出爱才能赢得喜欢	他人的需要	不被需要	在意别人感受、乐于助人、友善、含蓄
第三型	成就型（实干者）	获得成就和他人的认可	目标	事情失败	强烈好胜心、目标感和执行力强、喜竞争、适应性强
第四型	自我型（悲情浪漫者）	个性独特、自我存在感	真实的感受	失去自我认同和存在感	真实、敏感、情绪化、注重感觉和品味、想象丰富
第五型	理智型（观察者）	弄懂客观世界规律	信息的来源	无知	孤僻、不善表达、理性思考、不干涉别人、探索现象背后的本质
第六型	疑惑型（忠诚者）	确定、支援和保障	安全	不确定的危险	小心谨慎、疑虑、安于现状、忠诚、稳重、务实
第七型	活跃型（享乐主义者）	快乐、自由、多种选择	与快乐有关的事物	痛苦、束缚、沉闷	乐观、开朗、爱冒险、创造力强
第八型	领袖型（保护者）	强大、掌控、保护他人	权力、影响	失控、软弱、被侵犯	追求权力、讲义气、负责、自控力差、易怒
第九型	和平型（调停者）	安宁、平静、和谐	周围的环境	冲突、折腾	温和友善、怕竞争、贪图安逸、逃避冲突

目前，九型人格风行欧美的学术界及工商界，被广泛地应用于人力资源管理的各个方面，世界500强企业如通用汽车、花旗银行、汇丰银行、惠普、可口可乐、美国中央情报局等机构也将九型人格作为企业管理培训的内容，以此培训员工，提高员工的执行力。

（2）投射测验。所谓投射，就是让人们在不自觉的情况下，将自己的态度、动机、内心冲突、价值观、需要、愿望、情绪等人格特征反映出来的过程。向被试者提供一些未经组织的刺激情景，让被试者在不受限制的情景下，自由表现出他的反应，通过分析反应的结果，就可以推断他的人格结构。利用这种投射技术编制的测验叫作投射测验。通过投射测验所获得的资料来揭示人格深层的无意识内容。

与其他人格测验相比，投射测验具有以下特点：首先，投射测验使用的是非结构的任务，允许被试者有各种各样不受限制的反应。刺激材料也是含糊、模棱两可的刺激。在这种情况下，被试者对材料的知觉和解释就可反映他的思维特点、内在需要、焦虑和冲突等人格特征。其次，测量目标具有隐蔽性。被试者一般不可能知道他的反应将作何种心理学解释，从而减少了伪装的可能性。此外，投射测验强调解释的整体性，它关注人格的总体评估而不是单个特质的测量。投射测验的种类很多，最常用的有罗夏墨迹测验、主题统觉测验、房—树—人测验等。

第一，罗夏墨迹测验（Rorschach inkblot method，RIM）。罗夏墨迹测验是由瑞士精神病医生罗夏（H. Rorschach）创造的一种投射测验，他最早用墨迹图来测量精神病人的人格特征。测验中给被试曾现一组不规则而对称的墨迹图，要求被试根据自己的想象对墨迹图做出描述，并记录下被试对每张图片的情绪、时间间隔等反应，主试通过观察、记录询问被试对图片刺激的反应来打分。

罗夏墨迹测验是基于知觉与人格之间有某种关系这一基本假说，即在个人知觉中反映着人格。测验要求被测者描述在墨迹中"看到了什么"，并说出自己的知觉体验。在进行这样的测验时，被测者必须以自己独特的方式进行反应。在这些反应中，他们无意地、不知不觉地将真实的自己，有时甚至是自己完全意识不到的某些侧面暴露出来。

实施罗夏墨迹测验是非常复杂的，只有那些专门培训过并有丰富经验的人才能使用（见图3－5）。

图3－5 罗夏墨迹图

第二，主题统觉测验。主题统觉测验（thematic apperception test，TAT）是美国哈佛大学的莫里（Murray）和摩根（Morgan）于1935年编制而成的。后来经过多次修订，逐渐推广应用，成为一种重要的人格投射测验。测验中向被试呈现内容隐晦的图片，要求被试对图画上事件发生的过去和将来的情形加以描述。主题统觉测验的基本假设是，个人对图画情景所编造的故事与其生活经验有密切的关系，被试在编制故事时，不自觉将隐藏在内心的冲突和欲望穿插在故事的情节中，借故事中的人物行为宣泄出来，把个人的心理历程投射到故事中（见图3－6）。

（a）　　　　　　　　　　　　（b）

图 3 - 6　主题统觉测验示例

第三，房—树—人测验。房—树—人测验（house-tree-person technique，HTP），又称屋树人测验，HTP 测验是由美国心理学家巴克（J. N. Buck）于 1948 年发明。该测验要求被试只需在三张白纸上分别画屋、树及人就完成测试。后来，学者们在临床实践中发现，分三次描绘三张图形对被试的心理压力较大，尤其不适于那些精力不足、情感淡漠、注意力不集中的精神病患者。于是将房子、树、人三项合画于一张纸之中，不仅可大大减轻被测者的负担，扩大测验对象，提高成功率，而且能简捷有效地探测被试的人格特征。

3. 职业兴趣测验

（1）职业兴趣概述。兴趣是喜欢与不喜欢的一种持久的倾向，表现为对某种事物、某种活动的选择性态度和积极的情绪反应。当兴趣直接指向与职业有关的活动时，即成为职业兴趣。职业兴趣是对职业或具有职业特征的活动的心理倾向。职业兴趣在人们的职业活动中起着重要的作用，从事符合自己职业兴趣的工作将增加个人的工作满意度、职业稳定性和职业成就感。

（2）职业兴趣测验工具。国外研究者开发的职业兴趣测验工具较多，代表性的有：斯特朗—坎贝尔职业兴趣量表（Strong - Campbell interest inventory）、霍兰德职业兴趣问卷（Holland vocational preference inventory）、库德职业兴趣量表（Kuder preference record-vocational）、杰克逊职业兴趣调查表（Jackson vocational interest survey）。其中最有影响的是霍兰德职业兴趣问卷。

霍兰德职业兴趣问卷是霍兰德基于对职业倾向测试的研究编制而成的。霍兰德认为个体的职业兴趣可以影响其对职业的满意程度，当个体所从事的职业和他的职业兴趣类型匹配时，个体的潜在能力可以得到最彻底地发挥，工作业绩也更加显著。企业在招聘新员工时，有必要对求职者进行职业兴趣的测评，了解求职者的职业兴趣人格类型。通过测试可以得知企业所提供的职业是否与求职者的职业兴趣类型匹配。

企业在选拔人才过程中，如果能够坚持以霍兰德的职业兴趣理论为指导，不仅可以招聘到适合本企业的人才，还可以在招聘工作中减少盲目性，通过职业兴趣的测试，企业还可以给予新员工最适合的工作环境，以期最大限度地在工作中发挥他们的潜能。

（七）使用心理测验应注意的问题

心理测验是一种科学的方法，但在其发展中，存在两种极端的观点：一是测验万能论，认为心理测验可以从各个方面对个体做出迅速有效的测评，因而盲目崇拜测验，一次测验定终身；二是测验无用论，认为心理测验误差大，根本没有科学性，结果即不可靠也不准确，因而全盘否定测验，甚至排斥测验。这两种观点都是片面的，对于心理测验，既要充分重视它的发展和应用，也要对心理测验的局限性有所认识。

1. 正确对待心理测验

心理测验是一种定量化程度很高的测量技术。心理测验的编制十分严格，并且经过标准化和鉴定，因此测验结果是准确可靠的。实践证明，心理测验比观察法、访谈法等心理测量的其他方法更准确、更客观。而且，心理测验还可以在较短的时间内搜集到大量的定量化资料，因而它是研究个体心理的一种重要工具。

但心理测验也存在着一定的局限性。首先，不同的心理测验所依据的理论基础不尽相同，所测特质的定义、观点及概念系统也不同，因此同样性质的测验测量的可能是不完全相同的心理特质；其次，心理测验是对人的心理特质的间接测量与取样推论，不可能完全准确；再次，作为指导测验编制的"测量理论"有一些比较脆弱的假设；最后，测验过程中的一些无关因素的干扰很难完全排除，会影响到测验结果的稳定性和准确性。因此，在利用心理测验结果做辅助决策时还必须结合其他信息进行全面的分析。

2. 科学使用心理测验

为了准确地把握个体的个性特点，必须正确使用心理测验。如果运用不当，不仅不能达到了解他人的目的，相反还可能造成不良的后果。为使心理测验能够最大限度地发挥其功效，使用心理测验必须注意下面两个问题：

（1）使用标准的心理测验。心理测验有优劣之分。目前很多报纸杂志为吸引读者刊登了不少心理测验，但不能拿来使用，而必须采用按照科学方法编制的、经过标准化处理的心理测验。心理测验软件必须通过专家鉴定并配有使用手册方可使用。此外，心理测验的常模是某一标准化样组在一定时空中实现的平均成绩。地区不同，常模也不同。因此，不能把一个原来良好的测验，不分时间、地区到处乱用。

（2）由专业人士施测。心理测验是一项专业技术很强的工作，测验人员必须是经过专门训练并具备相应资格的人。测验的选择、施测、结果的解释等都必须由训练有素的专业工作者来完成。只有专业人士施测，才能把误差控制在最小的范围内，才能提高施测结果的科学性、可靠性、客观性和有效性。

三、评价中心

评价中心（assessment center，AC）又称为评价中心技术，是从多方位、多角度对被测对象的个性特征和行为表现进行标准化评估的，以情景模拟为核心的一系列测评方法的总称。具体说，就是将被测者置于一系列与实际工作环境十分相似的模拟情景中，由专业测评人员对其进行各项能力的评价和预测，了解被测者是否具有目标岗位关键胜任力的方法。

评价中心技术是将不同的素质测评方法结合在一起的一种人才素质与能力测评技术。它通过设计一种逼真的模拟管理系统或工作场景，将被测者纳入该环境系统中，使其完成模拟环境下对应的各种工作。由于其设计的模拟场景与实际工作环境十分相似，因此，评价中心被认为是当代人才测评技术中甄选管理人员最有效的测评方法。

（一）无领导小组讨论

无领导小组讨论（leaderless group discussion，LGD）是评价中心技术中经常采用的一种测评技术。这种方法是通过给一定数目的应聘者（5～7人一组）一个与拟任岗位相关、性质相近或者一般性的问题，让应聘者在一定时间内（1小时）讨论，进而考察应聘者的组织协调能力、口头表达能力、辩论说服能力、处理人际关系的技巧、非言语沟通能力等是否达到拟任岗位的要求，由此来评价应聘者的优劣，决定应聘者是否能被录用的过程。

这里的"无领导"是表示参加讨论的这一组应聘者，在讨论问题情景中的地位是平等的，并没有哪一个人充当小组的领导者，而评价者并不参与讨论的过程，他们只是在讨论之前向应聘者介绍一下讨论的问题，给他们规定所要达到的目标以及时间限制等。

（二）文件筐测验

文件筐测验（in-basket）又叫公文处理测验，是情景模拟测验中最常用和最核心的技术之一。该测验是模拟公司的管理环境，提供给应试者一份装有众多文件材料的"公文筐"，应试者通常扮演某一管理者或领导者的角色，处理公文筐中的文件材料，形成公文处理报告，测评者通过观察应试者在规定条件下处理过程中的行为表现和书面作答，评估其计划、组织、领导、预测、沟通、决策等能力的评估方法。

文件筐测验中的材料主要包括通知、报告、信函、电话记录、备忘录等，内容涉及人事、财务、市场、客户关系、工作程序等多个方面。这些材料通常放在办公桌的文件筐内，文件筐测验因此而得名。文件筐测验要求被测者在规定的时间（1~3小时）、条件（时间和信息有限、独立无援、任务紧急）下对各类文件进行现场处理，主要考察被测者资料分析能力、信息处理能力、组织协调能力、分析判断能力、决策能力等。文件筐测验主要适用于企业中高层管理人员的选拔。

（三）角色扮演

角色扮演（role play）是一种用以测评被评者人际关系处理能力的情景模拟活动。测评者设置一系列尖锐的人际矛盾和人际冲突，要求被评者扮演某一角色，模拟实际工作情境中的一些活动，去处理各种问题和矛盾，以此考察被评者心理素质和潜在能力。例如，要求被评者扮演营销员，向零售单位推销产品；或者要求被评者扮演一名车间主任，请他处理车间发生的一起生产事故等。

在角色扮演中，评价者主要从以下几个方面对被评者进行评价：一是角色的把握性。被评者能否迅速地进入角色情境，按照角色规范的要求去采取相应的对策行为。二是角色的表现。被评者在角色扮演中所表现出的能力素质如何，如行为风格、口头表达能力、思维敏捷性、对突发事件的应变性等。三是角色的衣着、仪表与言谈举止是否符合角色及当时的情境要求。四是角色扮演过程中缓和气氛、化解矛盾技巧、达到目的的程度、行为策略的正确性、情绪控制能力、人际关系技能等。

（四）案例分析

案例分析通常是以书面形式阐述某案例的情境条件，要求被评价者根据指定的社会角色来进行一系列分析或决策的测验方法。一般先让被测对象阅读一些材料（案例），了解某个组织或个人所面临的问题，要求被测者对材料进行综合分析，然后提出一系列解决建议。有时还会要求测评对象撰写一份书面的分析报告或在小组讨论会上做口头发言，评价者根据分析报告的内容、形式和发言情况，对被评者的综合分析能力或者管理、业务技能进行评定。

（五）管理游戏

管理游戏（management games）又称商业游戏，是一种以完成某项"实际工作任务"为基础的标准化模拟活动。一般由几个被测对象组成一个小组，小组成员各被分配一定的任务，要求解决一些管理中常遇到的现实问题，被测者必须合作才能完成任务。管理游戏与一般的情景模拟相比，还包括体力活动，因而更接近于组织中"真实的生活"。管理游戏的情景模拟范围相当广，可以涉及行政、财务、人事等管理工作。管理游戏趣味性很强，能够使测评对象感到心情愉悦，有参与的动力。但管理游戏实施起来比较复杂，所以，在实际中使用频率不是很高。

> 第四节 招聘与选拔的心理偏差

在人员招聘和选拔过程中，由于各种心理因素和环境因素的影响，招聘双方不可避免受到一些心理效应的影响，从而导致人员选拔出现误差，给招聘方和应聘者带来一定的困扰。

一、招聘者的心理偏差

招聘者处于主动、支配地位，对应聘者的评价和判断取决于招聘者当时的心理活动和心理效应，因而有时会有主观随意性。

（一）首因效应

个体在信息加工过程中，第一次获得的信息对印象的形成起着很大的作用，这就是首因效应。首因效应是由第一印象所产生的，是指两个素不相识的人第一次见面所形成的印象。在招聘面试时，如果面试官对应聘者的第一印象好，就会影响到今后对他行为的看法，即使他后来表现得比较差一点，也容易取得人们的谅解。

（二）晕轮效应

晕轮效应是指在个体的社会知觉过程中，将知觉对象的某些方面不加分析地扩展到其他方面，根据不完全的信息而做出的对知觉对象的整体印象和评价。"晕轮"是欧洲中世纪宗教画中天使与圣徒头上所画的一圈光环，一看见晕轮的人，不需要去深究他的背景和其他特征，便可断定此人是位完美的人。晕轮效应实质上是一种"以点概面""以偏概全"的效应。

晕轮效应是招聘者在评价应聘者时比较常见的一种心理现象。例如，某应聘者毕业于国内一所重点大学，学习成绩优秀，招聘者就可能会认为他有事业心、有能力、有作为、目光远大等等。之所以会产生晕轮效应，是因为人们在心理上出现的一种逻辑推理性错误，是招聘者对应聘者了解不多，而且其中还掺杂了大量的个人主观心理因素，因此有很大的片面性。

（三）刻板印象

刻板印象又称为定势效应，是人们对某个群体中的人形成的一种概括而固定的看法。个体在对人知觉的时候，常常不知不觉地把人进行归类，然后把对某一类人的总的看法转移到具体某一个人的身上。在人员招聘时，招聘者也会受其自身特有的、固定的观念影响而形成对应聘者的印象。在招聘者的头脑中，存在着关于某一类人的固定印象，这种固定印象使招聘者在评价应聘者时常常不自觉地按应聘者的年龄、民族、性别、专业等特点进行归类，并根据头脑中已有的关于这一类人的固定印象来判断应聘者的个性。例如，有些招聘者认为，男性独立性强、自信、果断；而女性依赖性强、优柔寡断，在甄选时倾向于选择男员工。

阅读资料

韦尔奇刻板印象用人

韦尔奇是一位管理大师。他曾自称，他在通用的最大贡献就在于他为通用招了一批精兵强将。所以在我们的印象中，韦尔奇是一位"看相"大师，什么样的人只需瞄一眼就能猜测出十之八九。但事实绝非如此。他经常凭应聘者的外表、学历、掌握的语言种类等外在条件来决定是否聘用。他招营销人员时常凭容貌、口才等指标，他十分偏爱有多个学位的员工，因为他认为有多个学位的人学习能力强，却忽视了这类人往往对一件事不够专心的缺点。他总是凭着自己的偏好来选择他所用的人。为此他犯下的最大错误是让一个曾在通用电气做业务的"外人"来做集团的副董事长。他选择这个人的理由是曾在一次部长会议上被这位员工的演讲技巧所折服。但是韦尔奇后来发现此人并不适合他的职位，最后不得不解雇他。

资料来源：陈国海，李艳华，吴清. 管理心理学［M］. 北京：清华大学出版社，2008：24－25。

（四）优势心理

在招聘活动中，招聘者处于主动、支配的地位，对应聘者的最后评价在很大程度上取决于招聘者对他的主观感觉。所以，招聘者会不自觉地产生一种优越感。这种优越感固然有利于招聘者主动性、积极性的发挥，但把握不好也容易形成极端化的倾向。

（五）投射效应

投射效应是个体把自己所拥有的特质推而广之到他人身上的倾向。当自己的年龄、民族、社会经济地位等特征与别人相同时，个体总是倾向于认为他人和自己是相同的。例如，自己喜欢热闹，往往会认为别人也喜欢凑热闹。在招聘过程中招聘者会不自觉地按照自己的理解来认识应聘者，而不是根据客观情况进行判断，这会造成认知的偏差。

二、应聘者的心理误区

（一）自负心理

自负心理是求职者对自己的评价高出自己的实际水平，具有不切实际的期望值。许多高学历、能力强的人在应聘时，自视甚高，以一种不切实际的高期望心态来选择招聘单位，之所以产生这种心理，一是因为他们把期望值高等同于充满自信，认为只要自己高期望，用人单位就会认为你是一个自信的人。二是因为他们不能客观地评价自己，对自我评价过高。这种心理现象多见于大学毕业生中，尤其是部分名牌大学毕业生、热门专业的毕业生以及在校期间表现突出的学生，这部分学生在择业时往往对自己的未来规划有些理想化，对用人单位有过高的期待，过于看重用人单位的工作环境、薪酬及待遇，而对自身的胜任度欠考虑，不能给自己进行准确的社会定位。在这种心理影响下，往往是这个单位不满意，那个单位不理想，从而错失就业良机。

（二）依赖心理

依赖心理在当代年轻的求职者中表现比较明显，有些求职者因缺乏社会经验，缺乏应有的分析问题和解决问题的能力，在择业过程中缺乏参与意识和竞争意识，主动性较差，把找工作寄希望于父母、亲戚、朋友等社会关系和学校的帮助。认为找工作就是父母的事情，没有了父母的依赖和学校的依靠，求职寸步难行。产生这种心理的原因主要是由于成长环境过于优越，这些人在成长过程中受到父母过多的关照，父母的溺爱和呵护使他们缺乏竞争意识，缺乏独立求职的想法，认为父母理所当然应给自己安排一份满意的工作，一旦要求他们自己找工作，就怨天尤人、牢骚满腹。还有些求职者不愿自己思考决断，而是依靠父母、老师、同学进行就业取舍，缺乏自我选择和决断的能力，表现出较强的依赖心理。

案例讨论

琪琪是一名在校大学生，从小到大她的依赖性都比较强，就连考大学选专业都是父母代劳的。这不快毕业了，父母心急如焚地到处给她张罗工作，她自己却丝毫不急。最近，父母托朋友给琪琪找了一家公司，她干了没两天，就把工作给辞了，原因是这份工作干起来太没意思。现在琪琪已经毕业很久了，却依然待业在家，而她的父母仍然在帮她找各种工作机会。

琪琪虽然已经是20多岁的成年人，但从案例中可以看出，她是一个没有责任感的大学生，而造成这一切的原因就是——依赖性太强！因为从小依赖自己的父母，让琪琪失去了独立的能力。

综观大学校园，像琪琪这样的大学生并不在少数，他们因为过度依赖自己的父母，导致毕业时成为"傍老族"。一项关于"大学生依赖性与求职的关系"的调查结果显示，有四成以上的大学生认为，通过父母的社会关系是最有效的求职途径。而且这个比例还在进一步上升，不少大学毕业生表示，现在就业市场竞争激烈，如果能依靠父母找到工作那是最好不过的。

大学生本来是一个优秀的社会群体，可是不曾想，这种过度依赖父母的行为，却让大学生失去了独立拼搏的能力。

讨论： 出现这种心理问题的原因？对大学生有哪些影响？

资料来源：大学生依赖性太强，其实是给自己未来的职业设置障碍 [EB/OL]. https://baijiahao. baidu. com/s? id=1591094241792412770&wfr=spider&for=pc。

（三）自卑心理

自卑心理是一种由于过多的自我否定而导致的自惭形秽的主观情绪体验。主要表现为过低估计自己的知识和能力水平。自卑心理产生的原因主要在于求职者认为自己的学历不高、就读学校不是名牌大学、所学专业不是热门专业、性格内向、综合实力不如其他人、在求职过程中屡次受挫缺乏信心等。自卑感较重的人往往在求职过程中畏首畏尾，患得患失，总是低估自己的能力，认为别人比自己好，别人比自己优秀，不能积极地向用人单位展示自身的优点，导致与自身适合的工作岗位失之交臂，影响到求职效果。要克服这种消极心理，应聘者一方面要树立自信心，另一方面要恰当地分析自己的长短处，这样才能摆脱自卑对自己的影响。

（四）从众心理

从众是个人在社会群体压力下，放弃自己的意见，转变原有的态度，采取与大多数人一致的行为。从众是一种非常普遍的社会心理现象，从众行为是由于个体在群体一致性的压力影响下，寻求一种试图解除自己与群体之间的冲突，增强安全感的一种手段。在求职时，求职者也表露出这种心理，前些年很多人到外资企业求职，因为这些企业的工资高、福利好。近几年又拼命要进政府机关。这些人找工作的动机十分盲目，根本不考虑自身的实际情况，因此很难说他们找到的就是适合自己的工作。

三、招聘与选拔心理偏差的应对策略

（一）招聘方策略

针对人员选拔过程中容易出现的几种心理偏差，在招聘过程中可以从以下几个方面予以避免和应对。

1. 明确招聘标准，规范招聘流程，建立科学有效的招聘体系

为了提高质量，吸引高素质而又适合工作岗位要求的人才，避免人才浪费，招聘人员在招聘前应对岗位进行分析，明确岗位职责、招聘流程以及对工作人员的素质要求，依据岗位说明书开展招聘工作。

面试前要制定统一的选拔标准，标准的选择尽量可测量，尽量不选不易观察、不便于独立评定的要素，克服晕轮效应、首因效应的可能。在面试过程中严格按照评定流程和方法进行测评，保证所有被试者的评定过程一致。

2. 加强招聘人员的选拔和培训，提升其专业素养

招聘人员的能力素质、专业性直接影响到招聘的质量，因此，应加强对招聘

人员的选拔和培训，挑选具有一定专业能力和素养的人来担任招聘面试工作，理解并掌握职位要求及人员测评技术，对求职者心理有一定的了解和把握，认识和了解人际认知的规律，能识别和判断求职行为背后的求职心理和求职动机，克服和避免人员选拔中的心理误差。

3. 营造良好的招聘环境

在招聘过程中，招聘方应尽量缓解求职者的紧张心理，保证招聘过程的顺利进行。面试中要营造一个轻松、自然、良好的面试环境，包括座位的摆放距离和角度以及光线的明暗设置等，面试过程中面试官要用心聆听求职者的回答，让求职者感到自己受欢迎，从而保持求职的自信。

总之，在招聘过程中，招聘方只有准备充分、过程严谨、标准统一、态度谦和才能使优秀的人才通过公平的竞争脱颖而出，避免出现招聘中的心理偏差。

（二）应聘者策略

1. 认清就业形势，找准定位

当前的就业形势依然严峻，求职者应正确认识严峻的就业形势带来的压力，正确认识和分析自身的优劣势，结合经济发展、社会环境的变化，明确自身的角色定位，合理调整就业期望值。选择适合自己的职业，最大限度地发挥自己的才能，而不是一味追求名企高薪。

2. 树立正确的择业心理

首先，要摒弃依赖心理。积极主动参与到求职择业中，不依赖父母、亲戚朋友，自觉独立寻求适合自己的工作。其次，避免从众心理，不盲目选择目标。无论是"考研热"，还是"考公务员热"都是从众心理的体现。有的求职者不去客观地分析自身优劣势和社会环境，盲目地跟风，浪费了时间和精力。因此，克服从众心理，避免盲选求职目标的先决条件是，要进行清晰的职业生涯发展规划，明确职业发展目标，在这个目标指导下，才能做出理性的职业选择。最后，克服自卑心理，增强求职信心和勇气。当前的人才市场是"自主择业，双向选择"，因此，对于求职就业中的暂时失败，要以良好的心态去面对，不攀比、不自卑、不丧气，有信心、耐心和恒心面对挫折。在求职过程中，摒弃一次到位、绝对平稳的观念，多用积极的、乐观的心态看待择业，让自己从挫折中变得更加强大。

> **复习思考题**

1. 简述招聘的心理学基础。
2. 面试中应注意哪些问题？
3. 心理测验的类型有哪些？
4. 列举常用的心理测验工具。

5. 评价中心的类型。

6. 招聘中易出现的心理偏差。

▶ 案例分析

H 公司是一家生产型企业，由私人投资创办，成立于 2000 年。其公司负责人刘总正在为公司的人才引进问题烦恼。H 公司成立 8 年来，业务量日益增长，市场份额逐渐扩大，逐步站稳了脚跟。前一段时间，公司新添加了一些新产品的制造业务，同时也增设了相应的新岗位。因此，人力资源部门的李经理向刘总提出了招聘的要求。这一建议得到了刘总的支持。

要增加的岗位，主要有新产品的制造部经理、技术主管等岗位，现有的在职员工的知识素质、技能似乎还差一截。因此，李经理想利用此次机会招聘优秀的外部人才为公司新产品的生产制造注入新的活力。人力资源部门抽取了一些工作人员，再加上一些重要部门的主管，构成了招聘小组，开始了招聘工作。此次招聘与以往不同的是，李经理认为公司要获取持久的竞争优势，并能够长久的发展，必须招聘一些知识层次较高、工作经验丰富、能力素质都很优秀的人才加入到公司中来。

招聘后，新员工试用的效果并不尽如人意。许多刚刚应聘的人员提出了换岗或者干脆主动放弃该工作机会。人力资源部的李经理对此困惑不已。新招进来的员工共六个，基本上都有两年以上制造业的工作经验。从学历看，有三个博士，两个硕士，一个本科生。他们都被安排在了新产品制造各个岗位中，公司提供的薪水并不低，领导对他们的工作基本持满意态度，再者，工作环境也还比较理想，因此，对于新员工提出的主动辞职，李经理陷入了沉思。他找来部门主管，询问了新产品的制造情况，发现岗位设置不大合理，特别是岗位对任职者的需求和实际任职者的能力之间存在较大差异。新招的员工具有良好的专业背景，并且拥有相关工作经验，他们的能力远远超过了这些岗位对员工的技能要求。因此，许多人认为工作没有挑战性，没有成就感，因此，便提出了辞职的要求。李经理认为应该要好好思考一下这些问题了。

思考：

1. 你认为该公司的人员招聘存在哪些问题？

2. 如果你是李经理，你应该如何解决这些问题？

第四章
人员培训心理

学习目标 通过本章的学习，理解培训的心理学理论；了解培训的原则、内容；重点掌握培训的方法及培训心理场。

引导案例

腾讯新员工培训

腾讯的新员工培训体系可以归纳出三个特点：系统性、创意性、因需而变。其中系统性表现为将培训分为三级，包括公司级、事业群（BG）级、部门级，以此来帮助我们从多个方面来完善培训；创意性体现为设立像达人访谈、新人实验站的特色项目；因需而变则表现为加入了很多线上线下移动化的学习方式，包括：移动学习 APP、新产品实验站等。

负责腾讯培训业务的是腾讯学院，腾讯学院正式成立于 2007 年，目前学院总部加上各地事业群以及外包团队中的同事共有一百多人，这些人支撑着整个腾讯公司在全国范围内两万多人的培训工作，包括新人培训以及领导力的培训。腾讯对于新员工的培训总结起来有以下三点：

一、培训目的

（1）希望新员工能够很好地了解及融入公司的文化，这也就是大家谈的当新人大量涌入的时候怎么样解决文化传承及文化稀释的问题。

（2）互联网这个行业还很新，不管是毕业生招聘还是社会招聘，大部分进来的同事都有互联网方面的经验及技能，我们需要帮助他们提升这方面的行业背景和能力。

（3）通过新人培训建立起人脉关系，这是其中一个非常重要的目的，因为一个大的企业中各个事业群之间的相互沟通和交流是非常必要的。

二、培训挑战

（1）第一个挑战是培训的及时性问题。首先是社会招聘，如果一个新人加入公司一个月后再进行培训那已经没有了意义，所以保证在几千名新人的情况下及时做培训，这是很重要的。

（2）第二个挑战是在业务繁忙的情况下，大家参加培训的积极性不高，这个时候怎样提高他们的参与率，同时达到一定的培训效果，这是腾讯面临的问题。

三、培训心得

（1）了解用户画像，抓住用户痛点。强调用户痛点，满足用户需求。如一千多刚毕业的大学生，学历偏高，学习能力强，思维活跃，但是心态浮躁，培养方式需要融入体验式的培训，不能是单一的面授，还有职场心态的引导。

（2）培训内容与实际业务场景相结合。产品体验环节中新人表达对产品的反馈意见并用表演的形式表现出来（产品奥斯卡），感受用户使用产品时的场景。新人试验环节，模拟产品流程，了解公司不同的工作场景。来自业务的实际问题交给新人练手，支持新员工的新创意并实践。

（3）多形式多层次的混合式实践。

资料来源：腾讯新员工培训［EB/OL］. HR案例网，http://www.hrsee.com/? id=33。

腾讯公司为什么重视新员工培训？这是因为员工的培训对于组织提高劳动生产率，提高工作和产品质量至关重要。员工的培训是组织人力资源管理的重要职能之一，是提高员工素质，帮助组织获得竞争优势的重要因素，也是帮助员工实现自身价值，提高工作满意度，增强归属感的重要手段。因此，组织在任何时候都要十分重视员工的培训工作。

＞ 第一节　培训概述

一、培训的意义

培训是企业有计划、有组织、系统地对员工进行知识、技能、价值观、工作态度等内容的培养和训练，使员工达到工作岗位的要求。员工培训能提高与改善员工的知识、技能与态度，增进员工的积极性，进而提高企业效益、提升组织竞争力，对组织和个人具有重要的意义。

（一）提高员工的职业能力

随着知识、技能更新的日益加快，仅靠学历教育已难以维持当前的工作需要，因此，培训正在成为员工更新知识、提高工作能力的重要手段。传统培训的重点放在基本技能和职业技能两个方面，但未来工作需要员工具备广博的知识，能创造性地运用知识来调整产品和服务，基于这种要求下的培训会大大提升员工的职业技能，提高工作能力，为取得良好的工作绩效提供可能。

（二）提高员工的忠诚度

员工对企业是否忠诚，不仅与员工的个人认识有关，也与企业的相关政策和措施有关。企业为员工提供相关知识、技能的培训，可以大大激发员工的工作热情和对组织的满意度。员工只有对组织产生强烈的认同感和满意度，他们的能力和潜能才能得到充分的发挥，工作绩效才能持续地提高。此外，良好的培训还可以改变员工的认识和态度，提高员工福利水平，进而提高员工的忠诚度。

（三）提升组织竞争能力

组织竞争能力是组织在市场竞争中能否制胜的关键要素，是组织的人力、财力、物力、管理能力等要素的综合体现。员工培训就是通过培训提高员工的知识水平、技术能力，不断培训高素质人才，以获得竞争优势，进而改进产品质量，提高客户服务水平，以达到组织竞争能力提升的目的。

（四）建立优秀的企业文化

培训能传达和强化企业的价值观和行为，使企业领导者的愿景能够深入企业每一个员工心中。此外，通过企业各层次员工在培训活动中的互动，促进各层次员工的交流与沟通，可以进一步增强企业的凝聚力，在企业中形成融洽的、不断进取的高度统一、高度认可的企业文化。

（五）塑造企业良好的形象

企业培训不但可以在内部形成优秀的企业文化，而且可以在外部为企业塑造起良好的企业形象。拥有科学系统的培训体系的企业会给予社会公众一个成熟、稳健、不断进取的形象。在我国的一些外资企业之所以能够吸引大量的优秀人才，其中一个关键因素就是外资企业能为员工提供大量培训的机会，在人们心中建立起了长期发展的形象，从而获得了人力资源争夺上的优势。

二、培训的原则

为了有效增进员工的知识、技能，提高职业素养，企业的培训需确定培训原则，激励受训者。

（一）目标明确的原则

根据目标设定理论，员工只有在培训目标明确的前提下，培训才能达到最理想的效果。因此，在培训设计的过程中，除了要设立目标之外，还要考虑到目标的明晰性。也就是说，无论是总体目标还是阶段目标，无论是大目标还是小目标，首要原则是"清晰和明确"。

（二）学以致用的原则

培训方案的设计应根据实际工作的需要，尤其要选择当前工作急需的知识、技能进行培训。同时，受训者在培训后也应寻找机会将所学付诸实践，因为知识或理论的理解和掌握，并不等于可以灵活和熟练地操作，只有在实践中反复练习，知识技能才可以灵活自如地运用。

（三）及时反馈的原则

及时反馈是一种有效的强化手段，因此，为了巩固培训成果，及时反馈是非常必要的。培训者应将反馈的重点放在特定的行为上，并且在受训者表现了特定的行为后立即予以反馈。例如，当受训者表现出正确的行为时，培训者要及时予以口头表扬。现代科技的发展提供了先进的培训器材，很多公司在培训时对受训者的活动进行录像。事后由培训者和受训者一同观看录像，双方就如何改进行为进行具体直接的磋商，并对那些行为达到标准的受训者提供积极的反馈。

（四）系统控制的原则

企业培训是一个大的系统，它包括培训需求分析、培训目标的确定、培训课程的设定、培训师的选择、培训结果的评估。在这样一个完整的培训过程中，每一个环节都不可缺少，每一个环节都需要科学地控制和运作，否则，任何环节出问题，都会影响到培训的效果。

三、培训的内容

员工培训的内容可根据组织目标、员工的职位特点以及组织内外经营环境的变化而设置，主要包括以下内容。

（一）知识培训

知识培训主要是对员工进行知识更新的培训。现代社会知识更新的速度越来越快，为了使员工更好地适应不断变化的社会环境，不断适应知识与技术的更新，就要对其进行相应的知识培训，使员工通过培训及时掌握本领域的新知识和新技术，提高素质，适应更高层次的要求。知识培训应结合岗位目标来进行，例如，管理人员的知识培训以计划、组织、领导、控制等管理知识以及政治、经济、文化、社会等经营环境的知识为主。

（二）技能培训

技能培训主要是提高员工与工作岗位需求相适应的工作技能，这些技能可以是现岗位所需要的，也可以是与将来的岗位相适应的。现代产业结构处于不断的调整之中，新行业的悄然兴起和旧行业的日益消失，会导致大量人员的转岗、下岗，在企业内部，随着一些新技术的采用，同一个岗位可能会不断地要求一些新的技能，而且企业内部的人员流动也要求具有新岗位技能，所有这些必然产生大量的培训需求，从而对技能培训提出许多新要求。需要注意的是，技能培训不仅仅局限于普通的技能型员工，经营者、管理人员和监督人员也需要技能培训。

（三）职业品质培训

职业品质是一组影响员工能力与工作绩效的内在因素。主要包括职业态度、责任感、职业道德、组织文化认同、团队合作精神等。具有不符合组织要求的职业品质的人即使能力比较高也可能产生比较低的工作绩效，甚至成为组织混乱的导火索。而具有符合组织要求的职业品质的人不仅能提高工作绩效，还会得到组织的信任，有进一步发展和提升的机会。

（四）心理培训

心理培训主要是通过提高员工的心理素质，以防范和应对各种心理问题。随着环境的不断变化、竞争的日益激烈，员工的工作压力越来越大，许多员工出现了各种各样的心理问题。员工的心理健康是提高工作效率的有力保障，因此，通过心理培训传授和普及相关的心理学知识，有利于改善员工的心理素质，提高员工的抗压能力。同时也可以使员工充分认识到自己的潜质，改善不利于个人和组织发展的心理动因，促进员工的职业生涯发展。

四、培训的设计与实施

培训是由组织提供的有计划、有组织的教育学习，旨在改进工作人员的知识、技能、工作态度和行为，使其发挥更大的潜力以提高工作质量，最终实现良好组织效能的活动。一个完整的人力资源培训体系包括培训需求分析、培训计划的制订、培训的组织实施和培训效果评估。

（一）培训需求分析

培训需求分析是在进行培训活动之前，采用一定的方法对企业及其成员在知识、技能和态度等方面进行系统分析，目的是确定企业是否需要培训及确定相应培训内容的活动过程。培训需求分析具体包括组织分析、工作分析和个人分析三部分。

1. 组织分析

组织分析是指基于组织文化和发展战略，根据对组织的经营目标、特征、可利用资源、环境、现有人员素质与组织战略所需要的人员素质之间的差距进行分析，从而为组织开展培训活动提供依据。从培训的角度对组织的分析可以从三个方面进行。

（1）组织环境分析。组织环境包括组织的外环境和内环境。当技术和管理的改革、中央或地方各项政策的出台、经济发展形势的变化等这些组织的外环境发生变化时，组织也要不断地进行相应的变革，以便及时跟上这些变化，才能在激烈的市场竞争中生存和发展。如果说组织的外环境为培训需求分析提供了现实的背景，那么组织的内环境则直接影响培训的发展方向和内容，例如，当组织内部出现了高离职率、满意度低、工作效率下降等状况，就要借助培训措施加以改善。

（2）组织目标分析。组织目标决定培训目标，明确清晰的组织目标对培训计划的制订和实施起着决定性作用，如果一个组织的目标是提高产品质量，那么培训活动也围绕这一目标来展开。如果组织的目标不清晰，那么设计和实施培训计划就很困难，在培训过程中应用的标准也不可能详细说明。

（3）组织资源分析。组织资源分析包括人力资源需求分析、组织效率分析（如劳动成本、产量、废品率等）、组织文化分析（如组织哲学、经营理念、组织风气等），还有培训中可利用的人力、物力和财力资源的全面分析。例如，从人力资源角度看，如果组织员工的能力水平无法满足组织运行与发展的需要时，培训势在必行；从财务资源角度看，培训项目的规模和深入程度也是基于组织的收支状况，在可能的范围内进行的。

2. 工作分析

工作分析也称为任务分析，是通过对从事特定岗位工作所需的知识、技能和行为方式的分析，找出实际工作岗位要求与员工现有能力水平的差距，进而形成对工作层面的培训需求。工作分析分为两种，一是一般工作分析，其主要目的是使任何人都能很快地了解一项工作的性质、范围与内容，并作为进一步分析的基础；二是特殊工作分析，是以工作清单中的每一工作单位为基础，针对各单元详细探讨并记录其工作细节、标准和所需的知识技能。

工作分析是培训需求分析中最烦琐的一部分，但是，只有对工作进行精确的分析并以此为依据，才能编制出真正符合企业绩效和特殊工作环境的培训课程来。

3. 人员分析

人员分析是通过分析员工个体现有状况与理想任务要求之间的差距，从而形成培训目标和内容的依据。全面的人员分析可以使最需要接受培训的人获得培训。此外，通过人员分析，培训师可以事先了解受训者的长处和短处，从而在课程设置上做到扬长避短，有效提升培训的效率与价值。就员工个体特征而言，一般可以从基本技能、自我效能、培训需要、学习动机及职业兴趣等几个方面进行分析。

（1）基本技能。基本技能是员工顺利完成工作、学习培训内容所需具备的能力，包括个体的认知、阅读和写作能力。

个体的认知能力包括三个维度：语言理解力、定量分析能力和推理能力。语言理解力是理解和运用书面和口头语言的能力；定量分析能力一般表现为解决数学问题的速度和准确率；推理能力则是发现解决问题途径的能力。认知能力对学习和工作绩效都会产生影响，如果员工无法达到完成某些工作任务所必需的认知能力水平，其工作绩效就不会很好。此外，认知能力还会影响到培训的效果。认知能力较低的受训者可能无法完成培训计划，即使完成，也可能会在培训成果的转化过程中遇到困难。

阅读和写作能力的不足，也会影响到工作任务的完成和组织培训的进行。许多工作和培训都需要最基本的阅读和写作能力，基本的阅读和写作能力，是保证工作和学习顺利进行的前提。

（2）自我效能。自我效能是人们对自己实现特定领域的行为目标所需能力的信心或信念。自我效能感高的受训者会全力参与培训，并积极克服各种不利于学习的因素，学习的意志坚韧；而效能感低的人会不断怀疑自己的学习能力，想方设法寻找理由拒绝参与培训或退出。

（3）培训需要。培训需要是员工基于对自身知识、技能或能力缺乏的认识而自发产生的一种对培训的需要或渴求。只有受训者事先具有培训的内在需要，培训的效果和效能才能有所保证。从企业的角度来看，培训者在实施培训之前应引导潜在受训者对自身知识、技能和能力进行客观评析，使其意识到自己在这些方面的不足。此外，培训者还应向员工表明即将进行的培训对消除或弥补这些不足的价值，使员工产生对培训的内在需求。

（4）学习动机。学习动机是指受训者对学习培训内容的愿望的强烈程度。它与受训者在培训中的知识获取、行为的改变和技能的习得都有着密切的联系。期望理论认为，行为倾向的强度取决于个体对这种行为可能带来的结果的期望强度以及这种结果对行为者的吸引力。因此，学习动机的强弱直接影响到培训效能的高低。

（5）职业兴趣。兴趣是人们在从事不同的活动时所产生的乐趣和满足感。兴趣因人而异，有些人在从事某项工作时，会得到很大的乐趣和满足感，但对有些人来说，从事该工作可能是一种折磨或痛苦。因此，了解自己的职业兴趣对于个体的职业生涯发展，对于培训项目的选择具有重要的意义。员工往往倾向于选择那些符合其职业兴趣，且对其职业生涯发展起推动作用的培训项目。这就要求培训者在设计培训项目时，要充分考虑到员工的职业兴趣及其职业发展趋向，积极引导其从被动地"要他学"转变为主动地"他要学"。

案例讨论

高远的烦恼

高远是某生物工程公司开发部的高级研发人员，自 2003 年进入该公司以来，表现十分出色，每次接到任务时，总能在规定的时间内按要求完成，并时常受到客户方的表扬。在项目进行时还常常主动地提出建议，调整计划，缩短开发周期，节约开发成本。但是最近的几个月里情况发生了变化，他不再精神饱满地接受任务了，同时几个他负责的开发项目均未能按客户要求完成，工作绩效明显下降。开发部新上任的经理根据经验判断导致高远业绩下降的原因是知识结构老化，不再能胜任现在的工作岗位了。于是，开发部经理立即向人力资源部提出请求，希望人力资源部能尽快安排高远参加相关的业务知识培训，让高远开阔一下思路。人力资源部门接到申请后，在当月即安排高远参加了一个为期一周的关于编程方面的培训、研讨会。一周的培训结束回到公司后，发现高远的表现并没有任何改观。

人力资源部主动与高远进行了面对面的沟通，发现了问题的关键。高远对新上任的赵经理的领导方法不满意，同时认为自己是公司的老员工，不论是工作能力还是技术能力都可以胜任部门经理的工作，但公司却没有给他晋升的机会。导致高远工作绩效下降的真正原因是：与新任经理的关系不太融洽，并且认为自己没有得到晋升的机会，而不是因为知识结构的老化。

讨论：如果你是公司人力资源部的经理，你将如何找到真正的培训的需求，从而确保公司的培训能达到预期的效果？

资料来源：李中斌，郑文智，董燕. 培训管理［M］. 北京：中国社会科学出版社，2008：84 - 85。

（二）培训计划的制订

一个完整的培训计划一般包括确定培训目标、选择培训对象、设置培训课程、选择培训师、确定培训时间和地点、选取培训方法等。

1. 确定培训目标

培训目标是指培训活动的目的和预期成果。培训目标的确定关系到培训活动的成败，是确定培训内容和培训方法的依据，是对培训活动进行评估的主要依据。明确的培训目标，可以将培训导向成功，使受训者明确学习目的，组织可以提高人力、物力、财力和时间的利用效率，确保培训的顺利实施。一个完整的培训目标包括三个基本要素：一是内容要素，即企业期望员工培训哪些知识、技能、态度、观念等；二是条件要素，即企业希望员工在哪些特定情况下表现出企业期望的行为；三是标准要素，即企业希望员工的工作水平达到什么标准。

2. 选择培训对象

选择培训对象，即确定为谁培训和进行何种类型的培训。培训对象一般在培训需求分析时就已经确定了，一般来说，企业培训的对象有这样几类：一是新入职员工；二是需要改进当前工作现状的员工；三是有发展潜力、要提拔晋升的员工。准确地选择培训对象有助于培训成本的控制，强化培训的目的性，增强培训效果。

3. 设置培训课程

为了系统地学习某些知识与技能，组织需要对培训的课程进行设置，培训课程的设置要说明应通过哪些课程的学习来达到预期的培训目标。课程的设置一定要科学，要根据不同的培训对象、不同的时间以及不同的培训项目灵活变化。此外，培训课程的设置要考虑到教材的适用性，教材的难度应适中。

4. 选择培训师

培训师是那些从事培训工作并具有培训项目管理能力，可以独立承担培训项目开发或培训课程开发，并能承担具体培训课程教学任务的人员。培训师是企业培训的具体实施者和落实者，如果培训师不能灵活应用恰当的培训方法开展培训，不具备所讲课程的专业知识及实践经验，那么对于整个培训活动的影响将是重大的。为了使培训的效果得到保证，企业应尽量参与到培训师的选拔中。

培训师的来源有两种，一种是外部聘请，另一种是内部培养。外部培训师主要来自于专业培训服务机构、国内外高校、自由职业培训顾问和跨国公司的兼职培训顾问等。外部培训师的优点是具有丰富的培训经验；能带来不同的思想和观念，激发受训者参加培训的积极性；容易被员工所接受。缺点是成本较高；由于缺乏对企业的了解，培训有时会缺乏针对性。

内部培训师是指企业内部负责培训的人员。内部培训师要在企业内部长期培养，一方面，要求深入组织的各个部门积累丰富的实际工作经验，另一方面，要注重专业技能的训练。内部培训师的优点是可以节省费用；对企业的经营目标、管理模式较为熟悉，因此在培训时更有针对性；能激励员工的上进心，有利于企业文化建设。内部培训师可依据胜任特征模型的胜任要求进行培养，见表4-1。

表4-1   **A公司内部培训师胜任特征模型**

核心胜任特征	次级胜任特征	次级胜任特征及行为指标要求
心理特质	愿意与他人分享	具备与他人分享经验和能力的特质
	高度的热忱	具有高度的热忱感染学员
	自信	培训师是榜样，是学员的模范，在学员面前展示出自信和热忱，将培训师工作当作是个人成长的机会而不是额外的负担
	耐心与灵活性	当学员无法顺利吸收训练内容时，能够调整课程或者使用其他方法，具有创新精神帮助学员达到训练成效
	团队合作精神	把培训员工当成一种使命，分享团队荣耀，造就健康的团队关系，和学员建立良好的人际关系

核心胜任特征	次级胜任特征	次级胜任特征及行为指标要求
知识和经验	熟知并认同公司的目标	思想必须是正面积极且与公司目标相符
	丰富的岗位知识与技能	拥有相关岗位丰富的理论知识，了解该行业的热点及发展方向，同时掌握相关岗位的操作技能，有自己的感悟与心得
	熟悉培训管理	了解成人学习规律，掌握教育学、教育心理学及培训管理的相关理论
	受同事敬重	以身作则，注意日常的一言一行，得到所有人的敬重
教学技能	任职资格	具备两年以上相应岗位工作经验
	教师素养	具备良好的语言表达能力、声音表现力，能吸引学员的注意力，能够恰当使用肢体语言，对他人的肢体语言有敏锐的洞察力
	教师技能	具备设计课程，编写讲义、教材、测试题的能力
	良好的沟通能力	具备良好的听、说能力，能够流畅的说明工作内容及工作程序，能将工作内容化繁为简地表达，同时也应是良好的听众，有高度的敏感性和理解能力，能建立良好的双向沟通及轻松的学习氛围

资料来源：江波. 人力资源管理心理学［M］. 上海：华东师范大学出版社，2014：108。

　　对于企业培训工作来说，是选择外部培训师还是内部培训师，要充分考虑企业特定要求、发展优势、存在的局限，要综合考虑培训师是否具备相应的理论知识，是否具有过硬的教学经验与实践经验、是否具备相应的培训技能等。总之要灵活掌握，方能达到良好的培训效果。

　　5. 确定培训时间和地点

　　培训时间是培训计划的一个关键项目，培训时间的确定受培训的内容、费用、生源等与培训需要有关因素的影响。如复杂的培训内容，一般要集中培训，时间因培训内容而定。此外，培训时间选择的及时，也能保证企业目标和岗位目标顺利地实现，提高劳动生产效率。如果培训时间过于超前，可能会在需要时，员工已经忘记了培训内容，会影响工作。如果培训时间过于滞后，则可能会影响企业正常的生产经营流动，使培训失去作用。

　　为了保证培训顺利地实施，还要事先确定好培训地点。培训地点的选择要与培训内容相关，如只针对个人的岗位技能培训，一般都安排在工作现场；其他类型的培训既可以安排在工作现场，也可以安排在特定城市和培训机构的实验室、教室。

　　6. 选取培训方法

　　培训的方式方法主要是为更好地完成培训目标在培训过程中所采用的方式方

法，如集中培训或分散培训、在职培训或脱产培训。培训方式和方法的采用主要由培训目的、对象、内容、经费等要素决定。例如，专业技能培训采用边实践边学习的方法较适合；高层培训、管理人员培训通常采用集中的方式进行培训。

案例讨论

卡斯尔公司的培训为何失败

卡斯尔公司是美国加州一家生产厨具与壁炉设备的小型企业，大约有140名员工，布朗是这家公司的人力资源主管。这个行业的竞争性很强，卡斯尔公司努力使成本保持在最低的水平上。

在过去的几个月中，公司因为产品不合格问题已经失去了三个主要客户。经过深入的调查发现次品率为12%。而行业平均水平为6%。副总裁史密斯与总经理内尔在一起讨论后认为不是工程技术问题，而是因为操作人员缺乏适当的质量控制培训。内尔力主实施一个质量控制的培训项目，并希望史密斯相信这将使次品率降低到一个可以接受的水平上，然而史密斯很担心培训课程可能会影响生产进展，内尔强调说培训项目花费的时间不会超过八个工时，并且分解为四个单元，每个单元两小时来进行，每周实施一个单元，最终内尔接受史密斯的授权，负责设计与实施这个项目。

内尔向所有一线主管发出了一个通知，要求他们检查工作记录，确定哪些员工存在质量方面的问题，并安排他们参加培训项目。通知还附有一份讲授课程的大纲。在培训设计方案的最后，内尔为培训项目设定了培训目标：将次品率在六个月内降低到标准水平6%。

培训计划包括讲课、讨论、案例研讨与一部电影。教员把他的讲义印发给每个学员，以便于学员准备每一章的内容。在培训过程中，学员花了相当多的时间来讨论教材每章后的案例。

由于缺少培训场所，培训被安排在公司的餐厅中举办，时间安排在早餐与午餐之间，这也是餐厅的工作人员准备午餐和清洗早餐餐具的时间。

本来应该有大约五十名员工参加培训，但是平均只有三十名左右出席，在培训检查过程中，很多主管人员向内尔强调生产的重要性，有些学员对内尔抱怨说，那些真正需要在这里参加培训的人已经回到车间去了。

内尔认为评价这次培训最好的方法是看在培训项目结束前后培训的目标是否能够达到。实际结果是：培训结束后六个月之后，次品率水平与培训项目实施以前一样，没有发生明显的变化。内尔对培训没有能够实现预定的目标感到非常失望。内尔感到自己压力很大，他很不愿意与史密斯一起检查培训评估的结果。

讨论：

1. 你怎样看待卡斯尔公司培训计划的设计？

2. 卡斯尔公司在培训中存在哪些方面的问题？原因是什么？

3. 如何开展一项效果显著的培训活动？

资料来源：申林. 组织行为学与人事心理［M］. 长沙：湖南师范大学出版社，2007：246－247。

（三）培训计划的实施

培训计划的实施主要由人力资源部门来完成，准备工作完成以后，培训组织者就要将培训计划付诸实践。在培训计划实施过程中要注意以下几个方面。

1. 培训现场的布置

培训环境的选择与布置是培训计划实施过程中重要的环节，受训者只有在舒适安静的环境中才能够集中精力学习。如果培训现场有很多干扰，会影响受训者的注意力。因此，培训场地要选在相对安静的区域。

培训如果是在室内进行，座位的摆放就很重要，因为座位安排会使培训师与受训者之间形成一种空间关系。座位的安排要根据不同的培训内容和培训形式采用相应的摆放模式，对于配备固定桌椅的教室而言，比较适合讲座式的培训。比较常用的座位安排方式有三角形、半圆形、扇形、U形、方桌形和圆桌形等。

培训现场的布置还要注意室内的温度、光线、音响等细节问题。此外，培训现场其他材料也应提前做好准备，如纸、笔、桌签、电源插座等。总之，这些细节出现问题也会影响到培训计划的顺利实施。

2. 学员纪律管理

受训者到达培训现场后，要填写签到表，以便培训管理人员统计受训者的到达情况。在培训正式开始前，培训师要简要说明培训时间、内容的安排，提出培训的纪律要求。培训过程中受训者要服从培训师的管理，不随意扰乱课堂秩序，若中途离开培训现场，须向培训师或培训组织者说明情况。

3. 课程导入管理

培训课程的导入环节是课堂教学的开端，一个好的导入将会激发学员的学习热情，起到事半功倍的效果。常用的课程导入有随意交谈法、看图提示法、创设问题法、多媒体导入法等等。使用何种方法导入课程取决于课程内容、课程设计及培训师的培训风格。总之，课程导入要合时、合情、合理，能激发学员的学习兴趣，将注意力集中在培训的内容上。

4. 课程结业管理

培训结束后，要对学员进行结业考试，并对考试合格的学员颁发结业证书。考试形式可以根据培训的目的来设计，可以是理论知识，也可以是上机模拟。考试内容围绕本次培训的内容展开，同时能够发挥学员的创造力，考试合格者颁发结业证书。

（四）培训效果的评估

培训评估是采用一定的方式、方法对培训所取得的成果进行衡量的过程。通过对培训效果的评估可以了解到学员对培训的态度，了解到培训是否达到了促进绩效提高的目的，还可以了解到培训工作的不足，为以后的培训工作指明方向。通常培训评估内容包括三个方面：受训者、培训者和培训效果。

1. 评估受训者

评估受训者是培训评估中最主要、最基础的评估。受训者是接受培训的主体，是培训目标的承受者。他们在培训的作用下，思想与行为朝着预想的教育目标所发生的变化，会直接地、集中地体现着培训活动的最终结果。对受训者进行评估的目的有三个：评估受训者过去的成绩、评估受训者现在的才能、预测受训者未来的发展。

对于受训者的评估，美国著名学者柯克帕特里克（D. L. Kirkpartrick）提出了四级评估法，即反应、学习、行为、结果。

第一级反应，课程刚结束时，了解受训者对培训项目的主观感觉。例如，是否喜欢培训？该培训是否有价值等。第一级的评估一般通过对受训者的情绪、兴趣、注意力及不满方面的观察和调查来获得对培训效果的基本评价。这一级评估要特别注意受训者的反应，因为无论培训者的授课质量如何，如果受训者对培训不感兴趣或不满意，那么培训效果就不会很好。

第二级学习，即以客观和量化的方式测量培训目标所确定的原理、事实、技术和态度的掌握程度。评估的主要内容包括：通过培训能够学到什么？培训内容和方法是否合适、有效？培训的过程是否满足和达到受训者开始期望的效果？这一级评估一般在培训中或培训结束时通过考试的方式进行，也可以采取实地操作的方式。

第三级行为，即通过测定受训者培训结束回到岗位以后，他们的实际工作行为发生了何种程度的变化，从而判断所学知识、技能对实际工作的影响。这一级评估可以采取局部调查和访问的方式进行，可以直接访问受训者，也可以访问受训者的上级、同事、下属。评估的主要标准包括工作量有无增减、工作质量有无提高、工作态度有无改变等。

第四级结果，从组织的高度进行，即判断培训是否对企业经营成果具有具体而直接的贡献。可以通过一些指标来衡量，如事故率、生产率、员工流动率、员工工作士气以及企业对客户的服务等。这一级评估旨在判断培训是否有助于组织业绩的提高，如果培训达到了让员工改变工作态度和行为的目的，则可以进一步分析这种改变对于组织业绩的提升是否起到了预期的作用。

表4-2　　　　　　　　　　　　　　　四级评估模型

层级	名称	问题	衡量方法
一级评估	反应	受训者喜欢该项目吗？课程有用吗？他们有些什么建议？	问卷调查法和面谈法
二级评估	学习	受训者在培训前后，知识以及技能的掌握方面有多大程度的提高？	考试、演示、讨论和角色扮演
三级评估	行为	培训后受训者的行为有无不同？他们在工作中是否使用了在培训中学到的知识？	由上级、同事、客户和下属进行绩效考核
四级评估	结果	组织是否因培训经营得更好了？	事故率、生产率、员工流动率、质量、员工士气以及企业对客户的服务

资料来源：李岚．人力资源应用心理学［M］．北京：高等教育出版社，2007：60。

2. 评估培训者

培训师决定着培训的效果，因此，对培训师进行评估不仅有利于提高培训师的工作水平，促进教学过程的优化，而且可以为培训师的聘任等管理工作提供科学依据。对培训师评估主要包括培训师调动学员学习积极性的情况、培训的技巧、语言表达是否恰当等。

3. 评估培训机构

对培训机构评估是个综合性的评估，所涉及的事和项目众多，为了突出重点，只要对功能和条件两个方面进行评估即可。功能评估是指对培训机构的教育、教学状态和功能发挥程度的分析、判断和评定。条件评估是对决定或影响培训活动状态及培训机构功能发挥的各种因素，例如，领导者的素质和工作状态、培训教师的素质和工作状态、物质条件及管理水平等进行的评估。功能评估侧重于过去的评估，即肯定已取得的培训成果，总结经验教训。条件评估着眼于未来，为取得更大的教育效果创造条件。

＞ 第二节　培训的心理学理论

员工培训实质上是受训者的学习过程，了解和掌握心理学的学习理论，分析受训者的心理特点，探索和总结员工学习的特点和规律，并将其运用到员工培训的实际工作中去，对提高培训效益，增强培训效果，具有重要的意义。

学习理论是关于学习的规律、方法和过程的理论。其目的在于向人们阐述学习的含义，揭示学习的心理活动过程和规律，为人们提供分析、探讨和从事有关学习研究的途径和方法，概括和总结有关学习领域的研究成果，解释和说明学习本身所反映出的规律。培训作为一种教育途径，它的设计、实施过程、方法是以学习理论为基础的。心理学的学习理论内容丰富，代表性的学习理论有行为主义学习理论、认知主义学习理论、建构主义学习理论、人本主义学习理论、成人学习理论等。

一、行为主义学习理论

行为主义学习理论也称为学习的联结理论（connectionism），是 20 世纪初美国心理学家桑代克（Edward Thorndike）首创，后经行为主义心理学家华生、斯金纳等人的进一步发展，形成了用刺激与反应的联结来解释学习过程的完整的联结理论。该理论强调学习是在刺激与反应之间建立的一种前所未有的联结。经过学习能使一种刺激引起某种反应，这种新的联结的形成过程就是学习。这个理论又称为"刺激—反应"理论。该派理论的代表人物是巴甫洛夫、桑代克、华生、斯金纳等。

（一）巴甫洛夫的经典条件反射理论

苏联生理学家巴甫洛夫（Иваи Петрович Павлов）通过铃声相伴食物引起狗分泌唾液反应的实验，提出了经典条件反射理论。该理论认为，后天学习建立起来的反射是建立在无条件反射的基础上的，条件反射是一种简单的学习形式，在动物和婴儿的学习中表现尤为突出。

条件反射的泛化、分化和消退现象等也都可以在培训中加以运用。例如，在相似知识内容的培训中，为了避免学员发生泛化现象，采用"比较法"培训，使之及时在受训者的学习中产生分化，从而清晰地掌握不同知识内容的主要特征。还可以利用条件反射消退的原理纠正或改变受训者在知识和技能学习中发生的错误和不良习惯。虽然在员工培训中可以利用条件反射学说的一些原理，但对于复杂的学习行为这个理论显得无能为力。

（二）桑代克的尝试—错误学习理论

美国著名心理学家桑代克（Edward Thorndike）通过对动物学习行为的研究，提出了尝试—错误学习（trial-error learning）理论。该理论认为，学习的实质是通过"尝试"在一定的情景与特定的反应之间建立起某种联结。在尝试中，个体会犯很多错误，通过环境给予的反馈，个体放弃错误的尝试而保留正确的尝试，从而建立起正确的联结，这就是学习。桑代克认为，在尝试—错误学习中，行为的后果是影响学习最关键的因素，如果行为得到了强化，证明尝试是正确的，行为就保留下来，否则就会作为错误尝试而被放弃。总之，正强化会促进行为，而负强化或惩罚会削弱行为。

桑代克的学习理论以实验研究为基础，系统地阐述了学习过程，并提出了一系列学习定律，这对后来的学习理论的进一步发展产生了重大影响。但该理论也存在着许多缺点和不足，例如，把学习看成是盲目的、被动的过程，把复杂的学习过程简单化和机械化，忽视了人学习的目的性和能动性。

虽然桑代克的学习理论存在一些不足，但对员工培训实践有一定影响。首先，桑代克的尝试错误现象是一种普遍存在的事实，也是人类解决问题的一种方式或途径。当然人类的尝试错误绝不是盲目的，因此，在培训中，我们应要求受训者尽量运用学过的知识或经验去解决问题，而不是盲目地对待疑难问题。其次，在培训中要合理、科学地运用奖励和惩罚。奖励的作用要优于惩罚，但是，在一定条件下适当地运用惩罚也会收到其他办法达不到的效果。

（三）斯金纳的操作性条件反射理论

美国著名心理学家斯金纳（B. F. Skinner）改进了桑代克的实验装置，发明了"斯金纳箱"，用于动物操作性条件反射实验研究，提出了操作性条件反射理论。经典条件反射是由条件刺激引起反应的过程，重点在刺激，公式为 $S-R$；而操作性条件反射是首先出现操作反应，然后得到强化的过程，重点是操作反应，公式为 $R-S$。

斯金纳认为，人和动物存在两种类型的学习，一类是由刺激情景引发的反应，称之为应答性反应。另一类是操作性条件反应，它不是由刺激情景引发的，而是有机体的自发行为。在日常生活中，人的绝大多数的行为都是操作性行为。影响行为巩固或再次出现的关键因素是行为后所得到的结果，即强化。强化是增加操作反应概率的手段，强化在塑造行为和保持行为中是非常重要的。

斯金纳操作性条件反射理论中强化的观点和方法、操作技能的培养和训练的方法、程序培训的设计等观点对培训实践有一定的参考和借鉴价值。首先，在员工培训中要重视受训者实际操作能力的培养和训练，不仅要让学员学到理论知识，还要培养学员动手操作的能力。其次，强化是促进和调节培训的有力手段，要督促受训者及时对他们的学习进行强化，强化越及时效果越好。最后，合理地、适当地运用程序培训，程序培训可以照顾到受训者的个别差异，不受时间和学习次数的限制，运用起来比较灵活。

（四）班杜拉的社会学习理论

美国斯坦福大学教授班杜拉（Albert Bandura）是新行为主义的代表人物，是社会学习理论的奠基人，他在研究社会性行为的模仿中，系统构建了社会学习理论。也称观察学习理论。班杜拉认为，人类的许多学习都是认知性质的，行为的习得或行为的形成可以通过反应的结果进行学习，也可以通过观察进行学习，人类的许多行为都是通过观察他人的行为及其结果而习得的。展现一个榜样的示范进行观察学习，对观察者可能会产生习得行为、抑制行为、引发行为等不同的榜样行为效应。

班杜拉的社会学习理论对习得和表现作了区分。他认为，人们并不会把学到的每一件事情都展现在行为中，强化很重要。班杜拉提出了三种强化会影响学习者展示行为表现：首先，学习者倾向于展示能导致有价值结果的榜样行为，这是一种外部强化。其次，看到他人得到积极效果的行为比看到消极后果的行为更容易受到影响。这是一种因榜样受到强化而受到强化，称之为替代强化。最后，学习者根据社会向个体传递的某一种行为标准对自己的行为产生自我评价，这种评价也会影响他接受哪一个观察习得的反应，他们倾向于表现感到自我满足的反应，这是一种自我强化。

班杜拉的观察学习理论启示我们，榜样在形成学员良好行为习惯上的重要作用。我们在培训中要注意给受训者提供良好的榜样，培训师的言行对受训者有潜移默化的直接影响，因此，培训师要注意自己的言谈举止，真正做到为人师表、言传身教。在文化知识培训和操作及运动技能的培养和训练中，培训师要认真做好示范，并根据观察学习过程的特点突出知识和技能的主要特征，吸引学员的注意力，提供详细的言语解释，使学员建立良好的表象系统、符号编码。在学员运用知识或具体操作过程中，培训师要及时进行指导，纠正和改进学员的错误学习，并调动学员的学习主动性和自主性，通过自我调节来改进自己的学习。

二、认知主义学习理论

行为主义学习理论强调学习是在刺激和反应之间形成联结，即刺激所带来的行为变化。而认知心理学派认为，在研究人类的复杂行为时，除了要关心个体可观察到的行为反应外，更要关心刺激—反应的中间过程，即刺激怎样引起反应？学习行为的内在机制是什么？因此，该理论强调有机体自身的能动作用，认为真正学习的不是习惯，而是学习者了解情境、洞察情境中各种刺激之间的关系后获得的认识，也就是说学习是认知结构的改变过程。

（一）格式塔学派的学习理论

格式塔学派学习理论又称为学习完形理论。格式塔学派认为人的内心存在着许多与外界事物相应的同型物，这就是格式塔，也称完形。这个完形可以理解为一种知觉心理模式，它具有自我组织和自我完善的功能，有一种使自身趋于完整的活动倾向。当外界事物作用于感官时，就有一个内心的知觉认知模式与之对应，若这个模式与之不相符，则模式出现"缺陷"，表现为认知不平衡，这种不平衡具有动机的性质，要求得到平衡，就需要进行知觉认知模式的重新组织，达到完形。因此，学习过程就是面对当前的问题情境，进行认知重组，从而形成完形的过程。该理论的代表人物有苛勒、考夫卡及勒温。

苛勒（Wolfgang Kohler）通过"黑猩猩取香蕉"实验提出了"顿悟"概念，苛勒认为，顿悟就是对问题情境的突然理解而觉察到问题的解决办法，黑猩猩蹲在那里观察的时候，是经历一个知觉重组的过程，完成了知觉重组，就使它突然理解了目的物和取到目的物途径（工具）或条件之间的关系，导致了迅速的学习。它们是先能领悟问题情境，然后才有解决行为。

苛勒认为，学习的核心是通过对问题情境的内在关系有所顿悟，把握事物的本质。这样可以避免多余的试误，同时又有利于学习的迁移。顿悟的关键是要使学习者一下子看到问题解决办法的所有必要的因素，只有这样，学习者才有可能把它们组织成一个适当的完形。

顿悟学习理论对指导培训实践有着重要的参考价值，首先，在培训中培训者应该向受训者提供一定的学习情境或条件，让学员观察和理解其中的内在联系或一定的关系，并启发学员总结和概括出一般的规律和原理，这样的培训能培养学员的观察能力和独立思考能力。其次，要充分调动受训者学习的主观能动性，培养学员的认知兴趣和探究倾向，使学员在积极主动的心理指引下进行学习。

（二）托尔曼的认知学习理论

托尔曼（Edward C. Tolman）通过白鼠走迷津实验，提出了他的学习理论，他反对刺激—反应的理论框架，而强调刺激—反应的"中介变量"。托尔曼的学习理论包括以下内容：一是学习是整体性和有目的性的行为。托尔曼反对把复杂的行为序列分解成大量简单的刺激—反应单元，认为行为是一种整体现象。这种整体性行为具有目的性和认知性，目的和认知是行为的直接特征。二是中介变量。托尔曼提出在刺激和行为之间还有中介变量即内在决定因素起作用，这个中介变量主要是行为的目的性和认知性。三是学习是获得认知地图的过程。认知地图是"目标、对象、手段"三者联系在一起的认知结构，获得认知地图的过程就是学习。四是学习是期待的获得。期待是一种通过学习形成的认知观点。托尔曼认为，任何一种学习过程都是把对一种特定的整体（包括符号、目标、手段和结局）的期待树立起来的过程。例如，"目标—对象"期待就是对特定的目标—对象的预先认知。所以，期待是认知性的，是通过学习获得的。

此外，托尔曼还进行了"潜伏学习"实验，他认为，强化不是学习所必需的，动物在未受到强化的期间，根据对情境的感知，动物的行为有了目的性，产生了一种期待（即假设），使认知结构发生了变化。一旦这种期待被证实，也就对这个认知结构的变化和相应的行为起了强化的作用，这种强化是由学习活动本身引起的内在的强化。潜伏学习实验也证明了关于学习是有目的的，如果没有目标，就可能表现不出来。

托尔曼把认知主义的观点引进行为主义的学习理论，改变了学习联结理论把学习看成是盲目的、机械的错误观点。托尔曼重视学习的中介过程，即认知过程的研究，强调学习的认知性和目的性。这些都是对学习理论研究的贡献。

托尔曼对"潜伏学习"的研究对我们的培训实践有一定的启示，在员工培训中，不仅要注意受训者学习的外显行为状态和表面现象，还要了解其潜伏的学习积极性和认知探究倾向。在培训中要充分利用和发挥受训者学习的潜在积极性，配合适当的鼓励和强化手段，调动学员的学习热情，提高培训效率和学习效果。

（三）布鲁纳的认知结构学习理论

布鲁纳（Jerome S. Bruner）的学习理论是以学生的知识学习为研究对象的，关注的焦点是学习的过程，即学生头脑中认知结构重建的过程。

布鲁纳认为，任何一门学科知识都有一定的知识结构，学习就在于掌握学科的知识结构，在头脑中建立相应的编码系统。布鲁纳非常重视人的学习主动性，提倡发现学习，他认为，要使学生有效地利用学得的材料，必须把它变成学习者试图解决问题的手段。布鲁纳的发现学习主要包括以下内容：一是强调学习过程。布鲁纳认为，在教学过程中，学生应是一个积极的探究者，教师的作用不是为学生提供现成的答案，而是为学生提供能够独立探究的教学情境，让学生自己去思考，参与知识的获得过程。二是强调直觉思维。布鲁纳的发现学习法强调直觉思维在学习中的作用，他认为，直觉思维与分析思维不同，它是采取跃进、越级和走捷径的方式来思维的。直觉思维的形成一般不靠言语信息，不靠教师指示性的语言文字。直觉思维的本质是图像性或映像性的，所以，教师在学生探究活动中，应帮助学生形成丰富的想象，防止过早语言化。三是强调内在动机。布鲁纳重视形成学生的内部动机，重视把外部动机转化为内部动机。发现活动有利于激励学生的好奇心，学生易受好奇心的驱使对结果感兴趣。他认为应让学生把向自己能力挑战作为主要动机，通过激励学生提高自己才能的欲求，提高学习效率。

布鲁纳学习理论中强调学习的主动性，强调学习的认知过程，重视认知结构、知识结构和学生的独立思考在学习中的作用，这些观点对我们的员工培训工作具有很大的借鉴。首先，在培训中注重学科的知识结构，采取各种有效的培训方法，让受训者很好地理解和掌握概念与原理，从而形成自己的知识结构。其次，培训师要充分考虑受训者的智力水平和知识基础，在已有知识基础上，以适合受训者智力水平的方式和方法进行培训，而不能把任何高、深、难的知识，不加选择、不加处理地教给任何智力水平的学员。

（四）奥苏贝尔的认知同化理论

奥苏贝尔（D. P. Ausubel）认为学习的实质是认知结构的重组，是新旧知识意义同化的过程。他提出了有意义学习的概念，认为学生的学习如果想有价值的话，就应该尽可能的有意义。有意义学习有两个先决条件：一是内部条件，学习者表现出有意义学习的态度倾向，即学习者表现出积极地寻求把新学习的知识与本人认知结构中原有的知识联系起来的行为倾向性。另一个是外部条件，所要学习的材料本身要符合逻辑规律，能与学习者本人的认知结构和认知特点相联系、相吻合，在学习者的认知视野之内。他指出，这两个先决条件中的"联系"都是指实质性联系。他认为，任何学习只要符合这两项条件，就是有意义学习。

（五）加涅的信息加工理论

加涅（Robert Mills Gagne）利用计算机模拟的思想，坚持利用当代认知心理学的信息加工观点来解释学习过程。他认为，任何一个教学传播系统都是由"信源"发布"消息"，编码处理后通过"信道"进行传递，再经过译码处理，还原为"消息"，被"信宿"接收。该模型呈现了人类学习的内部结构及每一结构所完成的加工过程，是对影响学习效果的教学资源重新合理配置、调整的一种序列化结构。加涅认为，在信息加工学习模式中有三点是值得关注的。一是学习是学习者摄取信息的一种方式；二是学习者自发的控制和积极预期是制约课堂教学有效性的决定因素；三是反馈是检验教学效果的手段。

认知主义学习理论的主要观点是，人的认知不是由外界刺激直接给予的，而是外界刺激和认知主体内部心理过程相互作用的结果。学习过程不是逐步的尝试错误的过程，而是突然领悟和理解的过程。在企业培训工作中，员工受训学习是员工凭借智力与理解的认知过程，不是盲目的尝试过程。员工学习过程可以被理解为每个员工根据自己的态度、需要和兴趣并利用过去的知识与经验对当前工作的外界刺激做出主动的、有选择的信息加工过程。培训师的任务不是向学员灌输知识，而是要激发学员的学习兴趣和学习动机，然后将当前的培训内容与学员原有的认知结构有机地联系起来，使得学员不再是外界刺激的被动接受器，而是主动对外界刺激提供的信息进行选择加工的主体。

三、建构主义学习理论

建构主义学派主张世界是客观存在的，但是对事物的理解却是由每个人自己决定。不同的人由于原有经验不同，对同一事物会有不同理解。建构主义学习理论认为，学习是引导学生从原有经验出发，生长（建构）起新的经验的过程。建构主义学习理论以皮亚杰（Jean Piaget）的发生认识论为代表。

皮亚杰认为，知识既不是客观的东西，也不是主观的东西，而是个体与环境交互作用的过程中逐渐建构的结果。在其理论体系中的一个核心概念是图式。图式是个体对世界的知觉、理解和思考的方式。图式的形成和变化是认知发展的实质，对于学习，一般从以下几个方面理解：一是学习从属于发展。儿童学到什么，取决于他的发展水平。因此，认知发展作为一种功能系统，制约了儿童学习的范围。二是知觉受制于心理活动。知觉者常常凭借进行推理的心理活动来感知自己看到的东西。三是学习是一种能动建构的过程。学习并不是个体获得越来越多的外部信息的过程，而是学到越来越多有关他们认识事物的程序，即建构了新的认知图式。四是错误是有意义的学习所必需的。皮亚杰认为，让学生犯些错误是应该的，因为学习本身就是一种通过反复思考招致错误的缘由、逐渐消除错误的过程。错误会引起学生理顺自己的知识结构，把所观察到的结果同化到修正过的知识结构中去。

建构主义学习理论认为，知识不是通过教师传授得到的，而是学生在一定的情境，即社会文化背景下，借助其他人的帮助，利用必要的学习资料，通过意义建构的方式而获得的。其主要观点是：首先，提倡学习是在教师指导下，以学习者为中心的学习。教师是意义建构的帮助者、促进者，而不是知识的传授者与灌输者；学生是信息加工的主体，是意义的主动建构者，而不是外部刺激的被动接受者。其次，学习是学习者在自己原有的知识和经验的基础上，对新信息重新认知与编码，进而获得对知识的理解。

建构主义学习理论对培训工作的意义在于，在培训中注重建立以受训者为中心的情境，培训任务、教学过程以及解决问题的工具等要与现实情境类似；强调多种信息的收集和受训者之间的自主完成或交流协作；强调学习过程的最终目的是为了完成意义构建，可以在培训目标的基础上选出当前培训内容中的基本概念、基本原理、基本方法和基本过程，作为当前所学知识的"主题"，然后再围绕这个主题进行意义建构。

四、人本主义学习理论

人本主义心理学是20世纪50年代末和60年代初兴起于美国的一种心理学理论。人本主义心理学研究的主题是人的本性及其与社会生活的关系。他们强调人的价值和尊严，既反对精神分析学派的性本能取向，又反对行为主义的机械化倾向，主张心理学要研究对个人和社会富有进步意义的问题。人本主义学习理论的代表人物是罗杰斯（Rogers），其学习观主要集中在以下几方面。

首先，学习是有意义的心理过程。罗杰斯认为，学习不是机械的刺激和反应联结的总结，个人学习的主要因素是心理过程，是个人对知觉的解释。要了解一个人，考察一种学习过程，只了解外界情境或外界刺激是不够的，更重要的是要了解学习者对外界情境或刺激的解释或看法。

其次，学习是学习者内在潜能的发挥。在对学习的起因和学习动机的看法上，人类具有学习的自然倾向或学习的内在潜能，培训的任务就是创设一种有利于学员学习潜能发挥的情境，使学员的学习潜能得以充分地发挥。在培训中，培训师的任务主要是帮助学员增强对变化的环境和对自我的理解，而不是用安排好的各种强化去控制或塑造学员的行为。

最后，学习应该是对学习者有用的、有价值的经验的学习。在学习内容上，强调学习的内容应该是学习者认为有价值、有意义的知识或经验。只有当学员正确地了解到所学内容的用处时，学习才成为最好的、最有效的学习。在培训中，培训师要尊重学员的学习兴趣和爱好，尊重学员自我实现的需要。在课程内容的安排和设置上要给学员充分的自由，允许学员根据自己的兴趣、爱好和理想来选择学习内容。

五、成人学习理论

成人学习理论是基于成人教育的指导思想和培训学习理论，以成人的生理心理特征、学习欲望和系统为基础而总结的专门指导针对成人培训的教育理论。这个理论具有自身的独特性，填补了以前的培训模式主要关注孩子和初学者的空白，是培训理论研究的又一重大突破。该理论主要结合成人培训、成人心理，并配合成人教育的特殊性来构建成人学习模式的体系。

成人学习理论是在满足成人学习这一特定需要的理论基础上发展起来的。教育心理学家认识到了正规教育理论的局限性，于是开发了"成人教学法"，即成人学习理论。美国著名教育心理学家马尔科姆·诺尔斯（Malcolm Knowles）对这一理论进行了全面阐述。诺尔斯认为，以往的学习心理学大多建立在有关动物和儿童学习实验的基础上，不适合于成人学习的心理特点，所以，要科学地说明成人学习，必须运用成人心理发展的研究成果，不能照搬儿童教育学运用的心理学理论，而应当运用一种有机的，具有能动性的心理学理论，尤其是马斯洛、罗杰斯的人本心理学理论。

诺尔斯通过大量研究，提出了成人学习的特征：

首先，随着个体的不断成熟，成人自我概念将从依赖性向独立性转化。诺尔斯认为，成人学习者与儿童在学习的主动性上，存在显著差别，成人学习者的自主性和独立性在很大程度上取代了对教师的依赖性，成熟的成人学习者在多数情况下有能力自己选择学习内容，自己制订学习计划。虽然个别情况下仍然依赖教师的帮助，但是主导的心理是更倾向于独立自主地进行学习。

其次，成人在社会生活中积累的经验为成人学习提供了丰富资源。诺尔斯认为，成人的经验是成人学习过程中的宝贵资源，成人的学习是在已有知识和经验的基础上的再学习、再教育。成人的学习需求、学习兴趣、学习动机的形成及学习内容的选择在很大程度上都是以自己的经验为依据，已有的知识、经验是成人继续学习的基础和依托。

再次，成人学习的计划、学习目的、内容、方法等与其社会角色人物密切相关。成人学习不同于青少年以发展身心为主的学习，其学习任务是促使其更有效地完成所承担的社会职责。由于成人学习主要是为了完成他的社会角色任务，因而对学习的要求针对性很强。成人学习的这一特点要求成人教育，在课程设置、教学方法选择等方面，必须适应成人社会角色发展的需要，即成人自我实现的需要。

最后，随着个体的不断成熟，学习目的逐渐从为将来工作准备知识向直接应用知识转变。成人的学习目的在于直接运用所学知识解决当前的现实问题，因而教育活动对成人而言应该是一个十分明确的学以致用的过程。成人学习者能够针对社会生活中的具体问题进行学习，并带有通过学习解决实际问题的强烈愿望。

成人学习理论认为，成人比儿童具有更多的经验和更强的学习能力，能够更好地理解新鲜事物及掌握它们的认知结构。成人学习是认知结构组织与再组织，而教师的教学活动对成人的学习效果和学习成绩有重要的影响。成人学习遵从以下四个法则：效果法则——他们的学习需要在愉快的环境和氛围中进行；练习法则——他们的学习需要通过大量的练习来加深印象；联想法则——理论联系实际有利于成人对认知对象的掌握；有备法则——他们往往是在有需求的时候才选择学习，有一定的目的性。

由于成人学习的这些特性制约着员工培训中的教学活动，因此企业培训过程中应在成人学习的视角下，开展培训活动。首先，员工培训应回归员工成人的身份，注重员工的自我概念和个体经验以及员工基于现实需求的内部动机，使其立足于工作实践中，扎根于日常性、真实的问题情境，通过学习共同体等社会性的形式和途径，不断提升员工学习效率，这对培训项目的开发十分重要。其次，成人学习理论对员工培训的启示是互动性，也就是受训者和培训师都要参与到培训的学习过程中。成人学习显著的特征，就是强调知识的可操作性和实践性，追求学习内容能够指导自己的工作。同时，成人具有自己的人生阅历和经验，并形成了相对固定的思维模式和见解，这就使得对成人的培训相对较为复杂，需要采用多种形式的互动教学方法来提高成人的学习效果。

▶ 第三节 培训的方法与形式

企业培训的效果在很大程度上取决于培训方法的适用与高效。在培训的组织与实施过程中，良好的培训方法不仅能够实现企业人力资源开发的目标，而且能有效地激发员工的积极性和创造力，从而取得最佳的培训效果。当前，企业培训的方法有很多种，不同的培训方法有各自的优缺点及适用的范围。随着新兴技术的发展，一些借助信息技术的培训形式也在不断涌现。所以，企业在组织培训时，应综合考虑具体的培训需求、受训者的特点、培训的内容，据此来选择最恰当的培训方法。

一、传统培训方法

传统的培训方法是企业培训的重要组成部分，目前主要有以下几种典型的方法：师带徒法、讲授法、研讨法、角色扮演法、案例分析法等。

（一）师带徒法

师带徒法是由一位有经验的技术能手或直接主管人员在工作岗位上对经验不足的员工进行在职的培训与指导。负责指导的师傅的任务是教给受训者如何做，提出如何做好的建议，并对受训者进行鼓励。由于这种方法突出了员工的实践，既保证了学习效率，也不会影响工作的开展。此外，这种方法能在"师徒"间形成良好的关系，有助于工作的开展，因此受到很多企业的欢迎。

（二）讲授法

讲授法是培训者通过语言表达的方式来传授培训内容的方法。这是一种单向的信息沟通方式，这种方法适用于系统地进行知识的更新与传授。这种方法的优点是，在短时间内传授大量信息；而且可以向大批的人传授，不受人数的限制；培训成本低。企业中常见的动员大会、专家讲座等都属于讲授法。但这种方法也有缺点，即比较单调，受训者处于被动地位，无权选择学习内容；缺乏有效的互动；培训结果会受到一定的影响。

（三）研讨法

研讨法是由培训者综合介绍一些基本概念与原理，然后围绕某一专题进行讨论，通过学员之间平等的交流、讨论和辩论，使认识逐步趋于一致，并巩固和扩大所学知识的培训方式。研讨法能为每个学员提供发表看法的机会，提高了学员参与意识；讨论过程中可以及时获得反馈，能加强学习者的理解能力。但准备不充分也容易出现一定程度的混乱，因此，在采用研讨法前要做好充分的准备，如要确定研讨会的主题、主持人、研讨形式、研讨原则、时间等。

（四）角色扮演法

角色扮演法是设定一个特定的情境，让受训者在情境中扮演一定的角色的方法。为使角色扮演达到培训设计的预期目标，培训者要做很多工作，在角色扮演前培训者应向受训者解释活动的目的、意义，激发受训者的兴趣；培训者还需要说明角色扮演的方法、角色情况及活动的时间安排；在角色扮演时培训者要监管活动的进度、受训者的感情投入及各小组的关注焦点；在培训结束时，应向受训者提问，以帮助受训者理解这次活动经历，并就各自的认识和感受进行交流和讨论。

这种方法的优点是参与性强，交流互动充分，可以提高员工的积极性；通过观察其他受训者的扮演行为，可以提高人的观察能力和解决问题的能力；培训费用较低。缺点是模拟情境并不能代表现实多变的工作环境；时间要求比较长；要求有自由的讨论气氛；角色扮演中的问题分析限于个人，不具有普遍性。

角色扮演法非常适合于传授人际关系技巧性质的培训，如销售技巧、沟通技巧、谈判技巧、社交礼仪等。

（五）案例分析法

案例分析法是借助口头、书面或影像资料，将需要培训的内容以个案的形式展示给受训员工，由他们以小组或个人的方式寻求解决方案，随后再由培训者进行总结与点评的方法。案例分析法是一种信息双向交流的培训方式，其将知识传授和能力提高结合到一起，是一种非常有特色的培训方法。

这种方法的优点是学员的参与性强，可以激发学员的学习积极性。但是这种方法需要较长的时间准备案例、分析案例，花费时间较多；对培训者的水平要求较高。案例研究法适用于较高层次的培训，例如，高级管理人员，目的是训练他们的决策能力，帮助他们学习如何在紧急状况下处理各类事件。

（六）情境模拟法

情境模拟是一种模拟现实中真实工作场景的培训方法。在模拟情境中，受训者的反应可以代表其在工作岗位上工作的真实情况，情境模拟使得受训者可以看到他们的决策在一种人工的、没有风险的环境中可能产生的影响。该方法常被用来传授生产和加工技能、管理技能和人际关系技能，特别是那些高危性和高科技行业的岗位技能。该方法是对工作中的物理环境、机器设备等的一种复制，使得受训者能够在仿真的环境中学习，有助于学习成果的顺利转换。

该方法的优点在于，情境模拟法营造仿真的工作情境，大大提高对受训者培训的有效性。缺点是环境模拟难度大，更新快，成本比较高。

（七）拓展训练法

拓展训练就是把工作异化为游戏和活动，用学员的亲身体验代替老师的讲授，在充满乐趣、挑战和对现实工作仿真的体验中完成培训，再将培训中切身感受和提升出的理论带回到工作中。拓展训练法用于管理和心理训练等方面，用于提高人的自信心，培养把握机会、抵御风险的心理素质，保持积极进取的态度等。它以外化型体能训练为主，学员被置于各种艰难的情境中，在面对挑战、克服困难和解决问题的过程中，使人的心理素质得到改善。具体包括拓展体验、挑战自我课程和回归自然活动等。

二、新兴培训形式

随着信息技术的快速发展，新兴的培训形式不断出现，目前，企业借助电子通信技术、多媒体技术、互联网组织员工培训的情况越来越多。

（一）远程会议培训

远程会议培训是企业借助先进的电子通信技术，使身处不同地区的人员同时参加培训。目前，越来越多的企业开始使用这种方法在员工中开展培训，尤其在一些规模较大的跨国公司得到了广泛的运用。远程会议培训技术不仅能够为企业节约一定的培训成本，而且能够使员工迅速地接触和掌握与工作相关的新信息、新技术。

（二）多媒体培训

多媒体培训是利用各种媒介来生动地展现培训资料的内容，让培训者更易接受和领会培训内容。多媒体包括静态多媒体和动态多媒体两种，静态多媒体主要是使用一些精致的文字和图像，如印刷材料、幻灯片和投影仪等媒介来呈现培训内容。动态多媒体是利用录音带、录像带、CD、光盘等媒介来动态呈现培训内容，多媒体培训可以生动再现培训内容，更易于受训者的理解和掌握。

（三）互联网培训

当前，随着互联网技术的快速发展，特别是移动互联网的出现，学习、培训变得更加容易，学习的移动化、碎片化、及时化成为当前学习的主要特点，一些学习门户网站大量出现，网络在线培训正在改变人们的学习方式。目前常见的网络培训如 E – Learning、慕课等。

1. E 培训

E 培训主要指 E – Learning，全称为 Electronic Learning，广义上是指电子化、数字化或互联网化学习。狭义上是指互联网化学习。它通过网络技术实现学习的全过程管理（设计、实施、评估等），使学习者获得知识、提高技能、改变观念、提升绩效，最终提升企业竞争力。E – Learning 是由网络电子技术支撑或主导实施的教学内容和学习，它是网络与信息科技、教学内容和学习技术的完美结合。E – Learning 最大特点是充分利用了 IT 技术所提供的全新的沟通机制与资源丰富的学习环境，实现一种新的学习方式。E – Learning 课程就是借助 E 化平台和技术而实施的课程。

与传统的培训方式相比，E – Learning 的培训方式可以使学员灵活选择学习内容、学习进度、时间和地点，可以利用空余时间进行学习，不耽误工作；可充分利用网络上大量的声音、图片、影音文件等资源，增强教学的趣味性，提高学习效率；可以削减培训费用和时间，大大降低培训成本；可以对培训全过程实行电子化管理，包括培训需求分析、培训课程安排、学习跟踪、培训评估，都可以通过 E – Learning 系统来及时反馈。

E – Learning 作为一种全新的培训形式，自出现以来一直保持很高的发展速度，目前，美国有 90% 以上的大型企业已经采用 E – Learning 中的在线学习系统。在我国，E – Learning 也迎来一个大发展时期，未来的几年内，E – Learning 培训将会在中国迅速发展起来，尤其是员工人数在 500 人以上的企业将更倾向于用 E – Learning 这种方式来培训员工。

2. 慕课

慕课（Mooc）即大规模开放的在线课程（massive open online course，MOOC），是 2011 年末从美国兴起的网络教学模式，是伴随着信息技术发展而产生的一种新型教育产物。

慕课的实质是大规模在线网络课程，以互联网为媒介，基于庞大的教育资源共享平台，将分布于世界每个角落对学习有需求的学习者联系起来，通过网络在线的形式获得和接受课程。实施网络教学全过程，用户不受时间、空间、地域、年龄、种族等的限制，世界上任何学习者只要具备互联网上网的条件，大学的课程、课堂教学、学生学习、师生互动、教师布置作业、作业反馈等都能通过在线学习的形式得以实现。按要求进行注册后就可以获得所需要的世界一流大学的教育资源，简单说，就是任何人在任何地方、任何时候可以学到任何知识。

慕课有三个显著的特点，一是规模庞大。能为学习者提供大规模开放学习的机会，解决了传统课堂学生规模限制的问题，参加学习的人不再是固定的某些群体，一般都有上千、上万甚至几十万人，学习效果较为明显。二是课程开放。慕课的教学形式不受时间、空间的限制，有网络就能轻松解决上课的问题，随时随地能够提问并且给予回复，解决了学习者"围墙"学习的限制。三是课程设置灵活。慕课依照人的认知规律设计课程内容和时间，把课程切成了许多小的知识点，每个知识点大约10分钟左右，便于集中学习者的注意力。

慕课的兴起为企业培训提供了很好的帮助，首先，企业利用已有的慕课平台上的资源，有针对性地选择符合企业培训需求的课程，组织员工进行学习，这种方式成本较低，适合中小企业。已有的慕课平台上的课程大多是知名专家学者讲授，课程质量较高，但其弊端是，平台上的课程分布十分广泛，且以理论知识为主，企业需要根据自身员工的培训需求，从中甄选出适合本企业的课程。其次，慕课能在较大程度上弥补传统培训的不足，其采用的是以面授培训和电子化学习为主的混合式学习方法，相对于传统的现场班级授课，成本较低，而且简单便捷，而且大范围的高度互动性，整合了各种网络交流工具和学习资源，员工可根据自身兴趣自主制订培训计划，并通过自我管理进行个性化培训学习，最终提高培训参与度和培训效果。最后，慕课具有高度的交互性，可以运用大型开放式网络处理学员的互动和回应，参与培训的员工可以利用线上评价系统，发布学习感受和体会，把学习心得共享到慕课平台上，增强员工的参与感，提高学习的积极性。

阅读资料

企业慕课的崛起

这几年，大量涌现互联网原生的各种商业模式与相关企业，传统的各行各业也逐渐拥抱互联网（不论是"互联网＋"或是"＋互联网"），大环境的变化深刻影响及改变现代人"衣食住行育乐"等的生活习惯，也影响人们接收信息，传播信息，学习知识的方式，一个充满互联网精神与风格的培训时代登场。

一、短、小、精、干的培训特色

培训新时代的特征是学习数字化、随意选择、利用碎片时间、课程时间短等；用四个字归纳：短、小、精、干。

"短"指教学时间短，上课时间一般为15分钟、18分钟、30分钟，最多一课时（45分钟），这类培训也因此被称为"微课"。"小"指课程数字化，现场转播的视频及语音所占资源量极小，易于传播、分享。"精"是指每个课程主题突出、内容具体；因为上课的时间很短，必须直奔主题，或直指学员想了解的业务痛点。"干"是说充分利用碎片时间进行学习，针对工作上的需求，自由选择适合自己的老师、时间与场所。

二、慕课——带有O2O特色的学习方式

互联网时代给了校园发展出慕课学习方式的土壤；慕课的精神是"连接""开放""分享""协作"，这也正是互联网时代的精神体现。慕课是E-Learning的一种，但它是充分反映时代现象与趋势的E-Learning，也带有这个时代O2O的特色。

三、向潮流借镜——企业慕课崛起

校园慕课模式兴起后，给传统的企业培训指出一条新的康庄大道，那就是"企业慕课"。"企业慕课"拉开了培训的新序幕，让培训真正落实到个人而非以往的群体，且由于培训内容的高度针对性，因此培训效果在工作上更容易体现。

而在上课的互动性上，不论是企业自建或是第三方提供的"企业慕课"平台，都能提供学员现场发问，老师在虚拟白板或课件上写字、画图，以及使用虚拟光标指向课件任何位置，就像以往线下培训老师使用激光笔那样。每讲5~10分钟，老师也能现场出题让学员作答，以检验学员吸收效果与刺激学员上课保持注意力。

四、传统培训与企业慕课

传统培训动辄1~2天，公司安排来受训的人在职能、职级、学经历等方面参差不齐，因此老师上课的内容必须考虑到不同人程度上的差异，优先顾及大多数人普遍性的需求。因为课程时间长，所以必须有很多故事、笑话、游戏活动穿插其中，以免学员精神不济。上课的场所必须在特点地点，如公司会议室、外租场地。

传统培训每次开课前，培训部门要进行许多筹备工作，例如，内部需求调查，师资安排，培训时间与场地的敲定以及走报批核准流程等。其中，时间安排尤其是项费力的工作，因此培训的频率就不可能高，每个季度能安排一次就算很好了。

以上这些情况在"企业慕课"时代都获得解决，因为运用碎片时间即可学习，每次上课所花时间又少，因此不会耽误员工手上工作。而培训部门则再也不用耗费大量人力、物力、预算、时间去为每场培训做准备。培训的参加者也不必集中到特定的地方上课，只要于指定开课的时间，在任何一个可以上网的环境，使用 PC、笔记本电脑或其他移动终端设备就能上课了。

在老师的供给面上，因为课程时间极短短，不需长篇大论，备课相对容易，所以在某项业务或知识上有专精的上班族都能担任起讲师的角色，不再局限于公司高管或是职业培训师。加上慕课的"开放"宗旨，因此可以运用的讲师资源就更广更多了。在师资的选择上，学员可依照老师的专长或市场上的知名度，选择一个自己工作上遭遇的痛点或是感兴趣的议题。由于学员学习的目的明确，又可自己选择针对性强的主题，所以培训效果要比传统上大课的模式好。

资料来源：http：//www. sohu. com/a/66944831_401170。

第四节　培训心理场

近年来，企业在员工培训过程中通过心理破冰、心理氛围引导、课堂互动、热身游戏等策略将培训内容、形式与学员的心理需求结合起来，从深层次挖掘和引导，构建积极有效的培训环境和氛围。我们将这种氛围和环境称为培训的"心理场"。

一、心理场的概念

"心理场"的概念最早来源于著名的心理学家库尔特·勒温（Kurt Lewin）的理论，勒温认为，凡是有心理现象存在的地方就有心理场，心理场包含诸多相互依存的要素，对个体的行为具有推动作用。企业培训中也存在诸多心理现象和心理要素，从培训师的角度来看，有授课技巧、人格魅力、表达能力以及培训中的各种心理活动；从学员角度来看，有学员的认知活动、情绪状态、学习态度和学习意愿等。在此，我们可以对勒温的心理场理论作一个引申，即在培训中也可以存在这样一个培训心理场。积极的"心理场"不仅能消除学员的紧张心理，活跃课堂气氛，而且可以激发学员积极参与，主动学习，主动思考。

二、培训心理场的构建

（一）构建意义

培训心理场能在培训活动中发挥积极作用，在培训效果、团队凝聚力提升等方面体现出价值，也是传统培训模式所无法比拟的。

1. 有助于激发学员愉悦心情

很多心理学家和教育学家曾指出，积极的情绪、情感状态有利于个体对知识的吸收。在培训中，培训师会运用一系列的方式和策略来激发学员的积极心态和愉悦心情，与学员进行有效沟通，设置激励手段，充分考虑学员自身发展需求，让学员产生这是"我自己"的培训感受，调动参与培训的积极心态，注重培训过程中愉悦气氛的引导，营造一个浓厚、轻松的群体学习氛围。培训心理场有助于激发学员的愉悦心情，快乐学习能使学员带着积极的情绪和情感投入到培训活动中，学习的内在潜力得到充分的发挥，保证培训内容的有效吸收，积极的心理场也就产生了巨大的激励效应。

2. 有助于提升培训效果

传统的培训模式主要以培训师单向传授知识、技能为主，学员的角色是被动的，培训效果仅仅停留在"知"这一层面上。同时，由于个体的情绪、态度会影响其认知活动，如果在培训中仅仅关注对学员知识的传授，而不重视对学员积极情绪的调动、注意力的吸引和保持等，那么学员最终获得的"知"的效果可想而知。而在培训"心理场"中，培训师的角色不仅仅是一个知识、技能传授者，更是一个心理氛围的营造者与引导者，通过构建相互信任、支持的心理场，不仅可以使学员获得对培训知识、技能的认知，还能使他们在培训中获得积极的情感体验以及发展出适当的行为。

3. 有助于形成信任氛围

培训过程中的信任关系主要有两种：一是学员对培训师的信任，二是学员与学员之间的信任。在培训心理场中，特别强调心灵的沟通，培训师将体会、感悟与学员分享，获得学员的信任，在启发学员、打开学员心扉的同时，将专业知识、技能最有效地传达给学员，使他们能够真正接受这些知识。

另外，在企业培训中，参加培训的学员，既可能是同一级别的管理者，也可能是上下级关系的管理者与员工。在平日里出于种种原因，同事或上下级之间很少有心与心的真诚交流，而在培训中，培训师通过一些促进相互沟通的方式和策略，促成学员之间相互信任、支持的心理氛围。使大家慢慢进入状态，进而引导学员敞开心扉进行有效沟通和分享，在一个特定的理性环境里畅谈工作中遇到的问题，真正实现培训与工作相结合的目标。

4. 有助于提升团队凝聚力

现代培训的一个重要目标就是全面提升企业团队的凝聚力。在培训活动中，团队凝聚力的提升主要受到团体气氛、团队成员的有效互动、团体目标的一致性等方面的影响。在培训心理场中注重营造一种民主的团体气氛，促使培训师与学员之间有效互动、交流，并产生亲密感和互相依赖感，加强团队的凝聚力。另外，团体目标的一致性也具有使组织凝聚力提升的动力作用。在构建培训心理场的过程中要向学员提出共同的培训目标。培训目标实际上是团体的一种激励状态，一旦被团体成员所认同和接受，就会形成一种"求同的压力"，对团体和团体成员的活动和行为起到一种整合作用。

（二）构建内容

1. 破冰

破冰指"打破坚冰"的活动，可用于消除团队成员间的隔阂，建立相互支持、积极的、通力合作的群体关系，使团队成员更开朗、坦率，以利于人与人的攀谈。破冰主要有培训前的破冰和培训过程中的破冰。

（1）培训前的破冰。在进行正式培训前，需要在组织的领导者及培训对象中进行破冰，一方面，通过与组织领导交谈可以获得企业的相关背景信息以及其对于培训内容、方式、目标等的要求，同时将培训机构的特色、优势及培训师的个人情况等信息传递给组织领导者。另一方面，通过对部分培训对象进行深度访谈，了解他们对于培训的认知以及真实需要。通过培训之前的破冰，让企业成员与培训师之间相互了解和信任，建立亲密关系，同时从破冰中获得的信息也有利于培训师为企业和员工量身定做一套系统的培训方案，真正做到从企业、从员工的培训需求出发。

（2）培训过程中的破冰。在培训课程开始阶段进行的破冰，通过培训师、学员的自我介绍，让师生之间相互认识，消除陌生感。也可以采取一些特殊的破冰游戏，让每一个学员动起来，提升心理兴奋度，以更积极的心态投入到培训活动中。另外，在此阶段，培训师还应该与学员就培训目标达成共识，不仅让学员了解培训的内容，而且让他们认识到培训师是真正从学员的需求角度出发制定培训目标的，培训是"我的培训"而不是"企业的培训"，从根本上改变以往被动接受的局面，增强他们的培训意愿。

2. 心理氛围的营造

在培训中为学员营造一个轻松、愉悦的心理氛围是构建培训"心理场"的一个重要策略，心理氛围的营造可以借助以下方法。

（1）背景音乐的选定。在培训中，适当地使用一些音乐作为背景有助于心理氛围的营造。在培训不同阶段需要调动学员情绪时，可以选用不同类别、节奏的音乐（轻音乐或流行音乐等）。首先，在培训刚开始的预热、暖身阶段，可以采用比较柔和的轻音乐或歌曲，使学员在放松、平静的心态中进入当天的培训；其次，在学员分享体会、感悟的阶段，使用舒缓动情的音乐营造一种相互信任、具有支持性的氛围；再次，而在师生互动进行热烈的小组讨论、活泼的小游戏时，宜采用节奏较快、令人情绪高涨的音乐，营造出热烈、兴奋、活跃的心理氛围；最后，在培训即将结束时，采用鼓舞性的音乐或歌曲等，再次调动学员的兴奋状态，并使他们对培训之后的工作更加充满信心和动力。

（2）灯光的变换。在培训过程中，通过灯光强度的变换可以在不同阶段营造适合的氛围。在培训师讲解知识、技能时，灯光应该比较明亮，适于学员听课；而在学员进行分享、倾诉的时刻，灯光应该比较柔和，营造出温暖、舒适、适宜倾听的氛围。

（3）教室的布置。在培训中，为了有助于培训师的讲授、师生之间的互动以及小组的讨论，一般将桌椅摆设成以培训师讲台为中心的扇形、圆形或讨论型。

教室的这种布置便于学员进行自我管理，鼓励其积极参与课堂活动，增强培训效果。

（4）录像、照片的运用。培训组织者要在培训过程中拍下或录下学习中的代表性画面，课后进行整理编辑，在合适的时候进行播放。学员看到自己的照片出现在屏幕上时，会感到一种鼓励；同时，将培训过程中的片段进行剪辑编纂赠送给学员，会给学员留下深刻的记忆；学员也会在学习过程中努力表现，因为谁都想记录下自己美好的一面。

3. 课程中的互动

虽然讲解是培训最主要的形式，但是如果培训师讲解内容很多，却不注重与学员互动的话，泛泛的讲解将很难保证学员有效理解和记忆，也易使整个培训枯燥乏味。卓有成效的培训应该更多地采取互动方式。

（1）小组讨论。小组讨论属于培训中集体互动的一种方式，能启发学员思维，使每位学员都参与到培训中来。小组讨论一般设定一个讨论题目，培训的学员进行分组讨论，限定时间，小组选派代表阐述观点和建议，最后由培训师进行分析和总结，得出最终的结论。

（2）提问。培训师可以根据培训的内容，设计几个问题进行提问，可以采取员工自主应答的方式。如果自主应答的响应并不热烈，就要采取指定提问的方式，随机指定员工进行回答。自主应答气氛强烈表示员工的参与热情较高，指定提问的随机性也提醒学员不能大意，积极活跃思维，做好应答准备。

（3）互动游戏。在培训中可以适当穿插一些互动游戏来调节气氛。例如，当学员由于疲劳注意力不集中时，可以进行一些放松身体、集中注意力的小游戏。

4. 管理游戏

现今的培训越来越强调一种体验式的学习，"阅读的信息，我们能记得10％；听到的信息，我们能记得20％；但所经历的事情，我们却能记得80％"。在模拟的环境和活动中，学员通过自己的亲身体验和感受，发表自己的感悟，并与其他学员进行交流和共享，然后通过反思、总结，提升为理论或成果，最后将理论或成果投入到应用实践中。在此过程中，学员有更多的思考空间，获得了更多的实战经验和工作技巧，每一个学员通过学习的体验换取了成功的经验。一些管理游戏如角色扮演、情景模拟等可以使学员在体验中领悟培训知识的内涵，缓解专业性过强的知识带来的紧张气氛，在放松员工精神的同时，将游戏和培训内容结合到一起。

（1）角色扮演。在角色扮演中，学员在给定的情境下展示他们认为合理的行为。角色扮演是特别生动的培训方式，学员既能发挥个人的表演天赋，也能从角色的演练中获得实战经验和技巧，学员有机会去练习与工作相关的行为，更有利于学员对培训知识的消化吸收。

（2）情境模拟。情境模拟指创设或模拟一种与现场相同的条件、状态，让参与的学员体验这些条件、状态，形象地引起学员的态度体验和潜意识的认知与感染。从身临其境的体验中，训练学员在实际情况下分析和解决问题的能力。

总之，体验式的培训不仅仅让学员学到解决问题和克服困难的方法，更学到了生活和工作的态度及价值观。这是一个短暂的学习过程，却起到了久远的影响和激励的效果。

5. 心理训练

对于企业员工来说，不仅需要具备与工作相关的知识、技能，培养良好的心理素质也是十分重要的。在培训中，学员获得相关知识的同时，也应该以直接或间接的方式使他们得到各方面的心理训练，这才能体现出培训的整体性和全面性。在培训中进行的相关互动主要是与培训内容相关，但是也可以潜在地使学员获得一定的心理训练，例如，小组讨论、回答问题、分享感悟的过程中，学员可以在人际交往能力、沟通能力及同感能力等方面得到训练；而在角色扮演、团队游戏中，则可以培养学员的创造力，提高团队协作能力和团队意识等。总之，通过心理训练活动，学员可以直接宣泄压力，激发行动力，坚定成功信念，并获得自信心、观察力、敏感性及注意力等方面的训练。

（1）敏感性训练。敏感性训练是通过集体内的互相作用而改变行为的方法。训练中的一切活动如讨论议题、召开会议等，全都由学员自行管理，培训师仅从旁协助，为学习过程提供方便，扮演一种不引人注目的领导角色，敏感性训练的目的是使学员通过互相帮助，提高自我的认识能力和准确地感受他人真实情感和思想的能力，并且采取灵活适当的态度维持小组的集体活动。

（2）头脑风暴法。头脑风暴法是常用于决策和决策训练的方法。通过营造一种无拘束的气氛，让每个参与学员都可以毫无顾忌地发表自己的见解，不论这种见解与现行制度、组织观念多么矛盾，也不会受到干预，任其自由发展。学员互相启发激荡思维，不仅可以提高学习的效果，也使学员思维的创造性和敏捷性得到了锻炼。

培训作为企业一项极为重要的活动，其有效性的发挥不仅仅有利于企业人才素质的提高，也与企业人力资源建设的其他方面紧密相连，关系着整个企业长期、稳定的发展。现代企业需要树立"现代培训"理念，只有不断创新和实践，才能真正发挥出培训效果。在企业培训中构建"心理场"，既关注培训的内容，又注重培训的形式，将培训内容和形式紧密地与学员心理要素相结合，从培训对象的深层心理进行挖掘和引导，在"心理场"的积极动力作用下使培训对学员产生更全面而持久的作用。企业培训中构建"心理场"的理念必将为现代企业的培训观念注入新的思想和活力。

▶ 复习思考题

1. 简述学习理论的内容。
2. 培训系统包括哪些内容？
3. 传统培训方法有哪些？
4. 培训有哪些新的形式？
5. 什么是心理场？如何构建培训的心理场？

▶ 案例分析

越来越受欢迎的 E – Learning 培训

IT 产业的迅速发展，特别是互联网的发展为我们的生活提供了更加便捷的途径，特别是目前依托互联网产生的各种新颖的工具，对工作、学习的影响越来越大。人力资源培训与开发也越来越受到这种新形势的影响，一方面，体现在培训的方式、方法和技术上，另一方面，则是 E – Learning 已经被越来越多的企业所接受和采纳。

一、A 公司——E – Learning 培训体系

A 公司是一家以电力行业软件开发为主要经营内容的企业，公司在 2010 年年底成功上市，在电力行业的软件开发市场中占据非常重要的位置。

新年伊始，为进一步加强对员工的培训，使定期举办的培训项目变为员工生活中的一部分，公司特别建立了培训中心，并以目前市场上正在推行的 E – Learning 为主要授课方式。在课程开发商，一方面，选择了企业原有的一部分课程，另一方面，从供应商手中购买了一部分课程，并通过企业内部网和外网搭建了公司 E – Learning 培训体系。

通过 E – Learning 培训，不仅可以让员工在家中学习，而且在外地分公司也随时能享受总部提供的资源，大大降低了培训的成本，不再像以往由公司派遣一位或几位培训讲师远赴外地。而且，E – Learning 培训课程有自己配套的考核体系，如果员工不能通过，就必须重新学习，直到达到通过标准，这样也为员工的培训效果转化和评估绩效考核提供了一种手段。

二、L 公司——用 E – Learning 带来培训革命

对于一个拥有 20 万营销大军的 L 公司而言，进行组织学习是件很困难的事情，传统意义上的"教育"是知易行难。要想在统一的时间、地点将他们集中起来，并非易事，而培训规模的局限性，则使其更难以惠及广大基层的从业人员。为此，L 公司早在 2004 年初，就开始探索一种面向基层营销人员的、便捷、系

统又易于管理的全员教育新模式。2006 年 1 月 20 日，国内同行业第一个 E – Learning 教育培训网站"L 公司（中国）教育网"开通。

E – Learning 带来 L 公司全员教育的革命，虽然开通仅有短短的五个月，"L 公司（中国）教育网"却展现出了 E – Learning 教育的魅力。第一，我的学习，我做主。学员在任何时间、任何地点，只要通过一台能够上网的电脑，即可点击登陆开始学习。他可以随时离开教室，更可以自由进入教室继续上次中止的课程，或选择自己感兴趣的内容进行反复研读。第二，专业课程，可以边"玩"边学。教育网的课程内容系统完善。营销人员不但可以全面地了解产品知识，还可以学到销售的技能和与人沟通的礼仪，更可以树立正确的从业心态，靠自己的辛勤劳动和真诚服务去实现人生目标。课程设计充分考虑成人的学习特点，借助图表、漫画、音视频、FLASH 动画等生动的多媒体技术手段、采用角色扮演、情景模拟、场景对话、案例分析等互动教学方式，使学员置身于一种人性化的轻松氛围中，能够在"例中学""玩中学"，从而加深理解，快速掌握知识和技能。第三，全程辅导，老师随叫随到。教育网具有人性化的学习管理和教学辅导功能。学员的学习情况，例如，是否成功登录、学习到了哪一个章节、有什么样的学习习惯，是否通过了标准的测试和考核、成绩如何等，都被记录在系统平台里，可以根据需要随时调用。

资料来源：张宏远. 人员培训与开发 ［M］. 北京：人民邮电出版社，2017：221 – 222。

思考：

1. 结合 A 公司和 L 公司分析，实施 E – Learning 培训的前提条件有哪些？

2. 你认为 E – Learning 培训与传统培训方法相比较，有哪些不足？

第五章

绩效考评心理

学习目标 通过本章的学习，理解绩效考评的概念，绩效管理与绩效考评的区别；了解绩效管理的过程，绩效考评的方法；重点掌握绩效考评过程中的心理误差、绩效面谈的方法。

引导案例

老王的烦恼

老王是一家 IT 公司的项目经理，多年来一直带着团队在客户的公司现场做软件系统的测试和维护工作，一天到晚忙得不亦乐乎，年底到了公司绩效考核的时间，人力资源部催促老王按期完成考核工作的电话让他心烦意乱，虽然当时论证绩效考核制度的会议自己也参加了，可事到临头，看到绩效考核表格上的一个个指标，老王心理还是觉得没底。

老王心想，我这一落笔，不但关系到面子，而且关系到票子，大家出来那么久，功劳苦劳都得记上。新婚的小李，为了赶项目进度，蜜月刚刚过了两天就跑回来工作了，多不容易啊。想到这里，老王顺手给小李在各项评价指标上填了一串的满分 5 分。

秘书小孙是新招来的毕业生，她比刚辞职的小安机灵多了，什么事情一教就会，不像小安，连传真机都让自己手把手教了半天，所以小孙也应该给高分。至于小赵，老王皱了皱眉头，小赵通常都是留守在公司里，很少跟自己一起出差，也不是很清楚他在公司里都干了些什么，干得怎么样，那就凭感觉随便填填好了。在自己的印象中，小赵的测试报告倒是没出过大的岔子，应该是有责任感的，给4分吧……忽然，老王又记得小赵刚来的时候，有一回在客户的机房值班时玩电脑游戏，被领导逮住了，弄得自己也没有面子，想到这里，老王在"责任感"一栏将得分改成了3分。

至于小朱，得好好考虑考虑，这小子工作不怎么样，还好高骛远，总觉得在这个部门埋没了他的才能，老跑到老刘那个部门去转悠，搞得老刘还以为他很能干，前两天还透露出想调他过去的想法，要不就给小朱打个高分算了，让老刘真以为自己捡了个宝贝，赶紧把小朱调过去那该多好……

老王遇到的烦恼是很多企业管理者在进行绩效考核时都有可能遇到的问题。事实上，如何提高绩效考核的准确性，如何克服绩效考核过程中存在的各种误差，是很多组织的领导者、人力资源管理人员以及员工非常关心的问题。

＞ 第一节　绩效管理概述

绩效管理是企业人力资源管理的首要目标，一切人力资源管理工作都是围绕提升员工的工作绩效而展开的，绩效考评的效果直接关系到企业的经营效益和企业的发展。

一、绩效管理概念

（一）绩效的概念

什么是绩效，仁者见仁、智者见智，有学者认为，绩效是员工完成其职位所规定的任务的程度；也有学者认为，绩效是行动的完成过程；还有学者认为，绩效是个人知识、技能、能力等一切综合因素通过工作分析而转化为可量化的贡献。这些观点大致可以分为两类：一类观点认为，绩效是结果，例如，伯纳丁（Bernadin，1995）认为，"绩效即为工作的结果，因为这些工作结果与组织的战略目标、顾客满意度及所投资金的关系最为密切。"另一类观点认为，绩效是行为，例如，墨菲（Murphy，1990）指出，"绩效是与一个人在其中工作的组织或组织部门的目标有关的一组行为。"

就内涵而言，绩效是员工在一定时间与条件下，完成某一任务所取得的业绩、成效、效率和效益。对组织来说，绩效是任务在数量、质量及效率等方面的完成情况；对员工来说，就是上级和同事对自己工作状况的评价。

（二）绩效考评的概念

绩效考评是考评者对与考评任务有关的绩效信息进行观察、收集、组织、贮存、提取、整合和实际评价的过程。绩效考评的结果可以直接对薪酬调整、奖金发放及职务升降等诸多与员工切身利益有关的组织活动产生影响。由于它在组织中的普及性和重要性，绩效考评也是工业或组织心理学中研究最为广泛的一个领域。

绩效考评具体包括考核与评价两部分内容，绩效考核是用数学的方法对员工业绩进行客观描述的过程。而绩效评价是根据绩效考核的结果来确定业绩的高低，从而做出评价的过程。

考核旨在为评价提供事实依据，只有基于客观的考核基础上的评价才是公平合理的。评价则赋予了考核结果现实意义，帮助我们确定影响业绩的因素和提高业绩的方法。没有评价的考核是没有意义的。

（三）绩效管理的概念

良好的组织绩效是企业追求的最根本的目标。而组织的绩效却是由个体的绩效所构成。因此，企业要取得好的绩效，必须要有效控制员工的工作绩效，而对绩效的控制实质上是一个绩效管理的问题。

绩效管理是根据组织的要求，把员工的个人目标与组织战略结合在一起，并对员工进行指导和支持，使员工以更高的效率有效地完成自己的工作，从而使组织的绩效得以改善的过程。简单说，绩效管理就是对员工行为、产出和绩效的管理。绩效管理与绩效考评是不同的，绩效管理是指为了达成组织的目标，通过持续开放的沟通过程，形成组织目标所预期的利益和产出，并推动团体和个人做出有利于目标实现的行为，绩效管理主要包括事前计划、事中管理、事后考评。而绩效考评只是绩效管理中的一个环节，是事后考评工作的结果。绩效管理与绩效考评的区别如表 5-1 所示。

表 5-1 绩效管理与绩效考评的区别

绩效管理	绩效考评
1. 从战略的高度对绩效进行管理	1. 对个人或部门的绩效的评价
2. 着眼于组织绩效和长远发展	2. 着眼于个人或部门的绩效
3. 一个完整的管理过程	3. 管理过程中的局部环节和手段
4. 侧重于信息沟通与绩效提高	4. 侧重于判断和评估
5. 伴随管理活动的全过程	5. 只出现在特定的时期
6. 事先的沟通与承诺	6. 事后的评价

将绩效考评与完整的绩效管理割裂开来，往往使组织的绩效管理系统没有与组织的战略目标联系起来。而且，绩效考评仅仅被视为人力资源管理的一个工具，通常被认为仅仅是人力资源职能部门的人应该考虑和应该做的事情，而没有

把它视为整个管理过程中的一个有效的工具。

二、绩效管理的作用

（一）绩效管理在组织中的作用

1. 有利于实现组织经营目标

绩效考评的目标是根据组织的发展战略来制定的，通过将组织的战略目标层层分解变为部门和员工的目标，在此基础上确定部门和个人的绩效目标，通过绩效评价，对员工的工作结果进行反馈，及时发现工作中存在的问题并进行修正，通过提升员工的业绩从而达成组织的业绩，实现组织的战略目标，使组织进入良性循环。

2. 有利于人才队伍的稳定

通过绩效考评，使员工清楚地认识到自己对组织做出的贡献，看到自己的成绩和不足，可以根据自己的贡献正确估计自己在组织中的地位和作用，从而减少了抱怨，确立了信心，并相信只要努力，就会有好的发展前景。

3. 有利于员工关系的改善

在绩效考评过程中，员工之间、上下级之间的沟通得到了加强，相互之间建立起了信赖的关系；同时有助于及时发现工作中的问题，并加以改进。实际上，许多员工遭受挫折和失败常是由于他们不清楚组织意图和标准，而花费过多精力做他们认为"该做的"，而不是"真正该做的"事情。绩效管理架起了沟通的桥梁，排除了许多不必要的误解，从而可达到改善组织员工之间关系的目的。

4. 有利于解决管理中存在的问题

员工绩效水平的高低与其自身的素质和努力程度有关，更与企业管理制度、管理理念和企业文化、管理风格有关。通过绩效考评和反馈，可以看到企业管理中存在的问题并能及时解决，使组织顺利地向前发展。

（二）绩效管理对员工的作用

1. 有利于员工需求的满足

员工的需求有不同的层次，当员工基本的需求满足后，尊重和自我实现的需求所表现出来的就是员工希望知道自己的绩效水平到底如何，以便为了今后的发展而明确努力的方向。如果没有考核或考核不准确，员工就会处于盲目状态，失去努力的目标和方向。

2. 有利于员工获得公平的报酬

在组织中，因为工作性质的不同、工作能力的不同、经验的差距，每一个员工对于组织的贡献是不同的。员工只有在自身的劳动与报酬相吻合的前提下才能安心工作，而这需要依靠科学的绩效评估。在绩效考评的体系下，根据员工不同的绩效结果给予相应的报酬，克服以往管理者偏见的弊端，使员工产生公平感。

3. 有利于提高员工的满意度

首先，通过有效的绩效管理，员工的绩效不断得到改善、能力不断得到提高，成就感也随之增加。其次，绩效管理不仅使员工参与到管理过程中，还为他们提供绩效的反馈信息，这使员工感受到组织对他们的重视。所以，绩效管理满足了员工获得尊重和自我实现的需要，从而提高了员工的满意度。

三、绩效管理的过程

绩效管理的过程可以分为五个步骤：一是绩效计划的制定；二是绩效计划执行中的持续的绩效沟通与绩效信息的收集；三是绩效考评；四是绩效反馈；五是绩效的应用。这五个步骤是一个循环改进的过程，使企业的绩效得以持续提高。

（一）绩效计划的制定

绩效计划是管理者和员工开始绩效管理的起点。它是管理者和员工在组织目标的基础上，共同研究确定下一年应该完成什么工作和什么样的绩效才算成功，并达成共识的绩效管理过程。绩效计划的制定包括工作承诺、绩效目标与标准等内容。

1. 工作承诺确定的方式和程序

工作承诺是制定绩效目标和进行绩效考评的基础，是指与某项工作绩效的负责人或工作结果的交付对象达成完成该项工作的协议。工作承诺在实际操作中表现为明确职责范围、任职资格的职务说明和工作计划。典型的工作承诺确定的程序是：工作分析→组织结构调整→编制职务说明→审核修改职务说明→高层经理会议审议通过→分发到部门及员工，由部门负责人、员工签字认可→部门或员工根据职务说明起草工作承诺和工作计划→直接上级和间接上级审批工作承诺和工作计划→人力资源职能部门将审批后的工作承诺和工作计划整理成文件让被考评人签字认可→经被考评人确认的工作目标与计划在人力资源职能部门备案。

2. 绩效目标与绩效标准的制定

绩效目标是指可以用来评价个人、部门和组织的绩效的工作行为的特征或结果；绩效标准是指各项指标分别应达到什么样的水平。绩效目标与绩效标准制定的典型程序是：本人与上级共同制定绩效目标与绩效标准，并同时签字认可。绩效目标与绩效标准可以是下级先拟订，也可以由上级直接下达，一般会反复多次才能确定。确定后的绩效目标与绩效标准要在人力资源职能部门备案。绩效目标与绩效标准需要定期根据企业经营环境的变化和工作承诺的变化重新检视，必要时进行修改。

（二）持续的绩效沟通

绩效沟通是指在绩效评价周期内，管理者在日常工作中对员工进行指导和监督，并就绩效问题不断地与员工进行沟通交流，及时发现并解决问题，帮助员工实现绩效目标。绩效沟通对于企业改进绩效管理具有重要的意义，制定绩效目标要沟通、帮助员工实现目标要沟通、年终评估要沟通、分析原因寻求改善和进步要沟通。总之，绩效管理的过程就是员工和管理者持续不断沟通的过程，离开了沟通，企业的绩效管理将流于形式。许多绩效问题都是因为没有开展良好的绩效沟通，或者没有将绩效考评结果反馈给员工造成的。持续的绩效沟通是员工不断改进和提高自己的工作绩效、管理者改善管理方式的过程。

绩效沟通的设计主要涉及确定沟通的主题与内容、确定沟通的方式、为沟通做准备、熟悉沟通的技巧以及选择沟通的环境等。

确定绩效沟通的主题与内容主要是明确与员工讨论些什么，哪些应该重点讨论，哪些应该涉及，哪些可以忽略等。在实际操作中，如何切入讨论的主题，展开讨论的内容，如何引导双方的话题逐步转入正题，需要引起绩效沟通的管理者认真思考。

确定沟通的方式是指以什么方式进行绩效沟通。正式的沟通方法都是事先计划和安排的，主要有三种：定期的书面报告；定期的员工和管理者会谈；定期召开的有管理者参加的小组会。

为绩效沟通做准备的内容有：沟通涉及的背景资料；沟通评估结果所需要的依据或材料；判断员工接受评估结果的可能性；员工了解评估结果后的反应模式及解决方案；等等。进一步熟悉沟通的技巧是沟通准备工作的重要内容，熟悉沟通的技巧包括了解和学习绩效沟通的代表性情境、沟通语言、身体语言及常见的解决方案等。

沟通环境的选择对于绩效沟通的效果是非常重要的。通常情况下，绩效讨论应尽量不要选择在领导办公室内、人多嘈杂的地方或在隔音效果不好的房间中展开，而应尽量选择在中性的场所中进行，如谈判间或会议室等。最好的绩效讨论环境是主管与员工同处于桌子的一边，并使用同一份绩效考评表格或报告书，以强化合作的伙伴气氛。总之，在进行绩效沟通时，不要忽视公平环境和平等对话氛围的设计，它们是保证绩效沟通富有成效的手段之一。

（三）绩效信息的收集

客观公正的绩效评价需要以事实为依据，因此在绩效计划实施的过程中一定要对被考评者的绩效表现进行观察和记录，收集必要的信息。

绩效信息的收集是一种有组织地系统收集有关绩效方面信息的方法。收集信息和观察员工绩效的目的是为了解决问题。进行信息收集可以收集解决问题所需要的充足的信息；可以提供连续的以事实为依据的有关员工绩效正反两方面的记录，为绩效评估提供充足的客观依据；可以记录有关绩效的详情和沟通情况，以便在产生纠纷时使用。

绩效信息的收集通常考虑下列内容：第一，确定绩效好坏的事实依据，例如，每个工人生产的产品数量、废品数量、客户不满的情况和客户表扬的情况。第二，找出绩效问题的原因，如员工在生产时是否有问题，还是仅在要求加速生产速度时才有问题？他们是不是仅在工作压力大时才会招致客户不满？第三，查明那些绩效突出情况背后的原因。搞清楚最优秀员工的工作方法后，就可以利用这些信息帮助那些从事类似工作的员工，使他们以最优秀员工的工作为基点，从而将工作做得更好。第四，确定员工是否达到工作目标和标准的证据。收集什么样的数据作为证据，应该由公司同员工共同制定的工作标准来决定。

（四）绩效考评与绩效反馈

绩效考评是在评价周期结束时，运用相应的评价方法，收集有关信息，对员工完成绩效目标的情况做出评价。在绩效管理过程中，绩效考评是一个连续的过程。它是绩效管理过程中的主体部分，是绩效管理过程中一个重要环节，考评过程和结果的客观、公正、科学与否都直接决定绩效管理的效果。考评方案主要包括考评的内容、考评的方法、考评的程序、考评的组织者、考核评分表、考评者与员工以及考评结果的统计处理等。其中，选择合适的考评方法、设计出可行的考评表格是最关键也是最困难的。

绩效反馈就是向员工本人反馈对其工作绩效的考评结果，让员工了解自己工作情况的过程。在绩效管理过程中，反馈的意义并不仅限于此。客观、合理的考评结果可以真实地说明员工达到组织所期望的标准的程度。同样，员工绩效的考评结果可以使上级了解该员工的优缺点和个人特点等。另外，在反馈的同时，管理者应该根据绩效考评获得的信息和结论与员工进行面谈，并对员工进行适当、明确的指导，可以使员工的个人发展与组织目标的实现结合起来，从而达到提高绩效的目的。

阅读资料

反馈有利于绩效的提高

亨利·法约尔曾经做过这样一个实验。他将 20 名技术相当的工人随机地平均分为两组，让他们在相同的条件下进行生产。每隔一小时他会去两个小组中检查生产情况。对于第一组工人，法约尔只默默记录了他们各自生产的产品数量，不和他们交流生产的情况。第二组的工作人员则被告知他们生产的产品数量和他们各自的工作速度，同时，法约尔还根据每次考核的结果，在第二组员工中生产速度最快的两个人的机器上，各插一面红旗，速度居中的四个人各插一面小黄旗。这样，每个工人对自己的生产速度有了直观的了解。实验的结果表明：第二组工人的生产效率远高于第一组。

资料来源：笑谈. 学会夸奖你的员工［EB/OL］. 中国人力资源开发网，http：//www. chinahrd. net/zhi-sk/jt-page. asp？articleID =134596。

（五）绩效考核结果的应用

绩效考评并不是为了履行某种组织程序，绩效考评是服务于各种人事决策的。因此，考评结果应该积极地用于各种人事决策或组织效能的提高中。

四、绩效考评的内容

绩效考评的内容体现了企业对员工的基本要求。考评内容是否科学、合理，直接影响到绩效考评的质量。因此，实行绩效考评的企业对有关考评内容的问题都很重视，都试图制定符合各自企业实际需要、能够全面而准确地评价员工工作的考评内容。由于绩效的多因性，绩效量度的内容也颇为复杂，我国很多企业以下面四点作为绩效评估的基本内容。但在实际操作过程中，各个企业所处的环境、完成目标的具体特点以及经营者的偏好不同，都可能使企业在进行绩效考评时偏重于其中一项或几项。

（一）工作业绩考评

工作业绩考评是对企业人员工作的结果或履行职务的结果的考核与评价。它是对企业员工贡献程度的衡量，是所有工作绩效考评中最本质的考评，直接体现出员工在企业中的价值大小。在企业中，工作业绩主要指能够用具体数量或金额表示的工作成果，是最客观的考评标准，例如，利润、销售收入、产量、质量、成本、费用、市场份额等。

（二）工作行为考评

工作行为考评主要是对员工在工作中表现出的相关行为进行考核和评价，衡量其行为是否符合企业规范和要求，是否有成效。由于对行为进行考评很难用具体数字或金额来精确表述，因此，在实际考评中，企业常常用频率或次数来描述员工的工作行为，并据此进行评价，也属客观性考评指标，例如，出勤率、事故率、表彰率、违纪违规次数、访问客户人次、客户满意度、员工投诉率、合理化建议采纳次数等。

（三）工作能力考评

工作能力考评是考评员工在工作中发挥出来的能力，例如，在工作中判断是否正确、工作效率如何、工作中的协调能力怎样等。根据被考评者在工作中表现出来的能力，参照标准或要求，对被考评者所担当的职务与其能力是否匹配进行评定。这里的能力主要体现在四个方面：专业知识和相关知识；相关技能、技术和技巧；相关工作经验；所需体能和体力。需要指出的是，企业绩效考评中的能力考评和一般性能力测试不同，前者与被考评者所从事的工作相关，主要评价其能力是否符合所担任的工作和职务，而后者是从员工个人的本身属性进行评价，不一定要和员工的现任工作相联系。在对员工的工作能力进行考评时，由于需要考评者对员工的工作能力做出评判，故此类考评标准为主观性指标。

在进行工作能力考评时，应注意全面评价员工的专业性工作技能和相关的基本技能，后者常常为企业所忽略。常用的相关基本技能包括：人际技能、沟通技能、协调技能、公关技能、组织技能、分析和判断技能、处理和解决问题的技能等。

（四）工作态度考评

工作态度考评是对员工在工作中的努力程度的评价，即对其工作积极性的衡量。常用的考评指标有：主动精神、创新精神、敬业精神、自主精神、忠诚度、责任感、团队精神、进取精神、事业心、自信心等。工作态度是工作能力向工作业绩转换的中介变量，在很大程度上决定了能力向业绩的转化。当然，同时还应考虑到工作完成的内部条件（如分工是否合适、指令是否正确、工作环境是否良好等）和外部条件（如市场变化和原材料供应等）。

显然，员工的工作态度也很难用具体数字或金额来表述，在对员工进行工作态度考评时，也需要考评者对员工表现出的工作态度做出评判，故此类指标也是主观性指标。

在以上四类绩效考评标准中，前两类标准可以进行客观的量化评价，故常称为"硬指标"，后两类很难进行量化，考评时常需要考评者的主观评价，故常称为"软指标"。在进行工作绩效考评时，应注意客观性评价和主观性评价的结合，硬指标和软指标的结合，这样才能全面公正地评价员工的工作绩效。

▷ 第二节　绩效考评的方法

一、绩效考评方法的类型

企业中绩效评估的方法很多，但每种方法往往只能达到某一种特定的目的，且各有其优缺点，在具体实施时应根据实际需要和主客观条件选择使用，一般要结合运用几种评估方法。绩效考评的方法根据其性质可以分为两大类：一是主观绩效考评方法，二是客观绩效考评方法。

（一）主观绩效考评法

主观绩效考评法依靠的是考评者对被考评者的工作行为进行主观判断而得出绩效考评结果。这种方法凭借考评者的主观判断，易受心理偏差的影响，但较现实可行，可适用于包括管理与专业人员在内的各类员工。如果在考评中几种方法经过精心的设计，从不同角度进行重复考核，仔细测评被考评者创造绩效所需的各种重要工作行为，便可显著提高考评信度，使可能出现的偏差尽可能地减少。

主观绩效考评法又可分为两类：一是相对绩效考评法。这是传统的绩效考评法，是使被考评者与别人相对照而评出顺序或等级的办法，又称为比较法。二是绝对绩效考评法。这种方法是不做人际比较，而是单独的直接根据被考评员工的行为及表现来进行评定，这类绩效考评法在实践中使用得最为普遍，并演变出多种不同的形式。

（二）客观绩效考评法

客观绩效评估法依靠的是对两类硬性指标的考核。一是生产指标，如产量、销售额、废品率、次品率、原有材料的消耗率、能耗等；二是个人工作标准，如出勤率、事故率等。

这些指标的考核按说是过硬的、客观的、定量的，因而也应是最可信的，然而事实上影响工作绩效的原因很多，受自身不可控的环境因素影响太大，例如，若客观经济极为景气或十分萧条，则员工个人工作绩效必受相应影响，但他们对此后果并不能负完全责任。因而这种考核有时仅貌似公允，实际上可信度并不太高。再则，从事复杂脑力劳动的专业人员和管理人员，其绩效很难有效的量化为直接可测指标。总之，这种方法太重工作结果，忽略被评者的工作行为，太重短期效果，忽视长期指标，所以通常只适于一线从事体力劳动的员工，且仅作为主观绩效考评的一个补充。

二、绩效考评的具体方法

（一）比较评定法

比较评定法，即通过在考评群体中，对考评对象两两相互比较，优中选劣或劣中选优，并按优劣顺序进行排列，最终综合得出考评结果的方法。比较评定法包括以下几种。

1. 排序法

排序法又称为分级法，是按考评员工绩效相对的优劣程度，通过比较，确定每人的相对等级或名次，即排出全体被考评员工的绩效优劣顺序。排列方向可以由最优到最劣，也可以由最劣到最优。排序法又分为两种：简单排序法和交替排序法。

简单排序法，是在全体被考评员工中挑选出绩效最出色的一个员工列于序首，再找出次优的列在第二位，直到最差的列于序尾。这种方法适用于员工数量较少的企业，员工数量较多时使用这种方法区分员工绩效比较困难，尤其是对那些绩效中等的员工。

交替排序法，是指从所有评价者中选出工作绩效最好和最差的两名员工分别列于序首和序尾，然后在剩余员工中再选出最好和最差的两名再分别列于第二位和倒数第二位，以此类推，直至排完全部员工顺序的方法。

排序法最大优点是简单易行，同时可以有效地避免在评价中容易出现的宽大化倾向、中心化倾向和严格化倾向。这种方法的不足在于，主观性、随意性较强，评价结果容易引起争议。尤其是当几个人的绩效水平相近时，更是难以排序。

2. 配对比较法

配对比较法是将全体员工逐一配对比较，按照逐对比较中被评为较优的总名次数来确定等级名次。这种方法的优点是它考虑了每一个员工与其他员工绩效的比较，所以结果更加客观，对于评价最佳员工会十分有效。但这种方法也有不足，如果需要评价的人数过多，则需比较的次数将会增多，工作量会很大。

3. 强制分配法

强制分配法是首先确定评价结果的等级，然后按照正态分布的原理确定出各个等级的比例，最后按照上述比例，根据员工的表现将他们归入到不同的等级中去。具体见表5-2。强制分配法有助于避免不同部门的考评者对员工考评的松紧程度不一等问题。然而此方法得出的结果具有一定的相对性，即使某一部门全体员工的绩效水平都高于全公司的平均水平，考评者也可能将某些员工的绩效评价为很差。这种方法对于促进竞争、提高绩效具有很好的效果。

表5-2　　　　　　　　　　　　强制分配法比例

等级	比例分布（％）	人数（总人数为100）
优秀	10	10
良好	15	15
一般	50	50
较差	15	15
很差	10	10

（二）评语法

评语法是最常见的以一篇简短的书面鉴定来进行考评的方法。评语的内容包括被考评者的工作业绩、工作表现、优缺点和需努力的方向。考评的内容、格式、篇幅、重点等均不受拘束，完全由考评者自由掌握，不存在标准规范。考评内容会涉及被考评者的优点与缺点、成绩与不足、潜在能力、改进的建议及培养方法等。此法每篇评语各具特色，只涉及总体，不分维度或只取粗略划分的维度，既无界定明晰的定义又无行为对照标准，所以难作相互对比；加之几乎全部使用定性式描述，缺乏量化数据，因此难以相互比较和据此做出准确的人事决策。但因为它明确而灵活，反馈简捷，所以至今仍颇受欢迎。

（三）评级量表法

评级量表法是采用最普遍的绩效考评法，由评定人用一定的量表，对员工在每一考评因素上的情况作出评判和记分。常用的是 5 点量表或 7 点量表。量表通常包括几项有关的考评项目，例如，考评中级管理人员的工作绩效时，一般制定的考评项目有：政策水平、责任心、决策能力、组织能力、协调能力、应变能力和社交能力等，对每项设立评分标准，最后把各项得分加权相加，即得出每个人的绩效评分。需要注意的是，每项考评项目都不应是对员工个性的评价，而应是对员工工作的行为方式的评价。

（四）行为评定法

行为评定法，即考评者通过对被考评者的关键工作行为或关键事件进行考评的方法。行为评定法主要有以下几种。

1. 关键事件法

关键事件法，需对每位考评员工设立一本"绩效考评日记"或"绩效记录"，由考评人或知情的人（通常为被考评者直属上级）随时记录。需说明的是，所记录的事件既有好事（如某日提前多久完成了所分派给他的某项重要任务），也有不好的事（如某日因违反操作规程而造成一次重大的质量事故）；所记载的必须是较突出的、与工作绩效直接相关的事，而不是一般的、琐细的生活细节；所记载的应是具体的事件与行为，而不是对某种品质的评判（如"此人是认真负责的"）。最后还应指出，事件的记录本身不是评语，只是素材的积累，但从这些素材中不难得出有关考评者的长处与不足，经归纳、整理、便可得出可信的考评结论。有了这些具体事实作根据，在对被考评人进行反馈时，不但因有具体事实做支持而易于被接受，而且可充实那些抽象的评语，加深被考评者对它们的理解，有利于以后的改进，因而培训功能较强。此外，在设计和开发其他考评工具时，可从这些记录中找出合理的考评维度和行为性实例，供作标尺刻度的说明词用。

2. 行为锚定评分法

行为锚定评分法，实质上是把量表评分法和关键事件法结合起来，使之兼具两者之长。它为每一职务的各考评维度都设计出一个评分量表，并有一系列典型的行为描述句与量表上的一定刻度（评分标准）相对应和联系（即所谓"锚定"），作为考评者评分的参考依据。由于这些典型行为描述语句数量毕竟有限（一般不会多于 10 条），不可能涵盖员工所有的实际工作表现，而且被考评者的实际表现很难与描述句所描述的完全吻合，但有了量表上的这些典型行为锚定点，考评者打分时便有了根据。这些代表了从最劣至最佳典型绩效的、有具体行为描述的锚定点，不但能使被考评者较深刻了解自身的现状，还可找到具体的改进目标。图 5–1 为行为锚定评分法的例子。

考评的职务：销售员　　　　考评的尺度：订货单处理的及时性

（a）

考评的职务：销售经理　　　　考评的尺度：对下级的监控和培养

（b）

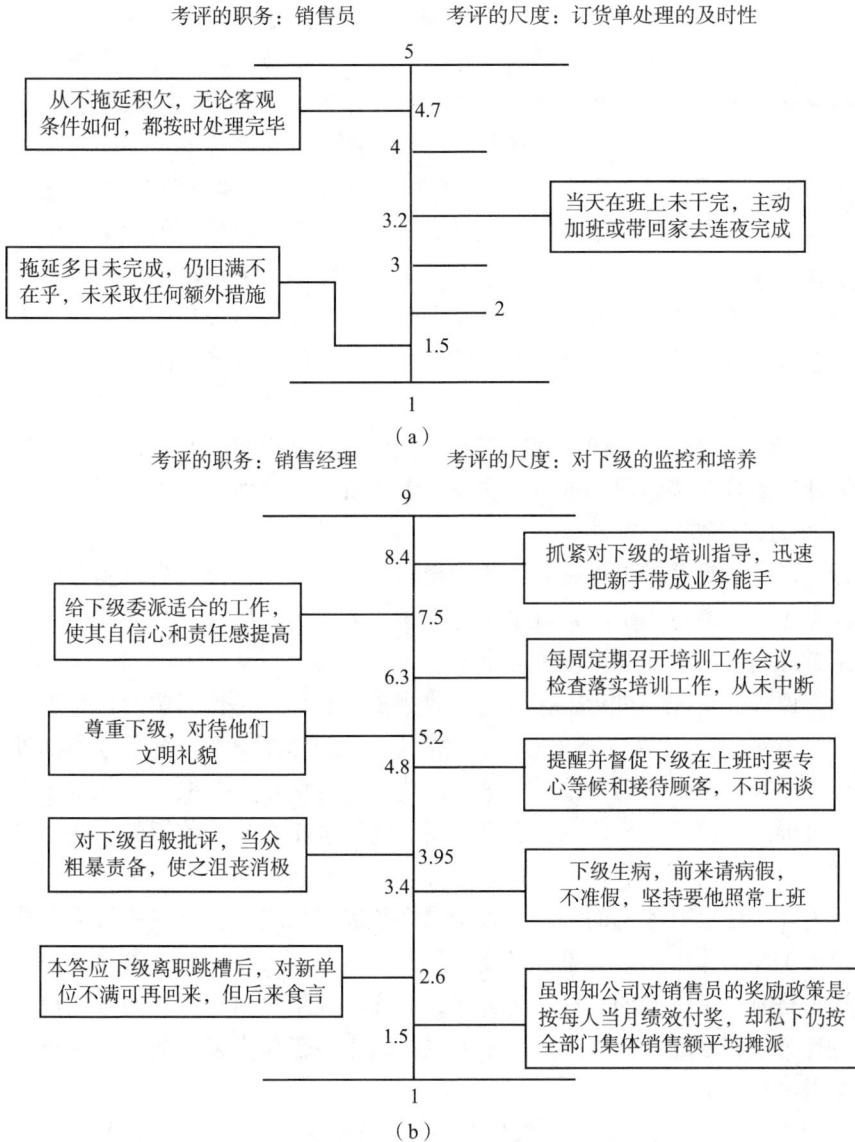

图 5 - 1　行为锚定评分法

从图 5 - 1 中可见，锚定说明词都是对某一特定情景下某种具体工作行为的描述，这与一般量表中的一般性的，空虚的"优""中""劣"之类的说明词在评分时要好掌握得多。要注意的是，说明词须是行为实例，不是"优""劣"等行为的评价；虽不必精确定量数值（如"90%的精度"等），但也要尽量不用形容词（如"出色完成"等），而用实际行为去说明。此种评分表通常是由公司领导、考评者、被考评者的代表、人力资源管理工作者，有时还有外聘专家共同制

147

定的。

这种方法的优点包括：一是对工作绩效的考评更加精确，由于是由那些对工作及其要素最为熟悉的人来编制行为锚定等级体系，因此，锚定法能够比其他考评方法更准确地对工作绩效进行评价。二是工作绩效考评标准更加明确。等级尺度上所附带的关键事件有利于考评者更清楚地理解"非常好"和"一般"等各绩效等级上的工作绩效间的差别。三是具有良好的反馈功能，关键事件可以使考评者更有效地向被考评者提供反馈。四是各种工作绩效表现要素之间有着较强的相对独立性，可避免考评者因对被考评者某一方面的评价较高而将其他方面的评价等级也定得较高的情况。五是信度较高，即不同的考评者对同一个被考评者的评价基本相似。

这种方法的缺点是，设计和实施成本较高，经常需要聘请人力资源管理专家帮助设计，而且在实施前要进行多次测试和修改，费时费财。

3. 行为评等法

行为评等法是关键事件法的深化和突破，它主要是通过行为事实方面的依据来考评员工。所谓行为事实，就是平时记录下来的关键事件。行为评等法作为一种员工考评的方法，比关键事件法更系统、更完善。

行为评等法首先要进行工作分析，收集描述胜任该工作岗位的行为事实，把这些行为事实细分为多个方面（如管理能力、人际关系等），每个方面都设立具体的标准，并对每个方面的重要性进行量化，即分配权重。根据这些基于行为事实的等级标准和权重，形成一张含义明晰，衡量公正、易于使用的表格。考评者可以利用这张行为评等表格进行员工考评。

行为评等法也有一定的局限，因为大多数表格只能涵括有限的行为方式和标准，而员工在工作中的行为是多样化的，未必能归入表格中的评价体系，而且即使设计表格时已考虑到的某种行为方式，在实际发生时值得评价的方面也可能跟原始设计时大相径庭。此外，另一个问题是员工在工作中采用的正面的行为方式可能会得出负面的绩效。

行为评等表格把行为考评与评级量表结合起来，用量表对工作成绩作出评级，并以关键行为事件对量表值作出定位。该表格一般由人事心理学家和评级表的使用者共同开发，因此，各类别的定义比较明确，应用时准确性较高，误差较小，具有较高的表面效度。

4. 行为观察评等法

行为观察评等法，是行为评等法的一种发展，它亦是基于关键事件法。但与上述几种方法的不同之处在于：行为观察评等法并非考评被考评者工作的水平或优劣程度，而是要求对其进行一段时间的观察，对其工作过程中关键行为出现的频次作出评定。例如，一名营业员在一个月之内与顾客发生 0 次争执得 5 分；发生1~2次争执得3分；发生3~4次争执得2分；发生5次争执得1分；发生5次以上争执得0分。这样，在每项行为方面评定分值的基础上，我们可根据实际需要为各个方面设定不同的权重，从而得出综合分。

行为观察评等法的突出优点是直观、可靠，结果更易于被被考评者所接受，以便提高其自身绩效。但这种方法的缺点也是显而易见的，它的工作量极大，若观察的目标较多，则会出现较大的失误。就这一点来说，这种方法还是不成熟的。

（五）360度绩效考评法

360度绩效考评法又称全景式考评，是由被评价者的上级、下级、同事、客户以及被评价者本人，从多个角度对被评价者进行全方位的评价。再通过反馈环节，达到改善绩效的目的。360度绩效考评法一方面能促使被考评者全面认识自己，为其个人发展提供信息，促使其提高工作技能和业绩，改善团队工作；另一方面对于整个企业来说，它可以增进绩效考评的效果，激励员工参与组织变革，提高培训效益和员工满意度，促进企业的发展。具体如图5-2所示。

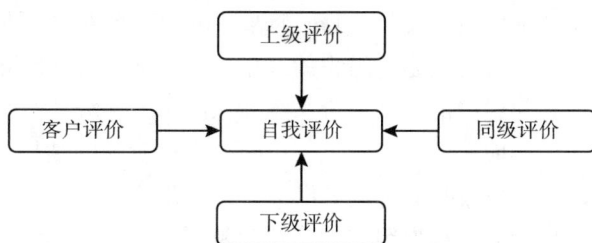

图5-2 360度绩效考评反馈示意

1. 上级评价

上级评价是由上级对下属进行评价是绩效评价的传统做法，也是最常用的方式。上级比其他任何人都更了解下属的工作和行为表现，因此在绩效考评中也更有发言权。

2. 同级评价

同级评价是在同级同事之间互相进行绩效评价。由于同事在工作中的接触最为频繁，相互了解也更深入，所以，同事之间的相互评价会更为客观。这样可以使员工了解在同事眼中自己的工作能力、团队合作、人际关系等方面表现如何。

3. 下级评价

下级评价是由下级来评价上级的一种绩效考评方法。下级考评上级有利于上级发现工作中的不足之处，尤其是处理上下级关系中的不足之处，可以促使上级完善领导方式，使工作更有效率，此外，下级考评使上级在工作中也受到有效的监控，不至于独断专行。

4. 自我评价

自我评价是让员工针对自己在评价期间的表现，以及绩效目标的执行情况，来评价自己的能力和潜力，并以此为依据制定未来的目标。让员工对自己进行评价通常可以降低其自我防范的意识，使他们更愿意了解自己的不足，从而更积极地采取措施予以弥补。

5. 客户评价

客户评价中所说的客户不仅是在组织之外接受员工服务的人员，也指在组织内部接受员工服务的其他员工。例如，人力资源部门的一名员工为销售部的新员工办理录用手续，那么这位新员工就是人力资源部门该员工的客户。新员工在接受该员工的服务时，对其工作表现和态度有了清楚的了解，因而可以提供有价值的绩效评估信息。

（六）平衡计分法

平衡计分法是由美国哈佛商学院教授罗伯特·卡普兰（Robert S. Kaplan）和复兴国际战略集团总裁大卫·诺顿（David P. Norton）于1992年共同提出的。

平衡计分法最突出的特点是将组织的远景、使命和发展战略转变为具体的目标和测评指标，使其与组织的业绩评价系统联系起来。传统的组织业绩评价往往以财务指标为中心，然而，财务指标仅仅反映了以往行为的结果，没有考虑这些财务指标的驱动因素，而且具有一定的滞后性，所以说，以往组织的测评指标是单一的、失衡的。平衡计分法以组织的战略为基础，将各种衡量方法整合为一个有机的整体，它既包括了财务指标，又引入了顾客满意度、内部流程、学习和成长这几个方面的指标。这些指标的结合，构成了内部与外部，结果与驱动因素，长期与短期，定性与定量等多种平衡。

1. 顾客角度

旨在解决"顾客如何看待我们"这一类的问题。组织的经营活动如何以顾客为导向是管理者必须考虑的问题，平衡计分法要求管理者把为顾客服务的宗旨转化为具体的测评指标，而这些指标应该能够反映真正与顾客相关的各种因素，主要包括时间、质量、性能和服务、成本四类。组织应该明确在这几方面自己希望达到什么样的目标，继而将目标转化为指标。典型的指标有客户满意度、产品退货率、投诉数量等。顾客角度体现了组织对外界变化的敏感度。

2. 内部业务角度

旨在解决"我们必须擅长什么"这一类的问题。以顾客为基础的测评指标固然重要，但是好的顾客评价源自组织运作中的流程、决策和行为。平衡计分法要求管理者关注这些使组织能够满足顾客需要的关键的内部经营活动。这方面的指标应该来自对顾客产生较大影响的业务流程，包括影响周期、质量、员工技能和生产率等各种因素。常见的指标有生产周期、生产率、合格品率、新产品开发速度、出勤率，等等。内部流程是组织从内部挖掘潜力、改善绩效的重要环节。

3. 创新与学习方面

旨在解决"我们能否持续提高并创造价值"这一类的问题。以顾客和内部业务流程为基础的测评指标确定了组织在竞争中获胜的决定性参数，但是组织只有通过持续不断地开发新产品、为顾客提供更大价值，以及提高经营效率，才能获得持续性的发展和成功。而这一切无疑取决于组织创新与学习的能力。这方面的测评指标引导组织将注意力投向组织未来成功的基础，涉及人员、信息系统和市场创新等问题。

4. 财务方面

旨在解决"我们怎样满足股东要求"这一类的问题。财务指标是其他三个方面的出发点和归宿，表示了组织的战略及其执行是否有助于利润的增长。常见的财务指标包括销售额、利润率、资产利用率、投资回报率等。

平衡计分法是以战略激励性为核心，可以将个人、团队和整个组织绩效贯通考评和整合管理的有效方法，是现代企业绩效考评和战略管理体系的基石。这种方法发挥了传统方法所不能起的平衡作用，即外部衡量和内部衡量之间的平衡、所要求的成果和这些成果的执行动因之间的平衡、强调定量衡量和定性衡量之间的平衡、短期目标和长期目标之间的平衡。

从实践经验来看，平衡计分法主要适用于具有以下特征的企业：第一，面临竞争压力较大且压力为其所感知的企业；第二，以目标、战略为导向的企业；第三，具有协商式或民主式领导体制的企业，或准备将集权式的领导体制转变为协商、民主式体制的企业；第四，成本管理水平较高的企业。

（七）目标管理法

1954 年美国企业管理专家彼得·德鲁克在其著作《管理实践》中首次提出目标管理。德鲁克认为，并不是有了工作才有目标，而是有了目标才能确定每个人的工作。他认为企业的使命和任务，必须转化为目标。目标管理是以目标为中心的设定目标（plan，P）、目标实施（do，D）、对目标完成情况的评价（see，S）循环的管理过程，是以实现组织的整体目标为目的的全面管理体系，是创造并进而巩固信息交流网络的管理制度。

目标管理法不是要衡量员工的工作行为，而是要衡量每位员工为组织的成功所做的贡献的大小。这里的目标的制定是关键，目标必须是可以衡量和可以观测的。具体要求是：第一，目标应是具体的。第二，目标可以用数量、质量和影响等标准来衡量。第三，设定的目标应该被管理者和员工双方所接受。这就要求目标水平既不能过高，让员工能够接受，也不能过低，让管理人员也能接受。就是说，目标既要具有一定的挑战性，又是经过努力能够达到的。第四，目标应是与工作单位的需要和员工的职业发展相关的。第五，目标要有一个合理的时间约束和预计的结果。

这种方法的优点在于为员工的工作树立了明确的目标，能激励员工尽量向目标靠拢。绩效标准越细致，员工绩效考评中的偏见和误差就越少。这种方法的缺点在于需要较多的时间和精力去制定一套完整的绩效考评标准。此外，绩效目标尽管可能成为激励员工努力工作的强大动力，但也可能导致员工之间不必要的激烈竞争，使内耗增加，整体绩效下降。

与目标考评发展紧密相关的一个问题是"关键绩效指标"（key performance indicator or index，KPI）的确定技术。

所谓 KPI，实际上是对组织运作过程中关键成功因素的提炼和归纳，是对部门和个人工作目标起导向作用的引导指标体系。KPI 在数量上力求"少而精"，在性质上要求基于战略流程与公司远景相连接，且在实施操作上是部门和个人可以控制的。

实施目标管理过程中，层层设置考评目标，关键在于确定哪些绩效属性是重要的，并且是可度量、可验证的，并将它们作为 KPI，形成绩效沟通和考评的量化或行为化标准体系。通过在关键绩效指标上达成的承诺，员工与管理人员之间有了进行沟通的共同语言，可以方便地在工作期望、工作表现和未来发展方向等方面达成共识。

KPI 是连接个体绩效与组织目标的桥梁，是针对组织目标起增值作用的工作产出设定的，基于此对绩效进行评价才可以真正有效激励对组织有贡献的行为。

关键绩效指标与目标管理有着密不可分的联系，关键绩效指标的确定有利于目标执行情况的跟踪和考评。

▶ 第三节　绩效考评的心理偏差

绩效考评是对组织成员的工作绩效进行科学的测量与评定，并以此为依据对个体实施激励（奖励或惩罚），以实现组织目标。因此，它与人员的心理状态有着密切的关系。考评过程本身、考评的诱因、考评的动机、考评的主客体之间的关系、考评过程中的心理因素都会产生不同的心理效应，并对考评结果产生影响。正确认识和了解这些偏差的来源及其特征，有助于降低或消除考评误差的影响，从而确保绩效考评的客观性、公正性、合理性和准确性。

一、影响绩效考评的因素

一般而言，影响绩效考评的因素主要来自下面四个方面。

（一）考评者的判断

考评者的个人特点，例如，个性（是否怕伤害别人感情等）、智力（对考评标准、内容与方法的理解与掌握）、价值观（如性别、年龄歧视等）、态度（是否视考评为不必要的累赘）和情绪与心境（高兴愉快时考评偏宽，低沉抑郁时偏严）等常会影响绩效考评的结果。

（二）与被考评者的关系

除考评者与被考评者间关系的亲疏，过去的恩怨外，对被考评者工作情况、职务特点与要求的了解程度，也会对绩效考评造成影响。

（三）考评标准与方法

考评维度选择是否恰当、是否相关和全面、定义是抽象混乱的还是具体明确的、是否传达给被考评者知道，这些因素对考评都有影响。

（四）组织条件

企业领导对考评工作的重视与支持，考评制度的正规性与严肃性；对各级主管干部是否进行过考评教育与培训；考评结果是否认真分析并用于人事决策，还是考完便锁进档案文件柜，使考评流于形式；考评是否发扬了民主，让被考评者高度参与；所有考评标准与方法是长期僵守，还是随形势发展而修正、增删与调整等，对考评效果影响都很大。

二、绩效考评的心理偏差

绩效考评中的心理偏差会造成考评者的主观性与片面性，影响考评的信度与效度，因此，要避免绩效考评中考评方心理偏差的出现，最大限度地减少其消极影响。

（一）晕轮效应

晕轮效应是指在个体的社会知觉过程中，将知觉对象的某种印象不加分析地扩展到其他方面，根据不完全的信息而做出的对知觉对象的整体印象和评价。在绩效评估中，表现为看见被评者某一特定方面表现优异，就断定他别的方面一定也好，以偏概全，一好百好；某方面表现不良，便全盘否定。这属于个人偏见，会造成绩效考评的误差。

避免晕轮效应的出现，关键是让多个评价者来评价一个员工，以消除单人评价的误差。此外，评价者本人要能意识到这个问题，同时，设定相对细致的考核评价指标体系。

（二）趋中效应

趋中效应是指评价者由于没有仔细考察被考评者的工作表现，或不愿在评价中拉开档次，影响人际关系，而将被考评人的考评结果放置在中间位置。这就导致考评结果大多都集中在绩效水平的中点，表现出趋中的评价错误。这种过于集中的评价结果不能客观地反映实际情况，造成员工之间实际存在的差别被掩盖、干好干坏一个样的现象，极大地挫伤员工的积极性，因而不能为人事决策提供应有的帮助。

为了避免这种趋中效应的出现，在考评前，对考评人员要进行必要的绩效考评培训，消除考评人的后顾之忧。另外，可考虑采用等级评价法，即把可以进行高低评价的所有员工排列在一条纵向或者横向的线段上，这样就避免了全部评估对象都拥堵在一个位置上的局面。

（三）宽大效应

宽大效应指由于考评人在进行考评过程中表现出的过严或过宽的倾向。严厉的考评人的考评结果往往低于真实水平，即所谓的"过严效应"，过宽的评价人则倾向于作出高于实际水平的评定，称为"宽大效应"。

为了避免出现宽大效应，在考评前应制定详细的考评标准，严格地培训考评者，消除考评者的顾虑，并明确提出要求，让其能够公正、平等地对上下级作出客观的评价。

（四）近因效应

近因效应是指在印象形成中，新近得到的信息对于事物的整个印象产生更强的作用，而对远期发生的事情，印象较淡薄，从而造成评价的偏差。考评者对被考评人某一阶段的工作绩效进行考评时，往往注重近期的表现和成绩，以近期印象来代替被考评人在整个考评期的绩效表现，因而造成考评误差。这种误差即近因效应误差。如对某员工一个工作时期内的评价，只注意被评价员工的近期成绩和工作表现，忽视测评时间范围内相对较远的成绩和工作表现，以近期的记忆代替整个考评周期员工的成绩，进而造成评价的误差。

近因效应会使当前的印象代替了以往的印象，难以公平地反映出员工的真实绩效，反过来还会暗示员工前松后紧，纠正这种偏差要求考评人要全面地对一个工作周期进行评价，如每月进行一次当月考评记录，在每季度进行正式的考评时，参考月度考评记录来得出正确考评结果。

（五）感情效应

感情效应是指评价人对不同的被评对象在感情上存在差异性，从而产生评价的倾向性。人是有感情的，而且不可避免地把感情带入他所从事的任何一种活动中，绩效考评也不例外，考评人喜欢或不喜欢被评人，都会对被评人的考评结果产生影响。考评人如对被评人印象好、喜欢或熟悉，可能有意无意地把被评对象的成绩评得比实际成绩偏高；评价人对被评人印象不好、不喜欢或不熟悉，可能有意无意地把被评人的实际成绩评得偏低，从而影响评价的质量。

为避免这种偏差的出现，在评价过程中，可采取小组评价或员工互评，避免一对一的考评。

（六）定势效应

定势效应是考评人员根据过去的经验和习惯的思维方式，形成对人或事的不正确的看法。在一个企业里，如果考评人是技术工程出身的，往往不自觉地认为文科出身的销售人员不学无术，只会"耍嘴皮子"而已，那么他在考评时对文科出身的销售员的评价就不会太高；而公司要提拔公关经理时，也会倾向于选拔文科出身的员工，认为他们往往有较强的沟通能力，而认为理科出身的员工笨嘴拙舌、不善辞令。这样，就忽视了考察员工本身。事实上，理科出身的某位员工可能比文科出身的候选人更能言善辩，善于融洽和协调各种关系，但由于人事部门的思维定势，使他错失了这一职位，这就是定势思维造成的误差。

为避免这种偏差的出现，在考评前对考评标准进行细化，明确每条标准的内涵和要求。另外，加强对考评人员有关考评内容和标准的培训，要求考评人员严格按照考评标准进行考评。

（七）对比效应

对比效应是指把某一被考评者与其前一位被考评者进行对比，根据考评者的印象和偏爱而作出的与被考评者实际工作情况有偏差的结论。例如，如果前一位被考评者在考评者看来各方面表现都很出色，那么在对比之下，就可能会给后一位被考评者带来不利的影响。相反，如果前一位被考评者的工作绩效及表现较差，那么后一位被考评者就可能获得高估，对比效应在考评中是广泛存在的，因为它是人们的一种心理现象。由于考评结果直接关系到被考评者的利益，作为考评者应尽量避免这种心理现象的影响，将考评误差减小到最低限度。为避免这种现象的出现，考评前应对考评者进行系统的培训和指导，使其明确和准确地掌握考评的内容和标准。

三、绩效考评心理偏差的管理

（一）制定科学明确、切实可行的评价要素指标和标准体系

以工作岗位分析和岗位实际调查为基础，以客观准确的数据资料和各种原始记录为前提，明确绩效管理的重要意义和作用，制定出全面具体、切合实际，并且与企业的战略发展目标相一致的绩效指标和标准体系。考评指标和标准的制定要严格遵守 SMART 原则，即目标具体化、目标可以度量、目标可以实现、目标是现实的、目标有时限性。

（二）建立以行为和成果为导向的考评体系

绩效考评的侧重点应当放在绩效行为和产出结果上，尽可能建立以行为和成果为导向的考评体系。大量事实也证明，能力潜力只是一种可能性，并非直接的现实，一个优秀的员工不仅在于他潜在的有多高的能力，更重要的是他是否能够将能力转化为实际的工作成果或业绩。

（三）选择恰当的考评工具和方法

绩效考核的工具和方法的选取与设计是绩效考核的关键步骤。各种考核工具和方法体系虽然有一些共同之处，但是它们也各有侧重和特点，有各自的优缺点和适用范围。作为企业人力资源管理人员，应从企业的客观环境和生产经营条件出发，根据企业的生产类型和特点，充分考虑本企业员工的人员素质状况与结构特征，选择恰当的考评工具和方法，一切从实际出发、有的放矢，不断总结成功的经验，认真汲取失败的教训，从而有效地避免各种考评误差和偏颇的出现。

（四）加强对考评者的培训

在可能出现的各种各样的考评偏差中，绝大多数是因为考评者引起的，考评者自身的素质和绩效管理的水平，对绩效考评工作的影响很大。因此在考评前必须对考评人员进行专门的培训。首先，对考评人员进行有关考评政策原则和纪律的教育，提高他们的考评水平；其次，要对考评人员进行有关考评标准、考评程序和考评方法的培训。

（五）重视绩效考评过程中各个环节的管理

为了提高绩效管理的质量和水平，应当着力于对绩效考评过程中各个环节的有效管理。如加强组织沟通和反馈，消除被考评者的紧张、抵触等不良心理；重视绩效面谈活动的开展，考核结束后，应对考核结果进行审查，保证考核结果的双向交流，建立畅通的申诉渠道，通过交流最大限度地减少可能出现的偏误；注意不断地调整劳动关系，完善薪酬奖励制度等。

事实上，如果在思想上提高考评者与被考评者的认同度；在绩效管理方式方法上，提高考评者认知、理解度；在绩效考评的评定要素指标和标准上，提高其精确度；在绩效考评的全过程，提高企业全员对事前、事中和事后的关注度，绩效考评过程中出现的偏差就能够有效控制，就会取得较为满意的绩效考评的结果。

▶ 第四节　绩效面谈

一、绩效面谈的概念

绩效面谈有广义和狭义之分，广义的绩效面谈是管理者与员工在绩效管理过程中，从绩效计划的制定、绩效目标的辅导到绩效考核结果的反馈整个过程都进行直接的交流或沟通，以保证绩效管理工作顺利有效开展。

狭义的绩效面谈主要指绩效考核结果的反馈，即通过面对面沟通的形式，管理者将一定考核周期内的绩效表现、绩效考评结果反馈给员工，让员工对自己表现好的方面和不好的方面有一个全面的认知，以便在下一个绩效考核周期做得更好，达到改善绩效的目的。

绩效面谈是现代企业管理中的重要环节，通过绩效面谈，一方面，有助于管理者全面了解被考核员工的工作情况，客观公平地评价下属的工作绩效，并有针对性地提供相应的辅导；另一方面，也有助于员工认识自己在考核周期内取得的进步和存在的不足，了解管理者对自己工作的评价，促进员工改善业绩。通过面谈，能使管理者与员工就绩效结果达成共识，分析员工存在的不足，制定改进计划，并能关注员工的职业发展，使员工与企业共同成长，进而培养员工的归属感。绩效管理工作如果没有绩效面谈环节，绩效评估就失去了极重要的激励作用。绩效面谈是绩效考评工作的延续，能够为员工指明努力的方向，以达到提高企业整体绩效的目的。

二、绩效面谈的类型

（一）绩效计划面谈

绩效计划面谈是在工作的初期，上级主管与下属就本期内绩效计划的目标和内容，以及实现目标的措施、步骤和方法所进行的面谈。该项工作是整个绩效管理工作的基础，确定了工作的目标及后续绩效考核的结点，能够正确引导员工的行为，发挥员工的潜力，不断提高个人和团队的绩效。该过程中上级主管要向员工讲明工作的绩效目标，请员工关注绩效指标的设定，双方达成一致。请下属做出事先的承诺，包括对于结果指标和行为指标的承诺。

（二）绩效指导面谈

绩效指导面谈是在绩效管理活动的过程中，根据下属不同阶段的实际表现，主管与下属围绕思想认识、工作程序、操作方法、新技术应用、新技能培训等方面的问题所进行的面谈。该过程是绩效面谈中的核心工作，能否有效地把该项工作开展好，是整项工作任务能否较好完成的关键。指导面谈应按工作的进展程度定期进行。有些管理者认为，只有在下属工作出现问题时才需要进行指导面谈，这是不正确的。有效的指导面谈能够提高下属的积极性、能动性。绩效指导面谈需要注意如下内容：管理者要摆好自己和员工的位置，双方应当是具有共同目标完全平等的交流者，管理者不应是评价者或判断者。

（三）绩效考评结果面谈

绩效考评结果面谈是在整项工作完成之后，或一个考核周期结束之后，根据下属绩效计划贯彻执行情况及其工作表现和工作业绩进行全面回顾、总结和评估，并将结果及相关信息反馈给员工。结果面谈管理者应准备充足的资料，对员工取得的成绩应予以肯定，并指出产生优秀结果的有效行为，从而加强员工的有效行为。如同员工对自己的不足之处认识不够一样，员工也常常不能全面意识到自己的显著优势和因此取得的优异成绩，及时的、客观的评价和认同，有利于员工巩固自己的优势，加以保持和进一步的发挥。在结果面谈过程中，管理者应给员工充分发言的机会，让员工自己发挥自己的主观能动性，为下一期绩效管理活动打好基础。

三、绩效面谈的原则

绩效面谈时应遵循 SMART 原则。

（一）直接具体原则（specific，S）

面谈交流要直接而具体，不能作泛泛地、抽象地、一般性地评价。对于管理者来说无论是赞扬还是批评，都应有具体、客观的结果或事实来支持，使员工明白哪些地方做得好，差距与缺点在哪里。既有说服力又让员工明白组织对自己的关注。如果员工对绩效评估有不满或质疑的地方，向管理者进行申辩或解释，也需要有具体客观的事实作基础。只有信息传递双方交流的是具体准确的事实，每一方所作出的选择对另一方才算是公平的，评估与反馈才是有效的。

（二）互动原则（motivate，M）

面谈是一种双向的沟通，为了获得对方的真实想法，管理者应当鼓励员工多说话，充分表达自己的观点。因为思维习惯的影响，管理者常常扮演发话、下指令的角色，而员工是在被动地接受。有时管理人员得到的信息不一定就是真实情况，下属迫不及待的表达，管理人员不应打断与压制，对员工好的建议应充分肯定，也要承认自己有待改进的地方，一同制定双方发展、改进的目标。

（三）基于工作原则（action，A）

绩效反馈面谈中涉及的是工作绩效，是工作的一些事实表现，员工是怎么做的，采取了哪些行动与措施，效果如何，而不应讨论员工个人的性格。员工的优点与不足都是在工作完成中体现出来的。性格特点本身没有优劣好坏之分，不应作为评估绩效的依据，对于关键性的影响绩效的性格特征需要指出来，必须是出于真诚地关注员工与发展的考虑，且不应将它作为指责的焦点。

（四）分析原因原则（reason，R）

反馈面谈需要指出员工不足之处，但不需要批评，而应立足于帮助员工改进不足之处，指出绩效未达成的原因。出于人的自卫心理，在反馈中面对批评，员工马上会作出抵抗反应，使得面谈无法深入下去。但管理者如果从了解员工工作中的实际情形和困难入手，分析绩效未达成的种种原因，并试图给以辅助、建议，员工是能接受管理人员的意见甚至批评的，反馈面谈也不会出现攻守相抗的困境。

（五）相互信任原则（trust，T）

没有信任，就没有交流，缺乏信任的面谈会使双方都会感到紧张、烦躁，不敢放开说话，充满冷漠、敌意。而反馈面谈是管理者与员工双方的沟通过程，沟通要想顺利地进行，要想达到理解和达成共识，就必须有一种彼此互相信任的氛围。管理人员应多倾听员工的想法与观点，尊重对方；向员工沟通清楚原则和事实，多站在员工的角度，设身处地为员工着想，勇于当面向员工承认自己的错误与过失，努力赢取员工的理解与信任。

四、绩效面谈的技巧

（一）做好绩效面谈的准备

首先，确定好面谈时间。选择双方都有空闲的时间，尽量不要安排在刚上班或下班的时间，确定后要征询一下员工的意见，并要提前 3 天通知员工。其次，选择好面谈场所。尽量选择不受干扰的场所，要远离电话及其他人员，避免面谈中途被打断，场所一般不宜在开放的办公区进行，最好是小型会议室或接待室。再次，准备好面谈资料。准备好员工评价表，员工的日常表现记录，员工的定期工作总结，岗位说明书，薪金变化情况等。整理出员工本阶段的最大优点和急需改进的几点不足，这样面谈时有针对性。最后，拟定好面谈程序，计划好如何开始、如何结束，面谈过程中先谈什么、后谈什么，以及各阶段的时间分配。

（二）营造良好的谈话氛围

在绩效面谈中，管理者应主动营造良好的谈话氛围，使员工放松心态，积极参与谈话，使面谈在和谐融洽的气氛中进行。首先，管理者可以以简短的话题开局，如聊聊生活情况，拉近与员工的距离；其次，可以辅以适当的"道具"，如给员工倒水，使员工感到亲近，不受拘束；最后，谈话氛围虽然要轻松，但并不是随意，管理者要注意自己的语言、坐姿等，要让员工感觉受尊重而不是轻视。另外，管理者要在面谈中控制好面谈节奏和局面，按照既定目标进行谈话，时刻注意自身和员工情绪的变化，及时有针对性的进行调整，使面谈稳步顺利进行。

（三）明确绩效面谈的目的

在开始进行绩效面谈时，管理者就应该向员工明确面谈的目的，以便员工能够清楚面谈的意义以及面谈的内容。在阐述面谈的目的时，应尽可能使用比较积极的语言，例如，"我们今天面谈的主要目的是讨论如何更好地改善绩效，并且在以后的工作中需要我提供什么指导，以便我们能够一同达成目标"。

（四）鼓励员工充分参与

成功的绩效面谈是互动式的面谈，在面谈过程中双方应进行有效的互动沟通。管理者应避免填鸭式的说服，即使对员工工作有不满意的地方，仍需要耐心倾听员工内心的真正想法。如果员工是一个非常善于表达的人，就尽量允许他把问题充分暴露出来。如果不爱说话，就给他勇气，多一些鼓励，同时尽量用一些具体的问题来引导员工多发表看法。

（五）关注绩效和行为而非个性

在面谈中要坚持"对事不对人"的原则，员工可能在某些个性方面有欠缺，但在绩效面谈中管理人员应重点关注员工的绩效表现，如果员工个性方面的欠缺和工作无关，则尽量不要发表意见。

（六）以事实为依据

如果管理者发现员工在某些方面的绩效表现不好时，尽量收集相关信息资料，并结合具体的事实指出员工的不足，这样不仅可以让员工心服口服，更能让员工明白业绩不佳的原因，有利于更好地改进工作。以事实为依据要求管理人员平时要注意观察员工的行为表现，并能够养成随时记录的习惯，从而为绩效面谈提供充实的信息。

（七）避免使用极端化字眼

如果员工的业绩表现欠佳，管理人员在和员工面谈时容易情绪化，甚至使用一些非常极端化的字眼，例如，"总是、从来、从不、完全、极差、太差、决不、从未、绝对"等语气强烈的词语，"你对工作总是不尽心，总是马马虎虎""你这个季度的业绩太差了，简直是一塌糊涂""你从未让我满意过，照这样下去，在公司绝对没有任何发展前途"等。极端化字眼用于对否定结果的描述中时，一方面，员工认为主管对自己的工作评价缺乏公平性与合理性，从而会增加不满情绪；另一方面，员工受到打击，会感到心灰意冷，并怀疑自己的能力，对建立未来计划缺乏信心。因此，管理人员在面谈时不要使用这些字眼，多使用中性字眼，而且还要注意用相对缓和的语气。

（八）灵活运用肢体语言

肢体语言在沟通中也发挥着重要的作用，管理人员可以灵活运用肢体语言为双方的沟通营造信任的氛围。一是身体姿势的选择。如果坐在沙发上，不要陷得太深或身体过于后倾，否则会使员工产生被轻视的感觉，也不要正襟危坐，以免使员工过分紧张。二是注视方法的选择。面谈时，管理人员不应长时间凝视员工的眼睛，也不应目光游移不定，这些都会给员工造成心理上的负担。比较好的方式是将员工下巴与眼睛之间的区域作为注视范围，进行散点柔视，不仅使员工对管理者增加亲切感，而且也能促使员工认真聆听评价结果。

（九）以积极的方式结束面谈

面谈结束时，管理人员应该让员工树立起进一步把工作做好的信心。同时，要让员工感觉到这是一次非常难得的沟通，使他从管理者那里得到很多指导性的建议。这就要求管理者在面谈结束时使用一些技巧，用积极的方式结束面谈。例如，可以充满热情地和员工握手，并真诚地说"我感觉今天的沟通非常好，也谢谢你以前所做出的成绩，希望将来你能够更加努力地工作，如果需要我提供指导，我将全力帮助你"。

绩效面谈策略

在绩效面谈中，管理者要根据员工的特点有针对性地采取不同的谈话策略，使谈话取得更好的效果。

一、绩效优秀的员工

与绩效优秀的员工面谈，应以鼓励为主，满足员工的成就感。往往绩效优秀的员工更加注重个人职业发展，在绩效面谈时管理者应多花时间了解员工对未来发展的期望，共同制定未来发展计划，并为员工提供机会和空间。另外，绩效优秀员工往往对升职和加薪有更高的期待，管理者在面谈时更应谨慎对答，不要信口开河，以免无法兑现时打击员工积极性，也影响管理者威望。

二、无明显进步的员工

对待一直无明显进步的员工，应深入恳谈，了解其真实想法，重点分析没有进步的原因，并有针对的帮助其改进。绩效面谈中要让这类员工了解管理者对其的重视程度并不比其他员工差，同时既要充分肯定员工能力，也要让员工看到自己的不足，设身处地为员工着想，对于员工工作中存在的困难和需要的支持给予一定的帮助。

三、绩效欠佳的员工

与绩效欠佳员工的面谈是让管理者比较头疼的事情，因为绩效欠佳的员工不太容易接受欠佳的结果，而管理者又必须让其面对并接受。对绩效欠佳的员工要从外因和内因上与其共同分析绩效欠佳的原因，如果是外因，要具体分析是因为客观环境变化还是企业内部流程导致；如果是内因，要具体分析是因为员工的知识能力不足、经验不够还是态度欠缺等，找出背后真正的原因并采取相应措施。对于确实存在问题的员工，要严肃指出其工作中存在的短板，不应只做"老好人"，但批评应对事不对人，给予员工充分的尊重，不要伤害其自尊心，同时对其在工作中的长处也应积极鼓励。因能力欠佳导致不能胜任当前岗位的员工，管理者要认真听取员工的想法，或者给予相关培训提高工作技能，或者根据其能力在公司内调岗或降级，或者建议其离职。对于资历老且绩效欠佳的员工，首先，要肯定其过去为组织所做的贡献，其次，要指出其在绩效考核周期内存在的不足，并帮助其分析原因、制定改进计划，分析与批评时态度尽量谦虚诚恳。

四、成就动机过强的员工

成就动机过强的员工工作热情高、自我评价与期望高、承担更多工作的意愿强，这类员工往往过高的估计自己的能力，制订的绩效计划与现实情况存在一定的差距。管理者在绩效面谈中，既要肯定其工作的积极性，保持其工作热情，并与其讨论未来在企业发展的规划，也要为其分析绩效完成中可能存在的困难和其自身的不足之处，制定符合其实际能力的绩效计划。

五、有负面情绪的员工

员工在得到与心理预期有差距的绩效评价时，本能的有抵触情绪，甚至在面谈中有过激行为。对于这类员工，在面谈前管理者要有充分的心理准备，面谈时不要急于争辩，控制好自己的情绪，耐心听取员工意见，控制面谈局面，并给员工理性思考的时间，必要时请第三方参与面谈。

资料来源：于磊. 绩效面谈研究［D］. 北京：首都经贸大学，2013。

▶ 复习思考题

1. 绩效管理与绩效考评的区别。
2. 绩效管理的作用。
3. 绩效考评的内容。
4. 绩效考评的心理误区。
5. 什么是绩效面谈？
6. 简述绩效面谈的技巧。

▶ 案例分析

两次截然不同的绩效面谈

绩效面谈一

案例人物：刘经理，小张。

刘经理：小张，有时间吗？

小张：什么事情，头儿？

刘经理：想和你谈谈，关于你年终绩效的事情。

小张：现在？要多长时间？

刘经理：嗯……就一小会，我9点还有个重要的会议。哎，你也知道，年终大家都很忙我也不想浪费你的时间。可是HR部门总给我们添麻烦。

小张：……

刘经理：那我们就开始吧。

（于是小张就在刘经理放满文件的办公桌的对面，不知所措地坐了下来）

刘经理：小张，今年你的业绩总的来说还过得去，但和其他同事比起来还差了许多，但你是我的老部下了，我还是很了解你的，所以我给你的综合评价是 3 分，怎么样？

小张：头儿，今年的很多事情你都知道的，我认为我自己还是做得不错的呀，年初安排到我手里的任务我都完成了呀，另外我还帮助其他的同事很多的工作……

刘经理：年初是年初，你也知道公司现在的发展速度，在半年前部门就接到新的市场任务，我也对大家做了宣布的，结果到了年底，我们的新任务还差一大截没完成，我的压力也很重啊！

小张：可是你也并没有因此调整我们的目标啊！

秘书直接走进来说，"刘经理，大家都在会议室里等你呢。"

刘经理：好了好了，小张，写目标计划什么的都是 HR 部门要求的，他们哪里懂公司的业务！现在我们都是计划赶不上变化，他们只是要求你的表格填的完整好看，而且，他们还给每个部门分派了指标。大家都不容易，你的工资也不错，你看小王，他的基本工资比你低，工作却比你做得好，所以我想你心里应该平衡了吧。明年你要是做得好，我相信我会让你满意的。好了，我现在很忙，下次我们再聊。

小张：可是头儿，去年年底评估的时候……

刘经理没有理会小张，匆匆和秘书离开了自己的办公室。

绩效面谈二

案例人物：吴总（某公司总经理）；工明（某公司客户经理）

吴总：小工，这两天我想就你近来的绩效考核结果和你聊一聊，你什么时候比较方便？

工明：吴总，我星期一、二、三准备接待公司的一批重要客户，星期四以后事不多，您定吧。

吴总：我星期五也没有其他重要安排，那就星期五？上午九点怎样？

工明：没问题。

星期五之前，吴总认真准备了面谈可能用到的资料，他侧面向工明的同事了解了工明的个性，并对面谈中可能会遇到的情况作了思考。在这期间，工明也对自己一年的工作情况对照考核结果进行了反思，并草拟了一份工作总结和未来发展计划。

（星期五上午九点，公司小会议室，宽敞明亮，吴总顺手关上了房门，在会议桌头上坐下，工明侧坐在吴总右侧）

吴总：小工，今天我们打算用大约一个到一个半小时的时间对你在过去半年中的工作情况做一个回顾。在开始之前，我想还是先请你谈一谈你认为我们做绩效考核的目的是什么？

工明：我觉得绩效考核有利于对优秀的员工进行奖励，特别是在年底作为发放奖金的依据。不知我说的对不对，吴总？

吴总：你的理解与我们做绩效考核的真正目的有些偏差，这可能主要是由于我们给大家解释得不够清楚。事实上，我们实行绩效考核，最终是希望在绩效考核后，能通过绩效面谈，将员工的绩效表现—优点和差距反馈给员工，使员工了解在过去一年中工作上的得与失，以明确下一步改进的方向；也提供一个沟通的机会，使领导了解部属工作的实际情况或困难，以确定可以提供哪些帮助。

工明（不好意思地）：吴总，看来我理解得有些狭隘了。

吴总（宽容地笑笑）：我们现在不又取得一致了吗？我们现在逐项讨论一下。你先做一下自我评价，看看我们的看法是否一致。

工明：去年我的主要工作是领导客户服务团队为客户提供服务，但是效果不是很令人满意。我们制定了一系列的标准（双手把文件递给吴总），但满意客户的数量增幅仅为55%，距离我们80%的计划相去甚远。这一项我给自己"合格"。

吴总：事实上我觉得你们的这项举措是很值得鼓励的。虽然结果不是很理想，我想可能是由于你们没有征询客户建议的缘故，但想法和方向都没有问题。我们可以逐步完善，这项我给你"优良"。

工明：谢谢吴总鼓励，我们一定努力。

吴总：下一个。

工明：在为领导和相关人员提供数据方面，我觉得做得还是不错的。我们从未提供不正确的数据，别的部门想得到的数据我们都会送到，这一项我给自己"优秀"。

吴总：你们提供数据的准确性较高，这点是值得肯定的。但我觉得还有一些有待改善的地方，例如，你们的信息有时滞后。我认为还达不到"优秀"的等级，可以给"优良"。你认为呢？……我想总的给你的评价应该是 B＋，你觉得呢？

工明：谢谢，我一定会更加努力的。

吴总：下面我们来讨论你今后需要继续保持和需要改进的地方，对此你有什么看法？

工明：我觉得我最大的优点是比较富有创造性，注重对下属的人性化管理，喜欢并用心培养新人。最大的缺点是不太注重向上级及时汇报工作，缺乏有效的沟通。我今后的发展方向是做一个优秀的客服经理，培养一个坚强有力的团队，为公司创造更好的业绩。

吴总：我觉得你还有一个长处，就是懂得如何有效授权，知人善任，但有待改进的是你在授权后缺乏有力和有效的控制。我相信，你是一个有领导潜力的年轻人，你今后一定会成为公司的中坚力量。

工明：好的，谢谢吴总。

思考：

1. 这两次绩效面谈的效果如何？

2. 如果效果不好，问题出在哪里？该如何开展绩效面谈？

第六章

职业生涯规划

学习目标 通过本章的学习，了解职业生涯规划的含义、意义；理解职业生涯规划的心理学理论；重点掌握员工和组织职业生涯规划的流程。

引导案例

她为什么频频跳槽

小吴，24 岁，毕业于某重点大学，本科学历，所学专业为国际贸易。在大学期间比较擅长于写作，表达能力也比较强，一直担任辅导员助理，并且独自寻找了一个加盟项目，在家乡担任品牌代理商，先期运作比较成功。因为这些经历，小吴在毕业时对自己的工作期望较高，不甘心在大公司从底层做起，而是想进入一家规模不大但是有发展前途的公司，可以一开始就受重视，以最快的速度成长，然后再自己创业。但是，工作两年左右，小吴仍在各公司间跳来跳去，先后跳槽五次之多，行业涉及房地产、化妆品、教育咨询、传媒等，所从事的具体工作也有服务、营销、策划、编辑等。

小吴不断跳槽的原因是什么？假如你是小吴公司的人力资源主管，请给他制定一份职业发展规划。

资料来源：豆丁网．http：//www. docin. com/p – 1792869959. html。

像小吴这样频繁更换工作在当今已不是新鲜事，虽说人有权利选择职业，但从个人和组织的长远发展看，员工有责任对自我的职业生涯进行规划和管理；而组织也有责任和义务来关注员工的职业生涯变化和发展，为员工的职业生涯发展

166

提供相应的支持和帮助。这样，不仅员工可以更好地适应组织的变化，发挥个人的潜能，还能够为组织创造出更大价值。

第一节　职业生涯规划概述

一、职业生涯规划的相关概念

（一）职业

什么是职业？不同学者从不同角度给予了界定。一般认为职业是劳动者能够稳定从事的有报酬工作，是劳动者足够稳定地从事某项有报酬工作而获得的劳动角色，是一种社会劳动岗位。主要包含三层含义。

首先，并不是任何工作都能成为职业，某项工作只有变得足够重要、足够丰富以至能吸引劳动者长期稳定地投入其中才能够成为职业。并且，劳动者从事这项工作时还能取得一定的经济收入，满足劳动者的物质需求。

其次，职业是劳动者获得的劳动角色，这个角色是劳动者获得的一种社会角色，劳动者必须要按社会结构中为这一社会角色确定的规范去行事。

最后，职业给劳动者一个体现个人价值的机会，使劳动者有机会进入一个成功的组织。

（二）生涯

生涯是指个人通过从事工作所创造出的一种有目的的、延续不断的生活模式。这个定义是美国生涯发展协会提出的，是生涯领域中使用最为广泛的一个定义。这个定义包含了以下几个含义：

一是"延续不断的"，是指生涯不是作为某个事件或选择的结果而发生的事情，也不是局限或束缚于某一特定的工作或职业。确切地说，是一个持续一生的过程，它受到个人内在和外在力量的影响。该领域的一些专家甚至使用"人生/生涯"这一概念作为联结生命过程与生涯观念的桥梁。

二是"创造出"，是指生涯是人们在愿望与可能性之间、现实与理想之间妥协和权衡的产物。生涯发展是人们一系列接连不断的选择的结果，当人们做出选择时，需要权衡这些选择的收益及其代价与风险。对人们来说，没有"十全十美"的生涯道路，但也许存在最适应的道路。

三是"有目的的"，是指生涯对个人来说是有意义的。生涯不是偶然发生或应运而生的，它是规划、慎重考虑、制定和执行的结果。生涯因个人的动机、抱负和目标而形成、发展，它反映了个人的价值观和信念。

四是"生活模式"，是指生涯不仅是一个人的职业或动作，还包括所有的成人生活角色（如父母、配偶、学生），以及人们整合与安排这些角色的方式。

五是"工作"，汉迪（Handy，1989）将工作划分为五种类型：工资制工作，依据时间和努力获取报酬的工作；报酬制工作，依据工作结果获取报酬的工作；家庭工作，在家里所从事的工作，如抚养儿童或养护草坪；志愿性工作，志愿或慈善工作；学习性工作，研习新技能工作。对于生涯工作者来说，工作是一种为自己和他人创造价值的活动。工作不仅限于有偿的活动，如果活动能产生对我们或他人有价值的结果，那么无偿的、志愿的活动也包含在其中。此外，闲暇活动也是生涯的一部分，有时还是很重要的一部分。

六是"个人通过从事"，强调生涯对于个人而言是独一无二的，在现实生活中，没有哪两个人拥有完全相同的"生涯"，因为生涯建立在个人独特的历史和情境之上。尽管人们可能拥有相似的兴趣和技能，从事相同的职业，甚至为同一个机构工作，他们的生涯仍然不同。

总之，生涯从人的角度赋义，最终它们对于每个个体而言都是独一无二的，作为社会的个体要承担自身生涯发展的责任。

（三）职业生涯

所谓职业生涯，是指个体职业发展的历程，一般是一个人终生经历的所有职业发展的整个历程。美国学者格林豪斯（Greenhaus）在总结前人的基础上，归纳出两种观点：一种观点将职业生涯理解为一种职业或者一个组织的有结构的属性。例如，一个从事法律工作的人的职业生涯为：法律专业的学生、法律专员、律师事务所的初级成员、律师事务所的高级成员、法官直到最终退休。职业生涯也可看成是一个组织中升迁的路径，如销售代表、产品经理、区域市场经理、地区市场经理、市场副总经理。另一种观点将职业生涯看成是一种个人的而不是一个职位或一个组织的特性。以上两种观点强调，职业生涯是一个稳定的、长期的、可预测的和组织驱动的纵向移动系列。这些定义只注意到了职业生涯的客观性和稳定性特点，忽略了主观性和可变性特征，使许多人的工作经历和对职业生涯的主观感受被排除在职业生涯研究领域之外，从而限制职业生涯这一概念的概括力和解释力。

格林豪斯认为，职业生涯是"贯穿于个人整个生命周期的、与工作相关的经历的组合"。他强调职业生涯的定义既包含客观部分，例如，工作职位、工作职责、工作活动以及与工作相关的决策，也包括对工作相关事件的主观知觉，例如，个人的态度、需要价值观和期望等。一个人的职业生涯通常包括一系列客观事件的变化以及主观知觉的变化。一个人可以通过改变客观的环境，例如，转换工作或者改变对工作的主观评价（如调整期望）来管理自己的职业生涯。因此，与工作相关的个人活动及其对这些活动所做出的主观反应都是其职业生涯的组成部分，必须把两者结合起来，才能充分理解一个人的职业生涯。

（四）生涯发展

生涯发展是指那些共同塑造我们生涯的经济、社会、心理、教育、生理以及机遇等因素之总和。

生涯发展受到经济、团队关系、社会阶层、心理健康、个性、教育水平和经历、身体能力和特质以及机遇等因素的影响，所有这些因素结合起来，影响人们职业生涯道路的展开方式，这些因素中的任何一点都无法单独决定一个人的生涯。

（五）职业生涯规划

职业生涯规划是指把个人发展与组织发展相结合，在对个人和内外环境因素进行分析的基础上，确定一个人的事业发展目标，并选择实现这一目标的职业或岗位，编制相应的工作、教育和培训行动计划，并对每一步骤的时间、顺序和方向做出合理的安排。

二、职业生涯规划的意义

企业员工流失的原因有很多，例如，企业效益不佳，员工收入低；分配机制缺乏激励功能，员工工作热情不高；员工个人发展空间有限，对个人发展前途感到无望；缺乏员工自我满足和自我实现的机遇和条件；等等。这些因素中，员工因为感到自身职业发展前景暗淡而选择离职的原因占据了相当大的比重。因此，做好员工职业生涯规划，使员工能多渠道地发展，这对留住人才、促进企业发展具有重要意义。

（一）职业生涯规划是企业资源合理配置的首要问题

人力资源是能够不断开发并不断增值的增量资源，通过人力资源的开发能不断更新人的知识、技能，提高人的创造力。员工是创造组织效益的主体，组织更应注重员工的智慧、技术、能力的提高与发展。因此，加强员工职业生涯规划，使人尽其才、才尽其用，这是组织资源合理配置的首要问题。

（二）职业生涯规划能调动员工积极性，更好地实现企业组织目标

职业生涯规划的目的就是帮助员工提高在各个需要层次的满足度，既满足员工低层次的物质需要，又逐步满足他们自我实现等精神方面的高级需要。因此，职业生涯管理要真正了解员工在个人发展上想要什么，协助其制定规划，帮助其实现职业生涯目标，这样就必然会激起员工强烈的为组织服务的精神力量，进而形成组织发展的巨大推动力，更好地实现组织的目标。

（三）职业生涯规划是组织长盛不衰的保证

任何成功的组织，其成功的根本原因是拥有高质量的领导者和高质量的员工，人的才能和潜力能得到充分发挥，人力资源不会虚耗、浪费，组织的生存成长就有了取之不尽、用之不竭的源泉。通过职业生涯规划努力为员工提供施展才能的舞台，充分体现员工的自我价值，是留住人才、凝聚人才的根本保证，也是组织长盛不衰的保证。

▷ 第二节 职业生涯规划的心理学理论

一、职业选择理论

（一）帕森斯的特质—因素理论

特质—因素理论是由美国波士顿大学教授帕森斯所创。特质—因素理论的核心思想是，人们在清楚认识、了解个人的主观条件和社会职业岗位需求条件的基础上，将主客观条件与社会职业岗位相对照、匹配，选择一种职业需求与个人特长匹配的职业。这个理论主要适用于职业选择与职业指导。

帕森斯提出了职业选择的三个条件。第一，清楚了解自己的态度、能力、兴趣、特长、局限等特征。第二，了解职业信息，职业成功的条件，所需知识，在不同职业工作岗位上所占有的优势、不利和补偿、机会和前途等。第三，人—职匹配。人—职匹配分为两类：一是条件匹配，即所需专门技术、专业知识和应有素质的职业与掌握该种专门技能、专业知识和素质的择业者相匹配；二是特长匹配，即某些职业需要具有一定特长的人从事，如具有敏感性、易动感情、不守常规等人格特征的人宜于从事审美性、自我情感表达的艺术创作类型的职业。

（二）霍兰德的人业互择理论

人业互择理论是由美国霍普金斯大学心理学教授霍兰德提出，霍兰德基于自己对职业性向测试的研究，将劳动者划分为六种类型，相应地把职业也划分为六种类型，分别为现实型、研究型、艺术型、社会型、企业型、常规型六种。

现实型的人动手能力强，手脚灵活，动作协调，有较好的身体技能。他们喜欢在户外活动，喜欢使用和操作工具。这种类型的人适合各类工程技术工作、农业工作，如工程师、技术人员、维修工人、矿工、木工、电工、测绘员等。

研究型的人抽象思维能力强，求知欲强，善思考，不愿动手；喜欢独立的和富有创造性的工作；知识渊博，有学识才能。这种类型的人适合从事科学研究和科学实验工作，例如，自然科学和社会科学方面的研究人员、专家，以及化学、冶金、电子、飞机等方面的工程技术人员等。

艺术型的人喜欢以各种艺术形式的创作来表现自己的才能，实现自身价值；具有特殊艺术才能和个性。适合各类艺术创作工作，例如，音乐、舞蹈、戏剧等方面的演员、编导、教师；文学、艺术方面的评论员；广播节目的主持人、编辑、作者；绘画、书法、摄影家；等等。

社会型的人喜欢从事教育工作和为他人服务；喜欢参与解决人们共同关心的社会问题，渴望发挥自己的社会作用，喜欢通过与他人讨论来解决存在的难题。这种类型的人适合从事直接为他人服务的工作，如医疗、教育、生活服务等工作。

企业型的人精力充沛、自信、善交际，具有领导才能；喜欢竞争，敢冒风险；喜爱权力、地位和物质财富。适合从事影响他人共同完成组织目标的工作，例如，经理、政府官员、部门和单位的领导者、管理者等。

常规型的人喜欢按计划办事，习惯接受他人指挥和领导；不喜欢冒险和竞争；工作踏实，忠诚可靠，遵守纪律。适合从事各类与文件档案、图书资料、统计报表之类相关的科室工作，例如，会计、出纳、统计人员、打字员、办公室人员、图书管理员、保管员、邮递员、审计人员等。

劳动者与职业互相适应才能达到最佳状态，劳动者的才能与积极性才可以很好地发挥，如果劳动者从事自身类型特征相差很远的职业，例如，常规型劳动者从事艺术型职业，就会严重影响劳动者才能和积极性的发挥，工作效果也不佳。

（三）弗鲁姆的择业动机理论

择业动机理论是由美国心理学家维克托·弗鲁姆（Victor H. Vroom）提出的，弗鲁姆通过对个体择业行为的研究后提出了解释人的行为的公式：$M = f(E \times V)$。M 代表动机强度，即积极性的激发程度；V 代表效价，即个体对一定目标重要性的主观评价；E 代表期望值，即个体估计的目标实现概率。个体行为动机的强度取决于效价的大小和期望值的高低。

择业动机的强弱表明了择业者对目标职业的追求程度，或者说对某项职业选择意向的大小。择业动机取决于职业效价和职业概率，即择业动机 = 职业效价 × 职业概率。

职业效价，是择业者对某项职业价值的主观评价，它取决于两个因素：一是择业者的职业价值观；二是择业者对某项具体的职业要素，如兴趣、劳动条件、报酬、职业声望等的评估。

职业概率，是择业者认为获得某项职业的可能性大小，它通常取决于以下四个因素：一是某项职业的社会需求量。职业概率与社会需求量成正相关关系。二是择业者的竞争能力，即择业者自身的工作能力和求职就业能力。职业概率与择业者的竞争能力成正相关关系。三是竞争系数，即谋求同一职业的竞争者人数的多少。职业概率与竞争系数成负相关关系。四是其他随机因素。

择业者进行职业选择时，对视野内的几种目标职业进行职业价值评估和职业获取概率评价之后，将进行横向择业动机比较。择业动机是对职业和自身的全面评估，是对多种择业影响因素的全面考虑和得失权衡。因此，择业者多以择业分值高的职业作为自己的最终目标。

（四）施恩的职业锚理论

职业锚（gareer anchor）是由美国著名的职业指导专家施恩（Edgar H. Schein）教授提出的。施恩认为，职业生涯发展实际上是一个持续不断的探索过程，在这一过程中，每个人都在根据自己的天资、能力、动机、需要、态度和价值观等慢慢地形成较为明晰的与职业有关的自我概念。随着一个人对自己越来越了解，这个人就会越来越明显地形成一个占主要地位的职业锚。

职业锚是指当一个人不得不做出选择的时候，无论如何都不会放弃的职业中所蕴含的那种至关重要的东西或价值观。职业锚实际上就是人们选择和发展自己的职业时所围绕的中心。职业锚由三部分内容组成：一是自知的才干和能力，以各种工作环境中的实际成功为基础；二是自知的动机和需要，以实际情境中的自我测试和自我诊断的机会以及他人的反馈为基础；三是自知的态度和价值观，以自我与雇佣组织和工作环境的准则和价值观之间的实际遭遇为基础。

施恩根据对几百个不同行业、不同职业发展阶段的人进行的纵向探究和访谈，提出了八种职业锚，分别是技术/职能型职业锚、管理型职业锚、创业型职业锚、安全/稳定型职业锚、自主/独立型职业锚、服务/奉献型职业锚、挑战型职业锚、生活型职业锚。

技术/职能型职业锚。这种类型职业锚的员工倾向于选择能够保证自己在既定的技术领域中不断发展的职业，而非带有一般管理性质的职业。主要特点：强调实际技术等业务工作；拒绝一般管理工作，但愿意在其技术领域管理他人；追求在技能领域的成长和技能的不断提高，其成功更多地取决于该领域专家的肯定和认可，以及更多地承担富有挑战性的工作。

职业晋升对于这种类型的人来说同样重要，他们对向上晋升的追求仅限于自己所属的技术能力领域。例如，一位年轻且以技术能力为其职业锚的技术员，初步希望能成为他所在部门的工程师，而他追求的职业巅峰是成为一家大公司的总工程师。

管理型职业锚。这种类型职业锚的员工具有成为管理人员的强烈动机，他们最终的目标是成为高层管理者。这类职业锚的特点：追求承担一般管理性工作，且责任越大越好；他们倾心于全面管理，掌握更大权力，肩负更大责任；具有强有力的升迁动机和价值观，以提升等级和收入作为衡量成功的标准；具有分析能力、人际沟通能力和情感能力的强强组合；对组织具有很大的依赖性。

创业型职业锚。这类职业锚的员工有强烈的创造需求和欲望。喜欢建立或设计某种完全属于自己的东西，意志坚定，勇于冒险，在创业早期阶段愿意牺牲自由和稳定。创业型职业锚与其他类型职业锚存在着一定程度的重叠。

安全/稳定型职业锚。这种类型职业锚的员工以长期的职业稳定和工作的保障性作为他们选择工作的标准，他们愿意从事有保障的工作，这些工作往往有较高的收入以及可靠的未来，这类职业锚的特点：追求安全、稳定的职业前途，是这一类职业锚员工的驱动力和价值观；注重情感的安全稳定，觉得在一个熟悉的环境中维持一种稳定的、有保障的职业对他们来说是更为重要的；对组织具有较强的依赖性。安全稳定型职业锚的人，一般不愿意离开一个给定的组织，愿意让他们的雇主来决定他们去从事何种职业。因此，个人职业生涯的开发与发展往往会受到限制。这种类型的人缺乏职业生涯开发的驱动力和主动性，从而不利于自我职业生涯的发展。

自主/独立型职业锚。这种类型职业锚的员工在选择职业时似乎被一种自己决定自己命运的需要所驱使着，他们希望摆脱那种因在大企业中工作而在提升、工作调动、薪酬等方面依赖别人的情况。这类职业锚的特点：希望随心所欲安排自己的工作方式、工作习惯、时间进度和生活方式；追求在工作中享有自身的自由，有较强的职业认同感，认为工作成果与自己的努力紧密相连。自主独立型职业锚与其他类型的职业锚有明显的交叉。例如，自主型职业锚的人可能同时具有技术职能型职业锚或创业型职业锚。

服务/奉献型职业锚。这种类型职业锚的员工希望职业能够体现个人价值观，他们关注工作带来的价值，而不在意是否能发挥自己的才能或能力。他们的职业决策通常基于能否让世界变得更加美好。希望职业允许他以自己的价值观影响雇用他的组织或社会。他们对组织忠诚，希望得到基于贡献的、公平的、方式简单的薪酬。比金钱更重要的是认可他们的贡献，给他们更多的权力和自由来体现自己的价值。他们需要来自同事及上司的认可和支持，并与他们共享自己的核心价值。

挑战型职业锚。具有这种类型职业锚的员工认为他们可以征服任何事情或任何人，并将成功定义为"克服不可能克服的障碍，解决不可能解决的问题，或战胜非常强硬的对手"。一定水平的挑战是至关重要的，缺少挑战自我的机会使他们变得厌倦和急躁。职业中的变化对他们非常重要。

生活型职业锚。这种类型职业锚的人最需要的是弹性和灵活，他们愿意为提供灵活选择的组织工作。关注组织文化是否尊重个人和家庭的需要，以及能否与组织之间建立真正的心理契约。

二、职业发展阶段理论

（一）舒伯的职业生涯发展阶段理论

美国职业管理学家舒伯（Donald E. Super）根据布尔赫勒（Buehler）的生命周期和列文基斯特（Lavighurst）的发展阶段论，提出了职业生涯发展的五阶段理论、生涯彩虹桥理论。

1. 职业生涯发展五阶段理论

（1）成长阶段（14岁以前）。这一阶段，个人通过对家庭成员、朋友以及老师的认同以及与他们之间的相互作用，逐渐建立起自我的概念。此阶段的重点是身体与心理的成长。通过经验可以了解周围环境，尤其是工作环境，并以此为试探选择的依据。

（2）探索阶段（15~24岁）。这一阶段，每一个人将认真地探索各种可能的职业选择，他们试图将自己的职业选择与他们对职业的了解，以及通过学校教育、休闲活动和个人工作等途径中所获得的个人兴趣和能力匹配起来。处于这一阶段的人，还必须根据来自各种职业选择的可靠信息来做出相应的教育决策。

（3）确立阶段（25～44岁）。这一阶段是大多数人工作生命周期中的核心部分。人们通常愿意早早地将自己锁定在某一已经选定的职业上。然而，在许多情况下，这一阶段的人们仍然在不断地尝试与自己最初的职业选择所不同的各种能力和理想。通常情况下，在这一阶段的人们第一次不得不面对一个艰难的抉择，即判定自己到底需要什么，什么目标是可以达到的以及为了达到这一目标自己需要做出多大的牺牲和努力。

（4）维持阶段（45～64岁）。在这一职业生涯的后期阶段，人们一般都已经在自己的工作领域中为自己创立了一席之地，因而他们大多数精力主要放在保持现状和拥有这一位置上了。这一阶段需要不断付出努力来获得生涯的发展和成就，能够接受自身的局限性，开发新技能，专注于重要的活动，积极应对新人的挑战，很少变换职业领域，维持并巩固既得的职业地位。

（5）下降阶段（65岁以上）。在这一阶段，人的健康状况和工作能力都在逐步衰退，职业生涯接近尾声。许多人都不得不面临这样一种前景：接受权力和责任减少的现实，减少工作投入，发展非职业角色，学会接受一种新角色，学会成为年轻人的良师益友，做期望做的事情。

2. 生涯彩虹桥理论

舒伯在原有研究基础上，拓宽和修改了他的终身职业生涯发展理论，提出了一个更为广阔的新观念——生活广度、生活空间的生涯发展观，将角色理论引入职业发展阶段，根据生涯发展阶段与角色彼此间交互影响的状况，描绘出一个多重角色生涯发展的综合图形（如图6-1所示）。

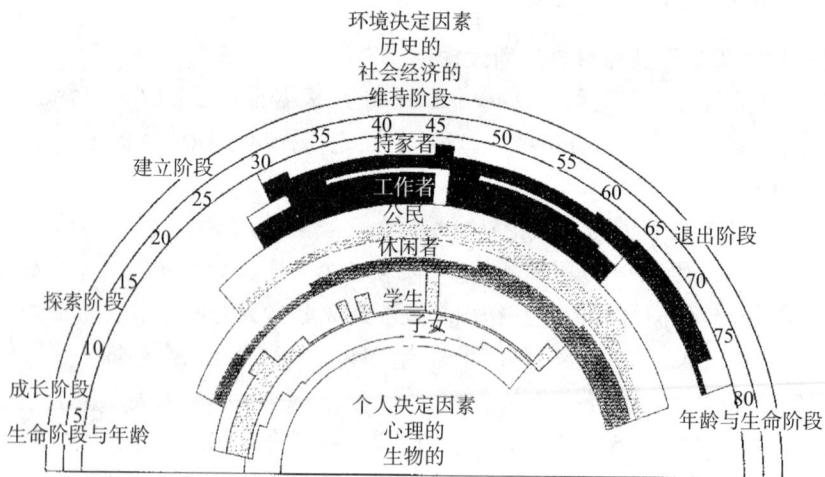

图6-1　生涯彩虹桥

在图 6-1 中，纵向层面代表的是纵观上下的生活空间，是有一组职位和角色所组成。分成：子女、学生、休闲者、公民、工作者、持家者六个不同的角色，他们交互影响交织出个人独特的生涯类型。舒伯认为在个人发展历程中，随着年龄的增长而扮演着不同的角色，图的外圈为主要发展阶段，内圈阴暗部分的范围，长短不一，表示在该年龄阶段各种角色的分量；在同一年龄阶段可能同时扮演数种角色，因此彼此会有所重叠，但其所占比例分量则有所不同。

根据舒伯的看法，一个人一生中扮演的许许多多角色就像彩虹同时具有许多色带。舒伯将显著角色的概念引入了生涯彩虹图。他认为角色除了与年龄及社会期望有关外，与个人所涉入的时间及情绪程度都有关联，因此每一阶段都有显著角色。

（1）横贯一生的彩虹——生活广度。在一生的彩虹图中，横向层面代表的是横跨一生的生活广度。彩虹的外层显示人生主要的发展阶段和大致估算的年龄：成长期（约相当于儿童期），探索期（约相当于青春期），建立期（约相当于成人前期），维持期（约相当于中年期）以及衰退期（约相当于老年期）。在这五个主要的人生发展阶段内，各个阶段还有小的阶段，舒伯特别强调各个时期年龄划分有相当大的弹性，应依据个体不同的情况而定。

（2）纵贯上下的彩虹——生活空间。在一生生涯的彩虹图中，纵向层面代表的是纵贯上下的生活空间，是由一组职位和角色所组成。舒伯认为人在一生当中必须扮演九种主要的角色，依序是：子女、学生、休闲者、公民、工作者、夫妻、家长、父母和退休者。

舒伯指出角色之间是相互作用的，某一个角色上的成功，可能带动其他角色的成功；反之，某一角色的失败，也可能导致另一角色的失败。另外，如果为了某一角色的成功付出太大的代价，也有可能导致其他角色的失败。同时，他进一步提出了"显著角色"的概念，如图 6-1 彩虹图所示，成长阶段的显著角色是子女；建立阶段的显著角色是持家者和工作者；而维持阶段的工作者角色突然中断，又恢复了学生角色，同时公民与休闲的角色逐渐增加，这就是典型的"中年危机"期，由此我们可以看到只有通过再学习、再调适才有可能处理好职业与家庭生活中所面临的问题。所以，显著角色的概念可以使我们看出不同角色对个人的重要程度，以及在不同的职业发展阶段中所具有的特殊意义。

（二）金斯伯格的职业生涯发展阶段理论

美国著名的职业指导专家金斯伯格（Eli Ginzberg）对职业生涯发展进行了长期研究，他主要研究从童年到青少年阶段的职业心理发展过程，他将职业生涯的发展分为幻想期、尝试期和现实期三个阶段。

幻想期（11 岁之前）的主要心理和活动为：对外面的信息充满好奇和幻想，在游戏中扮演自己喜爱的角色。职业需求特点是，单纯由自己的兴趣爱好决定，并不考虑自身的条件、能力和水平，也不考虑社会需求和机遇。

尝试期（11～17岁）的主要心理和活动为：由少年向青年过渡，人的心理和生理均在迅速成长变化，独立的意识、价值观的形成、知识和能力显著提升，初步懂得社会生产与生活的经验。开始注意自己的职业兴趣、自身能力和条件、职业的社会地位。

现实期（17岁之后）的主要心理和活动为：能够客观地把自己的职业愿望或要求，同自己的主观条件、能力以及社会需求密切联系和协调起来，已经有了具体的、现实的职业目标。

金斯伯格的职业生涯阶段理论，实际上揭示了初次就业前人们职业意识或职业追求的发展变化过程。

（三）格林豪斯的职业生涯发展阶段理论

格林豪斯（Greenhouse）的研究侧重于不同年龄阶段职业生涯所面临的主要任务，并以此为依据将职业生涯划分为五个阶段：职业准备阶段、进入组织阶段、职业生涯初期、职业生涯中期和职业生涯后期。

职业准备阶段（0～18岁）的主要任务，发展职业想象力，培养职业兴趣和能力，对职业进行评估和选择，接受必需的职业教育和培训。

进入组织阶段（18～25岁）的主要任务，进入职业生涯，选择一个合适的、较为满意的职业，并在一个理想的组织获得一个职位。

职业生涯初期（25～40岁）的主要任务，逐步适应职业工作，融入组织，不断学习职业技能，为未来职业生涯成功做好准备。

职业生涯中期（40～55岁）的主要任务，努力工作，并力争有所成就。在重新评价职业生涯中强化或转换职业道路。

职业生涯后期（55岁直至退休）的主要任务，继续保持已有的职业成就，成为一名工作指导者，维护自尊，准备隐退。

（四）道尔顿和汤普森的职业发展阶段模型

美国哈佛商学院教授道尔顿（Gene Dalton）和汤普森（Paul Thompson）通过调查研究"高绩效者与平均绩效者之间差别的原因是什么"后，提出了"职业发展阶段模型"。他们提出了职业发展的四个阶段，即成长依赖期、独立贡献期、指导授能期、策划领导期。具体如表6-1所示。

处于第一阶段的个人需要接受方向性的指导，建立基本的能力，了解、学习与组织和相关专业有关的技能知识。个人职业发展早期如能这样做，工作效率往往较高，如果总是依赖别人的指示，几年后，个人的绩效就比那些进入第二阶段的同事低。第二阶段的个人将成为独立的专家。但如果独立的专家没有拓宽自己的视野，帮助别人一起发展的话，价值和绩效也会逐渐下降。第三阶段的个人是通过他人的贡献来体现自己的价值的。第四阶段的特点是能影响到组织的发展方向，能预见和把握组织发展远景，这些人常常为组织的领导者。

表 6-1   道尔顿和汤普森职业发展阶段模型

第一阶段：成长依赖期	第二阶段：独立贡献期	第三阶段：指导授能期	第四阶段：策划领导期
• 主动接受指导 • 参与工作项目、任务并有良好表现 • 掌握基本日常工作 • 在指导下能发挥创造力，主动性 • 在时间或资源压力下能正常工作 • 积极学习团队共同的工作方式	• 对分内工作尽职尽责 • 较少依赖监督，能独立完成任务，成绩优良 • 专业技能有所提高 • 树立信誉与威望 • 建立良好的内部工作关系	• 专业技能得到提升 • 开阔视野 • 以自己的见解和知识激发他人 • 以上司、导师和启蒙者的角色培养 • 有效地代表所在组织与客户和外界交往 • 建立良好的内外关系网	• 为组织指明方向 • 发现重要商机，引导业务需求 • 负责任地行使权利 • 获得必要资源 • 支持乐于奉献的个人成为后备领导人才 • 代表组织处理重大战略性事务

　　道尔顿和汤普森的四阶段模型，根据不同阶段所界定的贡献，其实与组织岗位级别之间无关。例如，第三阶段的特点是发展他人，拓宽视野，理解商业问题，能利用网络和团队来完成任务，这像是主管或者经理的工作分析，但事实上许多主管拥有正式的管理权力，却缺乏第三阶段所需要的技能。

▶ 第三节　员工职业生涯规划

　　职业生涯规划是组织和员工对员工个人的职业生涯进行设计、执行、评估、反馈和修正的一个综合过程。因此，职业生涯管理发生在两个层面上，一是员工为了将个人的发展成就最大化而对自己的职业生涯进行规划，即员工职业生涯规划；二是组织为员工提供的职业生涯帮助或支持，目的是提高组织的人力资源质量，发挥人力资源管理效率，即组织职业生涯规划。

一、员工职业生涯规划含义

　　员工职业生涯是指员工个人职业发展历程，是在一个或几个组织中进行职业变化、调整的过程。员工职业生涯发展常常伴随着年龄、兴趣、能力、价值观、工作环境、组织经营环境和内部政策的变化而发生改变。尽管每个人从事的具体职业各不相同，但在相同的年龄阶段往往表现出大致相同的职业特征、职业需求和职业发展任务，因此，员工职业生涯具有发展性、阶段性的特点。此外，员工的职业生涯发展受员工个人、组织两方面的制约和影响。当员工的职业目标符合组织目标时，会促进组织目标的实现和自己职业生涯的顺利发展。反之，则会阻碍组织目标实现和个人的发展。

　　员工职业生涯规划是指员工根据对自身的主观因素和客观环境的分析，确立自己的职业生涯发展目标，选择实现这一目标的职业，以及制定相应的工作、培训和教育计划，并按照一定的时间安排，采取必要的行动实施职业生涯目标的过程。员工个人职业生涯规划一般包括职业生涯诊断、确定职业生涯发展目标与成功标准、确定职业生涯发展策略、职业生涯实施管理等四个步骤。

二、员工职业生涯规划的目标

（一）充分认识自己

很多初入职场的员工往往过高估计自己的能力，盲目规划自己的职业生涯，在现实中错失了许多机会。个人职业规划应该建立在对自己客观的评价和认识之上，并为自己制定切合实际的发展目标和职业设想，并从职业活动中不断发挥自己的潜能，逐步提升自己的成就感。

（二）提高专业技能和综合能力

员工合理地规划自己的职业生涯和通过组织职业发展指导，能极大提高员工自我管理的能力，不断追求新知识，提升工作技能，增强职业竞争力。

（三）规划职业生活

良好的职业规划，有利于员工处理好职业和生活的关系，从更高的角度上看待和解决工作与生活中的问题，促使员工个人追求、家庭关系、生活目标能与职业生涯目标达成平衡，避免顾此失彼，协调好职业和生活的关系。

三、员工职业生涯规划的内容

员工职业生涯规划就是员工对自身职业发展过程的管理。主要从职业发展内容、职业发展道路、职业发展方向三方面进行职业生涯规划。

（一）员工职业发展的内容

员工职业发展内容主要包括员工职业发展和职业管理。

职业发展即员工职业生涯道路的展开方式，主要包括自我定位、确立目标、实现目标、反馈和修正目标。

职业管理就是组织对员工职业发展提供指导和帮助的过程。职业管理具体包括对员工个人能力和潜能的正确评价；向员工提供职业发展信息；为员工制定培训与发展计划，确定职业生涯途径；为员工制定知识更新方案；建立员工工作、家庭平衡计划；为员工提供职业指导；制定员工退休计划。职业管理也是组织职业生涯管理的内容。

（二）员工职业发展的道路

员工职业发展道路，是选择以工程、财务、销售、生产、人力资源或法律等专业技术型职业为发展方向，还是选择以管理为目标的行政管理型职业为发展方向。

（三）员工职业运动的方向

员工职业运动的方向主要包括横向运动、纵向运动和核心方向运动。

横向运动是在同一层次不同职务之间的调动，如由生产部门转到市场营销部门或后勤部门，由部门经理调到办公室任主任等。这种运动可以发现员工的最佳发挥点，同时又可以使员工自己积累各个方面的经验，为以后的发展创造更加有利的条件。

纵向运动是员工职务等级由低到高的提升，如获得职位晋升。

核心方向运动是员工虽未正式授职晋升，仍处于较低层级，但却通过某种非正式的联系（如社交或业余活动）接触企业决策核心，从而增大影响力。

四、员工职业生涯规划的流程

完整的职业生涯规划主要包括职业生涯诊断、确定职业生涯发展目标与成功标准、确定职业生涯发展策略、职业生涯实施管理等四个步骤。

（一）职业生涯诊断

职业生涯诊断能够帮助员工真正了解自己，并且进一步评估内外环境的优势、限制，在"衡外情，量己力"的情形下，设计出合理且可行的生涯发展方向。职业生涯诊断的内容包括：自我分析、环境分析、关键问题分析。

1. 自我分析

自我分析，即对自己进行全面、深入地分析，了解个人各方面素质特征，在进行职业选择时，要熟悉自己的知识与技能，剖析自己的性格、职业能力、职业兴趣、价值观，了解自己的优势和不足，对自己有一个客观、全面的认识和定位。此外，还要分析个人财富情况、所属的社会阶层、自我实现情况、个人生活品质、家庭关系和家人健康等。

（1）职业兴趣。研究人员发现，人在从事自己喜欢的事业及工作时，能发挥其潜能的80%～90%，在从事自己不喜欢的事情和工作时，只能发挥其潜能的20%～30%。美国某研究机构曾对2000多位著名的科学家进行过调查，发现很少有人是由于谋生的目的而工作，他们大多是出于个人对某一领域问题的强烈兴趣而忘我工作，他们的成功与他们的兴趣息息相关。可见，兴趣对人的职业选择影响非常大，职业兴趣决定了一个人的职业选择和职业发展。职业兴趣一般可以通过以下方式进行测量和诊断。

①职业兴趣量表。常用的职业兴趣测试量表有《霍兰德职业兴趣测量表》《斯特朗职业兴趣调查表》《库德爱好调查表》及国内专业人才测评机构开发的《兴趣测验量表》等。目前，普遍使用的是《霍兰德职业兴趣测量表》。

②自我兴趣探索练习。即深入挖掘自己的兴趣，可以和同事、朋友、家人一起相互交流、讲述自己对"感兴趣"问题的思考和理解，找出原因。

③想象引导练习。即通过自我想象来挖掘自己感兴趣的职业或领域。

课堂讨论

想象引导练习

不用考虑先死的可能性，放下你现在所有的角色，让你的思绪离开现在的座位，飞出教室，思维无限发散，可以从历史到现实到未来，古今中外，小说文学，电视历史人物或现代商业名人，写下10种职业/人生。

完成后在每个职业/人生后面写上吸引你的原因。

可否分类？具有哪些共同特点？找出关键词，共同性是什么？说明什么？

在现实世界中寻找具有这些特征的职业。

你对自己有什么新的认识。

④调查访谈。采取主动问询、调查、访谈等方式，了解亲人、老师、朋友、同学对自己的看法，了解你在生理、心理、思维观念、情趣修养、知识结构、能力素质、阅历及人际交往等方面的优势和不足，帮助自己更好地认识自己，找出自己的兴趣类型，更好地把握现在、规划未来。

⑤职业兴趣分类卡。职业兴趣分类卡是类似于纸牌的彩色卡片游戏，通过对卡片的分类，能够鉴别出职业兴趣，帮助员工进行自我探索，进而选择职业。

（2）气质。气质是一种稳定的心理特征，不同气质类型的人有不同的特征。气质是职业选择的依据之一，某些气质特征为一个人从事某项工作提供了有利的条件，只有尽可能使人的气质特点与工作特点相互协调配合，才能各尽所能、各得其所，才能有利于个性发展。例如，黏液质和抑郁质的人适合从事持久、细致的工作，而多血质和胆汁质的人适合从事反应灵活的工作。

气质诊断主要通过《气质测试量表》《EPQ个性测试量表》等气质测试工具来完成。

表6-2　　　　　　　　　　　气质类型与职业范围

气质类型	心理特征	职业范围
胆汁质	心理过程具有突发而迅速的色彩，思维敏捷，但缺乏准确性；精力旺盛，争强好胜，直率热情，但急躁冲动；心境变化剧烈，带有明显的周期性	喜欢从事与人打交道，工作内容不断变化，环境不断转换及热闹的职业。如导游、推销员、节目主持人、公共关系人员等，但明显不适合持久耐心、细致的工作
多血质	活泼好动，思维灵活迅速，善于适应变化的情景；感情丰富外露但不稳定；但对问题的理解较浅，情感体验不深刻	适合从事与外界打交道、灵活多变、富有刺激性和挑战性的工作。如外交、管理、记者、律师、驾驶员、运动员等

气质类型	心理特征	职业范围
黏液质	思维灵活性较低，稳重踏实；情绪平稳；情绪兴奋性较低，情感不易外露；忍耐沉着，注意力较难转移	适合做稳定的、按部就班的、静态的工作。如会计、出纳员、话务员、播音员等
抑郁质	情绪体验深刻，高度敏感；但不易形之于外，行为孤僻迟缓，不喜欢交际	适合安静、细致的工作。如校对、打字、排版、检查员、化验员、登记员、保管员等

（3）性格。职业心理学的研究表明，一个人的性格特征对其职业选择影响很大，例如，开朗活泼热情的性格，一般比较适合推销、公关等与人交往的工作，会计、出纳员则要求具有耐心细致、冷静沉稳的职业性格特征。当然，每个人的性格不能百分之百地适合某项职业，但不同性格特征是决定个人工作业绩和事业发展的重要因素。

性格诊断可以借助性格测验工具。职业选择中经常使用的性格测验工具为MBTI 测验、大五人格测验、16PF 测验等。其中，MBTI 测验在职业生涯规划领域中备受欢迎，就在于它阐述了不同的性格类型与适合从事的职业、岗位及工作的密切关系，准确界定了不同类型组合的性格类型所适合的工作。有专门机构使用 MBTI 测验对企业家进行了专项调查，结果发现，MBTI 测验在实际应用中是十分有效的测量工具。

（4）职业能力。现实生活中每个人的能力是不一样的，有的人想象力丰富，善于创作；有的人过目成诵，有着惊人的记忆力。因为人的能力有差异，因此，在职业选择时，需要了解职业所需要的能力及自身所具备的能力特长，从而选择适合自己的职业。当一个人的能力和职业要求相匹配时，最容易发挥自己的潜能，并且获得满足感。一般来说，一项职业总是需要几种能力的综合，择业时就应考虑自己是否具备这些职业能力。

美国学者辛迪·梵（Sidney Fine）和理查德·鲍尔斯（Richard Bolles）将人的技能分为三种类型：专业知识技能、自我管理技能和可迁移技能（或称通用技能）。

专业知识技能。专业知识技能是指从事某一职业、胜任某一岗位应具备的能力，是通过教育或培训才能获得的特别的知识或能力。例如，电脑工程师工作岗位，需要具备计算机应用能力、计算机系统分析和设计能力，等等。专业知识技能与我们的专业学习、工作内容直接相关。

你有哪些知识技能？

对下面的经历进行分析，尽可能全面地列出你所掌握的知识技能，再从中分别挑选出你自己感觉比较精通的、在工作中应用或希望应用的知识技能。最后排列出对你来说最重要的五项知识技能。

在学校课程中学到的：如英语、生物等。

在工作（包括兼职或实习）中学到的：如电脑制图等。

从培训、专业会议、研讨班学到的：如心理学在现代管理中的应用等。

从爱好、娱乐休闲、社团活动、家庭职责中学到的：如摄影、缝纫等。

通过阅读、看电视、上网等方式学到的：如PPT制作等。

请同学、朋友、同事帮助你回忆你在校内外都学过什么专业知识。在盘点自己具有的专业知识后，想想哪些技能你目前还不具备、但希望自己拥有？在你具有的知识技能中，哪些可以相互结合使你更好地完成某项工作？

自我管理技能。自我管理技能通常用来表示个人所具有的特征和品质，而非技能。良好的自我管理技能够帮助个体更好地适应周围的环境、应对工作中出现的问题，因此它也被称为"适应性技能"。它涉及个体在不同的环境下如何管理自己。

自我管理技能的评估

请用5个形容词来描述你的优点。

在老师眼里，你是一个什么样的学生？

你的同学通常怎么评价你？

通常，你给人留下最深刻的印象会是什么？

你觉得自己身上最明显的特点是什么？

得到他人的反馈后，看一看他们对你的描述中，有哪些是你知道的？有哪些是你以前没有想到的？你对自己有什么新的认识？

可迁移技能。也被称为通用技能，是你能做的事或你会做的事，如沟通、组织、分析、考察、决策等。它们可以从生活中的方方面面，特别是工作之外得到发展。是个人最能持续运用和最能够依靠的技能。

可迁移技能的发现

你都会做什么？

你参加过哪些社会实践？

用5～10个动词来概述你的工作能力。

你觉得自己最突出的工作能力有哪些？哪些能力使你能够胜任这项工作？

每个人都具有由多种能力组成的能力系统，在能力系统中各种能力的发展水平是不平衡的，常常是某方面能力较强，某方面能力较弱。在职业选择和职业指导时，应主要考虑其最佳能力，选择最能运用其优势能力的职业。例如，律师、科研人员、医生都要求有很高的智力水平，教育工作者要求有良好的表达能力，在职业规划时，根据一个人的优势能力分配相应的工作，会更好地发挥一个人的作用。

职业能力的诊断主要通过职业能力测验、职业技能分类卡、传记资料分析等三种方式。

①职业能力测验。职业能力测验工具较多，针对不同职业有不同的测验工具。如面向公务员的《行政职业能力测验》、面向文书管理人员的《文书能力测验》，还有考察被试基本工作能力及水平的测验工具，如《一般能力测验》等。

②职业技能分类卡。职业技能分类卡类似于职业兴趣分类卡，是通过对卡片的分类，能够鉴别出员工的职业技能，帮助员工进行自我探索，进而选择职业。

③传记资料分析。通过对员工过去和现在所获得成就的分析，能够收集到非常有价值的资料，帮助员工对技能和潜力进行自我评价。传记资料分析可以通过撰写成就事件来实现。

撰写成就故事

写下生命中令你有成就感的至少10个具体事件，然后对其进行分析，看看你在其中使用了哪些技能。不用考虑是否挣钱，或者事件有多大，只要符合以下两条标准，就可以被视为"成就"：一是你喜欢做这件事；二是你对结果感到自豪。

撰写成就事件时，每一个故事都应当包含以下几个要素：一是想达到的目标。需要完成的事情，面临的障碍、限制、困难。二是具体行动步骤。如何一步步克服障碍、达成目标的。三是对结果的描述。取得了什么成就。四是对结果的量化评估。可以证明你成就的任何衡量方法或数量。

（5）价值观。价值观是人们根据一定的价值标准，对人生有无价值和价值的大小做出的判断。由于每个人的身心条件、年龄阅历、教育状况、家庭影响等方面的不同，人们对各种职业有着不同的主观认识，这些认识最终演变成人们的职业价值观，并影响着人们对就业方向和具体职业岗位的选择。例如，自由型价值观的人不受别人指使，凭自己的能力拥有自己的空间，不愿受人干涉，这类人适合从事的职业有：演员、记者、诗人、作家等；支配型价值观的人无视他人的想法，为所欲为，且视此为乐趣，适合这类人的职业有：推销员、广告宣传员、律师、政治家等。

职业价值观是一个复杂的、多维度的心理因素，对职业的选择和衡量有多种职业价值观要素的参与，但各要素起的作用是不同的。在职业价值观的分析和测定过程中，员工必须处理好职业价值观不同要素之间的关系，并根据不同时期、不同情况明确自己的职业核心需求，以便合理制定自己的职业发展规划。职业价值观的诊断主要通过下列方式来进行。

①职业价值观自我评估。具体如表6-3所示。

表6-3　　　　　　　　　　　　　　职业价值观自我评估

序号	职业价值观	主要内容	排序
1	收入与财富	工作能明显地改变自己的财务状况，将薪酬作为选择工作的重要依据。工作的目的或动力主要来源于对收入和财富的追求，并以此改善生活质量，显示自己的身份和地位	
2	兴趣特长	以自己的兴趣和特长作为选择职业最重要的因素，能够扬长避短、择我所爱、爱我所选，可以从工作中得到乐趣、得到成就感。很多时候会拒绝做自己不喜欢、不擅长的工作	
3	权力地位	有较高的权力欲望，希望能够影响或控制他人，使他人照着自己的意思去行动，认为有较高的权力地位会受到他人尊重，从中可以得到较强的成就感和满足感	
4	自由独立	在工作中能有弹性，不想受太多的约束，可以充分掌握自己的时间和行动，自由度高，不想与太多人发生工作关系，既不想治人也不想治于人	
5	自我成长	工作能够给予受培训和锻炼的机会，使自己的经验与阅历能够在一定的时间内得以丰富和提高	
6	自我实现	工作能够提供平台和机会，使自己的专业和能力得以全面运用和施展，实现自身价值	

序号	职业价值观	主要内容	排序
7	人际关系	将工作单位的人际关系看得非常重要，渴望能够在一个和谐、友好甚至被关爱的环境工作	
8	身心健康	工作能够免于危险、过度劳累，免于焦虑、紧张和恐惧，使自己的身心健康不受影响	
9	环境舒适	工作环境舒适宜人	
10	工作稳定	工作相对稳定，不必担心经常出现裁员和辞退现象，免于经常奔波找工作	
11	社会需要	能够根据组织和社会的需要响应某一号召，为集体和社会做出贡献	
12	追求新意	希望工作的内容经常变换，使工作和生活显得丰富多彩，不单调枯燥	

要求：

1. 在 12 项职业价值观中选出 5 项"对我而言，我觉得最重要的是____"，并进行排列。
2. 在 12 项职业价值观中选出 5 项"对我而言，我觉得最不能失去的是____"，并进行排列。
3. 综合以上两次选择，请选出 5 项并进行排列。5 项中，哪项提升会带动所有项的提升？这就是关键点。

②职业价值观分类卡。通过职业价值观卡片的分类，鉴别出员工的价值观以及适合的职业，并根据自己认为生命中重要的、有价值的东西来做出职业生涯的决定。

2. 环境分析

环境分析是职业生涯规划中十分重要的前提，环境分析主要包括分析政治环境、经济环境、行业环境、企业环境、地区环境和家庭环境。

（1）政治环境。主要指国家政策、政治制度，尤其是新出台的就业政策，以及国家的政治氛围有哪些有利于员工职业发展的机会等。

（2）经济环境。主要指国家的经济发展情况，当前经济建设的重点、经济发展的战略、经济结构和产业结构的情况、劳动力市场供求情况等。

（3）行业环境。主要指所选择的行业发展现状，国内的重大事件对该行业发展的影响，该行业发展的优势、劣势、趋势，该行业的社会发展地位，以及自己进入该行业的人脉情况等。

（4）企业环境。主要指所选择的企业或者单位的类型，单位的企业文化理念、企业环境、工作氛围、发展前景、企业发展实力、在社会上的地位和声望，以及企业的领导人素质和战略眼光等。

（5）地区环境。主要指所在的地区具有优势发展前景的行业是什么，即将从事行业的需求，城市发展的经济实力，城市的文化氛围、医疗条件以及城市生活满意度等。

（6）家庭环境。主要指员工家庭的社会经济地位，家人对员工的职业期待，家人的价值观、人际关系、职业、受教育程度，家庭经济状况等。

3. 关键问题分析

关键问题分析主要包括分析影响职业成功的关键问题、问题发生的领域、问题的难度、自己与组织相互配合的情况。

（二）确定职业生涯发展目标与成功标准

1. 确定职业生涯发展目标

明确的职业目标是进行职业生涯规划的重点和关键。职业生涯发展目标包括人生目标、长期目标、中期目标、短期目标。一般情况下，要根据自己的专业、兴趣和价值观以及社会发展趋势确定自己的人生目标和长期目标，然后再把人生目标和长期目标分解为中期目标和短期目标。例如，"你想成为什么样的人？""你想取得什么成就？"这样的问题确定之后，你的人生目标也就确定了。然后再订出今后十年、五年、三年的计划，直到下月、下周的计划。

2. 确定职业生涯的成功标准

职业生涯成功是个人职业生涯追求目标的实现。职业生涯成功的含义因人而异，具有很强的相对性，对于同样的人在不同的人生阶段也有着不同的含义。每个人都应该对自己的职业生涯成功进行明确界定。对有些人来说，成功可能是一个抽象的东西，是从事一项自己喜欢的工作，有工作完成后的满足感和成就感。对有些人来说，成功可能是职务晋升、富裕的生活。

职业成功没有统一的标准，因人而异。从职业锚可以判断员工达到职业成功的标准。例如，对于管理型职业锚的员工来说，其职业成功在于升迁到高职位，获得管理更多人的机会和更大的管理权力；对于安全型职业锚的员工来说，求得一个稳定地位和收入不低的工作，有着舒适的工作环境和轻松的工作节奏，就是其职业成功的标志。要对职业生涯成功进行全面的评价，必须综合考虑个人、家庭、企业、社会等各方面的因素。有人认为职业生涯成功意味着个人才能的发挥以及为人类社会做出贡献，并认为职业生涯成功的标准可分为自我认为、社会承认和历史判定。

（三）确定职业生涯发展策略

职业生涯发展策略是指通过各种积极的具体行为和措施去争取职业目标的实现。职业生涯发展策略包括确定职业发展途径、实现职业角色转换和发展职业能力。

1. 确定职业生涯发展途径

职业生涯发展途径是当一个人选定职业后从什么方向上实现自己的职业目

标。发展途径不同，对其要求也就不同，而且在现实中，即便是同一职业也有不同岗位。因此，在职业生涯规划中必须做出抉择，以便使学习、工作及各种行为沿着你的生涯路线和预定的方向前进。

常用的确定职业生涯发展途径的方法是 SWOT 法，该法是战略管理学派用于企业竞争分析时使用的一种方法，是对个人的优势（strength）、劣势（weakness）、机会（opportunity）和威胁（theat）进行分析，对各种机会进行评估，选出最佳方案的一种评估方法。其中优势和劣势用来分析个人，机会和威胁用来分析外部环境，包括组织内部环境、社会环境、行业环境。通过 SWOT 分析，个人可以清楚自己的优势和劣势，以及自己有哪些职业发展机会和途径等。运用这些方法进行评估时，要尽可能对面临的各种职业发展机会进行评估，然后确定职业生涯目标，选出最佳发展途径。一般来说，有三种职业发展方向，即纵向发展、横向发展和核心方向发展。

2. 实现职业角色转换

要顺利实现职业角色转换，必须克服依恋和畏惧、自傲和浮躁的心理。并且做到及时调整职业心态，尽快适应新角色的要求，勤于观察思考，善于发现新问题，以坚强的意志战胜挫折，勇挑工作重担。

3. 发展职业能力

（1）管理能力转换。管理能力具有层次性结构，而且不同层级的管理人员，如基层管理人员、中层管理人员和高层管理人员，它所要求的管理能力是不一样的。在管理角色发生变化时，要尽快提升、转换管理能力以适应新角色要求。不同层级管理人员的能力要求，如表 6－4 所示。

表 6－4　　　　　　　　　　不同层级管理人员的能力要求

顺序	基层管理人员	中层管理人员	高层管理人员
1	业务知识、技能	领导统御力	领导统御力
2	统御力	企划力	先见性
3	积极性（行动力）	业务知识、技能	谈判力
4	谈判力	谈判力	领导魅力
5	企划力	先见性	企划力
6	指导培养部属能力	判断力	决断力
7	创造力	创造力	创造力
8	理解、判断力	积极性	管理知识、能力
9	管理实践能力	调整力	组织革新能力
10	发掘、解决问题能力	领导魅力	判断力

（2）专业能力转换。专业能力可以从两个角度来分析。有的人对专业知识、非专业知识都了解一些，但不精深；有的人专业知识精深，但其他领域的知识知之甚少。这些都不是理想的专业能力结构。理想的专业能力结构既精通专业知识，又对非专业知识了解很多。专业能力的开发方法很多，例如，企业内、外的教育；同一部门或不同部门的工作轮换；外派学习；参与专题小组；等等。

（四）职业生涯实施管理

确定了职业生涯发展策略后，行动成为关键。要保证职业生涯计划的实施，要注意：第一，执行计划是否做到了长期计划—年度计划—月计划—周计划—日计划的分解？第二，将在何时进行上述每一行动计划？第三，有哪些人将会加入这些行动计划？

考虑到影响职业生涯规划的因素很多，对职业生涯设计的评估与修正也很必要。对职业生涯进行评估时，要注意：第一，什么做得好？什么做得不好？第二，你还需要什么？是需要学习、需要扩大权力，还是需要增加经验？第三，怎样应用培训成果？拥有什么资源？第四，你现在应该停止做什么？开始干什么？培训和准备的时间如何安排？

职业生涯的修正是对自我的认知和对最终职业目标的界定。对于职业目标的界定，在刚开始时大多数是模糊抽象的，有的甚至是错误的。在经历了一段时间努力后，有意识地回顾自身的言行得失，可以检验自我定位的结论是否贴切，自己对职业目标的设想是否正确。研究表明，许多人都是在经过了一段时间的尝试和寻找之后，才了解自己到底适合从事什么领域的工作。职业生涯的修正内容包括：职业重新选择、职业生涯路径的重新选择、人生目标的修正、实施措施与计划的变更等。

＞第四节　组织职业生涯规划

一、组织职业生涯规划的含义

组织职业生涯规划是从组织角度对员工从事的职业和职业发展过程进行的一系列计划、组织、领导和控制活动，以实现组织目标和个人发展的统一。员工个人的职业发展都需要组织的参与和帮助，不能脱离组织而存在。组织根据自身的发展目标，结合员工发展需求，确立职业生涯目标，制定组织职业需求战略，选择职业通道，并采取必要措施对其加以实施，以实现组织目标与员工职业生涯目标的统一。

二、组织职业生涯规划的要素

组织如果要进行职业生涯规划，那么其人力资源系统必须具备以下三大要素。

（一）信息要素

组织要建立一套完善的信息系统。首先，该系统要包括组织的发展信息，如职位的空缺、各个岗位的任职资格标准、晋升标准等；其次，还要包括员工的发展信息，主要有员工个人的发展需求、能力特征、潜能潜质以及在组织内或组织外的发展意向等。组织的发展信息透明公开，员工就能对照自己向往的岗位有计划性地参与竞争，从而有了努力的方向。同时，了解员工的发展意向和能力特征，有助于组织对员工进行培训，并且有助于员工职业生涯的自我管理，尤其是可以帮助员工摒弃那些好高骛远的职业生涯目标，让组织有方向性地去培养员工。

（二）行动要素

组织职业生涯规划是组织有目的、有计划实施的激励工作。组织职业生涯规划绝对不是许诺员工"你在5年之后可以升为经理"之类的空头支票，而是一个结合了测评、规划、执行、评估、反馈等过程，对渠道、场地、人员、资料等均有要求的综合性的人力资源活动，是一个促进员工职业生涯发展的行动过程。

（三）评价要素

为了使组织职业生涯规划能够系统地开展，确保其有效性，必须辅以一套完善的评价系统。该评价系统主要用于评价组织职业生涯规划行动、过程和效果，从而为组织及其人力资源部门提供及时而全面的反馈，及时发现组织职业生涯规划方案、程序及行动中的问题，寻找对策，适时调整原有的计划和行动方案，从而促进员工的职业发展，极大地激励员工的工作积极性。

三、组织职业生涯规划的目标

组织职业生涯规划旨在将组织发展目标与组织内部员工个人的发展目标有机结合起来，综合看来，组织职业生涯规划目标主要体现在以下几方面。

（一）使员工与组织同步发展，以适应组织发展和变革的需要

任何组织的成功，都源于其拥有一批高素质的人才队伍，合理的组织生涯规划，将不断更新员工的知识、技能和创造能力，打造高素质的人才梯队，从而实现组织与员工的共同发展，确保组织在激烈的竞争环境中长期立于不败之地。

（二）优化人力资源组织结构，提高组织人力资源质量和效用

经过组织职业生涯规划的人力资源结构，比较容易达到组织内部的"人岗匹配"，使组织内部人力资源发挥最大作用。同时，合理的组织职业生涯规划也能

够为员工的价值体现提供一个良好的平台，并最终作用于组织发展。

（三）提高组织内部员工的满意度，降低员工流失率

通过组织职业生涯规划，即通过各种测评技术来了解员工在职业发展过程中想要得到什么，应该得到什么，从而帮助员工提高其对各个层次的满足感，达到激励目标。另外，组织通过协调组织结构和制定组织规划，帮助员工实现其职业生涯目标，这样就可以在很大程度上减少员工流失，增加员工对组织的忠诚度。

四、组织职业生涯规划的内容

（一）协调员工个人目标与企业目标

日本学者中松一郎在《人际关系方程式》一书中提出了"目标一致理论"，内容如下：$F = F_{max} \times \cos\theta$。式中，$F$ 表示个人实际发挥出的能力，F_{max} 表示个人最大潜在能力，θ 表示个人目标与企业目标之间的夹角。也就是说，当个人目标与企业目标不一致时，$F < F_{max}$ 并随着 θ 的增大而减小。因此，企业在对员工实施职业生涯管理时，要尽力协调好企业目标和员工个人目标，使二者相一致。全面了解员工的心理需求，引导员工个人目标向企业目标靠拢，使员工个人和企业形成共同利益体。如二者无法协调时，应适时进行必要的人员流动。

（二）为员工所从事的职业及职业发展方向提供指导

当员工进入企业某部门时，往往对自己即将从事的工作以及今后的职业发展方向不甚明了，这时最需要企业能提供相关的支持和帮助。作为企业来说，要让员工在走上工作岗位时明确知道自己将要从事工作的内容以及今后的发展方向。具体来说：首先，企业要能给员工提供一份准确完整的工作职位说明书，明确告诉员工此项工作的内容、职责、要求、与其他部门的联系情况等。其次，企业要为员工提供一份职业计划表，使各岗位的员工（包括普通员工、各层级的中高层管理人员以及专业技术人员）都能明确知道自己的职业发展和努力方向。企业要尽量避免单一的职业发展规划，为员工提供多渠道的职业发展方向，同时配套以相应合理的薪酬体系。最后，通过企业管理人员，特别是员工所在部门的管理者逐步了解员工的能力和专长，在此基础上结合部门和企业目标为员工个人职业发展规划提供指导和咨询，有条件时还可以通过外请专家的形式为员工提供职业发展自测、讲座、咨询等。

（三）帮助员工实现职业发展目标

企业如何帮助员工实现职业发展目标，具体来说：第一，了解员工的职业兴趣和职业生涯规划，结合企业发展需求尽可能满足员工职业发展需求；第二，及时向员工提供职位空缺或需求信息；第三，为员工提供适当的岗位轮换机会，增强员工拓宽知识和技能的能力，同时在岗位轮换中为企业了解员工的实际能力以及员工自我评价提供依据；第四，围绕企业的发展规划及对各类相关人才的需

求，为员工提供形式多样、层次完整的培训机会，同时制定激励机制，鼓励员工多渠道、多方式的自我培训；第五，建立积极、合理、有效的人才评估机制、绩效考核机制、薪酬福利机制以及合理的职位晋升和员工内部流动机制，保证员工获得公平、公正的职位竞争机会。

阅读资料

美国第一银行在企业内部成立了职业生涯资源中心，该中心则是以5P原则帮助员工发展职业生涯。这5P是指：

个人（person），帮助员工了解自己，包含自己的技能、价值观、兴趣，并且知道如何综合运用这些特质，找到适合自己的职业生涯路径。

看法（perspective），员工必须了解别人对他们的看法，并获得他们的主管、同事，以及其他工作相关人士的意见反馈。

位置（place），员工必须了解自己所在的位置，包含自己的职务、企业、产业，掌握变化的趋势，并且知道自己需要增加哪些技能以适应形势的发展。

可能（possibility），员工必须了解职业发展的可能性，在企业里，员工的发展成长有三种方式：第一种是垂直移动，也就是升迁；第二种是水平移动，虽然在同一级别里，但是更换不同的职务；第三种是不移动，虽然是同样的职务，但是让员工的工作内容丰富多元化和挑战性更高。

计划（plan），员工必须针对以上四方面拟订计划，决定自己需要增加哪些能力和技巧，以达到目标。

资料来源：刘洋. 职场压力管理［M］. 北京：中国经济出版社，2006：128－129。

五、组织职业生涯规划的步骤

（一）制定人力资源规划

人力资源规划是组织根据未来发展战略目标而制定的，人力资源规划通过预测组织在未来环境变化中人力资源的供给和需求状况，制定基本的人力资源获取、使用、维持和开发的策略。具体包括补充计划、晋升计划、配备计划等。组织在为员工进行职业规划前应明确组织现阶段的人力资源发展规划，这是进行职业生涯规划的前期准备。

（二）进行岗位分析

岗位分析是为了获得与工作相关的信息，是为员工制定有效的职业发展策略的起点。主要运用"岗位分析问卷""任务调查表""岗位分析面谈""关键事件调查"等方法获得岗位分析的基础数据，重点了解每个岗位直接升迁的岗位、可相互转换的岗位、由什么岗位升迁至此、其他可担任的岗位等。通过岗位描述和岗位要求，设计适合本组织的职业发展通道。

（三） 实施员工基本素质测评

主要通过对员工的个性特点、智力水平、管理能力、职业兴趣、气质特征、领导类型、一般能力倾向等方面的测评，对员工的长处和短处有一个全面的了解，为员工职业生涯目标的设立提供参考。此外，基于员工素质测评结果，为拟定员工培训方案提供依据。

（四） 建立与职业生涯规划相配套的员工培训方案

一般来说，员工培训方案的设计主要有以下两种：一是以素质测评为基础的培训方案设计。在原有培训管理的基础上，根据对员工基本素质测评和职务分析的结果，找出员工在能力、技能、个性、领导类型等方面与本职工作所存在的差距，以及今后职业发展路线会面临的问题，有针对性地拟定员工培训与开发方案。二是以绩效考核为基础的培训方案设计。依照绩效考核的结果，发现员工在工作中出现的问题，有针对性地拟定员工培训与开发方案，以适应本职工作和今后职业发展的需要。通过培训，进一步发现员工的潜在能力与特长，为其职业生涯规划打下良好基础。

（五） 实施员工职业生涯规划

通过培训、轮岗、绩效考核等人力资源活动，帮助员工逐步实现员工职业生涯规划所列的规划目标。在实施过程中，组织应及时听取员工对职业生涯规划实施的有效反馈，并根据反馈的信息，对组织职业生涯规划的实施进行有效的评估。

（六） 修正和完善职业生涯规划制度

对职业生涯规划评估过程中发现的问题，提出改进和完善的建议和措施，及时修正职业生涯规划的制度和规范。通过对制度和规范的修正、完善，可以及时纠正最终职业目标与阶段目标的偏差，同时还可以极大地增强员工实现职业目标的信心。

▶ 复习思考题

1. 职业生涯规划的概念。
2. 职业生涯规划的心理学理论。
3. 员工职业生涯规划的流程。
4. 组织职业生涯规划的内容及步骤。

▶ 案例分析

国外企业员工职业生涯规划启示

职业生涯管理在国外一些国家早已有相当广泛的实践且存在共性特征，驱动职业生涯管理开发的因素主要有：公司战略规划；缺乏可提拔的人才；内容提升和开发愿望。开发方式主要有：内部培训和开发计划；职业讨论；职务委派；员工定向计划。在开展职业生涯规划之前，给予资源支持，系统实施及做好责任落实。

各企业职业生涯管理的具体实践情况如下：

一、埃克森美孚石油公司职业生涯管理

埃克森美孚石油公司的职业生涯管理是相当成功的，主要涉及以下几个方面：第一，人力资源目标：一个长达五年的人力资源预测，包括对人力资源需求与成本的估计。第二，目标管理：将长期性的企业目标层层分解，落实到部门及个人，成为部门和员工的目标。第三，工作考评：每年定期从目标管理的准则上评价员工的表现，从而决定薪酬的调整。第四，员工潜质的预测：根据员工的优缺点对员工做出评价，从而制定员工的发展计划。第五，员工职位安排总结：可以显示企业现在及将来职位的安排，包括现任职位与将来可能安排的调动。第六，职业发展研讨会：由各部门开展，将讨论资料提请高层人士作为人力资源规划的参考。第七，指导与辅导。第八，职业生涯的工作研讨会。帮助员工了解企业需要的技能和自己擅长的技能，制定与公司需要相匹配的职业生涯规划。

二、BP 公司的全员职业生涯管理计划

BP 公司鼓励并帮助员工为自己的职业生涯发展制定计划，并建有完善的人力资源管理管理体系，为员工发展提供空间。举措有：第一，有完整清晰的岗位描述。第二，每个员工都应与自己的主管领导每年至少讨论一次职业发展计划，主管领导和人事部门应支持和帮助员工去实现这个计划。第三，领导和下属签订业绩合同，告诉下属在其工作岗位上应该有什么样的业绩，并定期进行沟通。第四，建立完善的培训系统。第五，公司以公平公正且具有竞争力的薪酬福利政策吸引人才。第六，建有完善畅通的职位信息系统，向员工提供多渠道的职业发展机会。第七，领导与下属进行共同讨论下属的职业发展计划，回顾业绩，并指出如何进一步提高。

三、阿莫科石油公司的员工职业生涯管理计划

阿莫科石油公司促动员工与其上级就职业生涯开发问题进行对话，制定员工个人发展的书面计划。辅助工作还有对员工及其主管培训、岗位需求信息发布、管理层的反馈与评审。在职业生涯开发体系中，员工负责对自己和公司进行评估、设定个人目标、制定行动计划；领导者负责提供建议和支持；公司负责提供有助于切实开展员工职业生涯管理的环境，确定战略发展方向并扶持专业技术发展。

资料来源：李丹．智库·文档［EB/OL］．http：//doc．mbalib．com/view/a415986b8b14cc572c5fd0ea3f5e5a92．html。

思考：

1. 你认为国外企业在员工职业生涯规划和管理方面取得了哪些经验？

2. 结合三家公司的经验，你认为如何才能做好员工职业生涯管理工作？

第七章

人员激励心理

学习目标 通过本章的学习，理解激励理论；了解激励的含义、意义及作用；重点掌握激励的原则及方法。

引导案例

为什么高工资没有高效率

A公司是一家生产电信产品的公司。在创业初期，依靠一批志同道合的朋友，大家不怕苦不怕累，从早到晚拼命干。公司发展迅速，几年之后，员工由原来的十几人发展到几百人，业务收入由原来的每月十几万元发展到每月上千万元。企业大了，人也多了，但公司领导明显感觉到，大家的工作积极性越来越低。

A公司的老总张成一贯注重思考和学习，为此特别到书店买了一些有关成功企业经营管理方面的书籍来研究，他在《松下幸之助用人之道》中看到这样一段话："经营的原则自然是希望能做到'高效率、高薪资'。效率提高了，公司才可能支付高薪资。但松下先生提倡'高薪资、高效率'时，却不把高效率摆在第一个努力的目标，而是借着提高薪资，来提高员工的工作意愿，然后再达到高效率。"他想，公司发展了，确实应该考虑提高员工的待遇，一方面，是对老员工为公司辛勤工作的回报，另一方面，是吸引高素质人才加盟公司的需要。为此，A公司重新制定了薪酬制度，大幅度提高了员工的工资，并且对办公环境进行了重新装修。

高薪的效果立竿见影，A公司很快就聚集了一大批有才华有能力的人。所有的员工都很满意，大家的热情高，工作十分卖力，公司的精神面貌也焕然一新。但这种好势头不到两个月，大家又慢慢回复到懒洋洋、慢吞吞的状态。

A公司的高工资没有换来员工工作的高效率，公司领导陷入两难的境地，既苦恼又彷徨不知所措。那么症结在哪儿呢？

资料来源：为什么高工资没有高效率 [EB/OL]. 国家精品课程资源网，http：//www. jingpinke. com。

A公司出现的这种情况是一个普遍现象，很多企业都经历了这样一个过程，在创业初期，每个人都可以不计报酬、不计得失、不辞辛劳，甚至加班加点、废寝忘食。但是，只要企业一大，大家这种艰苦奋斗、不计报酬的奉献精神就没有了，关心企业、互相帮助的组织氛围也消失了。因此，如何有效地激励员工，满足他们的心理需要对调动员工的工作积极性，提高组织效率具有重要的意义。

＞第一节　激励概述

美国通用食品公司总裁弗朗克斯曾说，在人力资源管理中，我们可以买到一个人的时间，可以雇佣一个人到指定的岗位工作，甚至可以买到按时或按日计算的技术操作，但我们买不到热情，买不到主动性。激励就是争取员工热情、主动性的过程。良好的激励能够大大激发员工的工作热情和工作动机，调动员工的积极性、主动性和创造型，充分发挥员工的主观能动性。

一、激励的含义

所谓激励是指持续激发人的动机，使人有一股内在动力，朝着所期望的目标前进的心理活动过程。简言之，就是在工作中调动人的积极性的过程。在人力资源管理活动中，激励特指组织创造满足员工各种需要的条件，激发员工的工作动机，使其产生实现组织目标的特定行为的过程。激励的产生离不开需要的满足或动机的加强。一个有效的激励手段是符合人的心理和行为活动的客观规律的；反之，不符合人的心理活动客观规律模式的激励措施就不会达到调动人的积极性的目的。

激励是一个非常复杂的过程，它从人的需要出发，需要引发动机，动机产生行为，行为指向目标。即人的行为都是在动机驱使下出现的，而动机又是在需要基础上产生的。激励过程如图7-1所示。

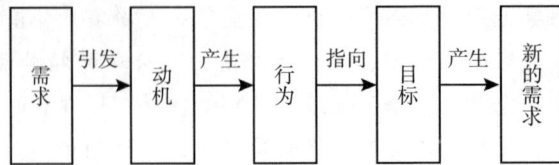

图 7-1 激励过程

需要，是人的一种主观体验，是人们在社会生活中对某种目标的渴求和欲望，是人们行为积极性的源泉。需要的产生是由于个体内部生理或心理上存在着某种缺乏或不平衡状态，例如，血液中血糖成分下降就会产生饥饿求食的需要；寂寞孤独就会产生与人交往的需要等。人的需要一旦被人们所意识，它就以动机的形式表现出来，从而驱使人们朝着一定的方向努力，以达到自身的满足。人的需要主要包括三个方面：一是生理变化引起的需要，生理性需要是人与生俱来的，它反映的是人对延续生命、繁衍后代所必需的客观条件的需求；二是社会外部因素影响诱发的需要，如对劳动工具、生活用品等方面的需求；三是心理活动引起的需要，如参加社会活动、对事业的追求等。

动机，是推动个体从事某种活动的内在力量，是建立在需要基础上的。当人们有了某种需要而又不能满足时，心理便会产生一种紧张和不安，这种紧张和不安就成为一种内在的驱动力，促使个体采取某种行动。但是，需要激发动机的条件，必须是指向某个特定目标和对象时，才能激发相应的动机。可以说，需要是作为主体的内在因素起激活作用，目标是作为外在因素起诱发作用。例如，当人处于饥饿状态时，迫切想吃东西，可进到一个又脏又乱的饭店时，就不会激发在此就餐的动机。又如，人口渴时就要喝水，水是满足生理需要和解除生理紧张的手段，但是随着人们生活水平的提高，有时人们可能更想喝清香的茶、有营养的果汁，所以，当人口渴时，他会更多地去寻找这些东西。因此，动机的产生是在生理因素的驱动下，受社会因素的影响，通过学习而得来的，具有明显的社会性。

行为，是有机体在各种内外部刺激影响下产生的活动。行为是人的外在活动表现，是人表现出的和生理、心理活动紧密相连的外显运动、动作或活动。行为由一连串的动作组成。

人们在动机的推动下，向目标前进，目标达到后，需要得到满足，紧张和不安的心理状态就会消除。随后，又会产生新的需要，引起新的动机和行为。这是一个循环往复、连续不断的过程。

二、激励的作用

激励在人力资源管理活动中是非常重要的，它对调动员工潜在积极性，出色完成工作目标，不断提高个人和组织绩效具有十分重要的作用。

（一）有利于组织吸引并留住人才

一个富有激励效果的机制，可以吸引优秀的人才并使其长期为组织工作。在许多企业中，特别是那些竞争力强大、实力雄厚的企业，为了吸引人才，往往都会通过优惠政策，高的福利待遇，创造好的工作条件等激励手段来吸引和留住企业需要的人才。

（二）有利于组织竞争力的提高

激励有助于形成一种人人争先的竞争气氛，有效地开发员工潜能，促使他们进行技术革新，提高整个组织生产效率。此外，激励能增强员工对企业强烈的认同感、归属感和对企业发展的责任感与自信心，形成坚强的团队精神，使企业的竞争力得到提升。

（三）有利于提高员工工作效率

企业关心绩效，因为有了好的绩效，企业才能生存。企业要有较高的绩效水平，就要求员工有较高的个人绩效水平。在企业中，我们常常可以看到有些才能卓越员工的绩效却低于能力一般的员工，可见，好的绩效水平不仅仅取决于员工的个人能力，还取决于激励水平，即工作绩效 $=f($ 能力 $\times$ 激励水平$)$。激励水平也是工作行为表现的决定性因素，员工能力再高，如果没有工作积极性，也是不可能创造出好的工作绩效的。因此，在环境条件相同的情况下，能力强、激励到位的员工，工作绩效肯定高；而能力强、激励不到位者，绩效就有可能低。

（四）有利于开发员工的潜能

激励可为人的行为提供动力，调动人的积极性、主动性。美国哈佛大学的詹姆士（W. James）教授在对员工激励的研究中发现，按时计酬的分配制度仅能让员工发挥 20% ~30% 的能力，如果受到充分激励的话，员工的能力可以发挥出 80% ~90% ，也就是说，一个人在受到充分激励后发挥的作用相当于激励前的 3 ~4 倍。

总之，以调动人的积极性为主旨的激励是人力资源开发和管理的基本途径和重要手段。企业管理中引入激励机制不仅是企业现代化管理的表现，更是迎接未来挑战的一剂良方。

三、激励的类型

企业在进行员工激励时既要考虑激励对象的多样化，又要考虑激励方法的多样性。不同的激励形式和方法对行为过程会产生程度不同的影响，因此，采用多样化的激励形式和方法对企业的持续发展具有重要意义。

（一）物质激励与精神激励

从激励内容角度可以将激励分为物质激励和精神激励。物质激励以物质作为奖励物品，以物质刺激为手段，对人的某种行为予以肯定与表扬，使人保持和发扬某种行为。物质激励主要从物质需要方面来调动员工的工作积极性，鼓励员工工作，这是一种外在的激励形式。物质激励的表现形式有正激励，如发放工资、奖金、津贴、福利等；负激励，如惩罚、减薪等。精神激励通过对员工精神上的嘉奖和鼓励，例如，通过授予某种具有象征意义的符号，对组织成员的行为方式和价值观念给予认可、赞赏（如晋升职称、授予荣誉称号、评价劳动成果、信任、尊重等），以满足员工心理上的需要，激发员工的精神动力。物质激励和精神激励各有侧重点，他们相互联系，相互补充，但不能互相替代。

（二）正激励和负激励

从激励性质角度可以将激励分为正激励和负激励。正激励就是当一个人的行为符合社会的需要时，通过奖赏、支持、强化等方式来鼓励这种行为，以达到持续和发扬这种行为的目的。负激励就是当一个人的行为不符合社会需要时，通过制裁的方式，例如，给予某些不愉快的对待，取消他需要的某些东西等，来抑制这种行为，以达到减少或消除这种行为的目的。正激励与负激励作为激励的目的是一致的，都是要对人的行为进行强化，不同之处在于二者的方向相反。正激励起正强化的作用，是对行为的肯定；负激励起负强化的作用，是对行为的否定。

（三）内激励与外激励

从激励形式角度可以将激励分为内激励与外激励。内激励是指由工作本身引发的，源自于员工内心的激励；外激励是指由工作本身以外因素引发的，与工作任务本身无直接关系的激励。内激励通过启发诱导，培养人的自觉意识，形成某种观念，使人从工作本身上找到成就感、责任感、光荣感，使员工把更好地完成工作当成第一需要，从而形成自觉、积极、主动干好本职工作的意识，并为组织发展献计献策。外激励通过工作完成之后的物质报酬和精神奖励与在工作场所以外所获得的满足感等激发员工的动机，调动员工的积极性。内激励与外激励都是不可缺少的，没有内激励工作将变得枯燥无味，没有外激励工作不可能持久的持续下去，只有内外激励结合，才能调动一个人的积极性。

❯ 第二节　激励理论

激励理论是关于如何满足人的各种需要、调动人的积极性的原则和方法的概括总结。20 世纪二三十年代以来，工业与组织心理学家们就从不同的角度开始研究人员激励问题，并提出了很多激励理论，大体上可以分为三类：内容型激励理论、过程型激励理论、行为改造型激励理论。

一、内容型激励理论

内容型激励理论主要对激励的原因和起激励作用的因素的具体内容进行研

究。代表性的理论有：马斯洛的需要层次理论、赫茨伯格的双因素理论、麦克利兰的成就需要理论、阿尔德弗的 ERG 理论。

（一）需要层次理论

1. 需要层次理论概述

需要层次理论是由美国人本主义心理学家亚伯拉罕·马斯洛（Abraham Maslow）在 1943 年所著的《人的动机理论》一书中首先提出的。马斯洛认为，人的需要由低到高主要分为 5 个层次：生理的需要、安全的需要、归属与爱的需要、尊重的需要、自我实现的需要。具体如图 7-2 所示。

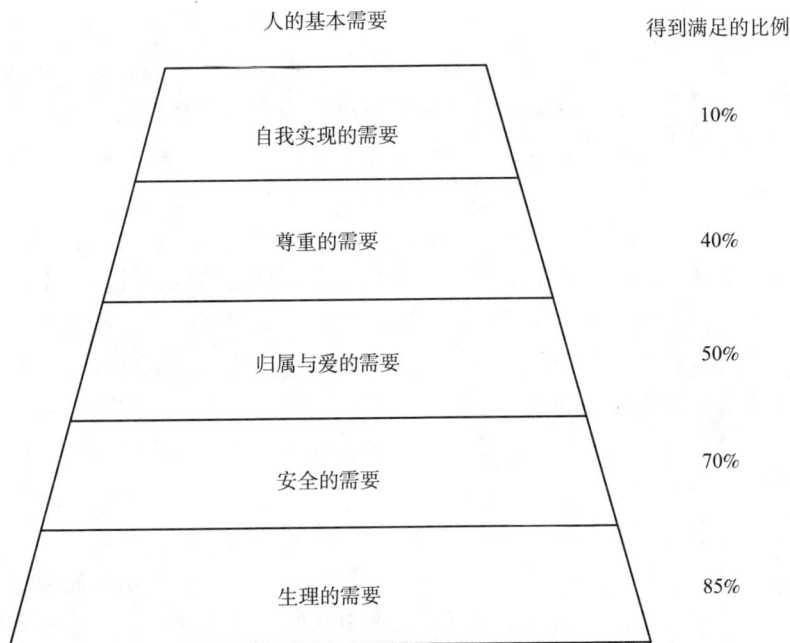

人的基本需要　　　　　　　　　　　　　　　得到满足的比例

自我实现的需要	10%
尊重的需要	40%
归属与爱的需要	50%
安全的需要	70%
生理的需要	85%

图 7-2　马斯洛需要层次理论

（1）生理的需要。是人类最原始、最基本的维持个体生存的需要，如饮食、性、睡眠、排泄等。这些需要如果不能满足，人的生命就会受到威胁，因此，这些需要也是人类最强烈、最迫切的需要，由此产生的动力也是很强大的。对于大多数人来说，这类需要容易满足。在组织环境中主要通过为员工提供合适的工资、良好的工作环境等来满足员工的生理需要。

（2）安全的需要。是指寻求依赖和保护，避免危险与灾难，维持自我生存的需要。这类需要主要包括人身安全、职业安全、生活稳定、社会保险、社会秩序与治安、退休金与生活保障等。在工作中，安全需要直接影响到人的工作情绪和态度，人们在选择工作时，会考虑组织的安全背景。安全可靠的组织，员工没有后顾之忧，情绪稳定。但是如果过分地强调工作的安全性也会抑制人们的进取心和创造性。

（3）归属与爱的需要。是指对亲情、友情、给予和接受关怀的需要。马斯洛认为，人希望得到爱和爱他人；希望交友融洽、相互忠诚信任、有和谐的人际关系；希望依附一定的组织和团体，被团体接受。组织如果能够提供满足这些需要的环境，则会提高员工的工作积极性，更好地完成组织目标。如果工作环境中的人际关系冷漠、勾心斗角，则会导致员工工作积极性不高，工作效率低下。因此，组织应建立有效优秀的组织文化，构建和谐的工作团队，使员工有交流沟通的机会，相互之间关心和照顾，有归属感。

（4）尊重的需要。是指自尊和受别人尊重的需要。自我尊重方面，如独立、自信、成就等；社会尊重方面，如名誉、地位、被他人尊敬等。尊重的满足使人相信自己的力量和价值，使人在工作中变得更有能力，更富有创造性。组织可以通过给予外在的成就象征，如授予荣誉称号、加薪、晋升，也可以采纳员工的建议、提高在工作中的地位等，来满足员工的尊重的需要。

（5）自我实现的需要。这是最高级的需要，是指最大限度地发挥自己潜能的需要，包括实现自己理想和抱负、完善自我、发挥自己的能力等。当上述四种需要得到满足后，个体还会有紧张的心理状态出现，希望完成与自己能力相当的工作，使自己的潜能得到充分的发挥，这就是平时所说的有进取心和创造性，在工作中表现为出色完成任务的欲望，喜欢承担挑战性的工作。组织可以通过提供晋升与培训的机会、自由宽松的工作环境、富有挑战性的工作来满足员工的自我实现的需要。

马斯洛后来又在尊重需要和自我实现需要之间加入了认知和审美需要。认知需要包括好奇心、求知欲、探索心理以及对事物的认知理解。审美需要指人由追求匀称、整齐、和谐、鲜艳、美丽等特征而引起的心理上的满足。有强烈审美需要的人希望有一个令人愉悦、舒适、美观的环境，当他们的这种需要不能满足时，会产生心理紧张，对他们的活动产生不良的影响。

2. 需要层次之间的相互关系

（1）马斯洛认为，需要是按次序逐级出现并得到满足的。当某一种需要没有满足的时候，人会去追求它，产生一种内驱力，当这种需要满足以后就不再产生动力，这时会产生高层次的需要，再驱使人去追求它。需要层次越低，它的力量越强。需要层次越高，得到满足的比例越小。

（2）马斯洛认为，在同一时间内，人可能存在多种需要，其中占优势地位的需要对人的行为起主导作用。任何一种需要并不因为下一个高层次需要的发展而消失，各层次的需要相互依赖与重叠，高层次的需要发展后，低层次的需要仍然存在，只是对行为影响的比重减轻了而已。

　　马斯洛需要理论对人的需要分类比较细致，符合人的需要多样性的特点，他提出人的需要有一个从低到高的发展演进过程，而且指出需要具有递进式发展的性质，每个时期有一个主导的需要出现，他的这些观点与人类需要发展和表现特点基本符合。

　　但是马斯洛的需要理论也有局限和不足，首先，基于存在主义的哲学基础，他认为"人在其自身本性中存在一种驱力，推动他趋向越来越完满的存在，趋向于人性越来越充分地实现。"他的观点有否认社会存在对人的成长产生影响之嫌。其次，他提出的低级需要没有得到满足时，高级需要就不会产生发展，这个观点也是不符合客观实际的，他忽视了人的主观能动性，忽视了为了崇高理想，人可以忍受物质条件匮乏带来的痛苦的事实。七种需要的次序不是绝对固定的，有时会出现退行或跳越的情况。退行是指一个曾有过高层次需要的人，由于生活境况的巨大变化，可能减少或丧失高层次需要，退而转向注重低层次需要。跳越是指当一个人为某种崇高理想而执着奋斗时，他对其他低层次需要可以跳越过去或暂时不加考虑。

　　3. 需要层次论对人力资源管理的启示

　　管理者在制定管理制度、措施时应充分考虑员工的需要。首先，生理和安全需要是人最基本的需要，必须把员工的衣食住行、安危冷暖放在首位，唯有此才能让员工安心地工作。其次，为员工高层次需要的满足提供机会和条件。再次，不同员工之间，由于职业、年龄、个性、物质条件、社会地位等不同，需要层次也会存在差异，应善于针对员工不同层次水平的需要，分别给予不同方面的满足，使员工各得其所，充分调动人的主动性和创造性。最后，需要层次理论是建立在美国文化价值观基础上的，其分类可能具有普遍性，但所划分的层次则会随着不同文化的差异而发生变化。例如，以避免不确定性为文化价值导向的日本等国家，安定的工作与长期雇佣对员工所起的激励作用可能要超过自我价值的实现；而中国和韩国等强调集体主义和团队精神的国家，归属感和安全感比满足成长需要可能更为重要。因此，在进行跨文化管理时，要注意不同国家文化价值观的差异，有针对地进行差异化管理。

　　马斯洛的需要层次与管理措施，具体如表7－1所示。

表7－1　　　　　　　　　　马斯洛的需要层次与管理措施

需要层次	追求的目标	管理制度与措施
生理需要	工资、良好的工作环境、福利	基本工资、基本医疗、工作时间、住房、福利设施
安全需要	就业保障、意外事故的防止	职业保证、退休金制度、健康保险制度、意外保险制度

需要层次	追求的目标	管理制度与措施
归属与爱的需要	友谊、团体的接纳与组织的一致	团体活动制度、利润分配制度、协谈制度、互助金制度、娱乐制度
尊重需要	地位、名誉、权力、与他人收入的相对比较	人事考核与晋升制度、表彰制度、选拔进修制度、委员会参与制度
自我实现需要	挑战性的工作、能发挥个人特长、有成就感	培养发展计划、提案制度、劳资会议、决策参与制度

（二）双因素理论

双因素理论又称"激励—保健因素"理论，是美国心理学家弗雷德里克·赫茨伯格（Fredrick Herzberg）提出的。20 世纪 50 年代末期，赫茨伯格在对企业工程师、会计师工作满意度的调查中发现，导致人们对工作满意与不满意的因素是截然不同的，引起人们不满意的因素是一些工作的外在因素，称为保健因素；能给人们带来满意的因素，通常是工作内在因素，是由工作本身所决定的，称为激励因素，如图 7 - 3 所示。

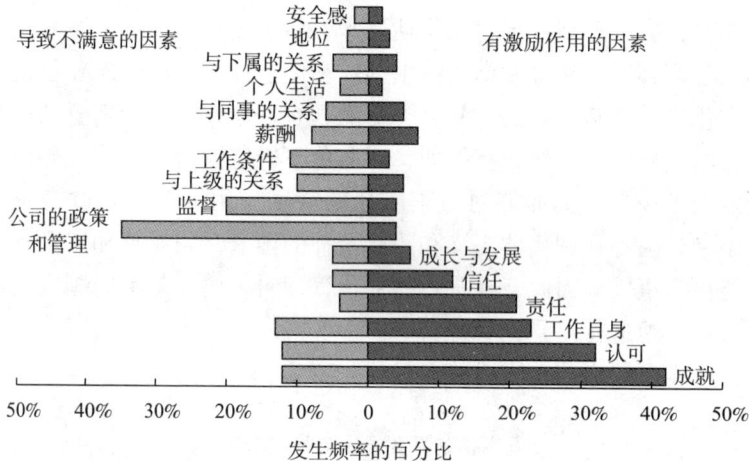

图 7 - 3 双因素理论——满意因素与不满意因素的比较

1. 双因素理论主要内容

（1）保健因素。又称维持因素，主要是与工作的外在条件有关的因素。包括组织的政策和管理、工作条件、人际关系、薪酬、工作环境、个人地位、职务保障等。保健因素没有激励人的作用，但却带有预防性、保持人的积极性、维持工作现状的作用。也就是说，如果不具备这些条件，会引起员工的不满与消极情绪，当企业具备了这些条件，则可以预防与消除员工的不满，然而起不到直接激励的作用。保健因素的满足对员工产生的效果类似于卫生保健对身体健康所起的作用。保健从人所在环境中消除有害于健康的事物，不能直接提高健康水平，但有预防疾病的效果。

（2）激励因素。是与工作本身、工作内容有关的因素，包括工作富有成就感、工作成绩能得到他人认同、工作本身具有挑战性、有很好的发展前途、工作具有责任感等。当这些因素缺乏时，员工处于工作满意度很低的状态，但影响不会很大。当这些因素得到改善，企业具备了这些条件，员工则可获得高度的满意度，工作积极性、创造性和工作热情也会得到激发，体现出较高的工作绩效。

2. 双因素理论对人力资源管理的启示

（1）注意保健因素的作用，应努力创造良好的工作环境条件，以消除员工的不满情绪。这样对稳定工作秩序，提高管理效率有积极的作用。

（2）在改进与完善保健因素的基础上，采用激励因素去激发员工的工作热情。主要通过以下手段来激励员工：一是改进、丰富工作内容，尽可能给予完整的工作任务，使员工从工作中感受到成就、责任和成长；二是减少对员工管理上的控制，增加他们的自主性、权力以及自由，鼓励他们从事新颖的、有挑战性的工作，使员工能充分发挥自己的潜能；三是对员工的工作业绩及取得的成就及时给予反馈和肯定，使他们感受到受重视和信任。

（3）注意处理好保健因素与激励因素的关系。一是不能忽视保健因素的作用，但也不能过于注重改善保健因素。赫茨伯格研究发现保健因素的作用是一条递减曲线，当员工的工资、奖金等报酬达到某种程度后，其作用就会下降，过了饱和点，还会起到相反作用。二是还要善于把保健因素转化为激励因素。保健因素和激励因素是可以转化的，关键是要把保健因素的获取和改善同员工的绩效挂钩，这样保健因素就能转化为激励因素，对员工起激励作用。否则，奖金发得再多也没有激励作用。

（三）成就需要理论

1. 成就需要理论主要内容

美国哈佛大学教授大卫·麦克利兰（David McClelland）在对人的需要和动机研究的基础上，提出了著名的"三种需要理论"。他认为，个体在工作情境中有三种重要的动机或需要。

（1）成就需要。是争取成功并希望做得最好的需要。麦克利兰认为，具有强烈的成就需要的人渴望将事情做得更为完美，提高工作效率，获得更大的成功，他们追求的是在争取成功的过程中克服困难、解决难题、努力奋斗的乐趣，以及成功之后的个人成就感，他们并不看重成功所带来的物质奖励。

高成就需要者寻求能发挥其独立处理问题能力的工作环境。对于自己感到成败机会各半的工作，表现得最为出色。他们不喜欢成功可能性非常低的工作，这种工作碰运气的成分非常大，那种带有偶然性的成功机会无法满足他们的成就需要；同样，他们也不喜欢成功可能性很高的工作，因为这种轻而易举取得的成功对于他们的自身能力不具有挑战性。他们喜欢设立具有适度挑战性、通过自身的努力才能达到的奋斗目标，因此，为成就需要强烈的员工提供具有挑战性的工作对其具有激励作用。

阅读资料

高成就需要的特征

麦克利兰认为，个体的激励水平取决于其追求卓越、力争成功的意愿强度。而成就需要的强烈程度与人的童年经历、职业经历以及所在组织的风格有关。高成就需要者有四个方面的特征：第一，愿意为自己设立目标，并承担责任。他们极少随波逐流，任命运左右，总是热衷于挑战，力求有所建树。他们不喜欢寻求别人的帮助，但是肯求教于能提供他们所需要技术的专家们。他们会尽可能地承担达到他们目标的责任。赢了，将要求应得的荣誉；输了，也甘愿接受责备。高成就需要者喜欢研究解决问题，而不喜欢依靠机会或其他人来取得成果。第二，高成就需要者不会选择高难度的目标，而宁愿选择中等难度的目标。麦克利兰的研究证明，高成就需要者敢于冒风险，又能以现实的态度对待风险。他们不愿意选择过于容易的任务，也不愿选择过于困难而无法完成的任务。这样不会因为太容易而缺乏满足感，也不会因为太困难而全凭运气。第三，喜欢能及时提供反馈的工作。他们喜欢那些在实现目标的过程中能提供及时和明确反馈信息的职业和工作，如有明确销售指标规定的销售工作等；而不喜欢绩效没有明确标准和时间过长的工作。第四，从完成工作中获得很大的满足。高成就需要者主要从完成工作所取得的成就中获得快乐，而并不单纯追求物质报酬。他们将物质报酬仅仅作为衡量自己成就的一项重要指标，要是认为物质奖励未能充分反映其贡献，则会引起他们的不满，以至跳槽。

（2）权力需要。是指影响和控制别人的一种愿望或驱动力。不同的人对权力的渴望程度有所不同，权力需要较高的人喜欢建议、支配、指挥、影响他人，注重争取地位和影响力，他们喜欢具有竞争力和能体现较高地位的场合和情境，他们追求出色的成绩，但他们这样做并不像高成就需要的人那样是为了个人的成就感，而是为了获得地位和权力。因此，拥有更大的权力对权力需要高的员工具有更大的激励作用。

麦克利兰将管理者的权力分为两种：个人权力和职位性权力。追求个人权力的人围绕个人需要行使权力，在工作中需要及时反馈和倾向于自己亲自操作。职位性权力要求管理者与组织共同发展，自觉接受约束，从体验使用权力过程中得到一种满足。如果管理者把权力行使建立在个人需要基础上，不利于他人来续位。

（3）亲和需要。是寻求被他人喜爱和接纳，建立友好、亲密的人际关系需要的愿望。高亲和动机的人更倾向于与他人进行交往，至少是为他人着想，希望得到他人的信任和关心，渴望友谊，喜欢合作而不是竞争的工作环境，希望彼此之间的沟通和理解。他们对环境中的人际关系更为敏感。亲和需要是保持社会交往和人际关系和谐的重要条件。因此，提供和谐、融洽的工作氛围对亲和需要高的员工有较强的激励作用。

麦克利兰对成就需要与工作绩效的关系进行了推断。首先，高成就需要者喜欢能独立负责、可以获得信息反馈和中度冒险的工作环境。他们会从这种环境中获得高度的激励。其次，高成就需要者并不一定就是一个优秀的管理者，因为高成就需要者往往只对自己的工作绩效感兴趣，并不关心如何影响别人去做好工作。再次，亲和需要、权力需要与管理的成功密切相关，最优秀的管理者往往是权力需要很高而亲和需要很低的人。最后，可以对员工进行训练来激发他们的成就需要。如果某项工作要求高成就需要者，那么，管理者可以通过直接选拔的方式找到一名高成就需要者，或者通过培训的方式培养自己原有的下属。

2. 成就需要理论对人力资源管理的启示

首先，在人员的选拔和安置上，通过测量和评价一个人动机体系的特征对于如何分派工作和安排职位有重要的参考价值。对于具有高成就需要的员工，管理者可以为他们提供具有挑战性的、难度高的工作任务，并且及时对他们所完成任务或成绩进行反馈。其次，针对不同需要的人采取不同的激励方式，了解员工的需要与动机有利于合理建立激励机制。例如，对高亲和需要的员工，管理者应时刻让员工感觉到自己是团队中的一员，经常性地关心、激励他们，让员工在组织中感觉到自己受到重视，增强其归属感。最后，动机是可以训练和激发的，因此可以训练和提高员工的成就动机，以提高生产率。

（四）ERG 理论

1. ERG 理论主要内容

ERG 理论是美国耶鲁大学的克雷顿·阿尔德弗（Clayton Alderfer）在马斯洛需要层次理论基础上提出的。阿尔德弗将马斯洛所提出的五个层次的需要合并为三个层次。

（1）生存需要（existence，E）。生存需要是指人在衣、食、住、行等方面的物质需要，是人最基本的需要。相当于马斯洛的生理和某些安全性的需要。

（2）相互关系的需要（relatedness，R）。相互关系的需要是指个人在工作环境中与他人之间的人际关系。人的生存需要得到满足后，自然就会要求通过与别人分享和交流感情来满足相互关系的需要，这种需要类似于马斯洛的安全、社交和某种尊重的需要。

（3）成长的需要（growth，G）。成长的需要是个人谋求发展和提高的内在需要。成长需要的满足，表现为个人所从事的工作能否充分发挥他的才能，以及通过工作能否培养新的才能。成长的需要相当于马斯洛的自我实现和某些自我尊重的需要。

ERG 理论的基本观点主要体现在关于三个需要层次之间的关系上。一是各个层次的需要满足越少，则这种需要越为人们渴望追求。如满足生存需要的工资越低，人们越是渴望获得更高的工资。二是较低层次的需要越是获得满足，对高层次需要的渴望追求也越大。如人的生存需要和关系需要获得满足后，对成长需要的追求也越强烈。三是当人的较高层次需要越是不能获得满足或缺乏，则对较低层次需要的追求也就越多。即所谓的"挫折—倒退"模式。如当一个人成长需要不断遭受挫折时，人就会转向追求关系需要和生存需要的满足。

2. ERG 理论与马斯洛需要层次理论的比较

ERG 理论不像马斯洛需要层次理论那样强调需要层次的顺序，阿尔德弗认为，人的多种需要可以同时并存，不一定要等到低层次的需要得到满足后才能进入高层次的需要。在生存和关系需要没有得到满足的情况下，一个人也可以为成长需要而工作，或三种需要同时起作用。而当某种需要得到满足后，其强度也不一定减弱，可能上升为高级的需要，也可能停留在这层需要上。阿尔德弗需要理论克服了马斯洛需要层次理论的局限，避免了将各种需要概念化地纳入某个层次系统的缺陷，认为任何一种需要在任何一个时刻获得满足都可以产生积极的作用。

3. ERG 理论对人力资源管理的启示

在人力资源管理过程中，管理者应根据员工需要和自身素质的特点设置适当的目标，如果目标设置得过高或过低都无法达到激励的目的。此外，当个体成长需要无法满足时，领导者可以通过一些具体的激励措施和手段使员工修正自己的行为，转向满足关系需要或生存需要。

二、过程型激励理论

过程型激励理论主要研究从动机的产生到采取行动的心理过程，探讨人们的需要怎样通过相互作用和相互影响以产生某种行为，行为怎样向一定的方向发展，怎样保持和结束。过程型激励理论主要包括期望理论、公平理论和目标设置理论等。

（一）期望理论

1. 期望理论主要内容

期望理论是美国行为学家维克托·弗鲁姆（Victor H. Vroom）在 1964 年首次提出的。该理论的基础是，人之所以能够从事某项工作并达成组织目标，是因为这些工作和组织目标会帮助他们达成自己的目标，满足自己某方面的需要。该理论认为，人们采取某项行动的动力或驱动力取决于其对行动结果的价值评价和预期达成该结果可能性的估计。也就是说，如果认为经过努力，实现目标可能性大，目标实现对个人又有重要意义，动机激励水平就会高。如果认为经过努力实现目标的可能性小，目标实现对个人没什么意义价值，动机激励水平就低。用公式表示就是：$M = f(E \times V)$。

M（motivation）代表动机激励水平，是促使人们采取某一活动的内驱力，是调动一个人的积极性，激发出人的潜力的强度。

E（expectancy）代表期望值，是个体根据以往的经验对实现目标可能性（概率）的估计。

V（valence）代表目标效价，是实现目标后对个人的意义价值。

该公式表明，动机激励水平，或者说推动人们去追求和实现目标的动机强度是期望值和目标效价乘积的函数；动机激励水平随着期望值和目标效价的变化而变化。这种变化有以下五种模式：

$M_{高} = E_{高} \times V_{高}$。即期望值和目标效价都高时，动机激励水平也高。

$M_{中} = E_{中} \times V_{中}$。即期望值和目标效价都为中等程度时，动机激励水平也是中等。

$M_{低} = E_{高} \times V_{低}$。即当期望值高而目标效价低时，动机激励水平低。

$M_{低} = E_{低} \times V_{高}$。即当期望值低而目标效价高时，动机激励水平低。

$M_{低} = E_{低} \times V_{低}$。即期望值和目标效价都低时，动机激励水平也低。

显然，只有当人们的目标效价和期望值同时处于较高水平时，才有可能产生强大的驱动力。

2. 期望理论中应处理好的三个关系

弗鲁姆的期望理论提出了在进行激励时要处理好三方面的关系，这些也是调动员工工作积极性的三个条件。

（1）努力与绩效的关系。人们总是期望通过努力达到预想的结果。如果一个人认为经过努力有能力达到目标，他就会有信心，并激发很强的工作力量。如果认为目标高不可攀，难度太大，通过努力也不会有很好的绩效，就会失去信心，缺乏动力。或者认为目标太低，唾手可得，也会干劲不足，失去内在动力。一般来说，期望值越高，动机激励水平应该越高，但是当期望值超过了实际可能时，反而会因估计可能遭遇挫折而失去信心，使动机激励水平下降。

为了使员工对实现目标的可能性估计有利于动机的激励，企业应科学设置目标，目标既不能太高，也不能轻易达成；积极为员工完成组织目标创造条件，增强员工达到目标的信心和决心，提高员工实现组织目标的可能性；教育员工对目标实现的期望保持相对稳定，期望相对稳定，表明动机稳定，积极性稳定。

（2）绩效与奖励关系。一个人在工作中取得成绩总希望得到他人和组织的承认。如嘉奖、表扬、授予荣誉称号等。如果取得的绩效得到了合理的奖励，就可能产生工作热情。反之。如果个人取得成绩没有得到奖励，就会减弱对实现目标的期望和目标的效价，势必降低工作积极性。

（3）奖励与满足个人需要的关系。在取得工作成绩时，人不仅希望得到组织的奖励，而且希望奖励能满足个人某方面的需要，然而由于人们在年龄、性别、社会地位、经济条件等方面存在差异，对各种需要得到满足的程度也就不同。因此，不同的人采取不同的奖励方式和内容，以激发出员工更大的工作动力。

3. 期望理论对人力资源管理的启示

期望理论给管理者的启示是，不要泛泛地采用一般的激励措施，而应当采用多数组织成员认为效价最大的激励措施。在激励过程中，要适当控制期望概率和实际概率。期望概率过大，容易产生挫折，期望概率过小，又会减少激励力量；而实际概率应使大多数人受益，最好实际概率大于平均的个人期望概率，并与效价相适应。

（二）公平理论

1. 公平理论主要内容

公平理论又称"社会比较理论"，是美国行为学家亚当斯（J. S. Adams）于1967年提出的一种激励理论。该理论重点研究工资报酬分配的合理性、公平性及其对员工工作积极性的影响。

该理论认为，当一个人取得成绩并得到报酬后，他不仅关心自己所得报酬的绝对量，而且关心自己所得报酬的相对量。因此，他要进行种种比较来确定自己所获报酬是否合理，比较的结果将直接影响今后工作的积极性。那么，人们怎样确定报酬是否公平呢？亚当斯提出了公平关系式：

$$\frac{O_A}{I_A} = \frac{O_B}{I_B} \text{（} A \text{、} B \text{ 代表相比较的两个个体）}$$

其中，I（input）表示投入，指个体对组织的贡献，如教育程度、所做努力、用于工作的时间、精力和其他无形损耗等；O（output）表示产出，指个体从组织中得到的回报，如薪金、工作安排以及获得的赏识等；A、B 代表相比较的两个个体。该公式表示的是当事人将自己获得的"报酬"与自己"投入"的比值与组织内其他人作社会比较，称为横向比较。

亚当斯认为，经过比较后，人可能会出现这样两种情况的不公平感：

一是对自己不利的不公平感。这种不公平感产生后，可能要求增加自己的收入或减少自己今后的努力程度；或者要求组织减少比较对象的收入或让其今后增大努力；此外，还可能另找他人作为比较对象，以便达到心理上的平衡。

二是对自己有利的不公平。在这种情况下，可能要求减少自己的报酬或在工作开始时自动多做些工作，但久而久之，他会重新估计自己的技术和工作情况，终于觉得他确实应当得到那么高的待遇，于是工作量又回到过去的水平。

除了横向比较外，人们也经常做纵向比较，即把自己目前投入的努力与目前所获得的报偿的比值，同自己过去投入的努力与过去所获得报偿的比值进行比较。当现在的比值小于过去的比值时，人也会有不公平感觉，这可能导致工作积极性下降；当现在的比值大于过去的比值时，人不会因此产生不公平的感觉，但也不会觉得自己多拿了报偿，从而主动多做些工作。

2. 公平理论对人力资源管理的启示

首先，影响激励效果的不仅有报酬的绝对值，还有报酬的相对值。由于员工对工作和组织的投入各不相同，他们得到的报酬也应有所不同，不应毫无区别地对所有员工给予相同的报酬；其次，激励时应力求公平，要让结果与行为一致，即应根据员工对工作和组织的投入分配报酬；再次，要告诉员工他们怎样做才能得到奖励，他们正在做的哪些事是错误的；最后，在激励过程中应注意对被激励者公平心理的引导，使其树立正确的公平观，认识到绝对的公平是不存在的，不要盲目攀比。

案例讨论

如此分配合理吗？

某咨询公司主管带领五位同事为某企业做一项目，赚了 20000 元，就按每人4000 元分了下去。结果分发报酬的当天，有一位员工来到主管办公室，说自己工作做得比较少，不能拿那么多钱，自己拿 2000 元就够了，要退回 2000 元。

问题：如果您作为该部门主管，该怎么办？

（三）目标设置理论

1. 目标设置理论主要内容

目标设置理论是 20 世纪 60 年代由美国马里兰大学的管理学和心理学教授洛克（E. A. Locke）提出的，洛克认为，外来的刺激都是通过目标来影响动机的。目标能够引导活动的指向和与目标相关的行为，能够指导人们进行正确的行为活动，并影响行为的持久性。目标本身就有激励作用，它能够把人的需要转化为动机，使人们的行为朝一定的方向努力并根据变化不断地调整着自己的行为，从而实现目标。

洛克认为，目标之所以能起到激励作用，是因为目标能使人们对现实能力与达到目标所需的能力做出比较，如果认为自己与目标有差距的话，就会感到不满意，如果相信能够达到目标，就会更加努力。目标实现了，人们就会有成就感。目标能提高绩效的原因就是使期望值达到的绩效类型与水平变得明确。目标设置过程，如图7-4所示。

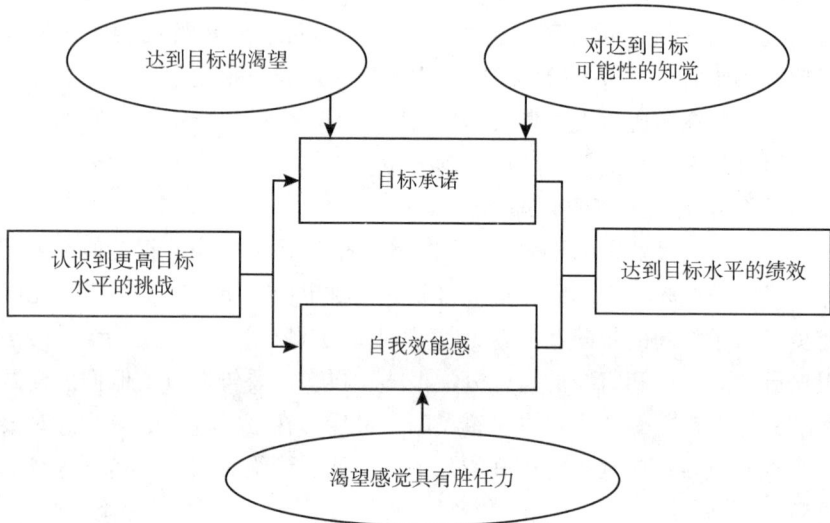

图7-4 目标设置的过程

2. 目标设置理论对人力资源管理的启示

目标设置理论应用的关键在于针对不同的人制定不同类型的目标，并对目标与绩效作出合理的调整与修正，引导活动指向与目标有关的行为，使目标影响动机，并使人们根据目标难度的大小来调整努力的程度。人力资源管理者在设置目标时应注意以下问题：第一，目标设置与工作丰富化结合起来；第二，目标设置与参与管理结合起来；第三，在新目标设置前对既定目标的完成情况进行考评；第四，尽量把组织总目标逐层具体化，明确地落实到每个员工；第五，尽可能地把组织目标与员工个人目标协调统一起来，使员工在完成工作目标的过程中实现个人目标；第六，不断提出新目标。

三、行为改造型激励理论

行为改造型激励理论主要研究如何巩固和发展人的积极行为，改造和转变人的消极行为，变消极行为为积极行为的系统理论。行为改造型激励理论主要有强化理论、挫折理论和归因理论。

（一）强化理论

1. 强化理论的主要内容

强化理论是美国心理学家和行为学家斯金纳（B. F. Skinner）等人于1971年提出的。该理论认为，人和动物为了达到某种目的，会采取一定的行为作用于环境。当这种行为的后果对他有利时，这种行为就会在以后重复出现。不利时，这种行为就会减弱或消失。人们可以用这种强化的办法来影响行为的后果，从而修正行为，这就是强化理论。根据强化的性质和目的，可以将强化分为正强化和负强化。

（1）正强化。正强化就是奖励那些符合组织目标的行为，以使这些行为得到进一步加强后能重复出现，从而有利于组织目标的实现。正强化的刺激物不仅包括物质奖励，还包括精神奖励，为了使强化达到预期的效果，还必须注意实施不同的强化方式。

（2）负强化。负强化就是惩罚那些不符合组织目标的行为，以使这些行为削弱甚至消失，从而保证组织目标的实现不受干扰。负强化包括减少奖励或罚款、批评、降级等。实施负强化的方式与正强化有所差异，应以连续负强化为主，即对每一次不符合组织的行为都应及时予以负强化，消除人们的侥幸心理，减少直至消除这种行为重复出现的可能性。

2. 应用强化理论应遵循的原则

（1）因人而异采取不同的强化方式。针对员工不同年龄、性别、职业、学历、经历，采取不同的强化方式，如有的人重视物质激励，有的人重视精神激励。对不同绩效大小的员工，如果奖励实施平均主义，会使绩效最好的员工降低工作积极性，甚至选择离职。

（2）分阶段设立目标，适当强化。只有目标明确而具体时，才能进行衡量和采取适当的强化措施。同时，还要将目标进行分解，分成许多小目标，完成每个小目标都及时给予强化，这样不仅有利于目标的实现，而且通过不断地激励可以增强信心。如果目标一次定得太高，会使人感到不易达到或者说能够达到的希望很小，这就很难充分调动人们为达到目标而做出努力的积极性。

（3）及时反馈和及时强化。及时反馈就是通过某种形式和途径，及时将工作结果告诉行动者。要取得最好的激励效果，就应该在行为发生后尽快采取适当的强化方法。如某员工好的工作行为，即使领导者表示"已注意到这种行为"这样简单的反馈，也能起到正强化的作用。

（4）正强化比负强化更有效。在强化手段的运用上，应以正强化为主，必要时对坏的行为给予惩罚，做到奖惩结合，以奖为主。

3. 强化理论对人力资源管理的启示

根据强化理论，在人力资源管理中领导者应该对自己所期盼的、符合组织目标的行为定期或不定期地进行奖励，如发放奖金、表扬、晋升、提供培训机会等；对不符合组织目标的行为，则需要进行及时的惩罚，如扣奖金、批评、解聘等，以便及时纠正下属的错误行为。

案例讨论

乔利民是不是好科长

乔利民是一位工程师，他在技术方面有丰富的经验。在技术科，每一位科员都认为他的工作相当出色。不久前，原来的科长调到另一厂去当技术副厂长了。领导任命乔利民为技术科科长。

乔利民上任后，下定决心要把技术科搞好，他以前在水平差的领导下工作过，知道这是一种什么滋味。在第二天，小张由于汽车脱班，赶到厂里迟到了三分钟，乔科长当众狠狠地批评了他一顿，并说"技术科不需要没有时间概念的人"。第二个星期，老李由于忙着接待外宾，一项技术改革提案晚交了一天，乔科长又大发雷霆，公开表示，再这样，要把老李调走。当乔科长要一份技术资料时，小林连着加班了三个晚上替他赶了出来，乔科长连一句表扬话也没有。到了月底，乔科长还在厂部会议上说，小林不能胜任工作，建议把小林调到车间去。

一年过去了。厂领导发现，技术科似乎出问题了，缺勤的人很多，不少人要求调动工作，对许多工作技术都应付不过来了，科室里没有一种和谐而团结的气氛。厂领导决定要解决技术科的问题。

问题：技术科在管理上存在什么问题？应如何解决？

资料来源：乔利民是不是好科长 ［EB/OL］. 中国管理咨询网，http：//www. 21ask. com/schtml/down/106418. html。

（二）归因理论

1. 归因理论主要内容

归因理论是由心理学家海德（F. Heider）在社会认识和人际关系理念的基础上发展起来的，后又经过美国心理学家维纳（B. Weiner）和凯利（H. Kelley）的补充和发展。归因理论是有关人们如何解释和推测他人或自己行为过程和行为原因的理论。也就是人们对他人或自己的所作所为进行分析，指出其性质或推断其原因的过程。人们用这种理论来解释、预测和控制他们的环境以及随这种环境而出现的行为，因而有人把归因理论称作认知理论。

所谓归因，是根据他人或自己的言行或其他外部特征，推测其内在心理状态或原因的过程。维纳经过研究归纳出人对行为的成功或失败的四种归因：努力程度、能力大小、工作任务难易程度、个人运气和机会的好坏程度。其中努力程度、个人运气和机会是不稳定的因素，能力大小和工作任务难易程度是稳定因素。归因方式不同，人们的行为反应也不同。首先，如果将自己的失败归因于能力，让个体感觉到自己的能力不如别人，再怎么努力也不会有好的结果，从而会导致今后不增加努力的程度。其次，如果把努力的原因归结于自己的努力程度不够，但是由于努力程度是不稳定的，可以随个体的主观态度而改变，因此，这样的归因可能会增强以后的努力程度。再次，如果将失败归因于运气不好或是机会没有把握住，这不一定会降低个体的行为积极性，行为者可能以后还能够保持积极的态度和较高的努力程度。最后，如果把行为失败的归因于任务的难度很大，这些因素的归因可能会降低人的行为的积极性、自信心、自尊心和努力程度等。

归因理论认为，人是有理性的，能够认识、理解与其环境有关的因果结论，人的内在的思想认识指导和推动着人的行为，通过改变人的思想认识可以达到改造人的行为的效果。归因理论指出，不同的归因会影响人们的工作态度和积极性，进而影响行为和工作绩效。

2. 归因理论对人力资源管理的启示

归因理论在激发成就动机、促进努力工作方面有着重要作用。因此，在人力资源管理工作中，管理者要认识到员工的行为与他们的归因有密切的关系，正确分析员工成功失败的原因；通过宣传教育，帮助员工端正态度，使他们能正确认识和分析自身行为成功与失败的原因；尽量帮助员工找出行为失败的不稳定因素以增强其行为改造的信心；尽量帮助员工做出正确的归因，使其将成功归之于自己的努力。

（三）波特—劳勒综合激励理论

1. 综合激励理论主要内容

综合激励理论是美国行为科学家波特（L. W. Porter）和劳勒（E. E. Lawler）在弗鲁姆的期望理论基础上，将需要理论、公平理论和强化理论加以综合利用，把内、外激励因素都考虑进来的一种综合激励理论。他们认为，激励、绩效和满足都是独立的变量，满足取决于绩效，甚于绩效取决于满足。他们将内激励与外激励综合在一起，并在报酬与满足感之间加入了一个中间变量"公平的报酬"。该理论既清晰地勾画出了综合激励模式的架构轮廓，又揭示了员工在获得奖酬后仍然不感到满足的谜底，从而使激励理论的内容更加丰富。

波特—劳勒综合激励理论主要强调了以下几点：第一，激励决定一个人是否努力以及努力的程度。第二，工作的实际绩效取决于能力的大小、努力的程度以及对所需完成任务理解的深度。第三，奖励要以绩效为前提，不是先有奖励后有绩效，而是必须先完成组织任务才能给予精神的、物质的奖励。当员工看到他们的奖励与成绩关联性很小时，奖励将不能成为提高绩效的刺激物。第四，奖励措施是否会产生满意，取决于被激励者认为获得的报酬是否公正。如果他认为符合公平原则，就会感到满意，否则就会感到不满。第五，满意感反过来影响员工对内在外在奖励价值的认识，即只有经过努力，达到一定工作绩效，获得了奖励，产生了满意感，这时员工才会认识到内在外在奖励的价值所在。同样，工作绩效也会反过来影响员工对努力、绩效、奖酬之间关系可能性的感知，即经过一定努力达到一定绩效，则会增加员工奖酬的可能性关系的感知。

2. 综合激励理论对人力资源管理的启示

综合激励理论吸收了多种激励理论的精华，对它的深入理解可以让我们获得许多有益启示：不一定设置了激励目标、采取了激励手段，就一定能使员工满意和达到一定的激励效果。要形成"激励—努力—绩效—奖励—满足"，并以"满足"回馈"努力"这样的良性循环，取决于奖励内容、奖惩制度、组织分工、目标导向行动的设置、管理水平、考核的公正性、领导风格及个人心理期望值等多种综合性因素。

▶ 第三节　激励方法

一、激励的原则

运用各种激励理论来激发员工的积极性，是各级管理者的重要职责，也是实现组织目标的前提。为了取得预期的效果，激励的设计与实施必须遵循以下原则。

（一）目标一致原则

激励的最终目标是更好地实现组织的目标，因此激励必须把员工的行为引导到有利于组织目标实现的方面，使组织目标与个人目标紧密结合起来。在激励过程中，不仅要注意满足员工的需要，还要引导员工的需要，使员工的需要层次提高，在完成组织目标的同时满足个人的需要。

（二）物质激励和精神激励相结合的原则

员工有物质需要和精神需要，因此在激励过程中注意物质激励与精神激励相结合。既要满足员工基本的物质需要，同时加强精神激励，充分发挥精神激励的作用。单方面强调任何一方都会降低激励的效果，而且都不能使激励的效果保持长久。

（三）差别激励原则

激励要因人而异，不同的员工由于经历、年龄、文化程度各不相同，其需求和对待激励的态度也有差异，即使是同一员工，在不同的时期和环境下，也会有不同的需求。因此，企业要根据每一员工的不同情况和企业特点制定激励制度，只有深入细致地了解员工的需要，有针对性地灵活采用各种激励手段，才能充分发挥激励的功能。

（四）适度性原则

适度性原则是指激励所要达到的目标与为此而给予行为主体的奖励、惩罚要相适应，奖励过重会使员工产生骄傲和满足的情绪，奖励过轻会起不到激励效果，或让员工产生不被重视的感觉；惩罚过重会让员工感到不公，或者失去对组织的认同，甚至产生怠工或破坏的情绪，惩罚过轻会让员工轻视错误的严重性。总之，在实施激励的过程中，必须掌握奖惩适度原则。

（五）及时性原则

激励应及时提供，及时的激励对正确的行为起继续强化和加速的作用，对不正确的行为起及时修正的作用。对工作中有突出贡献的员工应及时给予激励，使其再接再厉，做出更大成绩，同时使组织内其他成员耳闻目睹，起到积极的促进作用。相反，反应迟缓、优柔寡断，不但会错失良机，起不到激发员工积极性的作用，而且可能会使员工受到很大打击。因此，在激励时要注意时效性，在正确行为产生后立即给予激励。

阅读资料

美国福克斯波罗公司"金香蕉"奖

及时激励即使是很小的表示，也能起到良好的作用。当年，美国福克斯波罗公司为求生存，急需新的技术成果。一天，公司一位科研人员拿着一件自己新研制的新产品样品来到总经理办公室。该样品构思精巧，设计新颖，总经理一下子惊呆了。惊喜之余，他忽然在自己的抽屉、橱柜中东翻西找起来。最后，终于找到一件"奖品"——一只香蕉。他兴冲冲地把香蕉递给对方说："伙计，奖给你的！"这位科研人员十分感动，因为这只香蕉是当时总经理所能拿出来的唯一奖品。此后，福克斯波罗公司决定，用"金香蕉"奖章作为对本公司科研成果的最高奖励。

资料来源：陈国海，李艳华，吴清兰．管理心理学［M］．北京：清华大学出版社，2008：97－98。

二、激励方法

每一个员工的需要是不同的，因此，对待每个员工也应该采取不同的激励方法。常用的激励方法有：目标激励、工作激励、培训激励、参与激励、晋升激励、授权激励、荣誉激励、榜样激励、情感激励、文化激励等。

（一）目标激励

目标激励就是通过目标的正确设置来激发员工的动机，使其出现与组织需要一致的行为。目标激励的效果取决于目标的意义和实现的可能性。因此，在实施目标激励时，首先，企业应将自己的长远目标、中期目标和近期目标进行宣传，使员工更加了解企业，了解自己在目标的实现过程中应起到的作用。其次，要注意将组织目标和个人目标结合起来，让组织目标更多地包含员工个人目标，使员工了解到只有在完成组织目标的过程中，才能实现个人的目标。再次，目标的设置要适当，目标既不可太高，也不能太低，而应是通过努力可达到，不努力达不到。最后，目标要有时间设定、具体行动计划和有效的评估系统，根据结果对履行职责的情况进行及时评估与反馈。

（二）工作激励

工作激励是通过改善工作内容、工作职责和工作关系使工作过程本身让人感到有兴趣和吸引力，从而调动员工工作的积极性和创造性。每个人都喜欢承担具有挑战性的工作，作为管理者应尽量为他们创造机会，把具有挑战性的工作分配给员工，或者对原来岗位进行丰富化设计，使工作内容更丰富、更有意义。具体来说，工作激励的方法主要有以下四种。

1. 工作扩大化

工作扩大化即扩大工作范围，把一个或多个职责相似的工作任务增加到现有的工作中，为员工提供更多的工作种类。工作扩大化最重要的作用就是使员工负担多样性的工作，这不仅可以减少工作的重复性与枯燥感，而且可以增加工作的重要性与所需的技能，既能使员工在完成任务的过程中体会更多的工作乐趣，又能使员工在任务完成时获得更多的成就感，从而更好地激励员工。

2. 工作轮换

工作轮换即按照事先安排好的计划在几个不同的职位上交换员工工作。员工轮流在几种职位上工作，使工作安排更加灵活，更容易分配，帮助员工消除对单调乏味工作的厌烦情绪，使工作内容更加丰富，增加工作所需的技能。

3. 工作丰富化

工作丰富化是指通过工作内容和责任层次的基本改变，使员工在计划、组织、指挥、协调、控制等方面承担更多责任的工作再设计形式。工作丰富化包括技能多样化、任务整体性、任务重要性、任务的自主性和工作反馈，使员工在完成工作的过程中有机会获得一种成就感、责任感和自身的发展，能够使员工关心工作质量，改善工作效果，提高工作满意度。

4. 弹性工作制

弹性工作制指员工可根据自身工作的性质、工作内容和工作重要性灵活安排工作时间和地点。弹性工作制包括弹性工作时间和弹性工作地点，组织可根据实际情况采取相宜的弹性工作制。

阅读资料

弹性工作制的四种形式

核心时间与弹性时间结合制：这种形式的弹性工作制主要由核心时间、带宽时间和弹性时间组成。核心时间是每天的工时中所有员工必须到班的时间；带宽时间界定了员工最早到达和最晚离开的时间；弹性时间则是员工根据个人需要，可以自由选择的时间。

成果中心制：是以任务的完成为指标的，员工只需在所要求的期限内按质按量完成任务即可获得薪酬，具体的时间进度安排可根据个体差异，将工作活动调整到身心状态最佳、最具生产效率的时段内进行。

紧缩工作时间制：可根据员工个人实际能力，通过增加每天的工作时间长度，使一个完整的工作周在少于五天的时间内完成。

全日制工作与临时雇员队伍相结合制：即"双轨雇佣制"，核心轨道是全日制的正式雇员队伍，辅助轨道则是机动灵活的临时工队伍，两者互相配合。

资料来源：刘永芳. 管理心理学 ［M］. 北京：清华大学出版社，2008：93－94。

（三）培训激励

随着信息技术的快速发展，知识更新在不断加快，员工对新知识的渴求也越来越迫切。培训在一定程度上能满足员工的发展需要，为员工创造发展的空间，提高员工的工作质量。尤其对一些刚入职的新员工来说，培训激励有时比物质激励更具有吸引力。通过脱产学习、参观考察、进修深造等激励措施，为其承担更大的责任、更富挑战性的工作及提升到更重要的岗位创造条件。组织为员工提供适当的培训，会使员工感觉到自己不会在竞争中淘汰，会特别珍惜组织给予的培训机会，从而不断努力工作，满足他们发展的需要。

（四）参与激励

现代人力资源管理的实践和研究表明，现代的员工都有参与管理的要求和愿望，管理者要加强内部沟通，充分发扬民主，创造和提供一切机会让员工参与管理，通过参与，可以集思广益，听到更多关于组织发展的好建议，对于员工来说，可以形成对组织的归属感、认同感，可以进一步满足他们自尊和自我实现的需要，同时，员工参与管理可以增强参与者执行决策的自觉性。

阅读资料

沃尔玛公司的参与管理

沃尔玛公司总部设在美国阿肯色州本顿维尔市，公司的行政管理人员每周花费大部分时间飞往各地的商店，通报公司所有业务情况，让所有员工共同掌握沃尔玛公司的业务指标。在任何一个沃尔玛商店里，都定时公布该店的利润、进货、销售和减价的情况，并且不只是向经理及其助理们公布，也向每个员工、计时工和兼职雇员公布各种信息，鼓励他们争取更好的成绩。

让员工们了解公司业务进展情况，与员工共享信息，是让员工最大限度地干好其本职工作的重要途径，是与员工沟通和联络感情的核心。而沃尔玛也正是借用共享信息和分担责任，满足了员工的沟通与交流需求，达到了自己的目的。使员工产生责任感和参与感，意识到自己的工作在公司的重要性，感觉自己得到了公司的尊重和信任，积极主动地努力争取更好的成绩。

资料来源：刘永芳. 管理心理学［M］. 北京：清华大学出版社，2008：93 – 94。

（五）晋升激励

晋升激励就是将表现好、素质高的员工提拔到高一级的岗位，以进一步调动其工作积极性。晋升不仅是对员工工作能力、工作业绩的肯定与赏识，而且能提高员工的经济地位与社会地位。晋升作为一种激励措施，可以提高组织的凝聚力，增强员工对组织的归宿感与忠诚度。但是晋升激励也存在一定的问题，在运用时要掌握一定的标准，要保证组织内部晋升程序的公平性，不能因为晋升了一人打击了其他多数人的积极性。

（六）授权激励

授权是指管理者在肯定员工有实现工作目标的能力并基本具备相应的外部条件时实施的权力托付。作为管理者事事亲力亲为不仅因忙于应付各种琐事，不能把主要精力用于最重要的工作上，而且不能很好的培养和锻炼人才。适当的授权对员工具有重要的作用。首先，能激发员工的责任感和自信心，将权力施予员工，使员工既有压力，也会产生动力，会增加员工的自信心、主动性和责任感；其次，能提高员工的参与感和主人翁意识；最后，有利于员工自我价值的实现。

授权作为一种重要的激励手段，在实施时要注意以下几点：第一，因人授权，要区分员工的能力大小与个性特征，要使被授权者的能力、个性特征、工作经历与所授权力及承担的责任相匹配；第二，授权有依据，授权要以备忘录、授权书、委托书等书面形式予以明确；第三，当众授权；第四，授出的权力不可随意收回；第五，谨防弃权，管理者要保留指导权、检查权、监督权和修正权，要把握好行驶这些权力的度。

阅读资料

神奇的授权

简·卡尔岑在担任斯堪的纳维亚航空公司经理时，确定了在航班的准点方面成为欧洲第一这一目标。卡尔岑找到了对这项工作了解、领会最深的项目小组的负责人，对他说："如果我们想在正点飞行方面成为欧洲第一，需要做哪项工作？要多长时间？你考虑一下，看看能不能为我回答这个问题。"两周后，这个负责人找到了卡尔岑，告诉他可以做到，大约需要六个月的时间，要花费 150 万美元。

卡尔岑一听说只花 150 万美元就能实现目标，觉得很便宜，便立即对这个负责人说："那你们就开始干吧。你们干什么都行，我不在乎，你们干就是了，其他的事情由我来负责。"四个半月后，这个小组的负责人告诉卡尔岑，斯堪的纳维亚航空公司在正点飞行方面赢得了欧洲第一，时间用了四个半月，比预期缩短了 25%；经费开支 100 万美元，比预期节省了 33.3%。

资料来源：谌新民. 员工激励成本收益分析［M］. 广州：广东经济出版社，2005。

（七）荣誉激励

荣誉激励是对工作业绩优良或为组织发展做出突出贡献的员工进行表扬，给予一定的荣誉，以调动其工作积极性和工作热情。荣誉是满足人们自尊的需要，激发人们奋力进取的重要手段，对于工作表现突出、绩效较高的员工给予必要的荣誉激励是很好的精神激励方法。美国 IBM 公司有一个"百分之百俱乐部"，当公司员工完成自己的年度任务，他就会被批准为"百分之百俱乐部"成员，他及他的家人被邀请参加隆重的集会。公司的雇员都以获得"百分之百俱乐部"会员资格作为第一目标，以获取那份光荣。荣誉激励可采取评比优秀、授予称号、颁发奖章奖品的形式。总之，企业要加强对员工的荣誉激励，引导员工把个人荣誉建立在组织发展、集体进步的基础上，引导员工采取正当的手段去争取荣誉。

（八）榜样激励

榜样激励是通过树立模范和典范，号召和引导员工模仿和学习。榜样的力量是无穷的，它能激发员工的动力，起到强烈示范作用。首先，榜样激励要求管理者要以身作则，做一个爱岗敬业、公平公正的典范；其次，榜样激励还要树立好先进典型，认真培养对组织发展壮大有积极意义的典型、模范；最后，关心爱护先进榜样，通过各种渠道大力宣传榜样的先进事迹。

（九）情感激励

所谓情感激励，就是通过建立良好的情感关系，激发员工的士气，从而达到提高工作效率的目的。在一个组织内，人与人之间的情感关系如何，直接影响着组织的工作效率。亲密、和谐的情感关系有助于提高工作效率；紧张、猜忌的情感关系则可能产生内耗，降低工作效率。因此，在人力资源管理过程中，要注意使用情感激励，尊重与爱护员工，加强内部的有效沟通，为员工创造轻松开放的工作环境；关注员工的内心世界，注重对员工进行情感投资，用真诚来赢得员工的支持和信任。

阅读资料

雷尼尔效应

位于美国西雅图的华盛顿大学选择了一处地点，准备修建一座体育馆，消息一传出，立刻引起了教授们的反对。于是校方只好顺从教授们的意愿，取消了这项计划。

教授们为什么会反对校方修建体育馆呢？原因是校方选定的位置是在校园内的华盛顿湖畔，体育馆一旦建成，恰好挡住了从教职工餐厅可以看到的窗外的湖光山色。

为什么校方又会如此尊重教授们的意见呢？原来，与美国教授平均工资水平相比，华盛顿大学教授的工资要低20%左右。教授们之所以愿意接受较低的工资，而不到其他大学去寻找更高的教职，完全是因为留恋西雅图的湖光山色：西雅图靠近太平洋，大大小小的湖泊星罗棋布，天气晴朗时可以看到美洲最高的雪山之一——雷尼尔雪山，还可以开车去圣海伦火山……为了美好的景色而牺牲更高的收入机会，被华盛顿大学经济系的教授们戏称为"雷尼尔效应"。

资料来源：刘昕. 薪酬管理（第二版）[M]. 北京：中国人民大学出版社，2007。

人力资源管理者在运用情感激励时，要注意以下几点：一是善于体察人心，及时感受到员工的思想和情感变化，并根据这些变化采取相应的措施；二是善于根据员工的不同特点，选择不同的情感交流方式；三是真诚，关心、尊重和信任员工，不搞形式主义。

（十）文化激励

优秀的组织文化具有强烈的感染力，可以吸引更多优秀的人才，满足员工的安全感、归属感和自我成长的需要，激发员工深层次的工作动机。因此，组织应根据自身的特点，通过各种方式来培养建立一种积极、优秀的组织文化。组织领导者要以人为本，有意识地去引导良好组织文化的形成；建立一整套规章制度，以规范管理者行为；确定组织长远目标，使管理者围绕目标来开展工作；关心和体谅下属，在组织内部形成民主、融合的气氛；在组织中树立榜样，以榜样的力量影响员工。

▶ 复习思考题

1. 简述需要、动机和激励的关系。
2. 内容型激励理论有哪些内容？
3. 过程型激励理论有哪些内容？
4. 简述激励的方法。

▶ 案例分析

国内外企业激励措施的比较

一、IBM 的激励措施

IBM 以业绩为王，根据业绩实施激励。

（一）用业绩说话

IBM 是一家高绩效的公司，公司内部有一句话"让业绩来说话"（Performance says）。IBM 员工薪金构成很复杂，不会有所谓的"学历工资"或者"工龄工资"。薪水和员工的岗位、职务、工作表现、业绩直接关联。在 IBM，学历是一块很好的敲门砖，但绝不是获得更好待遇的凭证。

以前的 IBM 的激励机制有着以下特点：工资差别小，过于强调福利，医疗福利、养老金、终身就业承诺、教育机会等众多福利措施使 IBM 的福利在美国公司中没有第二家可以媲美。郭士纳"再造"IBM 之后，这一切已经发生了彻底的变化。

如今的 IBM 施行的完全是一种绩效工资制，是一种浮动工资，一切以员工的绩效为准而不论员工的忠诚度或资历如何。IBM 绩效工资制的最大特点就是差别化，完全根据市场的变化与员工各自的工作绩效而确定，以绩效和个人贡献为基础，员工得到的奖金也是灵活而不是固定的。

（二）股权激励

除了绩效工资，IBM 还将股权作为激励员工的重要手段。在福利上，经过改革之后，IBM 的福利待遇在美国的跨国公司中，仍旧是最慷慨的公司之一。通过浮动工资计划、认购公司股票和期权计划、建立在绩效基础上的加薪计划、福利计划等一系列科学的工资激励手段，IBM 员工的积极性与聪明才智被最大限度地挖掘出来。

（三）职业发展空间

IBM 为每一名"蓝色精灵"提供富有挑战性的发展空间，提供具有竞争力的浮动薪资、奖金，完善周到的福利以及公司股权。在职业发展上，IBM 通过"接班人计划""师傅徒弟制"等帮助员工成长与发展，公司的晋升制度灵活而透明，激励他们成为出色的"蓝色精灵"、"深蓝"甚至"深深蓝"。"国际蓝"培训师是全球化工作能力的"深蓝"的必经之路，也是对"蓝色精灵"们最有效的激励方法之一。

（四）精神激励

除了这些，IBM 在经营过程中对员工的激励种类多样，例如，Bravo、Knowledge Advantage、Execute Now、One team、Win IBM 等。这些奖励都以物质奖励或与精神奖励相结合的形式表彰贡献突出的员工，例如，One Team Award 是一个一年一度的奖项，在每年的员工大会上，公司会以这种方式奖励去年在成功项目或者重大事件中表现突出的所有员工。

二、华为的激励措施

华为的激励注重精准激励，可以总结为一句话：以战略为导向，基于价值贡献，以奋斗者为本的多元化激励机制。

（一）以战略为导向

很多企业在发展新业务、新产品或者开拓新区域的时候收效甚微，例如，诺基亚发明了智能机，却被以苹果为首的智能手机厂商打败了。

在技术、产品、战略似乎都没有问题的情况下，企业最终却倒闭了，这其中的原因在哪里呢？它们最核心的问题在于激励机制的设计不合理。

老团队没有发展新产品、开拓新市场的动力或者能力，而且新老业务还有潜在的利益冲突。另外，新产品、新市场发展的初期，因为没有太多经济利益的贡献，成熟业务的预算和考核机制无法驱动资源，无法调动员工的积极性，最后新业务只能为别人作嫁衣。

基于这些前车之鉴，华为特别重视战略牵引。在资源投放上高度聚焦战略，在利益分配上倾向于战略贡献，例如，聚焦于主航道的市场份额、大客户、格局项目、"山头"项目、未来业务等。

而这些战略贡献，往往当期并不能产生直接的经济贡献，因而无法通过获取分享制进行激励，但是它对公司持续发展的战略意义特别重大，所以往往会为其设置单独的激励机制，主要包括：干部的晋升、配股、专项奖等，以此进行重点激励。

（二）基于价值贡献

要理解价值贡献，首先要理解价值创造，要明白哪些要素创造了价值。华为在《华为基本法》第16条明确规定：劳动、知识、企业家和资本创造公司的全部价值。

在上述定义的基础之上，华为的奋斗者工程就是基于价值创造、价值评价和价值分配的闭环来打造"以客户为中心——不与客户争利；以奋斗者为本——不让奋斗者吃亏"的奋斗者文化。华为围绕这个价值环，以价值评价为支撑，实现价值的良性循环。

为了实现精准激励，华为设计了两种并行的分配机制，在一些获取分享制难以施行的艰苦地区、环境特别恶劣的市场、新业务、新市场等，采用了评价分配制，即提前设定一个基准奖金包，平衡"瘦"的市场与"肥"的市场，并基于这个基准奖金包，再设定一些关键的考核事项进行适当调整。

（三）以奋斗者为本

华为把员工分为三类：普通劳动者、一般奋斗者、真正的奋斗者。

第一类是普通劳动者，在华为，他们是12级以下的员工。针对普通劳动者，华为保证他们的收入达到或略高于市场平均水平。

第二类是一般奋斗者，对应杰克·韦尔奇的活力曲线，一般奋斗者大概是处于曲线中段的这部分人，他们大概占全体员工的60%～70%。这部分员工尽管也有着奋斗的倾向，但他们不是积极的奋斗者，更多会期望每天下班之后能够按时回家，能够尽可能地保证自己的业余生活。那么，通过衡量，华为只要确信他们的输出和贡献大于公司所支付给他们的成本，就可以继续留用。华为也会保证他们的报酬略高于市场水平。

第三类人就是华为公司所倡导的真正的奋斗者。他们愿意放弃安逸的生活，愿意为了自己的使命追求，放弃各种假期，放弃加班费，他们是华为公司核心的奋斗者，是华为的中坚力量。华为会将奖金的分配、股票激励、晋升和成长的机会优先向他们倾斜，保证他们有丰厚的收入，并达到业界最高的收入。

对比了国内外公司的激励方式，不难发现，员工激励真的不外乎物质激励、权力授予激励、荣誉授予激励、使命赋予激励、目标感召激励、发展机会激励。另外，激励机制都是以员工的业绩考评制度为依据进行的，国内外都喜欢将物质奖励与精神奖励结合起来，将正激励与负激励结合起来，实行末位淘汰制度。

但是，所不同的是，国外的公司更偏重于激发员工的竞争意识，使这种外部的推动力量转化成一种自我努力工作的动力，充分发挥人的潜能，谷歌曾经宣布谷歌员工年度奖金中的25%将与公司在社交网络市场的表现好坏挂钩，允许员工将20%的工作时间用于创新。国内则更多的是力争体现公平发展的原则，力争做到人尽其用，不造成人才浪费。

资料来源：国内外的员工激励有什么不同［EB/OL］. 中国人力资源网，http：//www. hr. com. cn/p/1423416473。

思考：

结合案例分析国内外企业员工激励有哪些差异？为什么？

第八章

人才流动心理

学习目标 通过本章的学习，理解人才流动与人才流失的含义，心理契约、组织承诺的含义；了解心理契约的特点和功能，组织承诺的影响因素，影响工作满意度的因素；重点掌握心理契约的管理方法，提高员工满意度的措施。

引导案例

小王的离职

小王在一家知名的大型连锁超市工作，他人不坏，但很不喜欢目前所从事的工作，理由有二：一是他认为目前所干的工作枯燥乏味；二是他认为公司虽然口口声声重视家庭的价值，但没完没了地加班让员工根本无法与家人共度节假日。小王打算这个合同期满就离职，之前已经有2位同事相继跳槽，还有2位同事也有离职的打算。于是，在离开前的这段时间，他和同事工作时敷衍了事、粗暴对待客户，甚至将超市的商品私自拿回家，致使公司的形象和效益受到很大影响。

很多企业都有小王这样的员工，企业招到了人却留不住已经成为很多企业所面临的实实在在的问题，这也是长期困扰组织的一个问题。组织留不住人才是因为缺乏合理的、行之有效的管理方法，因此，了解员工的心理需求，满足他们的合理愿望，尊重他们独立的人格，为其创造一个良好的心理环境是减少员工流失的重要条件。

> 第一节　人才流动概述

一、人才流动与人才流失

什么是人才流动？广义上讲是人从一种工作状态到另一种工作状态。工作状态可以根据工作的岗位、工作的地点、职业的性质、服务的对象及其性质等因素来确定。广义的人才流动包括人才在本部门、组织内的流动；人才在组织间甚至行业间的流动。狭义的人才流动，是人才在组织间、行业间的流动，即所谓的"跳槽"。

无论是员工为了获得更好的工作待遇和环境、为了自己的事业不断发展所进行的自愿流动，还是企业为了自身的发展辞退或解雇员工的非自愿流动都属于人才流动的范畴。合理的人才流动有助于企业提升竞争力，激发员工的主观能动性和市场竞争力，提高员工的工作积极性和创造性。但如果人才流动超出企业承受范围，或者说来自员工，尤其核心员工的自愿流动比例过高，这对企业来说就是被动的，会给企业的生存和发展带来消极影响，就被称为人才流失。从企业的角度看，人才流失一般是指企业不愿意人才离开企业，而作为员工个人却主动离开企业，这种流失对于企业的日常运营管理是有损害的。

人才流失在国外人力资源管理理论中被称为员工的离职或者雇员流失，人才流失一般会受到行业、企业发展阶段和市场对人才需求程度等几方面的影响。按照国际通用标准，人才流失的范围控制在10%~15%，这种流动属于正常的、有意义的。但目前国内很多企业的人才流失率远远超出这个比例，过高的流失率导致企业招聘、培训成本加大，生产效率降低，尤其是企业核心人才的流失会造成员工士气低落、企业声望下降。因此，遏制人才流失是企业发展必须关注的问题。

资　料

员工流失率的计算

月员工流失率＝月员工流失人数/总员工数×100%

年度员工平均流失率＝年度各月员工流失率之和/12

年度正式员工流失率＝年度正式员工离职总数/年初正式员工总数＋年度转正人员总数×100%

年度试用员工流失率＝年度试用员工离职总数/年初试用员工总数＋年度入

职人员总数 ×100%

年度员工流失率 = 年度离职人员总数/年初员工总数 + 年度入职员工总数 ×100%

二、人才流动的理论基础

（一）组织寿命理论

美国学者卡兹（Katz）在其组织寿命学说理论中，从保持组织活力角度论证了人才流动的必要性。他通过对大量的科研组织的调查统计发现，一个科研组织的成员在一起工作时间在 1.5 年到 5 年之间，成员之间信息交流水平较高，也容易出成果；低于 1.5 年或高于 5 年，成员之间信息交流水平就不会那么高，相应的出成果的情况也就不好。因为组织中的成员共事不到 1.5 年，相互之间还处于熟悉适应的过程，很难畅所欲言进行充分的信息交流；共事超过 5 年，已失去新鲜感，可交流的信息也交流的差不多。卡兹组织寿命曲线，如图 8 - 1 所示。

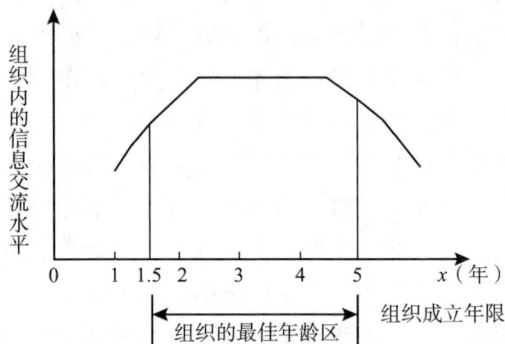

图 8 - 1　卡兹组织寿命曲线

卡兹的组织寿命学说实质上告诉我们，相同的一批人在一起工作的时间不能过长也不能过短，时间长了组织就逐渐趋于老化，时间短了相互没有适应就分开对组织也不利。组织的最佳年龄区为 1.5 ~ 5 年，超过 5 年人员就要流动，给组织注入新的活力；而低于 1.5 年就流动，对组织也是一种损失。因此，卡兹的组织寿命学说从保持组织活力角度论证了人员流动的必要性和时间间隔。该理论同时也指出，人才流动间隔时间最好是大于 2 年，这是适应组织环境以及完成现有项目目标所需要的时间下限。

（二）个人创造力理论

美国学者库克（Kuck）从个人创造力角度论证了人才流动的合理性，他通过对研究生毕业参加工作后创造力发挥情况的调查发现，一个研究生从毕业参加工作开始，创造力经由增长期、高峰期、衰退期和稳定期而实现一次循环。当创造力进入稳定期时，如果不改变工作内容或更换工作环境，创造力将在稳定期所达到的水平上维持下去，为此，库克绘制人才流动的库克曲线，如见图 8 - 2 所示。

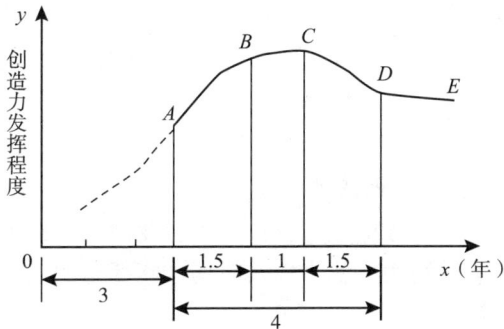

图 8 - 2 库克曲线

库克曲线告诉我们，为了使创造力不断提高，应在创造力进入稳定期时，按库克曲线就是进入到一个新环境后的 4 ~ 5 年，就要变换工作部门或研究课题，也就是要进行人员流动。因此，库克曲线从更好地发挥个人创造力角度论证了人员流动的必要性和时间间隔。

从以上两个方面中可以看出，无论是从组织角度还是从个人角度人员流动都有其客观必然性，而作为组织则要保持员工特别是核心员工的稳定。因此，可以得出结论，在合理限度内的人员流动对组织和个人都是有益的，而超过合理限度的人员流动就成为人员流失，或人才流失。超过合理限度的人员流动，可能是员工主动进行的，也可能是被动进行的，但不管是主动还是被动，只要超过合理限度的人员流动就属于人才流失。

（三）场论

勒温（Kurt Lewin）借鉴磁场理论提出了场论学说，主要用以评价个体的绩效。场论可用数学公式表达，即 $B = f(P, E)$，其中，B 代表一个人的绩效，P 代表一个人的能力集合，E 代表一个人所处的环境。P 不仅包含一个人的专业能力也包含一个人心理层面的素质，如性格、意志、价值观及兴趣等；E 不仅包含个体所处的外部环境，也包含个体的心理环境。由此可见，个体的工作业绩不仅取决于其自身能力，而且取决于其所处的综合环境。一个人一旦处于一个不合适的环境（例如，工作条件恶劣、专业不对口、不公平的组织环境、上下级关系不和谐、知识才华不被尊重等），他的能力就难以发挥、才能难以施展。为此，个体为了更好地发挥个人才能、实现自身价值，唯有选择流出现有的环境，流入更适合自身的新环境。场论从系统、整体和动力的角度阐释了人才流动的原因。

三、人才流失对组织的影响

人才是组织创造财富的动力源泉，组织之间的竞争很大程度反映在对人才的竞争上。人才的流失特别是高素质员工的流失，必然会给组织造成不可估量的损失。从组织层面看，人才流失意味着组织人力资本的损失，组织核心技术与机密的外泄，还可能导致产品市场的缩减，这些无疑会给组织发展带来极大的负面影响。

（一）核心技术和商业机密的外泄

人才流失尤其是核心人才的流失，会带走企业商业与技术的机密，而这些是需要企业花费大量人力、财力、物力以及时间才能拥有的。

（二）客户的流失

人才流失可能导致企业与客户关系的破裂，一些重要客户甚至可能随流失的员工一起流入到竞争对手公司，这会给企业的生存和发展带来很大的影响，甚至使一个企业在竞争中处于劣势地位。

（三）增加企业的经营和管理成本

人才流失造成的损失会反映到企业的经营成本、管理成本上，造成经营、管理成本的上升，如老员工离职后的生产损失成本及新员工的失误和浪费带来的成本等。同时，企业还要重新招聘、培训新员工，企业人力资源的离职成本和重置成本也必然上升。

（四）降低企业的工作效率

通常情况下，企业会招聘新员工来弥补离职造成的人员空缺，新上岗的员工接手新的工作内容后有一个熟悉、适应的过程，需要一段时间的磨合才能做好新的工作，这就会延缓原有的工作计划和进度，从而大大降低企业的工作效率。

（五）影响员工的士气

一个企业的人才流失过多，容易造成企业员工队伍不稳定。这是因为一定范围内的人才流动可能刺激更大范围的人才流失，尤其是流失的人才得到了更好的发展机遇或得到了更多收益时，未流动的人员就会心动，工作积极性就会受到影响，认为企业没有能力吸引并留住人才，造成员工队伍的不稳定。

（六）提高竞争对手的竞争力

人才流失大多会在本行业内发生，他们或是自己创业、自立门户，或是流向竞争对手企业。无论何种情况都有可能增强本企业竞争对手的实力，形成更大的竞争力反差。

人才流失对组织的影响

一、人员危机

组织成败的关键是人才，如果人才得不到组织的尊重和爱护，人的才能受到压抑，人的积极性得不到发挥，人的价值得不到肯定，那么伴随而来的必然是人的消极怠工、自由散漫、个人主义等不良现象。如果组织对人才缺乏吸引力、影响力、凝聚力和感召力，就会导致人员流失。组织人员危机的表现不仅仅是人员流失，还包括有人员流失导致的人员结构不合理、高层管理人员匮乏等。

二、信誉危机

信誉危机是组织在长期的服务过程中形成的。组织从业人员的服务态度、文化素质与稳定状况直接影响到服务对象对组织的整体印象和评价。在当今商业信息传递迅猛的时代，组织发生人员流失现象，不管人员是因为什么样的原因离开的，很快就会被媒体报道，再经过人们的不断传递，影响面不断扩大。一个不断流失人员的组织在人们不清楚原因的情况下，将会造成诸多猜忌，各种传言，这些都将给组织精心塑造的形象带来损失，使组织信誉降低。

三、信息危机

人才流失会导致商业机密的泄漏，给组织以致命打击。人才流失和商业秘密泄露是相伴而生的。尤其是关键员工和核心员工，他们掌握着其他员工不可替代的技术与机密，以及日积月累而形成的工作技巧与客户关系，他们是组织重要信息的载体，他们的流动必定引起信息的流失，甚至可能导致组织信息资源落入竞争对手手中，对组织生存形成威胁。我们不得不承认，在挖一名员工的时候，这名员工的附加值是很重要的。例如，一家企业想挖来一个技术总监，绝对不只是单单看中他的个人能力，肯定还希望得到他的技术资料和开发管理经验等。特别是掌握核心技术或商业机密的知识型员工的离职，更有可能会导致组织赖以生存的核心技术或商业机密的泄露。组织一旦发生这种情况，必然蒙受极大的经济损失，尤其是当那些知识型员工跳槽到竞争对手企业时，组织将面临严峻的竞争压力。

四、财务危机

在市场经济条件下，员工流动是绝对的。据调查统计，组织保持8%左右的员工流动率，对增强组织活力、调动员工工作积极性具有积极的作用。但人才的过度流动，无疑会给组织增加过多的人工成本，从而给组织带来沉重的经济负担，导致组织财务费用增加，投资收益减少，甚至出现组织财务紧张，无法正常运转的状况。

五、经营危机

人才流失造成的岗位空缺，直接影响企业业绩。公司员工在辞职之前通常有些征兆，如工作积极性不高、心不在焉、工作绩效下降等，这些都会导致公司经营每况愈下。人员流失之后，在替补人员能充分胜任该职位之前，岗位的空缺也会导致公司的经营危机。

资料来源：李岚. 人力资源应用心理学 ［M］. 北京：高等教育出版社，2007：176－177。

＞ 第二节 心理契约

一、心理契约的含义

"心理契约"（psychological contract）这一概念最早是在 20 世纪 60 年代初提出的。最早使用"心理契约"这一术语的是管理学家克里斯·阿吉里斯（Chris Argeris），1960 年他在《理解组织行为》一书中探讨了工人与工厂之间的一种隐性及非正式的理解与默契关系，并将之命名为"心理工作契约"。并将其界定为员工和组织对于相互责任的期望，它包括个体水平的期望和组织水平的期望，即员工对相互责任的期望和组织对相互责任的期望。但他并未对这一概念进行明确说明。

1962 年，管理学家利文森（Levinson）在《组织诊断》中明确提出"心理契约"这一概念，并将其界定为一种不成文的契约，是组织与雇员之间一系列期望的总和。他认为，心理契约是雇主与雇员关系中组织与雇员事先约定好的内隐的（没有说出来的）各自对对方所怀有的各种期望。其中有些期望明确，如工资；而有些期望则比较模糊，如长期的晋升前景。

美国著名管理心理学家施恩（E. H. Schein）教授在其《组织心理学》中将心理契约定义为"心理契约是在任一组织中，每一成员与该组织的各种管理者之间及其他人之间，存在着一套非成文的期望。"他认为心理契约涉及个体和组织两个方面，因而存在着个体的心理契约和组织的心理契约两种类型。

尽管对于心理契约这一概念的界定各不相同，但可以肯定的是，在员工与组织的相互关系中，除了正式的经济契约（劳动合同）规定的内容之外，还存在着隐含的、非正式的、未公开说明的相互期望和理解，它们构成了心理契约的内容，二者都存在于组织环境中。

心理契约是与经济契约相对应的一个概念。经济契约是组织与员工之间以签订合同形式存在的一种协议关系。我们又可称之为"正式契约"。经济契约有很强的法律约束力和严肃性，一旦违约，对方可以诉诸法律，求得法律的支持与保护。心理契约不同于经济契约，没有严格的法律效力，带有一定的主观性。心理契约是组织与员工之间对彼此权利、义务所怀有的主观、非书面形式的期望，是建立在承诺基础上的对员工与组织之间责任和义务交换关系的感知和理解。

当前，很多企业面临着人才流失的问题。人才的流失会使企业陷入某些工作瘫痪且后继无人的尴尬境地。造成人才流失很重要的一个原因是，员工认为组织违背了心理契约，因此选择离职。对于员工而言，能否有效地工作，能否对组织有责任感、忠诚心，在很大程度上取决于组织与员工之间心理契约的实现程度。只有当员工的需要得到最大的满足时，才能最大可能地调动他们的积极性，而这种满足正是员工心理契约最重要的成分。因此，建立良好的心理契约对于提高员工积极性，稳定员工队伍，减少人才流失率是非常重要的。

二、心理契约的特征

（一）主观性

心理契约的内容是员工个体对相互责任的认知，或者说是一种主观感觉，而不是相互责任这一事实本身。由于对于员工与组织之间的相互关系有员工自己独特的体验和见解，因此，个体的心理契约可能与经济契约的内容不一致，也可能与其他人包括组织方的理解和解释不一致。心理契约在建立方面并不像经济契约即劳动合同那样经过双方的协商以文字的形式加以确认，它是基于组织和员工之间的相互期望建立起来的，在这个过程中，心理契约的双方只是在主观上存在一种"个体意识"似的相互期望，因而是主观的。通常这种主观性也会造成二者之间理解和解释的差异性，从而有可能破坏心理契约。

（二）动态性

正式的劳动合同一般是稳定的，很少发生改变。但对于心理契约来说，由于组织和员工之间的相互期望处于动态变化过程当中，因此，心理契约的内容也是不断变化的，其内容也要不断加以修正。此外，随着工作环境和工作时间的变化，员工从事的工作和职位都会有所不同，这也会造成心理契约的变化，使其涵盖的内容也有所不同。波特·马金指出，人们在一个组织中工作的时间越长，心理契约所覆盖的范围越广，在员工与组织之间的关系中相互期望和隐含的内容也越多。因此，心理契约也要不断地进行调整。

（三）无责任性

心理契约的破坏并不像经济契约那样需要承担经济责任，任何一方破坏心理契约只会带来心理上的损失，对双方的心理造成一定的冲击。但是，心理契约的破坏有可能导致员工在个体利益方面的损失甚至是员工的流失，从而导致组织利益受损。

（四）双向性

心理契约是在员工和组织之间的相互期望的基础上建立起来的，离开任何一方，心理契约的建立都是没有具体意义的。心理契约在实现、调整、遭到破坏和重新建立的过程中，二者都是不可缺少的。

（五）循环性

有研究表明，员工在组织中的心理契约经历了 EAR 循环，即建立（establishing）、调整（adjusting）、和实现（realization）的过程。当一个 EAR 过程结束之后，员工又会对组织产生新的期望，这样又建立了一个新的心理契约，同时在心理契约的实现过程中根据环境的变化对心理契约随时做出调整，直到其再次实现。

三、心理契约的作用

心理契约作为联系组织与员工的心理纽带，贯穿于人力资源管理的各个环节中。

（一）书面契约的有效补充

心理契约可以弥补书面契约没有列出的一些权利、义务、责任关系。降低员工与组织双方的不确定性，成为书面契约的有效补充。

雇佣双方确定双方的雇佣关系是通过签订经济契约实现的。但是由于人是一种有情感的高级动物，受不同文化的影响，他们会在不同程度上做出一些心理约定，以弥补书面契约没有列出的一些权利、义务、责任关系。这样，心理契约往往能降低员工与组织双方的不确定性，成为书面契约的有效补充。

（二）增强员工的忠诚度

经济契约中只规定了员工劳动的条件、报酬、纪律、违约责任等几个方面，在员工晋升机会、培训、发展以及职业生涯等方面并没有清晰的界定甚至很少提及。心理契约的建立能够很好地弥补这一缺陷，减少组织和员工之间的不信任感，从而增强员工对组织的忠诚度。

（三）影响组织的绩效

从员工角度来讲，心理契约能否实现直接影响员工的工作动力和工作表现，心理契约的实现能够刺激员工的工作积极性，激发其工作动力并在此基础上形成新的心理契约及心理契约的良性循环，加深组织和员工之间的关系；反之，心理契约的破坏则会挫伤员工的积极性，降低对组织的期望，进而影响组织绩效。从组织角度而言，心理契约也是考察员工的一个工具，通过其实现与否来确认员工的能力和潜力，并适当调整对员工的期望，从而做出一系列的人力资源决策。

（四）满足组织和个人的需要

良好心理契约的构建可以使员工直接感受到个人需要的满足，清楚地认识到个人职业生涯发展计划，并使员工认识到在组织中的前途是远大的；组织则可以通过心理契约的建立适当分权授权，增强员工的责任感和使命感，使员工真正感受到组织和自身利益的一体性，提高组织运行的效率。

（五）增加员工流动成本

员工流动要考虑成本和收益的比率，良好稳固的心理契约能够使员工在人际关系、工作条件、工作环境、职业生涯等方面的成本以及心理成本增加，降低员工收益，令其不得不谨慎对待流动问题，从而降低流动的可能性。

四、心理契约的违背

通常情况下，当员工从主观上认为自己完成了组织的工作任务，而组织却没有履行相应的义务，这时就很可能发生心理契约的违背。一旦察觉到这种契约被违背，员工的态度和行为将会受到极大的影响。当员工的心理契约遭到违背的时候，有可能出现抱怨、忠诚度下降、离职等行为，导致员工对组织的信任动摇。

具体来说，心理契约的违背最有可能导致以下四种行为方式：第一，退出行为，这是心理契约违背的最严重方式，它使得心理契约关系变得很脆弱，并且导致最终的心理契约关系的结束。第二，提出意见，即说出感受来帮助减少损失和重新建构信任。第三，保持沉默，它反映了一种去忍受或者接受不喜欢的环境以期望能够获得提升的意愿和态度。第四，破坏和忽略，员工从忽略自己的职责到损害组织的利益等不同程度地实施与提高生产率相反的行为，如恶意破坏、偷窃、工作懒惰等行为。由此可知，当心理契约被违背时会对组织产生很大的影响，会导致员工心理上的失衡，从而影响工作效率和组织凝聚力，甚至对组织稳定性产生影响。

虽然说，心理契约的破坏和违背可能导致员工的离职，但并不是所有员工在其心理契约破裂后都会采取行动。还要看员工对心理契约破坏、违背原因的解释。如果员工将心理契约的违背归因于企业故意违反，那么，员工会对组织管理者的行为予以谴责，并降低自己的工作表现，甚至离职。如果归因于双方理解上的分歧，反应可能不会那么强烈。因此，心理契约的破裂是一个主观性的体验，它是一方认为另一方没有充分实现心理契约，而不管实际上心理契约的违背是否真的发生，这种破裂感受的发生并不意味着雇员一定会有被组织欺骗或在情感上受到伤害的感受以及相应的行为表现。

五、心理契约的管理

（一）招聘过程中传递正确的信息

对企业来讲，招聘是企业吸引人才、获取人才的渠道。招聘效果的好坏直接关系到人力资源的数量和质量，是整个人力资源管理活动的第一步。对员工来讲，应聘活动是个体与组织的初次接触，是构建心理契约的第一步。在招聘过程中，企业要为员工提供真实的工作预览，不提供虚假信息，把对员工的期望、职位的要求、组织的责任和义务等信息进行明确公示，使员工形成正确的心理契约。要在人员选择上兼顾能力和价值观念，将应聘者的价值观念与企业文化是否相融作为录用决策的依据之一，让真正想为企业发展做贡献的，有理想、有抱负、有能力的有志者进入企业，实现个人—职位、个体—组织之间的匹配。

（二）对员工进行社会化培训

不管组织在人员甄选和录用方面工作做得多好，新员工进入公司之初都不可能清晰地了解组织的各项要求，并完全适应组织的文化。组织为员工提供一些培训能增进员工对组织的了解，及时调整他们对组织不切实际的幻想和期望，使他们更迅速地融入组织。新员工的这种适应过程即为社会化过程。经过社会化的碰撞和调整阶段，员工会更加清晰地了解企业的经营理念和文化价值观，明确组织对员工的期望与要求，修正头脑中对组织的不合理期待。

（三）加强心理契约的动态管理

当组织意识到员工因为组织环境的变化而产生种种猜疑时，应积极主动地进行有效沟通以削弱或消除员工的猜测。由于心理契约是主观的、隐含的，并且始终随着外在环境的变化处于一种不断变更和修订的状态，组织和个体对于期望的理解常常会不一致，任何与组织有关的变动也都会对心理契约造成影响。因此，组织应与员工保持有效的沟通，使双方的心理契约明晰化，在理解方面达成一致。特别是当组织某一方面发生变动时，应及时向员工传递相关的信息，便于他们做出必要的调整，使其更符合组织的现实。而当组织违反心理契约时，管理者也有必要通过沟通向员工做出合理的解释，使双方能够在维护自己核心利益的前提下，让出一部分利益，重新达成一致。

（四）实施科学的职业生涯管理

企业满足员工需求的最好办法就是在企业内部实施科学的职业生涯管理。企业职业生涯管理是指由企业实施的、旨在开发员工的潜力、留住员工、使他们能自我实现的一系列管理方法。它能有效缩小企业与员工个体在目标整合上的偏差，并避免由此造成的员工工作的主动性、积极性等因素的丧失。企业可以考虑为员工搭建一个平台，为其设计好职业生涯。在制订企业发展战略的基础上，可以针对每个员工个人特点制订发展目标，并把员工发展与企业的发展结合起来，使员工在企业发展中也得到相应的发展机会。这样使员工在实现发展目标的过程中，体会到当家做主的责任和义务，感觉到自己在企业是"有用的人"，对企业远景产生真实感，自觉为企业发展而努力工作。

（五）构建以人为本的企业文化

健康向上的企业文化能在企业中创设出一种奋发、进取、和谐、平等的企业氛围和企业精神，为全体员工塑造强大的精神支柱，形成坚不可摧的生命共同体。以人为本的现代企业文化，指的是企业的文化价值观应建立在注重人的能力并使之充分发挥的基础之上，企业的一切管理活动都要围绕如何正确发挥人的主动性和积极性来进行。构建以人为本的企业文化，实现人尽其能，人尽其用，高效开发员工的能力与潜力，增强员工努力工作的热情与信念，激发企业与员工共同信守"契约"所默示的各自对应的"承诺"。

综上所述，如果说法律、制度、规则、合同这些有形事物是刚性管理方式的话，心理契约管理则是一种柔性管理方式。柔性的心理契约管理，往往会产生事半功倍的效果。随着社会发展、时代进步，原来的金字塔式管理所带来的刚性管理已经开始柔性化。原来的强制与命令越来越难以奏效，权威越来越难以凭借权力来维系，劳资双方的"契约关系"越来越变得像"盟约关系"，必须借助一些柔性方式来进行管理。心理契约是一种情感契约，是形成企业凝聚力和团队氛围的一种无形的手段，与刚性管理方式相比，心理契约能够以更低的成本促进企业管理效率与经营效率的提高，从而促进企业的长久发展。

案例讨论

刘先生的离职

刘先生三年前进入一家软件公司，负责软件开发。由于最近几年市场竞争激烈，公司业务虽然有所增加，但是他的许多同事纷纷离职。近一年里，他几乎是一个人干三个人的活。对此，刘先生一方面觉得自己身心压力巨大，另一方面觉得知识的更新换代加剧，希望自己能够继续参加相应的培训。因此，他在半年前向公司领导提出希望能够休息和进修。

但是，由于公司当时的业务非常多，又有很多员工离职，公司的领导非常希望刘先生能够继续待在工作岗位上。他们对刘先生表示，按照他对公司的贡献，当他的资质达到一定程度——任职三年时，将晋升他为开发部门的主管。刘先生考虑到如果将来能够从事管理方面的工作，压力或许会比单单从事软件开发小一些，因此接受了公司的建议，放弃休假继续留在岗位上工作。

在此后差不多一年时间里，刘先生可谓就就业业。用他自己的话说就是"埋头工作如老黄牛"，繁重的工作压力让他身心俱疲。然而，就在他每天都觉得活在崩溃边缘的时候，开发部门突然"空降"了一名主管。此时的刘先生觉得自己好像是在做梦。

刘先生与公司领导进行了沟通，领导评价刘先生工作认真勤奋，但是缺乏全局视野，不堪管理重任。更让刘先生觉得崩溃的是，自己这样勤奋工作，到头来却被别人看作是只会低头拉磨，不会抬头看路。虽然他承认自己或许缺乏一定全局经验，但并不表明自己没有能力拓展视野，做好管理工作。在对公司心灰意冷之际，刘先生选择了辞职。

由于刘先生长时间从事软件开发工作，公司非常想挽留他，所以提出给刘先生加薪的条件，希望他能够留在公司。然而，此时的刘先生对于公司已经心灰意冷，他毅然离开了。

资料来源：杜映梅，Bessie. 职业生涯规划［M］. 北京：对外经贸大学出版社，2005。

问题：刘先生离职的主要原因是什么？从公司的角度应如何避免这种离职现象的出现？

＞第三节　工作满意度

一、工作满意度的概念

工作满意度（Job Satisfaction）是员工对其从事工作的满意程度，是员工对其工作或工作经历评估的一种态度的反映。也就是说，工作满意度是组织成员所拥有的对其工作的一种特殊的态度和对工作的一种情感反应。众多学者根据研究意图的不同，对工作满意度下了不同的定义，可归纳为以下三种。

综合性的定义，认为工作满意度是一个单一的概念，是对工作本身及有关环境所持的一种态度或看法，是对其工作角色的整体情感反应，不涉及工作满意度的面向、形成的原因与过程。

差距性的定义，认为工作满意的程度视个人实得报酬与其认为应得报酬之间的差距而定。也就是"他们所得到"与"他们期望得到"之间的差距。差距愈小，满意的程度愈大，因此这种定义又被称为"需求缺陷性定义"。

参考架构性的定义，支持此定义的学者认为人的主观情感及知觉是影响人的态度和行为最重要的因素，是对一种事物的知觉与解释受自我参考架构的影响。工作满意度是多构面的，不同个体的满意和不满意原因各不相同。

从以上的定义可以看出工作满意度有三个维度，一是对于工作情景的一种情感反应；二是工作满意度经常是由结果在多大程度上符合或者超出期望来决定的；三是工作满意度代表几种相关的态度。

从组织的角度看，员工工作满意度的高低，不仅是影响组织绩效的重要因素，也是影响人才是否流动的重要因素。研究表明，员工的流动与工作满意度之间存在密切关系。

二、工作满意度的影响因素

工作满意度的影响因素也是工作满意度的维度，不同的测量方法把工作满意度的组成成分归结为不同的方面。最早研究工作满意度的霍普克（Hoppock）认为影响工作满意度的要素包括疲劳、工作单调、工作条件和领导方式等，他更多的是从工作内容、工作条件等物质属性角度定义员工工作满意度的维度。1963年弗瑞德兰德尔（Friedlander）从社会环境和员工的心理动机出发，认为社会及技术环境因素、自我实现因素、被人承认的因素是工作满意度的组成维度。1964年弗鲁姆（Vroom）提出七个维度：公司与管理当局、升迁、工作内容、上司、待遇、工作条件和工作伙伴。1969年史密斯（Smith）提出五个维度：工作本身、升迁、薪水、上司和工作。不同学者从不同视角研究了工作满意度的维度组成，不断丰富了工作满意度维度的研究内容。

在我国，许多学者根据国外学者的研究进行了工作满意度维度的本土化研究。例如，1996年俞文钊通过对合资企业128名员工的调查研究发现，影响员工总体工作满意度的因素主要有七个：个人因素、领导因素、工作特性、工作条件、福利待遇、报酬工资、同事关系。2001年邢占军通过对国有大中型企业职工的研究发现，工作满意度主要由物资满意度、社会关系满意度、自身状况满意度、家庭生活满意度、社会变革满意度等五个维度构成；2000年中科院心理研究所的卢嘉、时堪提出，我国企业员工的工作满意度包括五个因素：领导行为、管理措施、工作回报、工作协作、工作本身。

一般认为，工作满意度的影响因素主要包括情境因素、特质因素、工作期望与实际状况的差距等三方面。

（一）情境因素

1. 工作本身

工作本身的性质和特点是影响员工工作满意度的首要因素。通常情况下，工作与员工兴趣的吻合度越高，工作满意的程度就越高。同样，工作内容丰富性、重要性程度越高，工作满意度也会越高。另外，挑战性的工作也影响员工的工作满意度。一项富有挑战性的工作能够为员工提供使用自己的技术和能力的机会，能够为他们提供各种各样的任务，能够满足员工的好奇心，可以得到反馈以了解自己干得怎么样。挑战性低的工作使人感到厌烦，但是挑战性太强的工作会使人产生挫折和失败的感觉。在中度挑战性的条件下，大多数的员工将会感到愉快和满意。

2. 公平的待遇

组织的报酬、晋升制度是否公平，极大影响着员工的工作满意度。员工希望分配制度和晋升政策能让他们觉得公正、明确，并与他们的期望一致，当报酬建立在工作要求、个人技能水平、公司工资标准的基础上时，就会被视为公正，也会导致对工作的满意。当然，不是每一个人都看重报酬，有些员工宁愿接受较少的报酬，而在一个自己喜欢的地点工作，或者选择有更多自主性和自由支配时间的工作。报酬与满意之间的联系关键不是一个人的绝对所得，而是对公平的感觉。同样，员工还追求公平的晋升，如果员工觉得晋升决策是在公平和公正基础上进行的，晋升为员工提供的是个人成长的机会，更多的责任感和社会地位的提高，则可能会从工作中体验到满意感。

3. 工作团体

工作团体的本质会对工作满意度产生影响，对于大多数员工来说，工作满足了他们社会交往的需要，友好的和支持的工作伙伴会提高员工对工作的满意度。上司的行为也是决定满意度的一个主要因素，当上司是友好的、对员工优秀业绩及时给予表扬、善于倾听员工的意见时，员工的满意度会提高。研究表明，良好的工作团队能够为员工提供支持、安慰、建议和帮助，使员工工作变得愉快。

4. 工作环境

工作环境对工作满意度也有一定的影响。员工对工作环境的关心既是为了个人的舒适，也是为了更好地完成工作。如果工作环境好（如洁净、舒适、低噪音、适宜的照明等），工作地点便利，会比较易于员工开展工作；如果工作条件很差（如燥热、嘈杂的环境），要做好事情就很困难。研究表明，员工喜欢的是舒适的和不带危险性的工作环境。另外，多数员工希望工作场所离家近，干净整洁并且装备现代的办公设施，这既是工作环境的舒适性需要，也是更好地完成工作的需要。

（二）特质因素

有研究发现，工作满意度不仅是由情境决定的，同时还是由特质决定的。2001 年贾奇（Judge）揭示了核心自我评价特征，包括自尊、一般自我效能、控制源、情感稳定性或低神经质等与情感性有紧密联系的因素对工作满意度的影响。他们认为特质因素对工作满意度的作用包括直接作用和间接作用两个方面，直接作用是具有积极的自我概念的个体自然会对其所处的情境产生更为积极的评价。间接作用是自我概念会影响到个体对其工作态度的实际知觉。也就是说，具有积极的自我概念的个体，不仅会因为他们感到愉快而产生较高的工作满意度，而且还因他们易于知觉到工作中的积极因素而产生较高的满意度。

（三）工作期望与实际状况的差距

工作满意度通常是由个人对工作的期望和工作实际状况之间的差异决定的。如果个人认为工作的期望与工作的实际状况比较相符，则个人的工作满意度就较高，相反，则其满意度就较低，因此了解员工的期望是提高其满意度的首要条件。管理者对员工期望的了解要保持一种客观的态度，不能太主观，许多管理者自认为了解员工的需要，而实际上却与员工的真实需要相差甚远。美国工业界的一次调查中，要求管理者按自己对工人各种需要的理解对员工的需要进行排序，处在前三位的是高薪、工作稳定性、升迁及企业的成长，而让工人们对自己的需要进行排序，处在前三位的依次是工作所受赞赏、对事情的投入感及对个人问题的同情与了解。因此，管理者要了解员工的真实期望。

三、工作满意度的行为表现

(一) 工作满意度与工作效率

较高的工作满意度会促使员工在工作中付出更多的努力，带来高工作效率，而高工作效率往往会使得员工得到相应的工作报酬和在组织中的地位，因而会提升工作满意度，这种良性循环自然对个体和组织的发展大有好处。

但是，也有学者研究认为，工作满意度与工作效率之间没有必然的联系。不能证实工作满意度与工作绩效之间关系的一个可能的原因是，研究者仅仅从个体水平的分析来考虑这种关系，单从个体水平来测量绩效过于局限，因为这样很难考察到个体在反应满意或不满意时可能表现出的更广泛的行为。在实践中，拥有满意感员工的组织比没有满意感员工的组织的整体工作效率高。如果只在个体水平上研究，很难找出员工工作满意度和员工个人绩效的关系。

阅读资料

提高员工满意度，能否提高企业的绩效

在人力资源管理中，人们经常提到"员工的工作满意度"问题。所谓工作满意度是指，感觉到工作本身可以满足或者有助于满足自己的工作价值观需要，而产生的一种愉悦的感觉程度。它受每个人的价值观的影响；不同的雇员对同一种东西存在不同的价值判断；同时，工作满意度是（主观）感知，并不能全面、准确地反映客观实际情况。人们普遍认为，提高员工的工作满意度，可以提高员工的工作热情，降低人才流失率，从而提高企业的竞争力和绩效。所以，企业老板以及高层管理人员，就花费很多心思研究如何提高员工的工作满意度。一般而言，影响工作满意度的因素主要有：人格特征，工作任务，工作角色，上级与同事，工资与福利，个人发展空间，公司与员工的沟通情况，等等。于是乎，很多管理学家在上述几个方面做了大量研究，并向企业老板和职业经理人建议，如何在上述各方面加以改善。接受建议的企业似乎有了一定的成就。

但是，也有人不同意这种说法。有一个企业家，根据他的长期研究，对"提高员工满意度能够改善企业的绩效"提出异议。他认为，员工的工作满意度与绩效没有必然联系。并且，为了提高员工满意度而努力，反而会对公司的绩效起到反面作用。原因在于：第一，满意的员工不一定是高效的员工。第二，满意的员工，为了保持自己的"满意"，不一定愿意在公司需要改革的时候改革。第三，满意的员工可能只是中等，并不非常出色。第四，提升哪部分人的满意度也很重要。第五，提高员工的满意度是否能够提高企业的绩效，还要看企业是如何定义绩效的，用什么来衡量绩效。

对于那些热衷于通过提高员工满意度提高企业绩效的人，他建议：一定要在满意度调查表上加上预测绩效的问题。例如：第一，问一些能导致行动的问题，给经理们有压力的、使他们能够采取行动，改进绩效的信息。他认为，非结构化的，问及改善绩效建议的问题很有用。第二，确定调查的数据能及时返回到老板处，并采取进一步的改善行动或者至少给出合理的解释。第三，加大调查的频率。问简单的问题，每星期都问，并给老板周报表。让大家习惯及时反馈，让老板及时掌握员工的想法。第四，让经理们负责行动，看他们怎样用这些数据，让他们共享好的做法。第五，要让调查的问题反映出什么对你的业务最重要；不要太注重于标准比较，集中精力帮助你的经理们——给他们可以采取行动的数据。

资料来源：根据曹子祥. 提高员工满意度，能否提高企业绩效？［EB/OL］. 中国人力资源开发网，ht-tp：//www. chinahrd. net/Zhi_sk/jt_page. asp？ articleid＝137094 整理而得。

（二）工作满意度与出勤率

研究发现，工作满意与出勤率之间存在着稳定的一致性关系，工作满意度越低，越容易迟到、早退和旷工，因为对工作的不满意就很容易找到避免上班的理由。相反，工作满意度高的员工就会在工作中寻找快乐，尽量克服困难，保持较高的出勤率。

（三）工作满意度与流动率

工作满意度的高低是影响员工流动率的直接因素。大量研究发现，工作满意度与流动率的相关性显著高于与出勤率的相关性，即工作满意度越高，员工流动率越低。而流动率的高度对组织的影响是比较大的，尤其是高绩效的员工流动，对组织的正常工作秩序具有破坏性的影响。因此，在组织管理中，应该注意提高高绩效员工的工作满意度。

四、工作满意度的调查

工作满意度调查对企业来说是一个很好的沟通和交流工具。通过调查，管理层能够有效地诊断企业潜在的问题，了解企业决策和变化对员工的影响，对企业管理进行全面审核，制定切实可行的政策和制度，保证企业工作效率和最佳经济效益，减少离职率、高损耗率等问题。如何开展工作满意度调查，如何保证调查能够获得真实客观的信息？以下八个方面是获得一份全面有效的工作满意度调查结果的保证。

（一）做好调查准备

为保证工作满意度的调查顺利进行，在调查前要做好相应的准备工作。

1. 选择恰当的调查时机

是否要实施工作满意度的调查？什么时候进行工作满意度的调查？一般来说，在出现以下情况时可以考虑进行满意度调查：企业战略规划进行调整，企业迅速扩张；员工离职增多，核心人才流失率明显上升；企业内部发生突发事件，管理出现重大问题；组织机构或管理层发生重大变更；同行业竞争异常激烈；调整薪酬政策前等。

阅读资料

工作满意度调查时间的选择

某工厂管理层发现，今年基层员工流动率却比往年大，老员工的流失和新员工的培训给公司带来了很大的经济损失，领导层决定做一次针对基层员工的满意度调查。时机选择成为一个问题，经过多方考虑，决定定在12月。首先，12月是工厂生产的淡季，不会因为工作量大而影响问卷质量；其次，正值绩效考核阶段，员工对工作也有个总结；最后，年终奖发放之前，员工的工作态度趋于稳定，离职意向不高。这一调查获得了员工的一致好评，如果可以在年前说明工作中的不满，来年得以改进的话，年后就有意向继续留在企业内。

资料来源：江波. 人力资源管理心理学 [M]. 上海：华东师范大学出版社，2014：306。

2. 做好调查前的沟通

工作满意度调查能否达到预期的目的，关键在于被调查者能否积极配合，愿意接受调查。为此，在调查正式开始前，要做好与相关人员的沟通，让每位被调查者了解调查的重要性，同时要得到各级管理者的支持。调查前的沟通主要包括以下内容：

（1）参加调查的重要性。向被调查者说明这是一个表达民意的机会，并强调员工的每一个意见都对公司未来的管理改善有着很大影响。

（2）调查过程和数据的保密和匿名性。强调调查过程的严谨性，使员工确信他们的意见将被严格保密。

（3）明确需要的调查时间。说明调查所需时间可以让被调查者合理安排工作来配合调查，一般来说，15～20分钟的调查较为适宜。

（4）调查的信息将如何使用。明确告知被调查者，调查问卷上的反馈信息将对公司改善管理工作的意义。

（二）制订调查方案

工作满意度调查实施前应制定一个完善的调查方案，一般来说，工作满意度调查方案主要包括以下内容。

（1）调查目的。根据企业发展现状、期望达到的结果来确定调查目的。调查目的一般包括期望获得哪些信息，这些信息对改善公司管理工作的意义等。

（2）调查内容。主要说明围绕哪些方面、维度进行调查。

（3）调查对象。主要说明调查所面向的工作群体、人员。

（4）调查方法。由于员工生活经历、工作体验不同，对满意度的认知也有差异。因此，为保证调查结果的客观性，应选择恰当的调查方式和技术手段。常用的调查方法有访谈法、问卷调查法等。

（5）调查时间。工作满意度的调查通常分为若干环节：数据采集阶段、数据回收阶段、数据整理统计阶段、结果分析阶段。调查时间应明确每个阶段的任务、要求和具体时间安排。

（6）调查小组。成立调查小组，明确责任分工，将调查任务落实到责任人，确保调查每一步按照计划完成。

（7）调查需求。对调查过程中所需的人、财、物等各种需求进行评估和预测，提前做好相应准备。

（三）设计调查问卷

调查问卷的设计非常重要，满意度调查的关注点主要集中在员工对公司和工作的满意度方面，一般来说，工作满意度调查问卷要紧紧围绕着企业文化、价值观、管理制度等内容来设计，企业需要结合自身的实际情况，建立一套科学的工作满意度评价指标体系，并定期进行调查，以了解员工满意度动态的变化。

1. 确定调查维度

调查维度是设计调查问卷的依据，即从哪些方面来设计问卷中的问题，并根据取得的信息进行针对性的分析。工作满意度调查维度一般以经典的满意度调查工具为基础来设计调查维度，如明尼苏达工作满意度调查表（MSQ）、工作满意度调查量表（JSS）等。

阅读资料

工作满意度的测量

工作满意度测量的方法主要分为单维度测量和多维度测量两种。单维度测量只要求被调查的对象回答对工作的总体感觉。这种测量方法可以知道企业的总体满意度水平，但不利于企业中存在的一些具体问题的发现；多维度测量是将企业中员工的工作满意度划分成多个维度进行测量，这种测量方法虽然比较复杂，但有利于诊断出企业中存在的一些具体性问题，进而制定出有针对性的对策和措施，以更好的改善员工的工作满意度。基于不同理论编制的工作满意度测量工具较多，常用的有明尼苏达工作满意度调查表、工作满意度调查量表等。

一、明尼苏达工作满意度调查表

明尼苏达工作满意度调查表（Minnesota satisfaction questionnaire, MSQ）是由明尼苏达大学威斯（Weiss, 1967）等人设计的。它分为长式量表（21 个量表）和短式量表（3 个分量表）。短式量表包括内在满意度、外在满意度和一般满意度 3 个分量表。其主要维度有：能力使用、成就、活动、提升、权威、公司政策和实施、报酬、同事、创造性、独立性、道德价值、赏识、责任、稳定性、社会服务、社会地位、监督、人际关系、技术、变化性和工作条件；长式量表包括 100 个题目，可测量工作人员对 20 个工作方面的满意度及一般满意度。它的特点在于对工作满意度的各个方面进行了完整的测量，但是长式量表题量比较大，测量中的被试负担和误差问题是值得商榷的。

二、工作满意度调查量表

工作满意度调查量表（the job satisfaction survey，JSS）于 1985 年由斯贝克特（Spector）开发而成。该量表将员工满意度分为薪酬、升职、主管领导、额外的福利、条件性奖励、制度环境、同事、工作本身属性和沟通等 9 个维度，员工对每个维度分别进行评价，求和得出总体满意度水平。在 JSS 调查表中，每个维度的测量由 4 个问题构成，共 36 道题。根据每一题的描述，被测者做出判断，选择与自己感受最一致的分值（1~6 分）。9 个分量维度分值分别由其 4 个问题分值求和得出，再将 9 个分量维度分值求和得出总体满意度分值。

国内学者也对工作满意度维度进行了开发和问卷编制，北森测评技术有限公司根据国内企业的具体情况编制了"北森工作满意度调查问卷"，该问卷分为五大维度，十三个具体维度。具体如表 8-1 所示。

表 8-1　　　　　　　　　　　北森工作满意度调查维度

维度	本职工作	所得回报	所在团队	企业管理	个人和企业发展
具体维度	工作特性 工作环境	工作奖励 价值感	人际关系 团队效能 工作气氛	领导力 管理制度 社会形象	个人发展 晋升激励 企业前景

2. 设计调查问题

根据维度的选择，设计每个维度所对应的具体问题，问卷中的问题分为开放式和封闭式，开放式问题是直接征询员工意见与建议的好方法，可以针对企业关心的问题直接提问，不对答案设任何限制，回答者可以畅所欲言。选择何种问题形式可针对不同情况进行合理搭配。此外，设计问题时还应注意针对性和适用性，力求简洁易懂，便于员工准确回答。同时要注意区分重点，分清必答题和选答题。北森工作满意度测量示例，如表 8-2 所示。

表 8-2 北森工作满意度测量示例

题项	非常不满意	不太满意	一般	比较满意	非常满意
1. 总的来说，我目前的这份工作	1	2	3	4	5
2. 单位目前实施的晋升激励制度	1	2	3	4	5
3. 总的来说，我对我所在的团队	1	2	3	4	5
4. 总的来说，我对我的工作特点	1	2	3	4	5
5. 总的来说，我的上级主管的领导水平	1	2	3	4	5
6. 我在单位能够获得的发展机会	1	2	3	4	5
7. 我目前所处的工作环境	1	2	3	4	5
8. 我在单位获得的薪资福利	1	2	3	4	5
9. 单位的未来愿景和长远规划	1	2	3	4	5
10. 我在单位获得的精神方面的回报	1	2	3	4	5

（四）组织实施调查

像对待公司的产品和服务一样，必须抱着严肃认真的态度来开展工作满意度调查。在调查开始时，要对被调查者讲明调查目的、调查要求，保证每位员工理解调查要求及内容。此外，调查的过程中，要持有良好的态度与耐心，让更多的员工能正确回复信息，从而建立起良好的企业与员工的合作关系。

（五）统计调查结果

调查结束后，要对调查问卷进行回收、整理，并对调查结果进行统计。

（1）整理调查数据。按照统计学的标准剔除无效问卷；根据调查维度对调查数据进行分类整理，并进行统计分析，形成初步的数据结果。

（2）分析调查结果。主要围绕满意度各维度的调查结果进行分析，发现问题，并形成总体的满意度评价报告。

（六）形成调查报告

根据数据统计和结果分析，形成综合的工作满意度调查报告，调查报告中应包括原始数据的分布情况、各维度的结果分析、存在问题及解决方案等。为了使调查结果一目了然，可以配有统计图、表的分析。

（七）反馈调查结果

调查结束后，企业需要保证调查的结果能够顺利地传递到每个员工的手上，很多企业在工作满意度调查中犯的最大错误是没有把调查的结果传递给公司的每位员工，因为作为企业来说，如果想通过员工满意度的调查来全面改善公司的现状，就必须让每个人知道公司的总体情况和他们个人对组织的影响力，同时员工也能够感受到他们花费在填写问卷的时间是非常有价值的。当然企业并不一定需要完整地把报告发布给每个员工，但是公司用诚实和公开的态度揭示调查中发现的问题和不足，并对员工的参与表示感谢是非常重要的。可以激发日后员工参与此类工作的热情，提升员工对企业的认同感。

（八）制定解决措施

企业决策者和各有关部门根据反馈结果，制定相应的解决措施并加以落实。还应该设计相应的跟踪方案，对具体落实情况进行跟踪。

总之，工作满意度调查是确定目标、实施调查、分析结果、实施改进、跟踪反馈的过程，通过工作满意度调查能够收集到员工对改善企业经营管理的意见和要求，同时激发员工参与组织变革，提升员工对组织的认同感和忠诚度，为企业人力资源管理决策提供重要依据。

五、提高工作满意度的措施

企业员工是利润的创造者，一个追求成功的企业应当重视如何提高企业内部客户——员工的工作满意度。企业提高员工的工作满意度可以从以下几个方面入手。

（一）公平的竞争环境

公平是每个员工都希望企业具备的特点之一，公平的竞争环境和发展机会可以使员工踏实地工作，使他们相信付出多少就会有多少公平的回报。公平体现在企业管理的各个方面，如招聘、绩效考核、薪酬福利、晋升机会等。

（二）挑战性的工作

企业如果为员工提供的工作是充满挑战性的，有助于员工在工作中获得成就感；而相反，如果工作枯燥无味简单重复，就会让人产生厌倦情绪甚至职业倦怠。当然，如果工作量过大且时间紧张的工作，也会导致工作压力过大而产生挫败感。

（三）开放的沟通系统

沟通是管理者激励下属，影响和改变别人态度和行为，实现领导职能的基本途径。员工希望企业有一个自由开放的沟通系统，开放的沟通可以增进上下级间的了解，使正确的决策很快被员工理解和接受，变成执行决策和服从领导的实际行动。沟通不仅仅只是上下级之间的沟通，员工之间的沟通也很重要。员工间的沟通不仅能增进员工彼此间的了解，促进员工间的合作，增强员工的参与意识，也是最大限度调动员工积极性，提高员工满意度，进而提高工作效率的有效途径。

（四）个性化的职业生涯规划

对员工进行职业生涯规划首先要对员工的远景有所规划，对员工的远景规划是对员工未来希望达到的理想状况的职业规划，这种远景规划对员工个人具有强大的激励效应，增加他们的期望，激发员工的内在潜能，带来原本所没有的行动和变化。此外，企业还要为员工设计一条合理清晰的职业通道，远景不是一步就能实现的，通过这样一条通道，员工可以了解到自己离远景还有多远，还需要从哪方面努力，同时，在职业通道上的一步步发展，也可以使员工获得工作上的成就感。

（五）提供更多的培训机会

随着知识更新换代速度的不断加快，员工对新知识的需求也不断提高，定期培训可以更新员工的知识结构，提升员工的技能水平，完善员工的自身素质，延长员工的职业生命，利于员工的自我发展和自我实现。另外，向员工提供培训和教育可以提高企业整体的工作效率，增强竞争力，也是企业吸引人才、留住人才的重要途径。因此，企业应该结合对员工的职业生涯规划，有针对性地为他们提供一些有助于提升其能力的学习和培训机会。正如美国哈佛商学院学者詹姆斯·利克特所言："注重员工的培训，是企业最有意义的投资，最有效果的人力资源整合，培训已不仅仅局限于新员工的岗前教育和员工基本业务技能训练，而变成动员、激发和启发员工发展与企业战略目标相一致的观念、态度、行为和技能的重要工具。"

＞ 第四节　组织承诺

一、组织承诺的含义

20 世纪 30 年代，随着人际关系学派的兴起，对于工作满意度问题的研究逐渐增多，美国社会学家贝克尔（H. S. Becker）试图用提高工作满意度的方法来提高员工的工作绩效，但是发现两者之间没有显著的相关性。贝克尔通过研究提出了"组织承诺"（organizational commitment）的概念，他认为，个体之所以对组织产生承诺，是因为个体能从对组织的投入（时间、金钱和努力）中得到回报。虽然，贝克尔率先提出了组织承诺的概念，但并没有对这个概念进行深入研究。真正带动组织承诺研究热潮的是美国俄勒冈大学默德（R. T. Mowday）和波特（L. W. Porter），从 20 世纪七八十年代开始，行为学家们深入开展组织承诺问题的研究，通过研究发现，组织承诺能稳定地预测员工的缺勤和离职行为。

对于组织承诺的概念，学者们是仁者见仁，智者见智。通常有两种较为流行的观点：一是行为说，二是态度说。

行为说认为，组织承诺是指员工为了不失去已有位置和多年投入所换来的福利待遇而不得不继续留在该企业内的一种承诺。其主要关心的是，个人是怎样认同某种特定行为的，是哪些情景性的因素使行为难于改变，它们又是怎样影响与行为一致的态度的形成的。行为说的代表夏兰希克（G. Salancik）认为，组织承诺是"个人对某一特定组织的依赖并依此表现出来的相应的行为。"他指出了组织承诺的四条行为标准：一是行为的清晰性，这些行为是否明确、可见；二是行为的持久性，这些行为是持久的还是短暂的；三是行为的自愿性，这些行为是发自内心的还是由于外界诱惑或其他外在压力被迫而为之；四是行为的公开性，别人是否知道该行为以及谁知道该行为。

态度说认为，组织承诺是个人对组织的一种态度或肯定性的内心倾向，是个人对某一特定组织感情上的依附和参与该组织的相对程度，具体包括以下三个方面：信赖并且乐于接受组织目标和价值观；对组织的各项工作乐于投入尽可能多的精力；对能够成为该组织的成员充满了自豪感。其主要关心的是，个人是怎样培养出对组织价值观的坚定信念，又是怎样产生出为组织的利益而努力的意愿，以及如何培养出个人想留在企业而不愿离开的意愿等。

这两种观点虽然角度不同，但是它们都认为组织承诺是员工与组织之间相互连接的纽带。有鉴于此，组织承诺是指员工对于特定组织及其目标的认同，并且希望保持组织成员身份的一种心理现象，由此衍生出一定的态度或行为倾向。

二、组织承诺的结构

由于学者们的研究视角不同，组织承诺在概念界定上存在或大或小的差异，因此其维度的划分也有所不同，主要有单维度、二维度、三维度、四维度、五维度五种划分方法。

（一）单维度结构

贝克尔从研究组织承诺的内涵开始，将其看作"一种经济上的工具"，他认为承诺是员工随着其对组织的"单方面投入"的增加而产生的一种甘愿全身心地参与组织的各项工作的感情。随着员工的时间、精力甚至金钱投入的增加，员工一旦离开该组织，又会损失各种福利如房子、退休金、补助等，同时自己在该组织花费许多时间所学到的技术也会失去用武之地，可见，贝克尔主要从经济方面强调员工承诺对稳定员工的重要影响。

（二）二维度结构

1984 年加拿大学者梅耶（John P. Meyer）和艾伦（Natallie J. Allen）在前人的基础上提出了组织承诺的二维结构模型，其中包含"感情承诺"和"继续承诺"。感情承诺是指组织成员被卷入组织、参与组织社会交往的程度，它是个体对一个组织的情感，是一种肯定性的心理倾向。继续承诺是员工为了不失去已有的位置和多年投入所换来的福利待遇而不得不继续留在该组织内的一种承诺。这种承诺建立在经济原则的基础上，具有浓厚的交易色彩。据此，两位学者编制了"感情承诺量表"和"继续承诺量表"。并将该量表测量结果与以往的各种量表测量结果进行统计分析和比较。发现在此之前各种量表所评价的内容与感情承诺量表具有较高的一致性，而继续承诺量表所评定的内容与之前的量表具有明显的不同，这一结果间接地证实了员工的组织承诺既不是贝克尔所提出了"工具性承诺"，也不是其他学者如波特（Poter）提出的"感性依赖"，而至少有两种承诺的形式。

（三）三维度结构

20世纪90年代，梅耶和艾伦在对以往研究者关于组织承诺的研究结果进行全面分析和回顾基础上，又补充了二维度结构，提出组织承诺的三维度结构，即情感承诺、连续承诺和规范承诺。首先，情感承诺是个体对组织认同的程度。包括认同组织的价值观和目标，为自己是组织的一员而自豪，愿意为组织利益做出牺牲等。员工对组织表现出的忠诚和为组织努力工作，是由于对组织有深厚的感情，而非受个人利益驱动。其次，连续承诺是指员工为了不失去已有的位置和多年投入所换来的福利待遇，不得不继续留在该组织。它是建立在利益基础之上的，具有浓厚的交易色彩。员工在组织中工作，随着时间的增加，会得到良好的报酬和退休金，会形成良好的人际关系和具有较高的资历地位，这些都是员工不想放弃的。最后，规范承诺是指由于长期形成的社会责任感和社会规范的约束，员工觉得有义务留在组织中继续工作。梅耶和艾伦还编制了三因素组织承诺量表，对上述承诺的三因素进行测量。

虽然国外学者又提出了四维结构，但理论界仍然以梅耶和艾伦的三维结构作为主导思想，同时也将其作为主要批评目标。

（四）五维度结构

我国学者对组织承诺的研究始于20世纪90年代。2000年我国学者凌文辁研究开发了"中国职工组织承诺量表"，并对中国企业员工施测，通过对实测数据分析，他们发现中国员工组织承诺的结构模型中包含五个因子，分别是感情承诺、理想承诺、规范承诺、经济承诺、机会承诺。

感情承诺。对单位认同，感情深厚；愿意为组织的生存与发展做出贡献，甚至不计较报酬；在任何诱惑下都不会离职跳槽。

理想承诺。重视个人的成长，追求理想的实现。因此，非常关注个人的专长在该组织能否得到发挥，组织能否提供各项工作条件、学习提高和晋升的机会，以利实现理想。

规范承诺。对组织的态度和行为表现均以社会规范、职业道德为准则；对组织有责任感，工作全身投入，对组织尽自己应尽的责任和义务。

经济承诺。因担心离开组织会蒙受经济损失，所以才留在组织。

机会承诺。待在这个组织的根本原因是找不到别的满意的组织；或因自己技术水平低，没有另找工作的机会。

研究发现，不同人口特征表现下的组织承诺也各不相同，这一研究成果对于人力资源工作者制定有效的员工保持策略具有重要的意义。

三、组织承诺的影响因素

（一）环境因素

个人和组织所处的环境状况对个人的组织承诺水平存在很大的影响。首先，从劳动力市场看，失业率的高低决定了个人就业机会的多少，失业率与个人的组织承诺水平存在正相关关系。其次，从文化角度看，文化中的静态因子和动态因子的多少直接影响到个人的组织承诺水平。例如，在主张创业、冒险、单干的动态文化中，组织中的不安定因素受到这种文化的激发，降低了个人的组织承诺水平。最后，从行业性质看，人才竞争激烈的行业中，个人的组织承诺感较低，同行的人才争夺使得个人更换工作的收益提高，推动个人在行业内部流动。

（二）组织因素

影响组织承诺的组织因素主要包括组织价值观、组织支持、组织文化、组织变革、组织特性等。研究表明，员工感受到的来自组织的关心、支持与认同是形成组织承诺的极为关键因素；在企业合并、裁员等组织变革情况下，员工通常会担心自己的发展前途及是否被解雇等问题，此时组织承诺可能相对比较低。此外，企业效益和发展前景、工资福利、企业领导的素质能力、企业经营观念、组织文化、运行机制也是影响员工组织承诺的重要因素。

（三）工作因素

影响组织承诺的工作因素主要包括工作挑战性、工作态度、工作满意度、工作中的人际关系、工作投入、职业工种、职位的明确程度、目标难度等。研究表明，组织承诺与工作性质有很大的关系，相对稳定、没有多大风险、劳动负荷不是很大的工作，而且有愉快的工作经历，相应的组织承诺较高。相反，工作环境恶劣、风险较大的工作，其组织承诺较低；组织中员工之间合作非常愉快、气氛融洽，员工之间沟通无障碍的情形下，员工组织承诺较高；此外，员工对其本职工作的认同感、积极主动态度和热爱程度是提高组织承诺的重要因素。

（四）个体因素

影响组织承诺的个体因素主要包括年龄、工作年限、婚姻状况、性别、受教育程度、工作经历等。

年龄和任期。科恩（Cohen）对组织承诺与离职间的关系，以及其如何随时间而改变进行了研究。发现新老员工与组织承诺和离职间有微妙的关系：年轻人组织承诺高，但离职率也高，与此相反老员工组织承诺低，但离职率也低。员工流动与年龄、资历的负相关关系是一贯性的。工作年限越短，员工的流动率越高。这是因为年轻员工对所在企业的依附性不强，自身适应性强，有更多进入新工作岗位的机会。另外年轻人调动工作的成本较年长者低，一个人在企业工作年限越长，其社会联系的纽带也就越多，与之相应的离开企业的社会交往方面的损失就越大。

种族、性别。研究表明，性别差异会造成组织承诺水平的差异，女性比男性的组织承诺水平高，这是由于女性在生育孩子期间，可能形成职业中断，许多组织在接纳新成员时对女性构筑了壁垒，因此，女性进入组织的成本要高，更换工作的成本也高，她们一旦进入某个组织，就会产生较高的组织依靠感，逐步形成较高的组织承诺水平，相比较而言，男性成员则不存在女性的困扰和顾虑。

婚姻。由于已婚员工的各种顾虑，例如，配偶、子女等工作、学习问题，都影响员工对组织的承诺水平。而且，一般来说，已婚员工的组织承诺明显高于未婚员工，离职率也低于未婚员工。

四、组织承诺的行为表现

组织承诺大多数指向的对象是具体的，如组织、职业、上司等。那么，通常表现在个体行为上，就是离职和工作绩效。

（一）组织承诺与离职

组织承诺与员工离职具有密切的关系。梅耶研究发现，组织承诺的不同因素和离职的相关程度不同，情感承诺和离职行为的相关性最强，规范承诺次之，而连续承诺和离职行为的相关性最弱。学者们认为，员工对工作不满意会造成离职意向的增强，进而产生离职行为。

多数研究表明，情感承诺与离职的相关性比工作满意度与离职的相关性要强。其原因为：第一，与情感承诺比起来，个体的工作满意度是容易波动的，会更直接地、同时性地随着工作状况的变化而改变，而情感承诺相对比较稳定；第二，情感承诺的目标就是组织，而工作满意度是个体对组织的满意程度，个体从对工作不满意到离开组织会有一个更复杂的变化过程。有的研究者认为，工作满意度是组织承诺的前因变量，这主要是因为个体对某一工作的积极或消极态度会转移到整个组织身上。例如，当员工对自己的工作感到满意时，他们会想到这是组织给予他们的工作，因此对组织也建立起积极的承诺。

美国华盛顿大学商学院的李（T. W. Lee）提出，个体可能是按照多条路径离职。传统的离职模型认为，员工对工作不满意会造成离职意向的增加，进而产生离职行为。李认为，实际离职中还存在其他的路径。例如，有的员工对自己目前的工作满意，但是有猎头公司报出优厚的条件"挖"他们，他们工作满意度虽然没有降低，但因为有更好的机会而离职。从组织承诺的角度看，如果员工除工作满意外，还有很强的组织承诺，那么他们就不太可能被外界的条件"诱惑"。组织承诺对员工的离职行为来说，就像设定了一个限制它发生的"阈值"。员工的组织承诺越高，这个"阈值"就会越高。

（二）组织承诺与工作绩效

梅耶等人研究发现，情感承诺和连续承诺与工作绩效之间存在不同的关系。上级对个人工作绩效和提职的评价与他们的情感承诺水平呈正相关。而某一方面的提高，另一方面也会出现增长。但对于连续承诺来说，这种关系却呈负相关，较高的连续承诺是与低水平的绩效和提职评价相联系的。规范承诺和情感承诺关系密切，而且都与绩效呈正相关，但是和情感承诺相比，规范承诺的作用是短暂的，一旦个体认识到"债务"已经偿还，规范承诺对行为的影响程度就会减弱。

为什么组织承诺的不同因素对工作绩效表现出不同的影响模式？这是因为：情感承诺高的员工认为他们的工作包括的内容更广，甚至包括一般被认为是正式的岗位要求之外、不属于分内的工作行为。因此，情感承诺高的员工比情感承诺低的员工更可能对这些行为产生"束缚"感。简单说，组织中情感承诺高的员工在心理上会觉得应该完成的"活儿"更多。

以情感承诺为主的员工更容易主动接受指派的工作，对他们来说，全身心地完成工作很正常。而以规范承诺为主的员工则会花一些时间考虑完成这项工作能在多大程度上偿还"债务"，即在多大程度上回报组织曾给予的恩惠。以连续承诺为主的员工会花较多的时间去计算完成工作的得与失，从而采取自己认为最"经济"的方法去完成工作。因此，不同组织承诺类型的员工对工作的投入情况是有很大差别的。

五、组织承诺的测量

因对组织承诺的定义及其结构的认知不同，学者们采用了不同的测量工具来测量组织承诺。大多研究主要是用调查问卷来测量组织承诺，在我国影响力较广的组织承诺问卷主要有以下三种：

（一）梅耶、艾伦和史密斯的组织承诺量表

根据梅耶和艾伦（1991）的研究，所有这些组织承诺的组成要素都和员工行为有复杂的关系，情感承诺、连续承诺和规范承诺都能分别独立地对特定行为发挥各自的作用。梅耶和艾伦（1996）的组织承诺量表共涉及三个维度，18个题项，每个维度下设计了6个题项。之后，梅耶，艾伦和史密斯（1997）对该量表进行了改进，在组织承诺的三个维度上分别设计了一个包含8个题项的量表，共计24道题。梅耶等人的三因素量表能够比较全面地测量组织承诺，其信度和效度被后来的多项实证研究检验证实。此外，在进行跨文化研究时，该量表也适用于华人样本。

张勉等（2002）和姚唐（2008）用梅耶、艾伦和史密斯（1997）的三因素量表测量员工组织承诺时，都得到了拟合性较好的数据结果。林佑贞（2009）以

酒店企业为研究样本，考察了组织氛围和组织承诺的关系。用该量表测量得到的数据分析结果表明，情感承诺、规范承诺和连续承诺三个维度具有很高的信度。众多实证研究结果都表明了梅耶、艾伦和史密斯（1997）的组织承诺量表的稳定性和内部一致性水平较高。

（二）默德、斯蒂尔斯和波特组织承诺量表

默德、斯蒂尔斯和波特（Mowday, Steers & Porter, 1979）的量表是在波特等（1974）的研究基础上提出的。波特等（1974）从价值、努力和离职三方面的承诺维度设计了 15 个题项，利用李克特七点量表来度量组织承诺。该问卷还设计了测量员工的道德投入方面的题目，因此测量结果在反映员工对组织的忠诚度和认同度上有较好的效果，被当时的众多研究者所使用。1979 年，默德、斯蒂尔斯和波特则对组织承诺进行了重新考虑并用持续承诺替换了波特模型中的离职承诺，即认为组织承诺的三个维度分别为：价值承诺、努力承诺和持续承诺。

默德等（1979）的组织承诺量表产生了很大的影响，用该量表进行研究，信度和内在一致性都比较高。博格（Bogler, 2004）等学者的研究都借鉴了其问卷和量表。而该量表的中文版也在我国相关研究中被应用，刘淑如（2002）和顾忠平（2005）等学者的研究都以该量表作为测量工具，顾忠平（2005）对我国台湾地区样本的研究验证了该问卷的高信度，其实证研究的信度值达到了 0.89。

（三）凌文辁组织承诺调查问卷

凌文辁等（2000，2002）扩展了梅耶和艾伦（1991）的三因素模型，提出了符合我国实际情况的由感情承诺、理想承诺、经济承诺、规范承诺和机会承诺组成的五因素模型。他们设计了中国员工组织承诺问卷，并对问卷进行了多次修订和优化。由于该问卷比较符合中国员工的情况，且具有较好的信度和效度，被国内的许多学者选作为测量工具来度量员工的组织承诺。例如，穆建怡（2007）使用了该问卷来探究旅行社员工组织承诺的特征，研究结果显示旅行社员工的机会承诺和经济承诺水平是最高的，感情承诺处于较低水平；该量表无论是从整体上还是从五个维度上来看都有较高的内部一致性。

阅读资料

中国职工组织承诺问卷

指导语：本部分题目是考察您与自己所在单位的心理关联程度，答案没有对错之分。请您对下面每个陈述，按照您的个人观点，判断在多大程度上该陈述的情况符合您的实际情况。其中数字 1 表示"完全不同意"，2 表示"比较不同意"，3 表示"不确定"，4 表示"比较同意"，5 表示"完全同意"。请您在合适的选项上画"√"。

	1	2	3	4	5
1. 即使单位的效益差，我也不打算离开。	□	□	□	□	□
2. 我认为任何人对自己的单位都应忠诚。	□	□	□	□	□
3. 在这个单位我可以学有所用。	□	□	□	□	□
4. 我不想离开这里是因为我怕失去很多福利。	□	□	□	□	□
5. 我留在这里是因为自己的技术水平低，没有跳槽机会。	□	□	□	□	□
6. 我对单位有很深的感情。	□	□	□	□	□
7. 在这个单位我有很多进修机会。	□	□	□	□	□
8. 我不想离开这里是因为我怕损失太大。	□	□	□	□	□
9. 我认为应该对单位全身心投入。	□	□	□	□	□
10. 因为别的单位的工资不高，所以我不想离开目前的单位。	□	□	□	□	□
11. 我愿对单位做任何贡献。	□	□	□	□	□
12. 我认为跳槽是不道德的。	□	□	□	□	□
13. 这里的工作会面临挑战和困难。	□	□	□	□	□
14. 我已经花费了一生的精力在这个单位，离职对我的损失实在太大。	□	□	□	□	□
15. 要我重新找到合适的工作并不容易。	□	□	□	□	□
16. 我愿为单位贡献全部心血。	□	□	□	□	□
17. 我对单位负有义务。	□	□	□	□	□
18. 即便我想离开这里也很难离开。	□	□	□	□	□
19. 这里的条件有利于我实现梦想。	□	□	□	□	□
20. 我实在找不到别的单位。	□	□	□	□	□
21. 我甚至愿意把自己业余的精力都贡献给单位。	□	□	□	□	□
22. 我像爱家那样爱自己的单位。	□	□	□	□	□
23. 在这里干使我有很多晋升机会。	□	□	□	□	□
24. 离开这里会对我的家庭造成损失。	□	□	□	□	□
25. 离开这里，另找一个条件好的单位并不容易。	□	□	□	□	□

测验说明： 本问卷是凌文辁教授等编制的用来调查员工的组织承诺的，各个维度所包含的题项为：

1. 情感承诺维度：题项1、6、11、16、21
2. 规范承诺维度：题项2、9、12、17、22

3. 理想承诺维度：题项 3、7、13、19、23

4. 经济承诺维度：题项 4、8、14、18、24

5. 机会承诺维度：题项 5、10、15、20、25

评分标准：将各个维度下你所选择题目的分数相加，分数最高的维度就是你的主导承诺类型。各个维度的所得分数之和为总分，总分越高，承诺越高。

六、提高组织承诺的策略

组织承诺对组织员工的行为产生显著的影响，尤其是情感承诺高的员工能够表现出更好的工作绩效。那么，组织在日常的管理实践中如何提高员工的组织承诺呢？

（一）建立员工招聘甄选体系

一个组织在招聘员工时，建立员工的情感承诺是第一环节。对那些希望和员工建立起长期稳定关系的组织来说需要考察以下内容：首先，要注意鉴别出那些有频繁跳槽经历的人，详细考察他们离职的原因是什么。因为在这个群体中，有相当一部分人很难对一个组织建立起稳定的承诺关系，他们或者是为了追求一种多变的生活，或者是通过频繁的跳槽来达到薪酬的不断增加。这个群体的个性和价值观决定了他们很难保证稳定地在一个组织中工作。其次，要考察应聘者和组织之间价值观（特别是核心价值观）的匹配程度。如果个体和组织之间的价值观取向差异很大，那么进入组织后，会觉得很难适应，也不能建立起对组织的情感承诺。最后，通过工作预览的方法来甄选那些可能建立高情感承诺的员工。也就是说通过一些具体的事例告诉应聘者，尤其是如实告诉他们将要面临的挑战，这样，一些应聘者会通过自我判断而选择退出，那么最终进入组织的员工也通过实现工作预览，对组织有了比较切实的了解和期望。这种方法有助于他们更快地适应组织中的生活，进而为建立情感承诺打下基础。

（二）制定职业生涯发展规划

由于员工对职业的忠诚度高于对某个组织的忠诚度，因此，组织对员工职业发展的支持非常重要，需要系统化、体系化地对员工职业发展进行规划。具体而言，组织应以人力资源测评与员工的兴趣爱好为基础，为每个员工制定职业生涯规划，并以此为依据为员工提供配套的人力资源开发与培训项目，开发多通道的员工职业生涯，提高他们的职业发展能力。

（三）建立良好的薪酬体系

员工的薪酬和福利，是持续承诺的最直接的表现。值得注意的是，薪酬和福利政策对感情承诺也有很大影响，某企业所提供的薪酬和福利水平在行业中所处的位置以及与竞争对手相比较的结果，反映出企业对员工工作业绩的认可程度，会影响员工对企业价值观的理解与认识。建立合理的利益分配制度，合理拉开分配差距，是营造公平感和员工对组织认同感的前提，是留住和吸引人才的重要举措。

（四）打造优秀的企业文化

企业文化反映了企业的核心价值观和经营理念，优秀的企业文化不仅有助于激发员工的工作激情，使员工为实现企业战略目标而努力工作，还能加速组织同化的过程。很难想象一个没有企业精神和文化底蕴的企业能在激烈的竞争中持续发展，优秀的企业文化吸引着优秀人员的加盟，同时也是留住优秀员工的条件，员工对企业感情承诺的高低取决于对企业文化的认可程度。

（五）组织恰当的培训和宣传活动

在员工进入组织的半年内，对周围的事物最敏感，接受新事物的可能性也最大。因此，组织对新员工加入组织后就要开展细致的培训活动，向新入职的员工灌输组织的价值观、行为规范和历史传统。抓好这一阶段的培训工作，员工对组织的情感承诺就会有大幅度的提升。另外，利用宣传组织理念的活动来培养员工情感承诺。例如，有的公司常利用齐唱公司歌、齐颂公司理念的方法来培养员工对公司的归属感；有的公司将员工符合公司理念的优秀表现制成漂亮的幻灯片、卡片，通过公司内部网络在全体员工中传阅，公开表扬这些员工的具体行为，起到了培养员工情感承诺的作用。

▶ 复习思考题

1. 人才流失对组织的影响。
2. 心理契约的特点及功能。
3. 如何进行心理契约的管理？
4. 影响员工工作满意度的因素。
5. 如何进行工作满意度调查？
6. 影响组织承诺的因素。

▶ 案例分析

2015 年，×先生等人通过参加招聘会被 A 公司录用，招聘面谈时公司副总经理向求职者口头承诺：所有新招聘的员工在经过三个月专门培训后将要被安排到一个新部门——××海外客户服务部工作。被录用的新员工都特别兴奋，都在想自己将怎样在 A 公司发展。可是两个星期过去了，公司许诺的相关培训却没有进行，几位新员工被随机地分配给几位老员工，帮助整理一些过期的文件或打扫办公环境。转眼两个多月过去了，公司一点没有意识到这些新员工的不满情绪。×先生等人实在无法忍受，就去主动找公司主管询问有关情况。公司主管的回答是：你们不用干活还照样拿基本工资应该是很不错了！你们还有什么牢骚可言？被公司主管奚落了一顿，×先生很不服气，就径直找到招聘他们进来的公司副总经理。副总经理的解释是：当时我们招聘你们进来的时候是为了成立一个新部门，但现在深圳这边的情况要受公司总部的管理，由于目前培训你们的专用软件和配套硬件还没有到位，所以只有让你们再耐心等待一下。听完公司副总经理的解释后，这些员工都很气愤，用×先生的话说，"我们感觉到我们好像是被公司给欺骗了，而公司却认为，不让我们做事还给我们发工资，是可以留住我们的，他们太小看我们了！"充分衡量之下，×先生等几名新员工没有跟公司打任何招呼，仅仅给负责人力资源管理的副总经理写了一封辞职信就离开了。

思考：

1. A公司出现这些问题的原因有哪些？
2. 结合案例分析应如何避免这种现象的出现？

第九章

人际交往、沟通与冲突心理

学习目标 通过本章的学习，了解人际交往的含义、作用，沟通的类型；理解人际交往的 PAC 理论，冲突产生的原因，沟通的障碍；重点掌握有效沟通的措施、冲突管理的方法。

引导案例

小王的问题

小王是广告公司经理办公室的行政秘书，上班第一天，小王就把她的工作范围问得清清楚楚，当时经理还觉得他没有看错人，后来就发现不是那么回事，如果不属于她工作范围的事情，小王一般不愿意干，除非是经理亲自吩咐。有时候遇到需要大家合作的事情，她就抢那些容易的来干，其他同事让她帮忙，她会吵着要人家请吃饭，刚开始大家觉得无所谓，但时间长了，都不愿意与她合作。有一次，公司开客户会议，经理让财务秘书留了一张小条给她，让她提前半天把一份财务报表复印 16 份，然后分发 15 份到会议室，另 1 份送给财务秘书，可能是不高兴财务秘书吩咐她做事，虽然她把事情做好了，但却拖到开会前一小时才把事情办完，结果总经理无法提前看到报表，很恼火。过后，经理找她了解情况，她还振振有词地说，那是财务部的事情不应该由行政部来做。经理说，公司规模不大，很多工作都是大家齐心协力一起干，公司的气氛非常融洽。小王的职位虽然不高，但她来了以后，这种融洽被打破了。不到四个月，小王被解雇了。

企业中类似的人际交往问题很多，管理者或员工一直苦于缺乏必要的技能加以应对。企业中有效人力资源管理活动的开展，离不开良好的人际交往活动，交往的不力和沟通的不畅，往往会导致人与人之间的冲突，从而影响组织目标的达成。因此，研究人力资源管理活动中的交往、沟通和冲突等问题具有重要的意义。

▷ 第一节　人际交往

卡耐基说："人际关系是成功的最重要的因素。一个人事业的成功，只有15%是由于他的专业技术，另外的85%要靠人际关系、处世技巧。喜欢别人，又能让别人喜欢，才是世界上最成功的人。"可见，人际交往在人的生活中占有重要的地位。

一、人际交往的含义

人际交往是人与人之间运用语言与非语言符号相互交流信息，转递思想，沟通情感的过程。人际交往表现为人与人之间的心理距离，反映着人们寻求需要满足的心理状态。人力资源管理活动中的人际交往包含四层含义。

首先，人际交往是由共同目标引起的。在企业的人力资源管理活动中，引起员工之间交往的共同目标是完成组织目标。员工之间可能是出于各种原因、各种不同的目的进行交往，但为了达成组织的目标是所有员工聚集在一起的根本原因和动力，是员工之间交往的前提和基础。缺少这一基础和前提，就不属于我们人力资源管理活动中的交往。

其次，人际交往是员工之间的不同形式的接触，在这种不同形式的接触过程中，员工之间相互认识、相互了解，最终促进良好人际关系的形成，进而有助于组织目标的达成。

再次，人际交往是在员工相互接触基础上达成的心理上的相互影响，这种员工间的接触才称为真正的交往。

最后，人际交往不是静止的，而是一个动态的过程，例如，新员工进入公司后，他对其他员工的认识不是立刻完成的，而是逐渐深入，由浅入深，由表及里的过程。

总之，人力资源管理活动中员工间的交往一定是在共同目标引导下的员工间的接触、交往，这种交往须经历一定的过程，产生心理上的影响，才能称其为人际交往，缺少任何方面，都构不成交往。

二、人际交往的作用

（一）信息交流

信息交流是人力资源管理活动的重要组成部分，通过信息的交流，交往的双方可以增加了解。人力资源的管理者可以通过交流把企业有关人员招聘与选拔、培训、晋升、薪酬福利等信息有效地传递给企业的每一位员工，同时可以了解每一位员工独特的生活方式，独特的兴趣、爱好和专长等。更重要的是通过交流收集员工对于企业人力资源管理方面的意见和建议，发现人力资源管理方面的缺点和不足，以便加以改进。

（二）增进身心健康

人际交往是身心健康的保证，缺乏人际交往的人容易出现心理问题。现代企业人力资源管理中，人际交往对于调节员工个人的身心健康具有重要的作用，人际关系良好，工作起来心情舒畅；人际关系紧张，心情压抑，影响工作效率。很多从工作岗位上退下来的人，生活内容突然发生了改变，人际交往频率大大减少，容易患上身心疾病。

心理小实验

人能承受多少孤独?

人到底能承受多少孤独呢？1954 年，美国学者做了一项实验。该实验以每天 20 美元的报酬（在当时是很高的金额）雇用了一批学生作为被测者。

为制造出极端的孤独状态，实验者将学生关在有防音装置的小房间里，让他们戴上半透明的保护镜以尽量减少视觉刺激。又让他们戴上木棉手套，并在其袖口处套了一个长长的圆筒。为了限制各种触觉刺激，又在其头部垫上了一个气泡胶枕。除了进餐和排泄的时间以外，实验者要求学生 24 小时都躺在床上，营造出了一个所有感觉都被剥夺了的状态。

结果，尽管报酬很高，却几乎没有人能在这项孤独实验中忍耐三天以上。最初的 8 个小时还能撑住，之后，学生就吹起了口哨或者自言自语，烦躁不安起来。在这种状态下，即使实验结束后让他做一些简单的事情，也会频频出错，精神也集中不起来了。实验后得需要 3 天以上的时间才能恢复到原来的正常状态。实验持续数日后，人会产生一些幻觉。到第 4 天时，学生会出现双手发抖，不能笔直走路，应答速度迟缓，以及对疼痛敏感等症状。

通过这个实验我们明白，人的身心要想正常工作就需要不断地从外界获得新的刺激。

资料来源：人能承受多少孤独？[EB/OL]. http：//soft. psych. gov. cn/2009/bjxxkj/article/view. asp？id =62。

（三）调节工作行为，提高工作效率

组织中的人际交往正常，就能形成良好的人际关系。人际关系良好，可以使员工在人与人之间的交往中学到知识、增进情感、建立友谊，使整个工作群体成为一个和谐、向上的统一体，从而提高员工的工作积极性、主动性，提高工作效率。相反，如果组织中的人际交往不畅，就容易导致人际关系紧张，员工间会互相猜疑，工作积极性也会受到很大影响，工作效率也自然会大大下降。

三、人际交往的原则

（一）平等原则

人际交往作为人们之间的心理沟通方式，是主动的、相互的、有付出和投入的，交往双方这种需要的满足程度必须是在平等基础上的，只有以平等心态与他人相处，人际关系才会和谐。工作中人际交往的目的在于共同完成工作任务，这就意味着彼此应在人格上平等和工作上互助，由于兴趣、爱好、生活观念以及生活习惯的不同，对于同一件事，人与人之间观点、看法相异是不可避免的，要使工作任务顺利完成，在交往中注重理解和求同存异就显得格外重要。

（二）相容原则

相容是指人际交往中的心理相容，即指人与人之间的融洽关系以及与人相处时的容纳、包涵、宽容及忍让。要做到心理相容，应注意增加交往频率，寻找共同点，表现出谦虚和宽容。为人处事要心胸开阔，要体谅他人，遇事多为别人着想，即使别人犯了错误或冒犯了自己，也不要斤斤计较，以免因小失大，伤害相互之间的感情。

（三）互利原则

建立良好的人际关系离不开互助互利。互利可表现为人际关系的相互依存，双方通过对物质、能量、精神、感情的交换使各自的需要得到满足。在人际交往中，要了解对方的价值观倾向，多关心帮助他人，并遵循对方得大于失的原则，这样人们才能维持和发展与他人的良好关系。在一个组织中，为了完成工作目标，同事之间需要相互接受，有效的组织并不一定是由相互喜欢的人组成的，但是成员必须对彼此非常了解，有互助的心态，并相信他人能在完成工作中起到应有的作用。

阅读资料

人际交往的互惠原则

人们为什么喜欢一些人而不喜欢另外一些人呢？一个最普遍的答案是：我们喜欢那些喜欢我们的人。大量研究表明，人类关系的基础是人与人之间的相互重视和相互支持。当一个人对对方表示友好、热情等积极的交往方式时，如果对方

也给予相应的积极回馈，那他们之间就会形成良好的人际互动关系，认为双方都有吸引力。相反，如果一方以冷漠、回避的方式对待另一方，这种消极性回馈会影响两人之间的继续交往，从而导致关系的破裂。

阿伦森和兰迪（E. Aronson & D. Landy, 1965）通过实验对上述观点进行了验证，他们让自己的助手扮成被试与真被试进行一系列简单交往，每次交往后，故意让被试"碰巧"听到实验中的助手与实验者的谈话，谈话中助手对被试进行评价。评价的情形有四种：①肯定。被试始终得到好的评价。②否定。评价始终是否定的。③提高。前几次评价是否定的，后几次则由否定逐渐转为肯定，并最终达到第一种情况的肯定水平。④降低。前几次评价是肯定的，后几次则从肯定水平逐渐下降，最后降到第二种情况的否定水平。实验最后让被试评价自己喜欢合作伙伴的水平。

结果表明，人们对于原来否定自己而最终肯定自己的交往对象，喜欢程度最高，明显高于一直肯定自己的交往对象。而对于从肯定到否定变化的交往对象喜欢程度最低，大大低于一直否定自己的交往对象。这一结果意味着，在人际交往上，我们对别人的喜欢不仅仅取决于别人喜欢我们的量，而且还决定于别人喜欢我们的水平的变化与性质。我们最喜欢的是对我们的喜欢水平不断增加的人，而最厌恶的是喜欢我们的水平不断减少的人。

表9－1 喜欢水平的增降趋势

条件	喜欢水平
肯定——否定	+0.87
否定——肯定	+7.67
否定——否定	+2.52
肯定——肯定	+6.42

资料来源：全国13所高等学校《社会心理学》编写组．社会心理学［M］．天津：南开大学出版社，2008：184－185。

（四）信用原则

信用即指一个人诚实、遵守诺言，从而取得他人的信任。人离不开交往，交往离不开信用。要做到说话算数，不轻许诺言，与人交往时要热情友好，以诚相待，不卑不亢，端庄而不过于矜持，谦逊而不矫饰作伪，要充分显示自己的自信。一个自信的人，才可能取得别人的信赖。处事果断、富有主见、精神饱满、充满自信的人容易激发别人的交往动机，博取别人的信任，产生使人乐于与你交往的魅力。

四、人际吸引

人际吸引是人与人之间的相互接纳和喜欢，是人际关系中的一种肯定形式。在人际交往中，人们不仅相互感觉、相互认识，而且也形成一定的情感联系，这种情感联系集中表现在人际吸引上。人际吸引现象普遍存在于各种人际交往中，什么因素影响我们喜欢他人？怎样才能让自己获得别人的喜欢？以下因素是影响人际吸引的因素。

（一）个性相似

员工之间在兴趣、理想、信念、价值观方面的相似性和一致性是影响吸引的重要条件。俗话说"物以类聚，人以群分"，人们通常喜欢那些在各方面与自己存在着某种程度相似的人，这种相似性的存在，使员工很容易对某些事物和对象产生相同或相似的态度，容易引起思想上的共鸣，从而增加人际交往的频率和深度。心理学家费斯廷格（L. Festinger）认为，人人都具有自我评价的倾向，而他人的认同是支持自我评价的有力依据，具有很高的酬偿和强化力量，会产生很强的吸引力。在信念、价值观及人格特征方面相似，会让人们有种安全感，在兴趣、爱好等方面的相似会使人们愉悦，社会背景、地位的相似使得人们似遇故友，年龄、经验的相似使人们有亲切感。总之，这些方面的相似使人们感到对方更有亲和力，喜欢他们就是喜欢自己。

（二）距离远近

空间上的邻近也是导致人与人之间交往的重要条件。在组织内部，同一部门的员工由于空间位置上的接近和工作上合作的要求，相互之间也容易建立良好的人际关系。心理学家费斯廷格（1950）要求已婚的大学生指出自己最喜欢的三家邻居，结果发现，人们选择的新朋友的顺序为：隔壁邻居（41%）、隔一个门的邻居（22%）、住在同一层的邻居（10%）。另外一些学者在其他大学里所做的类似研究，也得到了同样的结果。

当然，彼此接近只是建立良好人际关系的一个条件，如果交往双方在兴趣、爱好、性格和价值观方面具有较大的差距，那么，虽然在一起，也无法建立深层的人际关系。

（三）交往频率

交往频率是指人们在单位时间内相互接触次数的多少。一般来说，交往频率越高，越容易形成密切的关系，特别是原来不认识的人，交往频率的高低对于建立良好的人际关系有着重要的作用。相反，"老死不相往来"自然不能建立亲密的人际关系。当然，交往频率只是影响人际交往的一个表面因素，而不是根本因素，真正决定人际交往性质的不是交往的频率，而是交往的内容和质量。

阅读资料

交往频率对人际关系的影响实验

美国心理学家扎琼克（R. S. Zajonc）在1986年进行了交往频率对人际吸引

影响的实验。他将被试不认识的 12 张照片，随机分为 6 组，每组 2 张，按以下的方式展示给被试：第一组 2 张只看 1 次，第二组 2 张看 2 次，第三组 2 张看 5 次，第四组 2 张看 10 次，第五组 2 张看 25 次，第六组 2 张被试从未看过。在被试看完全部照片后，实验者再出示全部照片，加上从未看过的第六组照片。要求所有被试按自己的喜欢程度将照片排成顺序，结果发现一种极明显的现象：照片看的次数愈多，被选择排在最前面的机会也愈大。由此可见，简单的重复呈现确实会导致人际吸引，彼此接近、常常见面，的确是建立良好人际关系的必要条件。

资料来源：俞国良. 社会心理学 [M]. 北京：北京师范大学出版社，2006：386。

（四）需求互补

需求互补主要是指个性特征相反的交往双方，在交往过程中获得相互满足的心理状态。人们除了喜欢与自己相似的人外，也会喜欢与自己互补的人，人人都有一种心理补偿倾向，缺少的正是最渴望拥有的。如果交往双方的个性或需要及满足需要的途径正好为互补关系，便会有强烈的吸引力。在组织中，经常能看到一个具有支配性格的员工和另一个具有顺从性格的员工和睦相处的情景，其原因就在于需求的互补性。互补可视为相似性的特殊形式，社会角色的互补；人格某些特征的互补；需要的互补这三种互补关系都会增加人际吸引。

（五）仪表风度

外貌、服饰、体态、风度、举止等个人外在因素对人际吸引的作用影响很大，当其他条件相同时，人们更喜欢漂亮外表的人。外貌之所以具有如此强的影响，其中一个原因是光环效应的存在，人们倾向于认为外貌美的人也具有其他的优秀品质。此外，人们喜欢有外貌吸引力的人的原因是"美丽的辐射效应"，人们认为让别人看到自己和特别漂亮的人在一起，能提高他们的社会形象，就像对方的光环笼罩着自己一样。

阅读资料

外貌对人的吸引力与交往的影响

心理学家西格尔等（H. Sigall et al. , 1966）巧妙地通过实验研究了外貌对人的吸引力与交往的影响，结果发现，有魅力的女性比无魅力的女性更能影响男性的交往行为。实验以公认有魅力和无魅力的女性为助手，让他们扮作临床心理学研究生，给男性被试的个性特点作临床心理学评价，对被试的评价有肯定与否定之分。实验结果表明，在女性无魅力的条件下，男性被试不太看重评价结果，他们事后对实验助手的喜欢水平都是中等。但在女性有魅力的情况下，被试非常看重评价的结果。在他们得到肯定评价时，他们对女评价者的喜欢水平最高。而当他们得到否定性评价时，他们对女评价者的喜欢水平最低。在研究者询问是否继续参加研究时，他们表现出非常愿意再与有魅力的女评价者进行交往。可见，来自有魅力女性的否定对被试非常重要，他们希望自己有机会改变其对自己的评价。

资料来源：全国 13 所高等学校《社会心理学》编写组. 社会心理学［M］. 天津：南开大学出版社，2008：193。

（六）能力高低

一个人能力的高低常表现在他的言谈举止上，所以能力也会影响个体的吸引力。人们都喜欢聪明能干的人，不喜欢愚蠢无能的人，因为与能力非凡的人交往，我们可以学到许多知识和经验，获得更多的好处。但是，当一个人的能力与我们相差很大，让我们感到可望而不可即的时候，这种差距就会变成一个压力，促使我们敬而远之。因为与这些人的交往总是衬托出自己的无能和低劣。这就不难理解为什么在一个群体中，最有创造性的成员往往不是最受欢迎的人。所以，我们喜欢有能力的人是有一定的限度的，在人们可以接受的限度内，越有能力就越有吸引力，人们就越喜欢。超过一定限度的时候，人们便倾向于逃避或拒绝，其吸引力就会下降。

阅读资料

犯错误效应

阿伦森等人曾做了一个实验，研究者给大学生被试呈现 4 种人的讲话录音，实验提供了 4 个条件：①能力出众的人；②能力出众但是犯了错误的人；③能力平庸的人；④能力平庸而又犯了错误的人。能力出众的表现是正确回答了难度很大的许多问题，犯错误的表现是不小心把咖啡洒到衣服上。然后让被试评价哪一种人最有吸引力，最让他喜欢。结果发现，能力出众但有错误的人被评价为最有吸引力；才能平庸而犯同样错误的人被认为最缺乏吸引力；才能出众而没有出错的完美者吸引力在第二位；平庸但没有犯错误的人吸引力局第三位。可见，犯错误导致了人们对有能力的人的更加喜欢，这被称为"犯错误效应"。

资料来源：全国 13 所高等学校《社会心理学》编写组. 社会心理学［M］. 天津：南开大学出版社，2008：192。

（七）个性品质

一般来说，人们愿意与具有优秀品质的人进行交往，与这种人交往使我们具有安全感，同时可以得到适当甚至很好的回报。具有良好个性特征的人的吸引力是持久、稳定和深刻的。安德森（N. Anderson，1968）收集了 555 个用来描述个性品质的形容词，让大学生评定他们会在多大程度上喜欢具有某项特质的个体。结果表明，得到人们评价最高的是与"真诚"相关的一些特质，包括真诚、诚实、理解、忠诚、真实等，而评价最低的则是说谎、虚伪、作假、邪恶、冷酷、不诚实等。可见，真诚是影响人际吸引的重要个性品质。

此外，热情也是决定人际吸引的一个特别重要的品质。热情是影响人们对他人形成第一印象的主要特质，什么因素让人觉得热情？弗伊科斯（Foikes，1977）指出，积极的看法是个重要因素。当人们喜欢外部事物、赞美它们时，他们看起来很热情。也就是说当人们对人或对物有积极的态度时，他们显得热情。相反，当人们不喜欢外部事物，蔑视它们，认为他们很可怕，并且十分挑剔时，他们就显得冷酷。

五、人际交往的心理学理论

人格结构的 PAC 理论又称相互作用分析理论，是由加拿大心理学博士伯恩（T. Berne）提出的，是一种分析人们在交往中所处心理状态的方法，在国外训练管理人员正确处理人际关系和沟通意见时，经常作为一种工具使用。

该理论认为，每个人的人格特质虽不相同，但大致由三种主要的心理状态构成，即 P、A、C。其中 P 代表父母（parent）的心态，以权威、优越为标志，表现为喜欢教训别人，将自己的意志强加于人，当一个人的人格结构中 P 成分占优势时，这种人的行为表现为：凭主观印象办事，独断独行。这种人讲话总是"你应该……""你不能……"。

A 代表成人（adult），以理智与客观为标志，当一个人的人格结构中 A 成分占优势时，这种人的行为表现为理智冷静、慎思明断，尊重别人，讲话总是"我个人的想法是……"。

C 代表儿童（child），以情感、感觉为标志，表现为服从和任人摆布，当一个人的人格结构中 C 成分占优势时，这种人的行为表现为遇事畏缩、激动愤怒、无主见、易感情用事，这种人讲起话来总是"我猜想……""我不知道……"。由于三种成分所占比例不同，人们常会表现出不同的行为特征。

表 9-2　　　　　　　　　　　心理状态与行为特征

P	A	C	行为特征
高	低	高	喜怒无常，难于共事，个人支配欲强，喜欢被人颂扬、照顾
高	低	低	墨守成规，照章办事，家长作风，不合潮流
低	低	高	稚气，对人有吸引力，喜求友谊，讨人喜欢，用稚气和幻想进行决策，不是称职的管理人员
低	高	低	客观，重现实，工作刻板，待人冷淡，难于共事
高	高	低	易把父母心态转化为成人心态，经过一定的时间和经验，可以成为成功的管理者
低	高	高	最理想的管理人员，"成人"与"儿童"性格的良好结合，人与事都能做好

由于每个人的心态不一样，所以在交往中会出现以下几种方式：

一是平行性交往。即双方具有共同的心理起始点，因而在交往中不会产生矛盾冲突。平行的交往是一种互相交流沟通，符合正常的人际关系，也是人们预期的反应。

二是交叉性交往。即双方没有共同的心理起始点，因而在交往时就会产生矛盾冲突。这种交往往往不能获得适当的反应或预期的反应，信息沟通容易中断。

总之，在人际交往中应调适好自己的心态，并影响他人的心态，使双方具有共同的心理起始点，避免主观偏见，感情冲动，为建立良好的人际关系奠定良好的心理基础。

阅读资料

相互作用分析的教育

美国一家航空公司用影片作为教材，进行相互作用分析的教育。其内容是：航空公司售票中心，一位女售票员正在忙碌地工作着，窗外正排着长长的购票队伍。她在接待两位外地男旅客，向他们介绍班次，因而放慢了售票速度，后面一位女旅客等得不耐烦了，就挤到售票口训斥这位女售票员："你是同男人谈情说爱吗？半天说不完，烦死了。"后面的顾客也不分青红皂白地哄起来。面对这种情景，这位女售票员不是针锋相对，也不是反唇相讥，而是将局面扭转到"成人—成人"的自我状态。她谦和地说："非常抱歉，让你久等了，很对不起，你需要什么？如果你有急事，请和他换一下，我先给您办。"这么一说，女旅客平心静气地回到自己的位置上，售票工作又正常地进行了。看完这部电影，让受训者联系相互作用分析的原理，讨论分析这位女售票员为什么能顺利地处理这一场口角，从而收到了教育效果。

资料来源：陈国海，李艳华，吴清兰. 管理心理学 [M]. 北京：清华大学出版社，2008：173。

六、提高人际交往的策略

（一）克服人际交往中的认知偏差

认知偏差是指人际交往过程中不可避免出现的偏差，如首因效应、晕轮效应、刻板效应、投射效应等等。认知偏差会给社会生活的协调和谐造成破坏性的后果，认知偏差也会由于循环往复不断加深，从而成为交往的障碍。因此，人们在生活中要注意认知偏差给人们带来的不良影响，努力克服认知偏差，使对他人的主观印象与客观实际更加相符，这样就可以正确地对待他人，从而得到对方的积极反应，使人际交往顺利进行。

（二）塑造良好的个人形象

良好的个人形象在人际交往中发挥着重要的作用。塑造良好的个人形象的策略有：首先，注意仪表美。衣着整洁大方，举止自然得体会给人一种亲近感。反之，过分修饰，浓妆艳抹，则会给人一种不合时宜的印象。其次，待人要真诚热情。一般情况下，交往双方总是先接受说话的人，然后才会接受对方陈述的内容。因此，对人讲话时，态度应该诚恳，避免油腔滑调、高谈阔论，否则会给人一种轻浮、不稳重感，实事求是、态度热情，有利于交往的继续深入。反之如果言不由衷、拐弯抹角，则给人一种虚假、冷淡的感觉，交往很难再深入下去。最后，要做一个忠实的听众。每个人都需要有自我表现的机会，在初次交往中，有效地表现自己固然重要，但做一个耐心的听众，鼓励别人多谈他们自己，同样也是不可或缺的。

（三）积极主动交往

有些人之所以不能和他人建立良好的人际关系，原因之一就是因为他们在人际交往过程中总是采取消极的、被动的退缩方式，总是期待友情从天而降。人不会无缘无故对一个陌生人感兴趣，产生交往的意愿，要赢得别人，同别人建立良好的人际关系，就必须成为交往的主动者。当主动与他人交往的经验越多，自信心就会不断提升，人际交往的策略也会越来越丰富。总之，要善于主动与人交往，只有这样，建立良好的人际关系才可能得以实现。

（四）学会移情

每个人在社会上扮演的角色不同，人习惯于从自己的社会角色来看待自己和他人的行为，这就可能使人的观点带有一定的片面性。所谓移情就是站在别人的立场设身处地地为别人着想，用别人的眼睛来看这个世界，用别人的心来理解这个世界。移情需要置身于对方的社会角色中，去体会交际对象的心理状态和他发出的信息，这样才能有效加深交际个体对其交际对象的社会角色以及自我原有角色的理解。在人际交往中，学会移情，能更好地理解他人的处境和心理，体验他人的内心感受，给他人多一些宽容和理解，才能得到别人的欢迎，进而才能与他人建立良好的人际关系。

▶ 第二节 人际沟通

一、沟通的概述

（一）沟通的概念

沟通即信息的传递和交流的过程。人力资源管理中的沟通是个体与个体之间、个体与群体之间、群体与群体之间通过一定的联络渠道，传递和交换各自的意见、观点、思想、感情和愿望，从而达到相互了解、相互认知的过程。有组织和群体就有沟通，组织成员间如果缺乏沟通，就不能建立和谐的人际关系，就会影响到组织绩效和个体的发展。

（二）沟通的意义

第一，沟通是实现组织目标的重要手段。组织中的个体、群体为了实现一定的目标，在完成各种具体工作的时候都需要相互交流，统一思想，自觉地协调。沟通可以使组织成员团结起来，把抽象的组织目标转化为组织中每个成员的具体行动。没有沟通，一个群体的活动就无法进行，特别是管理者通过与下属的沟通使员工了解和明确自己的工作任务，以保证目标的实现。

第二，沟通使管理决策更加合理有效。对信息的收集、处理、传递和使用是科学决策的前提，在决策过程中，利用信息传递的规律，选择一定的信息传播方式，可以避免延误决策时间而导致的失败。管理者通过一定的方式推行决策方案，赢得上级的支持和下级的配合，没有有效的沟通是不会达到这一目标的。

第三，沟通是组织中各部门、各成员之间密切配合与协调的重要途径。由于现代组织是建立在职能分工基础上的，不同职能部门之间"隔行如隔山"，不易相互了解和协作配合。通过有效的沟通，可以使组织内部分工合作更为协调一致，保证整个组织体系的统一指挥，统一行动，实现高效率的管理。

第四，沟通是管理人员激励下属，影响和改变其态度和行为，实现领导职能的基本途径。沟通不仅能增进员工彼此间的了解，促进彼此之间的合作，改善员工之间的关系，也是最大限度地调动员工积极性的一种方式，管理者与员工的定期沟通能提高员工的满意度，从而提高工作效率，降低组织的缺勤率和流动率。

第五，沟通是企业与外部环境之间建立联系的桥梁。企业外部环境处于不断变化之中，企业为了生存就必须适应这种变化。企业必然要和顾客、政府、公众、竞争者等建立各种各样的关系，企业要按照顾客的要求调整产品结构，遵守政府的法规法令，担负自己应尽的责任，并且在激烈的竞争中取得一席之地，这就迫使企业不得不和外部环境进行有效的沟通。不同规模和不同类型的组织沟通的重点也有所不同。例如，一个规模很小的企业，沟通的重点应是对外的，小企业的主管们需要从外部获得信息，以便决定自己的产品和服务。

二、沟通的过程

沟通是信息从发送者到接收者的传递和理解的过程。一个完整信息沟通过程包括五个要素：发送者、接收者、信息、编码和解码、渠道。

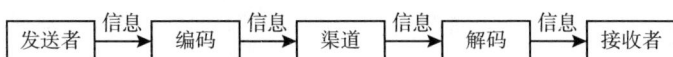

图 9 - 1　沟通的过程

（1）发送者，是信息的来源，是具有信息并试图进行沟通的某个人或某个组织，他们把头脑中的思想、观念做成接收者能够理解的系列符号，为了有效地沟通，这些符号必须能够符合适当的媒介。例如，如果媒介是书面报告，符号的形式应选择文字、图标等。

（2）接收者，是信息指向的客体。在信息被接收之前，接收者须先将通道中加载的信息翻译成他理解的形式。一个人的知识、态度和文化背景不仅影响着他传送信息的能力，同样也影响着他接收信息的能力。

（3）信息，是沟通的内容。人们进行沟通，如果没有内容，就没有沟通的必要了。

（4）编码和解码。编码是发送者将其要传递的信息符号化，编成一定的文字等语言形式或其他形式的符号。解码则相反，是接收者在接收到信息后，将符号化的信息还原为具体的意义。

（5）渠道，是由发送者选择，借以传递信息的媒介物。如口头交流时所采用的口头语言表达形式就是其沟通渠道。当人们在发电子邮件进行沟通交流时，电子邮件就是其沟通渠道。

三、沟通的类型

沟通的种类很多，从不同的角度划分，可分为不同的类型。

（一）正式沟通与非正式沟通

根据组织系统划分，沟通可分为正式沟通与非正式沟通。正式沟通是指在组织系统内，依据一定的组织原则进行的信息传递与交流。例如，组织之间的公函往来、组织内部文件的传达及组织内部的会议、汇报，等等。正式沟通的优点是沟通效果好、约束力强、易于保密、可以使信息沟通保持权威性，重要的信息一般都采用这种沟通方式。缺点是因为依靠组织系统层层传递，因而速度较慢，而且不够灵活。

非正式沟通是利用非正式组织进行的，是在正式沟通渠道以外进行的信息传递和交流。如员工之间私下交谈，传播小道消息等。非正式沟通不受团体监督的约束，自行选择沟通的渠道和内容，一般是建立在团体成员人际关系基础上，通过人际关系的疏密程度来决定沟通的形式和内容，具有不稳定性、随机性和不负责任等特点。非正式沟通的速度是非常快的，而且不受时间场所限制，这种沟通方式可以弥补正式沟通的不足，用来传递正式沟通不易或不便传达的信息。但非正式沟通也有弊端，容易传播谣言，危害正式组织的指挥系统，使员工产生心理冲突，从而影响正式沟通的效能。企业中的许多沟通属于混合式沟通，如员工会议、换班前的总结、电子邮件等。

麦当劳的"走动式管理"

麦当劳快餐店创始人雷·克罗克（Ray Kroc），是美国社会最有影响的企业家之一。他不喜欢整天坐在办公室里，大部分工作时间都用在"走动式管理"（management by wandering around）上，即到所属公司、部门走走、看看、听听、问问。麦当劳公司曾有一段时间面临严重亏损的危机，克罗克发现其中一个重要原因是公司各职能部门的经理有严重的官僚主义，习惯躺在舒适的椅背上指手画脚，把许多宝贵时间耗费在抽烟和闲聊上。于是克罗克想出一个"奇招"，将所有经理的椅子靠背锯掉，并立即照办。开始很多人骂克罗克是个疯子，但后来不久大家就体会到了他的一番"苦心"。他们纷纷走出办公室，深入基层，开展"走动式管理"，及时了解情况，现场解决问题，终于使公司扭亏为盈。

对管理者来说，"走动式管理"是一种十分有效的面对面的沟通方式。管理者走出自己的办公室，在工作区与下级就存在的问题进行非正式沟通，而不是通过正式会议、书面报告等正式渠道来与下级进行沟通。这种非正式沟通为管理者和下级提供了重要的信息，同时培养了积极、良好的上下级关系。事实表明，"走动式管理"是一种管理者和下级进行沟通的极为有效的途径。

资料来源：曹正进. 组织行为学［M］. 北京：经济管理出版社，2007：210。

（二）下行沟通、上行沟通、平行沟通

根据信息传递的方向划分，可分为下行沟通、上行沟通、平行沟通。

1. 下行沟通

下行沟通是组织内信息从较高层次流向较低层次的信息沟通形式。在组织的正式群体中，这种沟通形式最为常见。最典型的下行沟通就是上级向下级下达命令或分配任务。这类沟通具有命令性和强制性的特征，有效的下行沟通不只是传送命令，而且还要传送管理人员的政策和思想精神。

下行沟通可以使下级主管部门和团体成员及时了解组织的目标和领导意图，增加员工对所在团体的向心力与归属感。此外，下行沟通还可以协调组织内部各个层次的活动，加强组织原则和纪律性，使组织正常地运转下去。但是，有时也因为组织层次过多，信息传递路线过长，以至于信息在向下传递时被贻误，或者被下级人员所曲解。

2. 上行沟通

上行沟通是组织内的信息由较低层次向较高层次流动的信息沟通方式。典型

的上行沟通有下级向上级汇报情况，提出建议与想法，反馈目标执行情况等等。通过上行沟通，员工可以把自己的意见向领导反映，获得一定程度的心理满足；管理者也可以利用这种方式了解企业的经营状况，与下属形成良好的关系，提高下属满意度，并提高其工作效率。但是在上行沟通中，有的下属因级别不同而有一定的心理距离，怕受打击报复，而不愿或不敢反映意见。有时即使反映了意见，也会由于一些特殊的心理因素，经过层层过滤导致信息曲解和失真。因此，作为一个好的管理者应该充分重视下属的各种意见，广开言路，创造一种开放式的沟通氛围，让下属能够自由地反映自己的意见，并以谦虚的态度接受下属的意见。

3. 平行沟通

平行沟通是组织结构中处于同一层级或个人间的沟通。同一工作群体成员之间的沟通、同一等级的工作群体成员之间的沟通、同一等级的管理者之间以及任何等级相同的人员之间的沟通都属于平行沟通。平行沟通往往在平行单位的协作配合中进行，不具有命令性或强制性，双方之间更多的时候是相互协商。这种沟通方式可以使办事程序和手续简化，节省时间，提高工作效率；可以使企业各个部门相互了解，有助于培养整体观念和合作精神，克服本位主义倾向；可以增加员工之间的互谅互让，培养员工间的友谊，满足员工的社交需要，提高其工作兴趣，改善工作态度。但是平行沟通的信息量大，易于造成混乱。此外，平行沟通尤其是个体之间的沟通可能会成为员工发牢骚、传播小道消息的一条途径，控制不当还可能会造成团体士气的涣散。

（三）语言沟通与非语言沟通

根据沟通选用的媒介不同，可分为语言沟通和非语言沟通。

1. 语言沟通

语言沟通是使用正式语言符号进行的沟通，又可分为口头沟通与书面沟通。口头沟通，指运用口头表达的方式进行的信息传递和交流。如谈话、讨论、会议、演说、汇报、电话等。其优点是比较灵活，简便易行，速度快，双方可以自由交换意见，便于双向沟通，而且在交谈时可借助于手势、体态、表情表达思想，有利于对方更好地理解信息。缺点是受时空限制，人数众多的大群体无法直接对话，沟通过后保留的信息较少。通常用于传递一般性的、暂时性的、有关例行工作的信息。

书面沟通，指用书面形式进行的信息传递和交流，它使口头商定的内容成为正式的文本形式，尤其是大量口头商定所无法表现的复杂细节的书面化使得双方都有了安全感。如文件、简报、信函、布告、会议记录等。其优点是具有准确性，比较正式，信息可以长期保存，便于查看核对，可减少因一再传递、解释所造成的信息失真。缺点是不够灵活，难以获得及时反馈，不便于随时修改。通常用于传递重要的、需要长期保存的信息。

企业管理工作中，口头沟通和书面沟通都是必不可少的，但一般更重视口头沟通，因为在面对面的交谈中，不仅可以传递消息，而且可以传递感情、态度等，特别是可以利用语言的辅助手段，增强沟通的效果，这是书面沟通不能做到的。在语言沟通过程中，要特别注意语言的得体性和激励性，注意使用积极的语言，而非消极的语言。

表 9 – 3 　　　　　　　　　　　变消极语言为积极语言

编号	消极语言	积极语言
1	我们这次的任务失败了	我们没有完成任务
2	别忘了在下班前把货送到	记住在下班前把货送去
3	我希望你对此满意并继续订货	当你有什么需要时就请打电话给我
4	这次的报告写得好多了	这次的报告写得更好了
5	我们不允许刚刚参加工作就上班迟到	对刚刚参加工作的人保证按时上班很重要
6	免费早餐仅限于 20 元以内，超出部分请自付	你可以免费享用 20 元以内的早餐
7	如果您对我们的服务不满意的话，可终止续约	（废话，完全可以省略）
8	外派工作本身就是不确定的，困难比较多	外派工作非常有利于你的职业生涯，但也的确需要克服一些意想不到的困难

2. 非语言沟通

非语言沟通是借助非正式语言符号进行的沟通，包括身体语言沟通、副语言沟通和人际空间距离等三个方面。

身体语言沟通被称为"肢体语言"沟通，是利用表情、动作、姿态、衣着打扮等非语言符号进行的沟通。

副语言沟通是通过非语言的声音，如重音、声调的变化，以及哭、笑、停顿来实现的沟通。心理学的研究结果表明，副语言在沟通过程中起着十分重要的作用。一句话的含义不仅取决于其字面意思，还取决于它的弦外之音，即语音表达方式的变化，尤其是语调的变化，它们可以使字面相同的一句话具有完全不同的含义。

人际空间距离是指任何一个人都需要在自己的周围有一个自己能够把握的自我空间，与人交往时保持一定的空间距离，这个空间就是人际空间距离。

阅读资料

近 体 学

美国人类学家霍尔（E. T. Hall，1959，1963）对人类交往的空间距离进行过研究，认为在人们沟通时互动双方的空间由近及远可以分为四圈，分别为亲密距离、个人距离、社交距离、公共距离。

亲密距离（0~44厘米）：在此距离，人们的身体可以充分亲近或直接接触。沟通更多地依赖触摸觉，而不是视觉和听觉。在正常情况下，该距离是高度私密的、非正式的，只有夫妻、情侣、父母与孩子以及知己密友才能进入。

个人距离（44~122厘米）：这是非正式场合下，朋友和熟人之间进行交涉、聚会等的适当距离。身体接触很有限，主要用视、听觉沟通。陌生人也可以进入这个距离，不过沟通时保持的距离更靠近远端。

社交距离（1.2~3.7米）：该距离适宜于正式社交场合，沟通没有任何私人感情联系的色彩。人们在正式社交活动、外交会谈、处理公务时相互都保持这种程度的距离，沟通进行时，需要更清楚的口头语言和充分的目光接触。

公共距离（3.7米以上）：这是完全开放的空间，可以接纳一切人，适合于陌生人之间，演讲者与公众之间进行沟通。

人们对人际空间距离的处理，除了受相互了解和亲密程度的影响外，还受文化背景、社会地位、性别等因素的影响。

非语言沟通在信息传递中具有不可替代的特殊作用，其重要性不亚于语言沟通。美国心理学家梅热比（Albett Mehrabian）列出了这样一个公式：

信息的传递100%（相互理解）=7%语言+38%语调+55%态势

心理学家莎宾（T. R. Sarbin, 1954）等人通过对人们日常生活的观察，用简图形式概括总结了一些经常使用的运动性体态。如图9-2。

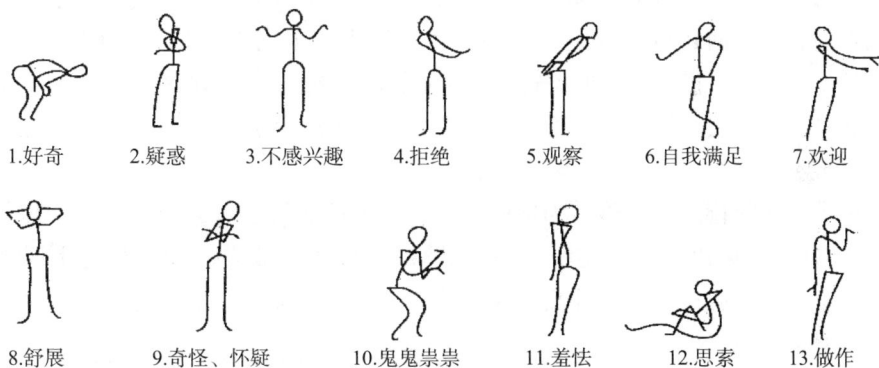

1.好奇　2.疑惑　3.不感兴趣　4.拒绝　5.观察　6.自我满足　7.欢迎

8.舒展　9.奇怪、怀疑　10.鬼鬼祟祟　11.羞怯　12.思索　13.做作

图9-2　各种身体姿态

四、人际沟通网络

在信息传递过程中，信息发出者直接把信息传递给接收者的情况极少，一般需要某些人作为中间环节进行传承，这就使信息交流的通道有了一定的结构形

式，这种结构形式被称为沟通网络。沟通网络分为正式沟通网络和非正式沟通网络。

（一）正式沟通网络

美国学者最早设计了研究正式沟通的五种网络模式，他以五人为对象，提出了双向沟通情况下的网络模型，即链式、Y式、轮式、环式、全通道式（见图9-3）。

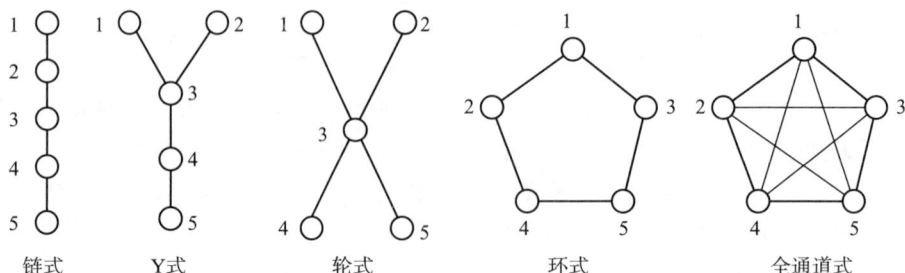

图9-3 五种正式沟通网络示意

1. 链式

在链式沟通中，信息只在上下级之间进行，并不与链条两端的人员直接进行。这种沟通模式速度最快，但沟通面狭窄，内容分散，不易形成共同的意见和良好的组织气氛，难以培养组织的凝聚力，适合于单线联系特点的群体。

2. Y式

如果将Y字型网络倒过来，我们可以看到有两位下属向一位管理者报告，而这位管理者的上面还有两级领导。多数社会组织宜采用Y式的沟通网络，"Y"的分叉点是秘书、助理所处的位置或基层主管的位置。Y式沟通速度快，但由于信息通过"筛选"层，易导致信息失真，拉大上下级之间的距离，不利于提高士气。

3. 轮式

轮式沟通的特点是群体最为集中，每个成员都能与中间那个人沟通，其余人不直接沟通。中间的代表主管，四周的代表下属，所有的沟通是主管与下属之间的沟通。这一沟通模式正确性高，速度快，适合于解决一些简单问题。

4. 环式

在这一网络中，每一个人都从近邻的两位同事那里接受信息，但不与其他人沟通。这种网络适合于分散小组，经常用于突击队、智囊团或委员会组织形式之间的沟通。这种沟通方式沟通各方地位平等，便于鼓舞士气，但沟通精确性不够，且沟通速度慢，缺乏中心，不利于信息集中。

5. 全通道式

这种网络允许所有的成员之间彼此进行沟通，这是一种没有人以某种领导者的身份处于网络中心位置的沟通。这种沟通不受限制，所有成员都是平等的，彼此可以流畅地交换意见。但沟通速度慢，不易集中控制。

不同沟通网络的速度和效率是不一样的，一般认为，轮式网络是比较集中的群体，在这种群体中传递信息最有效，准确性较高。轮式网络适合于有一位核心人物存在的场合。而比较分散的群体，如链式网络和环式网络，信息传递很费时，需要通过多种渠道才能传递到所有成员中。当然，信息传递、沟通最快的是全通道型网络。如果目标是为了让员工有较高满意度，则采取全通道式网络进行沟通最好。总之，五种沟通网络各有利弊，在全体沟通过程中，根据组织内部结构、层次、工作性质、沟通目标等选择最佳沟通网络。

（二）非正式沟通网络

在小群体中或正式组织中，有时出现一些非正式的沟通网络，最有名的是"谣言"。戴维斯（Keith Davis）曾对小道消息的传播进行过研究，发现有四种传播的方式：①集束式；②偶然式；③流言式；④直线式。其中集束式是把小道消息有选择地告诉自己的亲戚朋友或有关的人。这种模式是传播小道消息最普通的形式。偶然式是在偶然的机会传播小道消息，由一个人将消息传给某一部分人，这些人又将消息传播给别人。流言式是将消息由一个人主动地传播给其他人，如在小组会上传播小道消息。直线式是指通过一连串的人把消息传给最终的接受者。

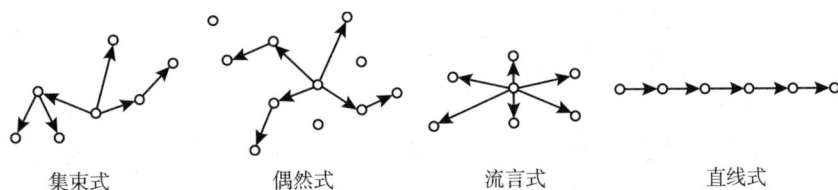

集束式　　　　偶然式　　　　流言式　　　　直线式

图 9 - 4　非正式沟通网络

非正式沟通往往以非正式组织为基础，成员之间有感情纽带，所以消息传递迅速，但往往容易失真。但非正式沟通往往更能表达人的真情实感，所以，领导者应注意采取非正式沟通方式，了解员工的需求，关注员工的工作、生活，调动员工的积极性。

五、沟通障碍

沟通中的障碍，是指导致信息在传递过程中出现的噪声、失真或停止的原因或因素。沟通是一个过程，在这个过程中的各种沟通要素都可能造成信息沟通的障碍。

（一）传送者障碍

1. 目的不明

若发送者对自己将要传递的信息内容、交流的目的缺乏真正的理解，即不清楚自己到底要向对方倾诉什么或阐明什么，那么信息沟通的第一步便遇到了障碍。因此，发送者在信息交流之前必须有一个明确的目的和清楚的概念，即"我要通过什么通道、向谁传递什么信息、达到什么目的"。

2. 表达模糊

无论是口头演讲还是书面报告，都要表达清楚，使人一目了然，心领神会。若发送者口齿不清、语无伦次，或词不达意、字迹模糊，都会造成传递失真，使接收者无法了解对方所要传递的真实信息。

3. 选择失误

如果发送者对传送信息的时机把握不准，缺乏审时度势的能力，就会大大降低信息交流的价值；而信息沟通渠道选择失误，则会使信息传递受阻，或延误传递的时机；若沟通对象选择错误，如和一位盲人讨论道路的照明问题，无疑会造成不是"对牛弹琴"，就是自讨没趣的局面，直接影响信息交流的效果。

4. 形式不当

当我们使用言语（即文字或口语）和非言语（即形体语言如手势、表情等）表达同样的信息时，一定要相互协调，否则会给人"莫名其妙"之感。如我们一边要求员工抓紧时间进入办公室开会，一边却拿着办公室的钥匙不开门，就会让前来开会的员工十分困惑。

（二）接收者的障碍

1. 过度加工

接收者在信息交流过程中，有时会按照自己的主观意愿，对信息进行"过滤"和"添加"。在企业里，由下属向上级汇报工作的上行沟通，某些下属"投其所好"，报喜不报忧，传递的信息往往经过层层"过滤"后变得支离破碎，或变得完美无缺；又如由决策层向管理层和执行层进行的下行沟通，经过逐级领会而"添枝加叶"，使得传递的信息面目全非，从而导致信息的模糊或失真。

2. 知觉偏差

接收者的个人特征，如个性特点、认知水平、价值标准、权力地位、社会阶层、文化修养、智商情商等将直接影响到对被知觉对象（即发送者）的正确认识。人们在信息交流或人际沟通中，总习惯于以自己为准则，对不利于自己的信息要么视而不见，要么熟视无睹，甚至颠倒黑白，以达到防御的目的。

3. 心理定势

由于接收者在人际沟通或信息交流过程中曾经受到过伤害和不良的情感体验，造成"一朝被蛇咬，十年怕井绳"的心理定势，对发送者心存疑惑、怀有敌意，或由于内心恐惧、忐忑不安，就会拒绝接受所传递的信息甚至抵制参与信息交流。

4. 思想差异

由于接收者认知水平、价值标准和思维方式上的差异，往往会出现发送者用心良苦而仅仅换来"对牛弹琴"的局面，或者造成思想隔阂或误解，引发冲突，导致信息交流的中断以及人际关系的破裂。

（三）编码与译码的障碍

1. 缺乏共同经验

在沟通时，沟通双方是否具有共同的经验很重要，有相同的经验就可以以相同的方式来准确地进行编码和译码。如一位具有长期跨国公司管理经验的管理人员与另一位一直从事本土企业管理的人员讨论管理的跨文化问题，由于后者缺乏跨文化管理的经历，两人的交流就很难深入。

2. 语义不同

由于沟通双方对于语言意义的理解不同，也会产生许多沟通问题。在语义的理解中，特别要注意术语和俚语的问题，它是指在某一行业、某一领域、某一学科、某一社会群体中特定的语言或技术性语言。如果沟通双方都了解术语的含义，那么在沟通中使用术语就没有问题，一旦一方对于术语的理解不同，沟通就会产生问题。

3. 媒介问题

媒介问题是指沟通的渠道问题。如果沟通渠道不畅，沟通就肯定不能完成，因为在这种情况下，信息发送者所预期的信息的接收者根本就接收不到信息。例如，向不懂英语的员工讲英语。

六、有效沟通的措施

（一）认识沟通的重要性

沟通对于现代组织而言，其重要性是不言而喻的，没有沟通，员工就不能了解工作的进度，管理者也无法输入信息，无法发出指令；没有沟通，员工间的协作就不可能发生，组织也会因此解体。在沟通中，领导和管理者是成功的员工沟通中的重要因素，尤其是对于高层管理者而言，必须从思想到行动上认可这样一个观念：与员工进行沟通对实现组织目标是十分重要的。如果这一观念能够通过组织高层的言行而得到认可，它就有可能逐步渗透到组织中去，这会为组织营造出良好的沟通环境。

（二）采用恰当的沟通方式

组织沟通的方式很多，既有正式沟通，也有非正式沟通；既有上行沟通，也有下行沟通。因此，针对不同的信息内容，面对不同的沟通对象，应采取不同的沟通方式。从沟通的速度方面看，利用口头沟通和非正式的沟通方法，比书面的和正式的沟通速度快。从反馈性来看，口头沟通可以获得立即的反应，而书面沟通，则有时得不到反馈。从可控性来看，在公开场合宣布某一消息，对于其沟通范围及接受对象毫无控制；反之，选择少数可以信赖的人，利用口头传达信息则能有效地控制信息。因此，根据沟通渠道的不同性质，采用恰当的沟通方式对增强组织沟通的有效性十分重要。美国组织行为学家戴尔（T. L. Dahle）通过实验比较研究，认为兼用口头和书面沟通的混合方式，效果最好；其次是口头沟通；最后是书面沟通。

案例讨论

艾克蒂斯推行的沟通方式

通用汽车公司副总裁艾克蒂斯（Ron Actis）发现公司缺乏良好的沟通，劳资双方缺乏相互信任，这严重影响了产品的生产率和员工的士气，于是他决定"让适当的信息通过适当的媒介在适当的时间到达适当的受众"。

他首先从各种专业刊物上复印了数篇论文与报告，发给每位高级主管。让他们认识到有效的沟通能够提高组织绩效。接着，他和顾问们一起重新设计了沟通系统。艾克蒂斯更新了人手一份的公司报《每日新闻》的内容，从侧重行业信息到侧重公司消息。同时，他还创办了多种出版物。例如，《GM 员工》向员工家属报告公司发生的重大事件；《主管须知》向管理人员介绍沟通技术；《联系活动》探讨如何改进劳资关系，论述减少成本、提高质量、保持优势的各种措施；《焦点透视》刊登对经理、顾客、员工、供应商、工会官员等的访谈录。除书面沟通之外，艾克蒂斯还为劳资双方安排了一系列面对面会谈。会谈每周举行一次，双方坦诚地讨论各种管理问题。

结果表明，艾克蒂斯的努力取得了极大成功。以前，只有不到一半的员工相信公司发布的信息；现在，80%的员工不但信任管理层，还对公司的沟通系统表示满意。更重要的是，公司的运营成本减少了5%，销售额却提高了40%。

讨论：艾克蒂斯采用的沟通方式是否有效？为什么？

资料来源：刘玉梅. 管理心理学理论与实践［M］. 上海：复旦大学出版社，2009：306。

（三）正确使用语言文字

有效的沟通不仅需要信息被接收，而且需要信息被理解。语言使用不当，可能会造成理解上的偏差而形成沟通障碍。因此，应选择适当的语言使信息表达得清楚明确。无论是口头交谈还是采用书面交流的形式，都要力求准确地表达自己的意思。同时，还要双方相互了解对方的接受能力，根据对方的具体情况来确定自己表达的方式和用语等；正确选择词汇、语调、标点符号；注意逻辑性和条理性，对重要的地方要加上强调性的说明；借助于体态语言来表达完整的思想和感情的沟通，加深双方的理解。

（四）积极倾听

在双向沟通中，倾听技能越好，就越有可能进行广泛而有效的交流和沟通。组织中的很多员工都希望能够向他人倾诉自己的不满和怨言，但是却很少有人能够耐心地倾听他人的倾诉。事实上，没有听就很难接收到有用的信息，而倾听则区别于一般的听，它是一种通过积极的听来完整地获取信息的方法。

在组织内部，对于管理者来说，要认真倾听下属的意见，倾听下属的意见能够有效地表达出自己对下属的支持和关心，从而在组织内形成一种开放式的工作氛围，有助于与员工建立起亲密的联系。对于员工来说，要认真倾听上级的意见，则有助于领会和准确把握上级的要求和期望，从而出色地完成任务，改善与上级之间的关系。

阅读资料

听 的 艺 术

美国知名主持人林克莱特一天访问一名小朋友，问他："你长大后想要当什么？"小朋友天真的回答："嗯，我要当飞机驾驶员！"林克莱特接着问："如果有一天，你的飞机飞到太平洋上空，所有引擎都熄火了，你会怎么办？"小朋友想了想："我会先告诉坐在飞机上的人绑好安全带，然后我挂上我的降落伞跳出去。"当在现场的观众笑的东倒西歪时，主持人继续注视这孩子，想看他是不是自作聪明的家伙。没想到，接着孩子的两行热泪夺眶而出，这才使得主持人发觉孩子的悲伤之情远非笔墨所能形容。于是，主持人问他："为什么要这么做？"小孩的答案透露出一个孩子真挚的想法："我要去拿燃料，我还要回来！"

你听别人说话时，真的听懂他说的意思了吗？如果不懂，就请听别人说完吧，这就是"听的艺术"：（1）听话不要听一半；（2）不要把自己的意思投射到别人所说的话上。

资料来源：七个人际沟通的哲理故事［EB/OL］. http：//info. china. alibaba. com/news/detail/v5003013 – d5796499. html。

▶ 第三节　人际冲突

一、冲突的含义

冲突就是抵触、对抗，是矛盾的一种表现形式。从心理学的角度来看，冲突是两个或两个以上的工作群体或个人在目标上的互不相容或相互排斥，在群体或个人心理上形成的矛盾状态。人际冲突是指在人际交往中，由于人与人之间的认识水平、价值观念、需求和目标的不同而产生的一种思想或行为上的矛盾状态，它常伴有阻碍对手取得成功的行为以及情绪上的敌意。

冲突包含四个方面的不同要素：一是不同利益。对于同一资源，个人或团体间存在不同的利益，并且双方都意识到利益的不同；二是一种信念。一方认为另一方的存在妨碍了自己的利益；三是一个过程。冲突是从个体或团体之间的互动中发展而来的，反映了他们过去交往的情况和背景；四是一种障碍。一方暗含的行动对另一方的目标达成构成了一种障碍。总的来说，冲突表明了一种状态，处于这一状态中的个人、群体之间在目标、认识、感情等方面具有不相容的特点，这种不相容进而引起了对立或敌视的态度及行为。这种状态并非孤立地存在于某一点上，虽然它可能从某一时间点表现出来，但从整体来看，其产生、发展和解决更多地表现为一个过程。

二、冲突的影响

冲突具有双重性。一方面，冲突有积极的意义，它能暴露组织中不合理的现象和制度，使组织能不断变革和创新。同时，冲突还能将组织内的一些矛盾公开化，大家开诚布公地沟通交流，从而增进理解，消除分裂，取得更为一致的意见。另一方面，冲突也会带来消极的影响。如冲突带来的压力会影响组织成员的身心健康；激烈冲突会造成资源的错误分配，给组织的整体利益带来损失。总之，对组织来说，适度的人际冲突是组织进步的动力，它可以使组织保持旺盛的生命力。但过于激烈的人际冲突不利于组织正常开展工作，会起到一定破坏作用。因此，作为管理者，要正确认识冲突的双重性，凡是有利于达到组织目标的建设性的冲突，适当鼓励和加强；对于达成组织目标起阻碍作用的破坏性的冲突要设法控制和避免。冲突的消极影响表现为：

（一）增加员工的心理压力

冲突使得员工间相互攻击、对抗，对冲突的强度、持续时间的担心，以及冲突对自己在组织中利益、地位和声誉造成的影响的忧虑，会给卷入冲突的双方带来很大的心理压力。

（二）人际沟通困难

良好的人际沟通只有在宽松、和谐的人际关系环境中才有可能实现。冲突导致了人际关系的紧张，使组织中弥漫着猜疑和互不信任的消极情绪，员工沟通的愿望下降，沟通的心理渠道也被堵塞，使得人际沟通越来越困难。

（三）工作效率和工作满意度下降

冲突使得员工士气和情绪低落，工作积极性下降，对工作投入不足，直接影响员工的工作效率和对工作的满意度。

（四）离职率增多

冲突增加了员工的挫折感和失落感，使得员工怀疑、担忧自己在组织中发展的前途和机会，并尽力避免冲突带来的后遗症。有些员工甚至会考虑离开所在组织谋求新的发展。

三、冲突的过程

冲突的产生和发展是一个渐进的过程，一般来说，可以分为以下几个阶段。

（一）潜伏阶段

在冲突的潜伏阶段，冲突双方对冲突的存在还没有觉醒，但存在可能导致冲突的各种潜在原因，随着环境的变化，潜伏的冲突可能会消失，也可能被激化。

（二）感知阶段

在冲突的感知阶段，冲突双方已经感觉到了冲突的存在，但是，还没有意识到冲突的重要性，冲突还没有对双方造成实际的危害。如果这时冲突双方及时采取措施，可以将未来可能爆发的冲突缓和下去。

（三）感觉阶段

在这个阶段，冲突已经为冲突双方造成了情绪和行为上的影响，例如，员工可能会对不公的待遇感到气愤，也可能对需要进行的选择感到困惑。这个阶段的冲突如果不能得到有效的缓解，就会很快进入到冲突的下个阶段。

（四）行为阶段

冲突的行为阶段包括冲突双方进行的说明、活动和态度，也就是说，一方有行为，另一方有反应。冲突行为是试图公开地实现冲突双方各自的愿望，但这些行为带有刺激的性质。

（五）结束阶段

冲突发生后，其结果可能是提高了组织的工作绩效，也可能是降低了组织的绩效。无论是提高绩效还是降低绩效，冲突都会有个处理结果，该结果的作用都将会持续下去。但有时冲突也没有被彻底解决，该结果只是阶段性的结果，冲突仍存在。

四、冲突的类型

冲突包括个体内部的心理冲突，也包括个人与个人之间的人际冲突，还包括群体之间的冲突。

（一）个体内的冲突

个体内冲突是指个体由于目标不同而引起的冲突。美国心理学家勒温（K. Lewin）将个体内部的冲突分为四种类型：双趋型冲突、双避型冲突、趋避型冲突、双重趋避型冲突。

双趋型冲突是个体要从两个以上都可能带来积极后果的备选方案中进行决策时产生的冲突。例如，某员工工作出色，可以到国外培训一年，也可以在国内晋升为高级主管，这时该员工就可能产生双趋型冲突。

双避型冲突是个体要从两个以上可能给自己带来消极后果的备选方案中进行决策时产生的冲突。例如，因一次工作事故，某员工可能面临着降薪或离职，这时该员工可能会产生双避型冲突。

趋避型冲突是个体要决定是否去干一件既会带来积极后果又会带来消极后果的事情时产生的冲突。例如，一名员工一心想要在组织中得到重用，又不愿因此而付出更多的劳动，从而产生的心理冲突。

双重趋避型冲突是指两个目标同时对个体既有利又有弊，既有益又有害的情况下发生的内心冲突。是由趋和避混合而成的一种复杂的模式，多发生在同时存在的两个对个体既有益又有害的目标情境的时候。例如，管理者招聘时，一名应聘者经验丰富但学历偏低，另一名应聘者各方面条件均很优越但经验不足，此时招聘者就会处于双重趋避式的冲突状态。

（二）个体间的冲突

个体间冲突是指个人与个人之间的冲突，当群体内的成员间不能在一些事务上达成共识，就发生了个体之间的冲突。个体间的冲突多种多样，冲突方式各不相同，原因也错综复杂。

首先，信息因素的冲突。由于信息来源不同，掌握信息的多寡不同，对信息的理解不同，可能引起冲突。例如，主管掌握的信息一般多于其他员工，在做出决策时由于掌握信息的程度不同，可能造成做出的判断和决策不一致。

其次，认识因素的冲突。群体成员在知识、水平、经验、经历、理解等方面都存在着差异，对同一问题或事物也会有不同的认识，因此出现冲突也在所难免。比如对工作任务的分配、目标的设计意见不一致都会造成冲突。

再次，价值因素的冲突。价值观是人们对周围事物的是非、好坏、善恶的评价。在同一群体内，有的成员注重荣誉地位、有的注重工作成绩、有的看重经济报酬。不同的价值观在如何处理问题上会发生冲突。

最后，心理因素的冲突。每个群体成员都有独特的心理习惯，有的内向、有的外向、有的性格急躁、有的温和安静。不同心理特征的个体间也难免会产生冲突。

（三）群体之间的冲突

当两个群体之间存在目标上的差异、利益上的矛盾时，群体之间的冲突就形成了。群体之间的冲突是在两个或者更多的群体之间的冲突。群体之间的冲突有利有弊：一方面冲突的存在会给组织带来消极的影响。群体之间会产生一种敌对情绪，每个群体都将其他群体看作"敌人"，对其他群体产生偏见。随着群体相互交往和沟通的减少，这种偏见会被固定下来，冲突的紧张程度逐步升级。另一方面群体之间的冲突往往能刺激群体更好地工作。例如，与其他群体的冲突会使本群体内变得更团结，产生一种忠于群体的意识，群体内的团结性很快增长，每个群体成员都关心任务目标，成员们更愿意服从管理者的指挥。

五、冲突的原因

（一）个体冲突产生的原因

对个人而言，对待目标有"趋"和"避"两种动机，这种趋避冲突是比较传统和泛化的，在工作中更具体的是角色冲突。

1. 角色间的冲突

每个人的时间、精力是有限的。如果同时扮演多重角色，而不同角色的社会期望又不相同，甚至互相矛盾，那么个人受时间、精力限制，很难同时把不同的角色扮演好，这样就容易出现角色间冲突，例如，如何平衡家庭和工作的关系而造成的内心冲突。

2. 角色内的冲突

个体扮演单一角色时，不同的人对其抱有不同的期望，使得个体在迎合某一方的期望时往往又违背了其他各方的期望，处于不知如何是好的内心冲突之中。例如，一位员工面对多位上司，而上司对他有不同甚至相互矛盾的期望或要求，员工就会处于不知所从的冲突之中。

3. 角色与能力不匹配引发的冲突

当角色的要求同个体的能力不匹配，个体尽其所能也难以达到职位要求，或其能力远远超过职位要求，这时个体会体验到强烈的内心冲突。只有当角色要求稍微超过其能力时，个体才会感受到工作的激励性。在人力资源管理工作中，要充分做好工作分析和人员评定工作，尽量做到人职匹配，提高员工满意度，降低员工内心的压力和冲突。

4. 对自身角色期望引发的冲突

角色期望是指社会或个人对于某种角色应表现出哪些特定行为的期望。当个体对自身的角色期望与道德、社会规范相抵触时，就会产生心理冲突。如某员工在工作中所扮演的角色要求他必须徇私舞弊才能获得升迁的机会，而他也十分在乎职位上的升迁，但这种做法与行为规范又是不相符的，所以难免会陷入冲突之中。

（二）人际冲突产生的原因

在一个组织的日常活动中，存在着许多导致冲突的潜在根源，如各方的需要、利益不同，或者对问题的认识、看法不同等。

1. 有限资源的争夺

组织拥有的资源总是有限的，任何组织在资源的分配方面，不可能做到尽善尽美，绝对公平。因此，在组织内部，各个部门常常因为争夺材料、资金、人员而发生冲突。

2. 个性的差异

个性的差异是冲突产生的直接原因。从个性心理特征看，每个人都有自己独特的气质、能力和性格，不同性格和气质的人心理相容程度也是不一样的，因而容易产生心理对抗，导致冲突。另外，从个性倾向性来看，由于人生观、价值观、兴趣和信念的不同，这些倾向性的差异也容易使个体间产生矛盾与冲突。

3. 利益的冲突

人与人之间的利益可能是协调一致的，也可能是相互矛盾的。当组织成员在满足自己利益的同时，干涉、阻止或妨碍了其他成员的利益，就会产生利益冲突。如销售部门往往倾向于满足顾客的要求，要求生产部门为顾客及时更换产品。而生产部门从生产效率出发，希望顾客需求的产品数量能预先订好。

4. 组织沟通的不畅

组织功能的发挥在于物流和信息流的畅通，或者说，有效的信息沟通是组织赖以存在和发展的基础。而组织信息沟通过程中的误解或传递的无效极易使个人或群体之间产生隔阂，由此引发冲突。

5. 工作职责不清

如果组织内各部门职责规定不清，就会使部门之间对工作任务、工作内容的理解有偏差，易造成工作互相推诿、指责，进而产生冲突。

六、冲突的管理

冲突在工作环境中无时无处不在，有的冲突能够促进良性竞争，激发员工的积极性和创造性，而有的冲突会给彼此造成隔阂和伤害。对于一个组织来说，要确保每个人充分发挥其优势，才能形成一个有机整体，从而达到最高效率，因此，合理地引导、权衡和解决冲突具有重要的意义。

组织应学会冲突管理，很多人针对冲突的处理提出了处理策略模型，其中最具有广泛影响力的是 1976 年托马斯（Thomas）提出的"五策略模型"，即回避、竞争、迁就、合作、妥协。第一，回避方式。对冲突不做处理，置身事外。当冲突微不足道，或者冲突双方情绪激动而需要冷静时，可以采取这种方式。第二，竞争方式。只关注自身利益，无视他人利益，有时组织也不得不采用这种方式。第三，迁就方式。为了他人利益，做出让步和牺牲。例如，两个人无谓地争吵时，只要一方顺从，就可以化解冲突。第四，合作方式。满足冲突双方利益，实现双赢。只要可能，这是最好的方式。第五，妥协方式。双方都做出牺牲和让步，以免硬碰硬，损失更为惨重。

托马斯认为，解决冲突必须注意人与人之间的沟通技巧，并适当地确定解决问题的次序，以此来协调"武断"和"合作"，求得建设性的解决冲突的方式。

伯克（R. J. Burke）曾就上述各种冲突处理方法的有效程度，进行了调查研究和归纳，其中，使用"合作方式"策略能有益地处理冲突；使用竞争策略，效果很不好；回避和迁就的策略，一般很少使用，使用时效果很不好；采用妥协策略的，效果好的占 11.3%，效果不好的占有 5.7%。五种解决冲突的有效性见下表。

表 9 – 4 五种处理冲突策略的有效性

策略	有效果（%）	没有效果（%）
回避	0	9.4
迁就	0	1.9
妥协	11.3	5.7
竞争	24.5	79.2
合作	58.5	0
其他（包括还未解决、无法讲明如何解决等问题）	5.7	3.8

从组织的角度来说，要解决冲突，重要的是做到以下几方面：

（一）树立高级目标

高级目标指超越冲突双方各自具体目标的更高一级的目标，是冲突双方服务和追求的共同目标。该目标由冲突一方单独凭借自己的资源和精力均无法达到，而只有冲突双方协作才可能达成。在这种情况下，冲突双方可以互相谦让和作出牺牲，共同为这个高级目标做出贡献，从而使原有的冲突可以与高级目标统一起来。此外，共同合作为彼此增进了解提供了机会，便于双方互相理解，重新审视自己的工作及其存在的问题，进而有助于改变工作态度与合作态度，把精力集中于共同目标的达成上，缓解相互之间的对立情绪。

（二）采取强制方法

利用组织赋予的权力有效地处理并最终从根本上强行解决群体间的冲突。从处于冲突中群体的角度来看，有两种方法可以提高强制程度：第一，冲突群体之一直接到管理者那里寻求对其立场的支持，由此强行采取单方面解决问题的方法；第二，冲突群体之一可以设法集合组织的力量，办法是与组织里的其他群体组成联合阵线，这种来自联合阵线的强大阵容常常能迫使组织里的另一些群体接受某个立场。强制是一种权力型的冲突解决方式。

（三）解决问题

由于组织内的群体、个人可能不经常进行相互间的沟通，这种情况下，采取问题解决的办法来处理冲突或许最合适，它可以用来就事论事地处理某些具体问题。这种方法是将冲突双方或代表召集到一起，让他们把其分歧讲出来，辨明是非，找出分歧的原因，探讨解决的途径，最终选择一个双方都满意的解决方案。这样，冲突双方通过面对面的会晤和坦率真诚的讨论能够很好地化解矛盾。应该说这是解决冲突的理想或最佳途径，但在具体操作时还是需要一定条件的。比如相互间的信任与真诚就非常关键，而且解决问题的策略有时会需要双方放弃一些于己有价值的东西以达成共识。

（四）增进沟通和理解

有效的沟通对冲突管理是至关重要的，它能消除刻板印象带来的偏见和负面情绪，增进彼此的理性认识。在组织管理中，常用的沟通方法有对话法和组间镜像法。对话法是通过团队成员之间正式或非正式的交谈来讨论彼此的分歧，在了解各自基本设想的基础上构建团队共同的思维模式。组间镜像法一般适用于双方冲突已恶化到公开对立的情形，通常需要管理者有计划、有步骤地进行干预。其目标旨在为冲突各方提供一个充分表达各自观点、讨论分歧的机会，并最终通过改变错误观念来找到改善双方关系的途径。

（五）协商、调解、仲裁解决

在冲突双方实力相当时，或者所持的理由合理时，双方常常通过谈判、协商达成协议。如果协商无效，就可以通过双方都信赖的第三方出面调解，或者完全依靠法规来解决冲突。在具体操作上，一是采用"一对一"式，即冲突双方都仅代表自身利益，自己处理冲突问题，双方可以采取非正式磋商的方式，也可以采取正式谈判，经过讨价还价使问题得到解决。二是采用"代理"式，即冲突各方均指派他人为代理人，如律师、工会领导等，采用"第三方介入"式，即应冲突双方共同邀请，或出于管理权限的原因，第三方积极干预。

（六）教育

如果员工间出现了冲突，应教育冲突双方了解冲突所带来的有害结果，讨论冲突的得失，帮助他们改变想法和行为，以解决冲突。从个人角度来讲，首先，要控制自身的负面情绪，掌握语言和肢体的尺度；其次，明确冲突的原因，这有助于寻找适当的方式来处理冲突，使冲突各方取得共识，关系得到协调，为解决冲突做好准备工作；最后，双方开诚布公地交换信息，力图消除分歧，通过谈判或者咨询第三方，寻找一个双方都满意的结果。

我常常与同事争吵，怎么办？

小王，男，30 岁，在一家外企工作。因为工作中与同事常常发生矛盾，他心情很糟糕。他说："我时常提醒自己，讨论问题时要控制自己的情绪，可是，一旦同事的意见与我不同时，我又会提高嗓门，争吵个不休，感觉他们都是在跟我作对。我该怎么办？"

分析：与同事相处时，要懂得交流的方式。与人交流需要一些基本的原则，尊重是第一原则，尊重意味着一种平等，如果你坚信自己是对的，别人是错的，那交流无法达成。第二原则是分享，分享意味着交流的目的不完全是为了对错，而是分享彼此的看法，这是一种人际投情，爱在一起交流的人友情比较深，不爱交流的人友情浅。所以，交流的更大目的是沟通感情。第三原则是并存，并存的概念指每个人的观念都有局限性，对立的观点不是互相否定，而是互相补充。一种观点如果没有对立的观点去调节，就会走极端。

资料来源：孟慧. 职业心理学 [M]. 北京：中国轻工业出版社，2009：158。

▶ 复习思考题

1. 影响人际交往的因素。
2. 组织中的沟通途径有哪些？
3. 组织中沟通障碍及如何加以克服？
4. 冲突的主要类型。
5. 冲突的管理方法。

▶ 案例分析

梁经理的沟通

研发部梁经理才进公司不到一年，工作表现颇受主管赞赏，不管是专业能力还是管理绩效，都获得大家肯定。在他的缜密规划之下，研发部一些延宕已久的项目，都在积极推行当中。

公司李副总发现，梁经理到研发部以来，几乎每天加班。他经常第 2 天来看到梁经理电子邮件的发送时间是前一天晚上 10 点多，甚至又看到当天早上 7 点多发送的另一封邮件。这个部门下班时总是梁经理最晚离开，上班是第 1 个到。

但是，即使在工作量很大的时候，其他同事似乎都准时走，很少跟着他留下来。平常也难得见到梁经理和他的部下或是同级主管进行沟通。

李副总对梁经理怎么和其他同事、部下沟通觉得好奇，开始观察他的沟通方式。原来，梁经理总是以电子邮件布置工作。他的属下除非必要，也都是以电子邮件回复工作进度及提出问题。很少找他当面报告或讨论。对其他同事也是如此，电子邮件似乎被梁经理当作和同仁们合作的最佳沟通工具。

但是，最近大家似乎开始对梁经理这样的沟通方式反映不佳。李副总发觉，梁经理的部下对待工作似乎有些情绪，除了不配合加班，还只是执行交办的工作，不太主动提出企划或问题。而其他主管，也不会像梁经理刚到研发部时，主动到他房间聊聊，大家见了面，只是客气地点个头。开会时的讨论，也都是公事公办的情况居多。

李副总趁着在楼梯间抽烟的机会，向另一部门的陈经理了解梁经理工作情况，陈经理说，梁经理工作相当认真，可能对工作以外的事没有多花心思，李副总也就没再多问。

这天，李副总刚好经过梁经理房间门口，听到他打电话，讨论内容似乎和陈经理业务范围有关。他到陈经理那里，刚好陈经理也在打电话。李副总听谈话内容，确定是两位经理在谈话。之后，他找了陈经理，问他怎么一回事。明明两个主管的办公房间就在隔邻，为什么不直接走过去说说就好了，竟然是用电话谈。

陈经理笑答，这个电话是梁经理打来的，梁经理似乎比较希望用电话讨论工作，而不是当面沟通。陈经理曾试着要在梁经理房间谈，而不是电话沟通。梁经理不是最短的时间结束谈话，就是眼睛一直盯着计算机屏幕，让他不得不赶紧离开。陈经理说，几次以后，他也宁愿用电话的方式沟通，免得让别人觉得自己过于热情。

了解这些情形后，李副总找了梁经理，梁经理觉得，效率应该是最需要追求的目标，所以他希望用最节省时间的方式，达到工作要求。李副总以过来人的经验告诉梁经理，工作效率重要，但良好的沟通绝对会让工作进行顺畅许多。

思考：

梁经理的沟通存在哪些问题？应如何进行管理沟通？

第十章

工作压力、心理健康
与员工帮助计划

学习目标 通过本章的学习，理解心理健康、员工帮助计划的含义；了解工作压力的来源、员工帮助计划的服务内容；重点掌握工作压力的管理方法、员工帮助计划的服务模式。

引导案例

小王的压力

小王是 A 公司的高级行政经理，他之前担任公司的计算机技术服务支持经理，两年前，公司将他提升到现在这个位置。在担任高级行政经理之前，小王对自己的工作很满意，并且充满了雄心壮志，他的目标是成为公司的计算机技术服务副总裁。当公司晋升他担任高级行政经理时，小王并不喜欢，但管理层说服了他，说这将会对他的职业发展产生积极影响，因为这项工作可以为他以后的晋升积累管理经验，使他最终能够胜任他所期待的工作。

小王担任高级行政经理两年之后，对工作的紧张和不安感逐渐增长，现在几乎成为他生活中不能克服的部分，也让他的家庭生活一团糟。当他对工作感到焦虑时，这种情绪在家里会突然爆发，使他的妻子和孩子受到更大的伤害。

小王说："担任高级行政经理，让我遇到了各种各样的情景和有趣事情，但是很多时候自己就像是打杂的一样，要去处理许多日常的乏味问题，还有就是要应对不同部门员工的抱怨以及和政府部门打交道。"这些让小王感到无聊和受挫。

如果做得好，这份工作确实会对我今后的晋升有帮助，但我已经再也不能承受这个压力了，而且这些工作和技术研究没有任何的接触和联系，我正越来越远离技术工作。

案例中小王其实不是高级行政经理的合适人选，无论他接受目前这个工作的理由是什么，对工作缺乏浓厚的兴趣和技能，会让他有种不安感，心理压力自然增大。《中国企业家》杂志曾对中国企业状况进行过评估，尽管企业之间有差异，但总体的企业压力程度较高。因此，关注员工的心理健康，加强员工的压力管理，成为人力资源管理工作的重要内容。

＞第一节 工作压力

一、工作压力的含义

"压力"这一概念最早是由加拿大著名生理心理学家汉斯·塞尔耶（Hans Selye）于1936年提出的。塞尔耶认为，压力是表现出某种特殊症状的一种状态，这种状态是由生理系统中对刺激的反应所引发的非特定性变化组成的。目前，对于压力的含义有三种解释：一是，压力是指那些使人感到紧张的事件或环境。如有一份压力很大的工作，这里将可能带来紧张的事物本身当作压力。二是，压力指的是一种身心反应。也就是外界刺激所引起的个体生理上、心理上的系列反应，如头痛、心跳加速、血压升高、疲劳、焦虑等。三是，压力是一个过程，这个过程包括引起压力的外界刺激、压力状态以及情境。综合以上观点，笔者认为，压力是指个体在环境中受到具有威胁性刺激因素的影响而产生的情绪与生理紧张反应。作为普遍存在的社会心理现象，压力从本质上说是由于环境要求和个体特征相互作用引起的个体紧张性反应。

正确理解压力，要注意以下几点：第一，压力不是简单的紧张、焦虑，比简单紧张、焦虑更复杂，对个体作用更强；第二，压力不是简单的神经紧张，神经紧张可以在短时间内得以缓解，压力则可能持续较长时间；第三，压力不一定是破坏性的，只有过大的压力才会带来破坏性的影响。

工作压力又称职业压力或职业紧张，是指由于工作或与工作有关的因素引起的压力，是在某种职业条件下，客观需求与主观能力之间的失衡所带来的心理、生理压力。工作压力已经成为全球性的人力资源管理的问题，因为它不仅关系着员工个人的工作生活质量与工作绩效，还关系到组织整体的活力与效率。如何缓解过度的工作压力，已成为企业人力资源管理非常重要的内容。

二、工作压力的反应

（一）生理反应

20 世纪 30 ~ 40 年代塞尔耶提出了全身适应综合征（GAS）的压力生理反应模型。他认为，人体对压力的适应是按阶段进行的，有如下三个发展阶段（见图 10 – 1）。

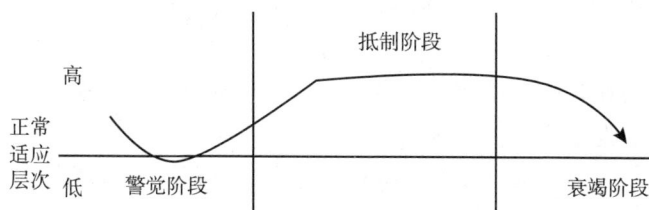

图 10 – 1　压力生理反应模型

1. 警觉阶段

当压力因素第一次发生时，人体就会发生警觉反应。在一个很短的时间内，人体会产生一个低于正常水平的抵抗，此时人体脑垂体素和肾上腺素分泌增多、呼吸加速、心跳加速、血压升高、敏感性增强等，然后迅速做出自我保护性调节。这是一个高度的活跃状态，反应能量达到了它的活动极限。这种状态是短暂的，对人体的伤害也不明显，甚至能提高工作效率。但机体不可能长期地维持这种警觉状态，如果不移除应激源，机体就进入第二阶段。

2. 抵制阶段

在这个阶段，人们一般处于高度唤醒状态，与应激源进行对抗。此时人体内的各种生理变化进一步加剧，神经系统功能尤其是自主神经系统功能失调。此时，全身处于高度焦虑状态。人们感到工作和学习困难重重，认知能力下降，效率降低，攻击性行为增多，并有可能出现抑郁症状。抵制阶段是身心开始出现障碍、发生病变的临界状态。若及时调整、增强自身力量、获得有效社会支持，可以阻止向第三阶段发展，让其退回到第一阶段。

3. 衰竭阶段

抵制阶段能量即将消失，人们已经被压力打垮，进入衰竭阶段。人体的唤醒状态开始下降并出现崩溃，荷尔蒙分泌减少，免疫系统功能减弱，身体受到伤害或生病，出现高血压、偏头疼、腰酸背痛、心脏疾病、肠胃疾病、内分泌失调、皮肤疾病等。

（二）心理反应

1. 认知反应

压力过大，会出现注意力下降，难以保持聚精会神的状态，分心失神；思维迟缓，逻辑性减弱，判断力下降；经常遗忘要做的事情，思路中断现象增加；记忆范围缩小，回忆速度减慢；决策速度变慢，错误率增加，自信心减弱等。

2. 情绪情感反应

压力过大，易出现烦恼、焦虑、紧张的情绪，自控力下降，极端情绪频发；悲观失望，精神萎靡，性格改变，个人原有性格中的优点隐藏，弱点突显，如神经过敏，防范意识增强；自我效能感降低，无助感上升。

（三）行为反应

压力过大，在工作行为上主要表现为：没有目标和计划，工作拖延，遇到问题敷衍了事，工作热情和积极性下降，迟到、早退、旷工现象严重，工作中沉默寡言，经常独自发呆等。在生活行为上主要表现为：与家人、朋友关系紧张，暴饮暴食、厌食、酗酒，甚至吸毒，侵犯行为增加，有自杀倾向。

三、工作压力的影响

压力是一把双刃剑，必要的、适度的压力能使人们集中思想，全力以赴，促使个体对工作更多的投入和获得高绩效。这是因为，适度的压力促使人体内产生一系列积极的生理变化，有利于机体用较多的能量来应付当前的问题，导致个体整个机体迅速而适当地表现出适应性反应，从而使个体的身心状态与外部压力情景之间达到良性适应。组织中常见的"鲶鱼效应"就是借助新员工的引进给老员工适度的压力，从而激发其活力和积极性，最终达到提高工作绩效的目的。

阅读资料

鲶 鱼 效 应

沙丁鱼非常娇贵，极不适应离开大海后的环境。当渔民们把刚捕捞上来的沙丁鱼放入鱼槽运回码头后，用不了多久沙丁鱼就会死去。而死掉的沙丁鱼味道不好，销量也差，倘若抵港时沙丁鱼还活着，卖价就要高出若干倍。为延长沙丁鱼的存活期，渔民们想方设法让其活着到达港口。后来渔民想出一个法子，将沙丁鱼的天敌鲶鱼放在运输容器里。因为鲶鱼是食肉鱼，放进鱼槽后，鲶鱼便会四处游动寻找小鱼吃。为了躲避天敌的吞食，沙丁鱼自然加速游动，从而保持了旺盛的生命力。如此一来，沙丁鱼就一条条活蹦乱跳地回到渔港。这在经济学上被称作"鲶鱼效应"。

其实用人亦然。一个公司，如果人员长期固定，就缺乏活力与新鲜感，容易产生惰性。尤其是一些老员工，工作时间长了就容易厌倦，因此有必要找些外来的"鲶鱼"加入公司，制造一些紧张气氛。当员工们看见自己的位置多了些"职业杀手"时，便会有种紧迫感，知道该加快步伐了。这样一来，企业自然而言就生机勃勃了。

当压力存在时，为了更好地生存与发展下去，惧者必然会比其他人更用功，而越用功，跑得越快。适当的压力犹如催化剂，可以最大限度地激发员工的潜力。

资料来源：刘玉梅. 管理心理学理论与实践［M］. 上海：复旦大学出版社，2009：224。

但是，如果工作压力过大，会使员工身心健康受到严重影响，大大降低工作效率，从而影响企业的发展。

首先，影响员工身心健康，制约组织的发展。研究表明，压力过大会给员工带来很多不利的影响，容易导致或诱发各种疾病，如果持续时间过长将对人体特别有害，会导致高血压，呼吸困难，肌肉紧张等生理上的不适；在情绪上则会出现发怒、焦虑、神经过敏等负性情绪反应；行为上会出现工作效率降低、各种事故增多、缺勤率增加、人际关系紧张等。这不仅对员工的身心健康造成很大伤害，也会影响组织的发展。

其次，增加企业的管理成本。工作压力过大会导致员工旷工、跳槽，这必然会增加员工招聘、职业定向和培训等方面的相关成本；另一方面压力过大，疾病或事故发生概率增加，需要支付医疗费、误工费。同时疾病和事故的背后还可能存在着道德、法律及管理人员责任等问题，导致组织在员工和公众中的形象、信誉受损。所有这些都会使企业增加管理成本，承受直接或间接的经济损失。

再次，影响企业的绩效。研究表明，压力与绩效之间存在倒"U"型关系。在适当的范围内，压力会提升工作绩效，压力程度无论是超过或者低于一定的水平，都会引起工作绩效的下降（见图 10 - 2）。

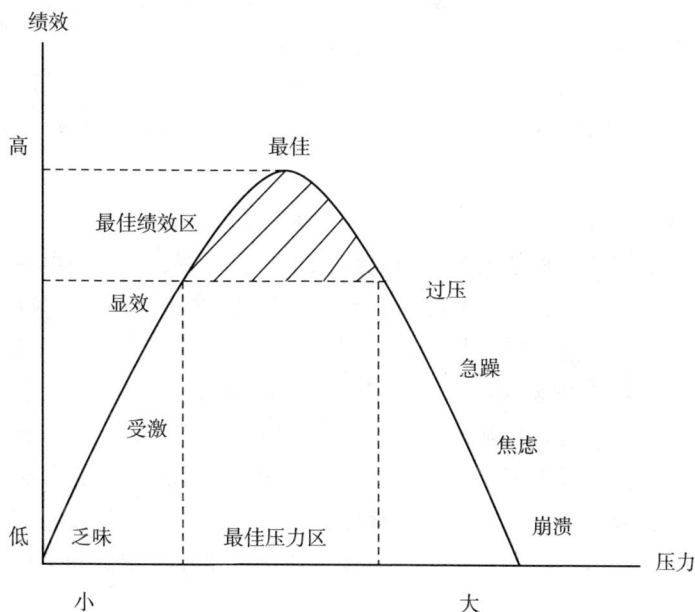

图 10 - 2　工作压力与工作绩效关系

最后，出现工作倦怠。工作倦怠（job burnout）是美国心理学家弗登伯格（Freudenberger）1974 年在《职业心理学》杂志上首次提出的。工作倦怠又称为职业倦怠、职业枯竭，是在以人为服务对象的职业领域中，个体的一种情感耗竭、人格解体和个人成就感降低的症状。是过度工作导致的压力效应，是一种在工作重压之下身心俱疲、厌弃工作的感受。员工可能在工作一段时间后产生倦怠的心理，对工作失去兴趣，变得冷漠、易怒，挑剔工作细节，对同事和客户不耐烦，工作质量明显下降。工作倦怠与多种工作压力源和工作紧张有关，是一种压力紧张反应。持续的工作压力、角色冲突等都可能导致工作倦怠。

阅读资料

工作倦怠与工作压力的区别

当个体无法应对超负荷的工作要求时，工作压力就产生了，它是一个短期的适应过程，适应过程最后达到崩溃的阶段成为工作倦怠，其原因是工作要求和个体应对资源长期的不平衡或者是工作压力的延长。

工作倦怠和工作压力的另一个区别就是前者包含了对服务对象、工作和组织的负面态度和行为，以及这些态度和行为的形成和发展，而后者不一定伴随着这些态度和行为变化。

此外，我们每个人都会体验到压力，但只有那些希望在工作中实现较高目标而满怀热情进入工作岗位的人才会体会到倦怠，对于工作没有期望的人体验到的是压力，而不是工作倦怠。

总而言之，工作倦怠是一种特殊的工作压力，具有长期性和复杂性的特点，同时伴随着对工作对象的负面态度，通常发生于那些具有较高动机的个体身上。

资料来源：孟慧. 职业心理学［M］. 北京：中国轻工业出版社，2009：168。

员工可以通过自我评估的方式对其倦怠水平进行测量。目前测量工作倦怠的测验有很多，其中 Maslach Burnout Inventory（MBI）测验最为著名，其主要测量三方面内容：一是情感枯竭，是指对工作感到疲惫，有空虚感。来源于过度的心理和情绪要求，如工作超负荷，或过高的期望。情感枯竭可能导致员工身心疲惫，经常缺勤等。二是人格解体，是指员工变得愤世嫉俗、玩世不恭、对他人的敏感性下降，变得冷漠无情。人格解体可能导致员工冷漠地对待顾客、不关心他人、对同事充满敌意等。三是工作成就感低落，是指员工感到没有完成任何有价值的事情，行动和努力都是白费的。成就感低落可能导致较低的工作动机和较差的工作绩效。

职业倦怠有哪些症状？

1. 上班迟到、早退现象增加。
2. 工作中，小失误、小差错增加。
3. 工作效率低下，工作任务不能按时完成。
4. 忘记事先的预定，失约或食言。
5. 在业务交涉赠送礼品的场合，突然语无伦次，前言不搭后语。
6. 注意力不集中，总是听错或者漏掉别人说话的意思。
7. 回避与上司、同事的交往。怠慢工作报告、业务小结等。
8. 对周围人的态度不友善，说话带刺，与他人冲突增加。
9. 身体出现各种不舒服的感觉。
10. 在某一上司面前，心理特别不舒服。
11. 去进行某一项特别业务时，有痛苦感。

资料来源：王一敏. 职业倦怠综合征［M］. 上海：华东师范大学出版社，2006：131。

四、压力源

压力源指任何能使人体产生压力反应的内外环境的刺激。任何与有机体原有的生理及心理状态相异的因素都能构成压力源。组织管理者尤其是人力资源管理人员在实施员工压力管理时，首先要清楚压力的来源。压力源从内容上可分为社会压力源、组织压力源和个人压力源。

（一）社会压力源

社会压力源主要是指造成个人生活方式的变化并要人们对其做出调整和适应的情景与事件。社会环境的每一个变化，都可能对人的心理和生活产生影响，如果一个人对于变化着的社会环境和生活，不能够及时调整身心，那就不可避免地出现心理冲突和压力。社会因素主要包括环境问题、经济与政治的不确定性、技术革新及一些重大的、无法预料的事件等。

1. 环境问题

空气污染、交通拥堵、自然灾害频发等环境问题越来越影响到了人的生活和工作质量，自然环境和自然资源难以承受高速工业化、人口剧增和城市化的巨大压力，世界自然灾害显著增加，给人的生存和发展带来巨大压力。

2. 经济和政治的不确定性

经济发展变化，会导致很多不确定性，如劳动力需求减少、被解雇员工增多、薪水下降等，这会增加生存压力。此外，政治变革、政治体制不稳定也会诱发不稳定感和压力感。在政治体制相对不稳定的国家，员工会有较大的压力。

3. 技术革新

随着科技发展进步，员工已有的技能和经验可能在很短时间内就变得陈旧，不能适应时代发展需要，使他们面临淘汰的危险，从而产生压力和紧迫感。这就需要员工始终有一个学习的心理和准备，跟上技术进步的步伐，否则很容易就不再具有行业竞争的优势。

此外，住房问题、社会地位和社会分配问题、教育问题等也会使员工感受到不同程度的压力。

（二）组织压力源

组织压力源主要来自与员工岗位工作有关的因素，主要包括工作本身的因素、人际关系、组织系统等等。

1. 工作任务

工作任务是指一些与个人所从事的工作有关的因素，包括个人工作的设计（自主性、任务的丰富性、自动化程度）、工作复杂程度、工作量（超载工作或低载工作）、工作条件、体力消耗程度以及工作的变动等方面。工作量太多或太少、工作节奏过快或过慢、个人工作与其他人工作之间有较大的依赖性、对工作的物理环境不适应，这些因素都会使员工产生压力感。其中工作超负荷是目前比较常见的压力源，影响着员工的心理健康。

2. 角色要求

角色要求是个人在组织中扮演的特定角色给其带来的压力。通常表现为两种形式，即角色模糊和角色冲突。角色模糊是指员工不能清楚理解自己承担的工作职责，无法有效地扮演好自己在组织中的角色，工作角色不明确，就会经常做无用功。角色冲突是指员工被赋予了两种（多种）角色，由于各个角色都对员工提出了不同要求，而产生的左右为难的心理冲突。当员工感到角色模糊和角色冲突时，会对自己的工作感到很迷茫，不知道应该做哪些，或者做了大量并不在自己职责范围内的工作，无形之中增加的任务量，会给员工带来很大的心理压力。

3. 人际关系

是由于员工之间的交往而带来的压力。人际关系也是影响员工压力的一个重要方面，当今社会人际关系渗透在工作的每一个细节，如果日常工作中员工间不能和睦相处，不能相互信任和协作，经常发生摩擦与争执，领导对下级漠不关心，这些都会使员工产生压力感。尤其对于那些社交需要较高的员工来说，压力感会更加强烈。

4. 职业发展

职业生涯发展是一个人一生的规划，员工都希望个人职业生涯能得到预期、顺利的发展。当员工对职业生涯的种种期望和需求无法如期的实现或满足，没有按照他的预期获得晋升时就会感到很大的心理压力，就会产生很强的挫折感。但如果晋升得太快也同样会产生压力，因为，他可能还没有足够的能力应付新的职位，这也会导致员工心理的压力。

5. 组织系统

组织系统本身存在的问题也会给员工带来工作压力。具体表现为组织结构设计不合理、规章制度不健全、缺乏参与决策的机会等。例如，一些企业没有员工参与决策制度，这样就会给员工造成很大的工作压力。因为在现代组织中，多数员工都持有一种对自己所从事的工作最为了解、最有发言权的想法。所以，如果员工被排除于他们有关的决策之外，就会产生工作控制力下降的感受，当然产生压力就不足为奇了。

6. 企业文化

企业文化和压力也是密切相关的，组织的心理气氛会让员工产生心理压力。当组织处于一个疏远、不友好甚至敌对的氛围中时，员工就会感觉紧张，相互之间不信任、不愿意相互支持，缺少解决问题的协作精神。这时，管理者的领导风格经常起着决定性作用，一位独断专行、不听员工意见的领导就会营造出这样一种紧张的组织心理氛围，从而导致员工的紧张和压力。

（三）个人压力源

个人压力源是指跟员工个人的生活、个性紧密联系的压力来源。主要包括生活因素和个性因素两方面。

1. 生活因素

第一，重要人员的影响。包括员工家庭成员、师长、邻里或是亲朋好友的期望和态度。

第二，个人生活经历的重大变化。包括结婚、离婚、家庭成员的伤残死亡等可能的重大生活事件。美国著名精神病学家赫姆斯（Helmes）根据对 500 多人的社会调查，列出了 43 种生活危机事件，这些危机事件主要有：配偶死亡、离婚、拘禁、家庭成员死亡、生病等（见表 10－1）。除了这些重大的事件外，日常生活中的困扰、持久的麻烦也能成为压力源。

表 10－1　　不同生活事件引起的压力数值表（西方人的数据）

生活事件	平均值	生活事件	平均值
配偶死亡	100	离婚	73
夫妻分居	65	拘禁	63
家庭近亲死亡	63	个人受伤或患病	53
结婚	50	解雇	47

生活事件	平均值	生活事件	平均值
夫妻重新和好	45	退休	45
家庭成员健康变化	44	妊娠	40
性生活问题	39	家庭出现新成员	39
调换工作岗位	39	财务状况变化	38
亲密朋友死亡	37	工作变动	36
夫妻吵架	35	中量借贷	31
抵押或贷款取消	30	工作职责变化	29
儿女离家	29	婚姻纠纷	29
个人的突出成就	28	妻子就业或停止工作	26
上学或毕业	26	生活条件变化	25
个人习惯的变化	24	与上级发生纠纷	23
工作时间或条件变化	20	住宅的变化	20
学校的变化	20	文娱活动的变化	19
宗教活动的变化	19	社会活动的变化	18
小量借贷	17	睡眠习惯的变化	15
家庭收入改变	15	饮食习惯的变化	15
假期	13	过圣诞节	12
轻微的违法犯罪	11		

第三，生活方式的变化。主要体现为现代生活的快节奏，会使人们产生不适应感，对生活质量的高期望值与实际之间的差异造成的失望感和压力。

第四，经济收入。一方面，收入低会有生活入不敷出的压力。另一方面，收入高可能有请客、救助、甚至道德等方面的压力。尤其是在收入上进行纵向比较和横向比较后，心理上的不平衡感会加重，进而影响到员工的工作行为和工作效率。

2. 个性因素

第一，过于追求完美。追求完美的人把每件事的标准都定得很高，本来在短时间内可以完成的工作，自己往往为求完美花几倍的时间去完成，从而给自己造成压力。

第二，缺乏自信。工作中遇到挫折、困难是平常的，而有些员工面对困难却不敢去尝试解决、优柔寡断，明显表现出自信心不足，这也会带来一定的压力感。

第三，过高的期望。如果员工对自己的期望过高，过分驱使自己，对自己的表现永远不满意，压力感自然也不可避免。

第四，个性特质。面对同样的压力源，不同性格特质的人反应是不一样的，其中 A 型人格比 B 型人格在工作中更容易产生压力感。

阅读资料

A 型人格与 B 型人格

A 型人格是由美国著名心脏病学家弗里德曼（M. Friedman）和罗森曼（R. H. Roseman）于 20 世纪 50 年代提出的概念。他们研究发现，具有 A 型人格个体的特点是：精力旺盛、做事迅速、经常给人以攻击性、竞争性和野心勃勃的印象。与 A 型人格相对的是 B 型人格，这种人格类型个体的突出特征是从容、随和，不太有时间紧迫感，很少表现出敌意和攻击性行为。大量的研究表明，与 B 型人格的个体相比，具有 A 型人格的人无论是在工作中还是在其他情境中都容易产生压力感。而且，A 型人格的个体更容易患心脏病，研究者推测这可能与他们的过度紧张、敌意和易怒有关。

资料来源：刘玉梅. 管理心理学理论与实践 [M]. 上海：复旦大学出版社，2009：219。

五、工作压力的诊断

组织为了加强对工作压力的管理，必然要先掌握组织压力状况的数据，对工作压力采取定性和定量、自陈和他评相结合的方法进行科学系统的分析，可以采取一些专业测量工具，也可以在借鉴这些专业工具的基础上设计相应的工作压力调查表，以此作为组织特定的压力测量工具。

心理测试

工作压力诊断性测量量表

指导语： 如果以下各项所描述的状况从来不是您的工作压力来源，计 1 分；很少是您的工作压力来源，计 2 分；偶尔是您的工作压力来源，计 3 分；有时是您的工作压力来源，计 4 分；经常是您的工作压力来源，计 5 分；通常是您的工作压力来源，计 6 分；总是您的工作压力来源，计 7 分。

1. 我的工作任务和工作目标不明确。
2. 我的工作任务或目标有时显得没有多大意义。
3. 我的工作任务繁重，有时不得不在晚上或周末加班。
4. 上级对我的工作质量提出了过高的要求。
5. 我缺乏合适的晋升机会。

6. 我对其他员工的发展负有责任。

7. 我不清楚该向谁汇报工作，也不清楚谁该向我汇报工作。

8. 我被夹在上司和下属之间左右为难。

9. 我常因为一些无关紧要的会议影响了正常工作。

10. 给我分派的任务太复杂或太难了。

11. 我在本组织得到提升的可能性很小。

12. 我有很大的责任给下级提供指导和帮助。

13. 我缺乏行使职责的权威。

14. 组织中的正式指令系统不够完善，比较混乱。

15. 我同时负责许多工作任务和项目，几乎管不过来。

16. 我的工作任务复杂性程度好像越来越多了。

17. 我的同事目标很难在组织中实现。

18. 我的行动或决定会影响到其他人的安全和工作。

19. 我不太清楚组织对我的期望。

20. 我在工作中做的事会被某个人认可，而其他的人并不认可。

21. 我的工作任务十分繁重，时间紧迫。

22. 组织对我的期望超过我的能力与技能范围。

23. 在工作中我学不到新知识和技能。

24. 我在组织中的职责更多的是与人有关而非与事有关。

25. 我不太了解我的工作与组织目标之间的关系。

26. 我从两个或多个人那儿接到相互冲突的工作要求。

27. 我感到我的休息时间很少。

28. 我缺乏足够的培训和经验去更好地完成我的工作。

29. 我感到我的事业处于停顿状态。

30. 我对他人的未来发展负有责任。

说明： 工作压力诊断性量表（stress diagnostic survey）是由六个子量表构成，分别从角色模糊、角色冲突、数量上的工作负荷、质量上的工作负荷、职业生涯发展和对他人的责任六个维度对工作压力进行测量。量表中的每个项目都与某一特定的工作压力源相联系。

1～6 项分别对应角色模糊、角色冲突、数量上的工作负荷、质量上的工作负荷、职业生涯发展和对他人的责任，以后的项目类别也按照这一顺序循环。每个子量表相加的总得分，可以为判断工作压力的高低提供信息。一般而言，如果某一子量表总分低于 10 分，表示压力水平较低；总分介于 10～24 分，表示中等水平的工作压力；而总分大于 25 分，表示高工作压力水平。

六、工作压力的管理

在工作压力问题的处理上，必须坚持适度调适的原则，即以科学的方法对员工遇到的压力进行针对性的调节，使其在心理上总能保持与外部环境的良性适应。组织的领导者和人力资源管理者应充分关心、关注，调查分析员工体会到的压力源及其类型，从组织层面上拟定并实施各种减压计划，有效管理、减轻员工的压力。

（一）个体的压力管理

个体的压力管理是指个体从自身的角度出发，去寻求有效的管理压力和降低其负面影响的一系列方法。

1. 消除工作压力源

消除工作压力源，即通过调离工作岗位（即永久离开压力源）或暂时离开工作岗位的做法来消除工作压力的来源。暂时离开工作岗位，是通过休假等方式暂时从压力源中解脱出来。

2. 合理管理时间

员工应合理安排自己的事情，努力使自己有效地工作，愉快地生活。要实现这个目标，个体要具备有效时间管理的知识、技能和能力。时间管理可以帮助员工最有效率地利用时间，将超负荷的工作压力最小化，安排好工作和业余生活，从而缓解工作压力。

阅读资料

时间管理的四象限法则

人们通常把要做的事情按照紧急、不紧急、重要、不重要的排列组合分成四个象限，这四个象限的划分有利于我们对时间进行深刻的认识及有效的管理。时间管理理论的一个重要观念是应有重点地把主要的精力和时间集中放在处理那些重要但不紧急的工作上，这样可以做到未雨绸缪，防患于未然。

第一象限。这个象限包含的是一些紧急而重要的事情，这类事情具有时间的紧迫性和影响的重要性，无法回避也不能拖延，必须首先处理优先解决。它多表现为重大项目的谈判，重要的会议工作等。

第二象限。这个象限的事件不具有时间上的紧迫性，但是，它具有重大的影响，对于个人或者企业的存在和发展以及周围环境的建立维护，都具有重大的意义。

第三象限。这个象限包含的事件是那些紧急但不重要的事情，因此这一象限的事件具有很大的欺骗性，很多人认识上有误区，认为紧急的事情都显得重要，实际上，像无谓的电话、附和别人期望的事等都不重要。这些不重要的事件往往因为它紧急，就会占据人们很多宝贵时间。

第四象限。这个象限的事件大多是些琐碎的杂事，没有时间的紧迫性，没有任何的重要性，这种事件与时间的结合纯粹是在浪费生命。发呆、上网、闲聊等，这是终日无所事事的人的生活方式。

第一象限是紧急而重要的事情，每个人都能判断出哪些事情是紧急而重要的事情，并把它优先解决；第四象限是既不紧急，又不重要的事情，处理的方法是，尽量别去做，可以当作适当的调剂，但一定不能沉溺于这个象限；第二象限是重要但不紧急的事情，会有充足的时间去准备，因此，可以提前做好计划，尽可能把时间花在这一象限上；第三象限是紧急但不重要的事情，处理的方法是，可以授权让别人去做，这一象限对人们的欺骗性是最大的，它很紧急容易造成它很重要的假象，耗费了人们大量的时间。

在人们的日常工作中，很多时候往往有机会去很好地计划和完成一件事，但常常却又没有及时去做，随着时间的推移，造成工作质量的下降。因此，应该把主要的精力有重点地放在重要但不紧急这个"象限"的事务上是必要的，需要很好地安排时间。

3. 调整认知方式

在组织情境中，员工和管理者应客观地评价自己，敢于面对现实，调整自己的工作期望，改变自己的思维方式，在尊重事实的基础上，变压力为动力，不断进取。杰克·韦尔奇在美国通用电气集团工作的初期，曾因不堪忍受公司中存在的严重官僚作风而一度产生了辞职的念头，但他以非凡的魅力，顶着巨大的工作压力，勤奋学习，最终赢得了同事们的认可，带领通用电气全体员工创造了一个又一个奇迹。

4. 生理调节

生理调节的原则主要是通过控制一些生理变化来应对压力。如通过散步、慢跑、游泳等体育锻炼来减轻压力带来的生理反应，加强个体心脏功能、降低心率，从而提高对工作中面临巨大职业压力的适应性。

此外，要保证充足的睡眠。人遇到压力时常常会辗转反侧，难以入眠，睡眠质量降低，生活质量、工作效率自然不高。因此，充足的睡眠有助于个体恢复精力，也是缓解压力的良方。

5. 寻求社会支持

良好的社会支持有利于身心健康，对处于压力状态下的个体能提供保护，一方面会对过度压力起缓解作用，另一方面对维持一般的良好情绪体验具有重要意义。社会支持的内容有：一是信任支持。就是那些关于个体被信任和接受的信息支持，即无论遇到什么困难，无论其个人特质如何，个体的价值经验总会得到承认，这种信任将会提高个体的自信心。二是信息支持。即有利于对问题事件进行说明、理解和应对的支持。三是情感支持。即能够与他人共度时光，从事消遣或娱乐活动，以满足个体与他人接触的需要，转移对压力问题的忧虑。四是工具性支持。即通过直接提供解决问题的工具，或者提供个体得以放松或娱乐的时间来帮助员工减轻压力反应。

（二）组织的压力管理

由于工作压力的产生是个体与组织相互作用的结果。因此，在组织情境中，压力的应对与管理仅依靠个体的努力是远远不够的，有时还需要组织采取一些必要的措施和方法来弥补个体应对的不足，以此使得个体和组织两个层面的策略相互作用，最终实现成功管理压力的目标。

1. 实施工作再设计

工作再设计，是指为了有效地达到组织的目标，合理有效地处理人与工作岗位的关系，采取能满足工作者需要的工作内容和工作关系。好的工作设计通过工作丰富化、更大的工作自主性以及使工作内容具有一定挑战性和刺激性来提高员工的工作兴趣和满意度，从而有助于减轻员工的压力感。

工作丰富化，是通过工作内容和责任层次的基本改变，使员工在计划、组织、指挥、协调、控制等方面承担更多责任的工作再设计形式。工作丰富化是工作的纵向扩展，它不仅给员工分派了更多的工作任务，还为员工提供了获得更多赏识、进步、成长和职责的机会。工作丰富化这种压力应对的方法，主要包括工作轮换和工作扩大化。

改进工作自主性，可以提高员工对工作的认真负责精神，增强其主人翁意识，减少由于缺乏控制所造成的工作压力。常见的做法有：弹性工作制、适当分权授权等。

日本企业在对员工工作再设计方面做的比较突出，根据实际工作需要，有计划地组织员工实行岗位轮换、管理者现场培训和专题讨论，很好地促进了技能的传播，不但减少单调重复性工作的不良效应，而且使员工具有多种技能，提高了企业的竞争力。

2. 改善工作环境

工作环境是导致员工产生压力的另一个重要根源。组织一方面应致力于消除恶劣的工作条件，创造有利于减轻员工疲劳的工作环境，如适宜的温度，适当的照明以及适合的办公环境等。另一方面，应充分认识到员工有压力、有不满是十分正常的现象，因此有责任帮助他们调节情绪。微软公司在每层办公区都设有一个咖啡厅，备有简单的糕点和咖啡。对于员工的合理化建议，公司高层都会予以考虑。

3. 构建稳定的心理契约

心理契约是组织和员工相互之间不成文的各种内隐期望的总和，它是联系组织和员工之间的心理纽带，也是影响员工行为和态度的重要因素。实际上，员工从一开始进入组织，就对组织产生了种种预期，当这种预期强烈到使组织和员工都认为是无须明说的承诺或义务时，就形成了心理契约。心理契约建立的本身会造成双方的一种"承诺"的良性压力，但如果双方建立起来的心理契约不够稳定，会出现"失望"的情绪，并使员工对未来产生不确定感，从而感受到压力。

心理契约的不稳定表现在"组织的责任"和"员工的责任"两个方面。组织的责任包括丰富化的工作内容、良好的福利待遇、成长的机会、公平的晋升、先进的设备、丰富的资源、支持性工作环境等内容。员工的责任包括忠诚、加班工作、自愿去做那些非规定的工作、保守组织的秘密信息等内容。组织如果不能履行心理契约所"规定"的组织一方的责任，或者这些内容在员工看来还是不确定的，那么很容易使员工产生期望无法实现的压力感。同样，如果员工感觉组织对自己的期望过高，员工责任方面的内容无法实现，那么员工也会产生压力。员工感知到的组织责任的过低和个体责任的过高都是不稳定心理契约的表现。因此，组织应当注意构建稳定的心理契约，减少因为"违约"给员工带来的压力。

4. 进行员工职业生涯规划和培训

组织应当承担起辅导和支持员工进行职业生涯规划的责任，将员工的发展纳入组织总的发展目标之中，从而实现双赢的目的。许多知名企业在这方面已经形成了一些成熟的做法。为员工提供职业生涯规划、咨询和培训等服务，不仅能够缓解员工过重的压力，而且又能提高组织绩效。同时，组织也应为员工提供各个方面的培训和咨询，包括专业的咨询和培训、解决问题技能的培训等。另外，组织还可以给员工提供压力管理培训，帮助员工了解、识别压力的来源，使员工对压力产生的严重影响有充分的认识，掌握压力应对与管理的策略和方法等，以此减少员工的焦虑，起到减压的作用。

5. 加强组织内外部沟通

加强组织内、外的沟通，有助于减轻员工的角色模糊和角色冲突，从而大大降低员工对工作的不确定感。坦诚的沟通，能够增强管理者与员工间的信任与理解，管理者通过了解员工对工作的真实想法以及心中存在的困惑，找到问题的症结所在，帮助员工解决困难，减少工作压力，进而提高工作效率。国外有的企业采用一种叫作"部落会议"的形式来加强企业员工间的沟通和交流，创设一种和谐向上的组织文化。每位员工都有平等的发言权和平等的地位，会上鼓励每个人发言，有人发言时，其他人要坐下认真听。这种会议形式使员工有了更多的主人翁意识，减少了交流的障碍。

6. 建立压力咨询机构

压力咨询机制是在一定的人员、组织制度以及权力的支持下，通过咨询的方法降低和消除员工压力的一整套方法和措施。咨询可以给处于压力之下并因承受压力而患病的员工提供忠告和安慰，以减轻其精神紧张，帮助其理清思路、疏通关系，进而重新定位。解决员工压力和心理问题的最有效、最全面的方法是员工帮助计划。这也是组织进行压力管理的重要手段。

员工帮助计划是帮助组织成员克服压力和心理方面的困难，由组织为其成员设置的一项系统的、长期的援助和福利计划。它通过专业人员为组织、员工及其家属提供的诊断、评估、专业指导、培训和咨询，旨在帮助组织解决员工及其家庭成员的各种心理和行为问题，目的是提高员工满意度，从而提高员工在企业中的工作绩效，改善企业的组织气氛与管理效能。

阅读资料

朗讯公司员工减压术

朗讯在对本公司的员工进行调查后发现，以下三点是员工的主要压力源：第一，变革时期的方向不明确性；第二，工作的不确定性；第三，员工自己没有磨炼出让企业充分认可的、不可替代的能力，员工一离开公司就不知道怎么活下去。

朗讯公司的做法是：第一，与澳大利亚一家公司合作，建立 EAP 项目，帮助员工及其家属；第二，公司创造了一个减压的环境，老板要定时与员工沟通，说明未来的方向、每个人的具体任务等；第三，建立信息共享平台，在公司网站上发布有关变革的各种即时动态；第四，进行"七个习惯"的培训课程。经过培训，员工由被动变主动，关注公司的发展，积极参与公司决策。

资料来源：靳娟. 工作压力管理［M］. 北京：人民邮电出版社，2007：104。

＞ 第二节　心理健康

健康的心理品质是企业员工的基本要求，是员工在工作岗位上发挥智能的重要条件。近年来，随着社会发展速度加快，人们对健康的理解也发生了很大的变化，人们在重视生理健康的同时，对心理健康的关切程度也与日俱增。在企业中，员工的心理健康问题成为企业管理中的一个热点。

一、心理健康的含义

对于心理健康的概念，国内外学者有着不同的理解和界定。社会学家认为，心理健康就是合乎某一水准的社会行为，一方面为社会所接受，另一方面能为自身带来快乐。心理学家认为，心理健康是在知、情、意、行方面的健康状态，主要包括发育正常的智力、稳定而快乐的情绪、高尚的情感、坚强的意志，良好的性格及和谐的人际关系等。1946 年，第三届国际心理卫生大会将心理健康解释为身体、智能以及情感上能保持同他人的心理不相矛盾，并将个人心境发展成为最佳的状态。

目前，关于什么是心理健康还没有一个统一的界定，我们认为，在有关健康的诸因素中，除了生理因素外，其他因素都应该是心理健康的范畴。因此，所谓心理健康，从广义上讲，是一种持续高效而满意的心理状态；从狭义上讲，是人的心理即知、情、意、行的内在关系协调，心理的内容与客观世界保持统一，人格完善协调，社会适应良好。总之，心理健康是一种持续的、积极的心理状态，个体在这种状态下，能够与环境有良好的适应，生命具有活力，能充分发挥身心潜能。

人的心理健康水平大体上可分为三个等级：一是一般常态心理，表现为心情愉快，适应能力强，善于与人相处，能较好地完成与同龄人发展水平相适应的活动，具有调节情绪的能力；二是轻度失调心理，表现出不具有同龄人所应有的稳定情绪，与他人相处略感困难，生活自理能力较差，经主动调节或通过专业人员帮助后可恢复常态；三是严重病态心理，表现为严重的适应失调，不能维持正常的生活和工作，如不及时治疗可能恶化成为精神疾病。

二、心理健康的标准

尽管国内外学者对心理健康的概念界定不统一，但对心理健康标准的复杂性比较认同，认为心理健康既有文化差异，也有个体差异。世界卫生组织提出的心理健康标准有三个方面：一是，具有健康心理的人，人格是完善的，自我感觉是良好的，情绪是稳定的，且积极情绪多于消极情绪，有较好的自控能力，能保持心理平衡，自尊、自爱、自信，而且有自知之明；二是，一个人在自己所处的环境中，有充分的安全感，且能保持正常的人际关系，能受到别人的欢迎和信任；三是，对未来有明确的生活目标，有理想和事业上的追求，并能脚踏实地，不断进取。

美国心理学家马斯洛（1951）提出了心理健康的十条标准：一是，是否有充分的安全感；二是，是否对自己有较充分的了解，并能恰当地评价自己的能力；三是，自己的生活和理想是否切合实际；四是，能否与周围环境保持良好的接触；五是，能否保持自身人格的完整与和谐；六是，是否具备从经验中学习的能力；七是，能否保持适当和良好的人际关系；八是，能否适度地表达与控制自己的情绪；九是，能否在集体允许的前提下，有限度地发挥自己的个性；十是，能否在社会规范的范围内，适度地满足个人的基本需求。

我国学者也给出了心理健康的标准。王效道（1990）提出，正常心理应具备下列八项标准：一是，智力水平在正常范围以内，并能正确反映事物；二是，心理行为特点与生理年龄基本相符；三是，情绪稳定，积极与情境适应；四是，心理与行为协调一致；五是，社会适应，主要是人际关系的心理适应协调；六是，行为反应适度，不过敏，不迟钝，与刺激情景相适应；七是，不背离社会规范，在一定程度上能实现个人动机，并结合生理要求得到满足；八是，自我要求与自我实际基本相符。郑日昌（1996）认为，心理健康包括正视现实、了解自己、善与人处、情绪乐观、自尊自制、乐于工作等六个方面。

综合以上观点，心理健康的标准主要包括以下六个方面：

第一，智力正常。智力正常是人正常生活最基本的心理条件，是心理健康的首要标准。智力是人的观察力、记忆力、思维力、注意力、想象力等能力的综合。智力正常的人能够使自己的智慧和能力从工作和学习中体现出来，对周围环境和现实中的各种问题、困难和矛盾都能正确地加以认识和处理。

第二，乐于学习和工作。健康的心理是人们在活动中形成和发展的，也只有在活动中才能体现出来。心理健康的人乐意主动学习、工作和生活，在工作和学习中能充分发挥自己的智慧和才能，并为取得成功而满足和喜悦。所以，心理健康的人并不把学习和工作看作是负担，能积极有效地去完成各种学习和工作任务，并在工作中与他人合作愉快。

第三，情绪稳定，心态良好。情绪对人的身心健康影响很大，因此，良好的情绪状态是心理健康的重要标志之一。心理健康的人能经常保持愉快、乐观、自信和满足的心情，热爱生活，积极向上，对未来充满希望。善于调节控制情绪，使之与环境保持平衡。当遇到不幸而不快和痛苦时，能自行调节，很快适应，不会长期陷入悲观绝望之中不能自拔。

第四，人际关系和谐。每个人都生活在社会中，对人际关系适应是生活所必需的。良好的人际关系既是心理健康的必要条件，又是获得心理健康的重要途径。心理健康的人乐于与人交往，能与多数人建立良好的人际关系，在人际交往中，诚实、公正，具有充分的安全感和较强的社会适应能力。

第五，具有正常的行为和协调的个性。心理健康的人意识清醒，能调节支配自己的行动，其行为是自觉的，有目的性的。此外，其心理活动和行为方式处于和谐统一中，即具有健全的人格。

第六，心理行为符合年龄特征。人的心理和行为会随着年龄的增长不断发展变化。不同年龄阶段的人具有对应的心理及行为表现。心理健康的人应该具有与同年龄多数人相符合的心理和行为特征，如果严重偏离自己的年龄特征，则是心理不健康的表现。

三、职业心理健康

职业心理健康是个人在特定的职业活动中表现出来的生命活力、积极的内心体验和良好的职业适应力，在工作中能有效地发挥个人的身心潜力，以及作为特定职业中一员发挥积极的社会功能。员工常见的职业心理问题主要有工作压力、职业倦怠、职场抑郁、工作—家庭冲突、人际关系不和谐、工作场所暴力。

（一）工作压力

工作压力是个体在工作环境影响下所产生的一系列心理和生理反应的综合状态，是在工作环境中，使工作行为受到逼迫与威胁的压力源长期持续地作用于个体，在个体的主体特征及应对行为的影响下所产生的生理、心理和行为上的某种异常体验、感觉和反应。

适度的工作压力促使人体内产生一系列积极的生理变化，有利于机体用较多的能量来应付当前的问题，使个体能迅速做出适应性反应，达到身心状态与外部压力情景之间的良性适应。如果工作压力过大，不仅会严重影响员工身心健康，还会给组织造成巨大损失，如事故频发、士气低落、效率下降，等等。根据世界卫生组织的调查显示，工作压力是人们过早死亡的直接杀手，吸毒、酗酒，甚至自杀成为一部分人应对工作压力的方式，工作压力已成为各国工作场所中一种普遍存在的现象。

（二）职业倦怠

职业倦怠，又称为工作倦怠，是指在工作重压下的一种身心疲惫的状态，厌倦工作的感受，是一种身心能量被工作耗尽的感觉。职业倦怠很大程度上是因为压力过大导致的。首先，它体现在情绪的耗尽状态，这种情绪的耗尽让人渐渐没有心情上班，还可能让人一上班就感到身体不适。其次，它让人变得愤世嫉俗，否定、批评、打击跟工作有关的一切事情。最后，它还让人对自我评价降到极点，产生无能感。当最初的新鲜感和挑战刺激过去后，工作渐渐进入常态，每一个职场人或多或少都会出现一些职场倦怠心理，这是影响员工心理健康的另一个重要方面。

职业倦怠的诱因有多方面，当员工对自己的个人价值评价，与现实中取得的工作成绩不相符时，就会产生心理上的较大落差。同时，由于缺乏理性的个人职业发展规划，现属职位没有发挥出个人的专长与热情，也可能导致职业倦怠的出现。另外，一些员工为了获得金钱与名利，或者为取得成就而透支身体健康等，都会引发不同程度的职业倦怠心理。

（三）职场抑郁

抑郁倾向是国内职场中十分常见也是最为严重的职业心理健康问题。有抑郁倾向的员工，其身体、情感、思维和行为都会受到影响。同正常人相比，有抑郁倾向的人明显有情绪低落、记忆力衰退、注意力障碍、人际交往减少、工作兴趣严重丧失的现象。这种抑郁倾向如果长时间得不到调节和干预，极有可能发展为严重影响员工心理健康的心理疾病——抑郁症。世界卫生组织将职场抑郁症与癌症并列为未来职场最需要预防，也最盛行的疾病之一。

导致抑郁倾向的原因比较复杂，可能有遗传的因素、社会文化环境因素、个性因素、工作压力等等。此外，生活或工作中发生较大变故，如失业、失去亲人等也可能造成抑郁倾向。

阅读资料

抑郁症就在我们身边

中国心理协会 2014 年公布了中国职场抑郁症调查数据，工作场所中的抑郁症患病率高达 2.2% ~ 4.8%，也就是说在 50 个人的团队中就有一到两名抑郁症患者，显然上班族已成为抑郁症的高发人群。绝大多数职场人对抑郁症的认识还停留在情绪层面，认为只是情绪出了问题而非疾病，更不会去积极治疗。在已知患抑郁症的人中，有 80% 的患者选择隐瞒病情，害怕就此失去工作。但在欧洲，因为怕丢饭碗而隐瞒病情的人只有 30%，还有 50% 的欧洲患者认为病情属于隐私，没有必要告诉别人。

抑郁症对人的影响主要包括三个层面：情感层面的症状包括悲伤、焦虑、兴趣缺少、有自杀想法、无望、自责等；认知层面的影响有注意力集中困难、短期或长期记忆缺损、犹豫不决、计划和组织能力下降、精神迟滞、思维迟缓、判断力下降等；躯体方面的影响包括疲劳、食欲改变、失眠、头痛、肠胃不适、胸痛等。抑郁症发作期间，会有超过一半的患者注意力集中困难，37% 的患者出现健忘，36% 的人表现出犹豫不决。"人们很少觉得犹豫不决是一种病，更不会刻意去治疗，实际上'犹豫不决'者很可能已经罹患了抑郁症。"犹豫不决、注意力集中困难等认知层面的困难还会对患者的工作造成负面影响，抑郁症患者需要花更长的时间才能完成工作，并且比平时更容易出错。

资料来源：http://health. sina. com. cn/news/2014 - 08 - 18/1009146976. shtml。

（四）工作—家庭冲突

工作—家庭冲突是角色间的冲突，是由于面对工作与家庭两种角色要求，在某些方面彼此互不相容时，所产生的角色压力。随着双薪家庭从业人员日渐增多，工作中发生的事件不可避免地会影响到家庭，反之亦然。要同时兼顾工作与家庭的双重角色将为个人带来较大的压力，这是许多人都会经历到的一种压力感受，尤其是女性，而男性也比以往较多地卷入了家庭角色。

西方学者研究发现，工作—家庭冲突与个人的工作态度（如工作满意）、心理健康（如抑郁）、工作效率低下、缺勤和离职及身体健康（如生理症状）都有紧密联系。其中。工作—家庭冲突与较低的工作满意度或不满意感正相关，与离职意向和员工缺勤率正相关，与心理压力和应激正相关。

（五）人际冲突

人际关系是指人与人之间心理上的关系和心理上的距离。和谐的人际关系会带来愉快的情绪，让人产生安全感、舒适感和满足感，减少孤独感、恐惧感和心理上的痛苦，并能宣泄不快情绪，从而减少心理压力。相反，人际关系紧张会造成抑郁、烦躁、焦虑、孤独、憎恨及愤怒等不愉快的情绪，强烈而持久的不良情绪反应会导致自主神经功能失调、内分泌功能紊乱、免疫功能降低，不利于身心健康。

人际关系问题在组织中主要表现为人际冲突，人际冲突几乎存在于人与人之间的所有关系之中，职场中的人际冲突主要表现为员工间的冲突和上下级之间的冲突，员工之间的冲突会造成员工互不信任，相互猜疑，相互对抗，不愿协作；上下级之间的冲突不仅会给员工带来很大的心理负担，也会给管理者造成一定的心理困扰，导致企业效率低下，凝聚力下降。

（六）工作场所暴力

工作场所暴力是指发生在工作场所的各种身体攻击、威胁行为或口头谩骂。不局限于殴打、自杀、枪杀、强奸、自杀未遂、心理伤害（如威胁、猥亵电话、性骚扰、被跟踪、被诅骂或大声呵斥）。工作场所暴力不一定在工作环境中发生，也可能发生在工作地点以外，员工因工作相关的原因受到的暴力侵害也包括在内。现在工作场所暴力已经被公认为是一种职业危害，在美国、英国已成为公众和政策制定者关注的焦点。职场暴力除了导致肉体伤害以外，还可能使员工士气降低、工作压力增加、对组织和同事的信任度下降、形成不友好的工作环境等。

暴力产生的原因一般包括个人因素（如人格、情绪、物质依赖、经济和家庭、人际关系等）、组织因素（如不公正、雇用、工作负担、沟通、晋升、企业文化、管理风格等）和社会因素（如劳动力多元化、失业、经济形势、毒品和药物泛滥、家庭分裂等）。

暴力预防包括组织预防和个体预防。组织预防主要通过营造符合伦理的、公正的企业文化氛围，制定安全政策，进行安全环境设计、开展安全培训和员工背景调查等方式来进行；个体预防主要通过员工心理治疗、放松训练、建立良好的人际关系等方式来调节。

四、职业心理健康管理

（一）重视员工的心理健康

关心员工的身心健康，就是关心企业的健康成长和持续发展。因为，在损害员工身心健康、导致员工身心疾病的职业因素中，有企业制度不合理、不科学给员工带来的影响；有企业运营机制、管理机制不顺对员工的困扰；有劳资关系对立、上下级关系紧张和人际关系疏离对员工的打击；有报酬不公对员工的伤害等，这些因素既是损害员工身心健康的职业压力，也是阻碍企业健康成长和持续发展的强大阻力。

员工出现心理问题时，企业应如何加强员工心理健康管理。首先要充分认识到员工心理健康问题对企业的影响，把员工的心理和个人问题当成是企业本身的问题，看成是企业管理的必要组成部分。其次企业应树立人本管理思想，转变管理方式，加强企业环境建设。通过改善工作硬环境（如改善工作条件）和软环境（如组织结构改革、团队建设、领导力培训、员工职业生涯规划等），努力改善员工的工作环境和工作条件，给员工提供一个健康、舒适、团结、向上的工作环境，丰富员工的工作内容，指明员工的发展方向，消除外部环境因素对员工职业心理健康的不良影响。

（二）加强心理健康的宣传和培训

企业利用海报、健康知识讲座等多种形式加强职业心理健康宣传和培训，增强员工对心理问题的关注度，知道什么时候需要心理帮助，通过哪些途径可以获得帮助等。通过心理健康的培训使管理人员和员工了解心理问题的表现形式，掌握心理管理的技术和方法，在出现心理问题时，能够科学、及时地进行缓解和疏导。

（三）提供专业的心理咨询服务

企业应定期进行员工心理健康评估，尤其是在企业发生重大变动，例如人事制度改革、薪酬体系调整时，准确掌握员工的心理动态。通过问卷、访谈、座谈会等方式进行员工心理健康状况调查，了解员工的压力、人际关系、工作满意度等，聘请专业心理咨询师为企业员工提供心理咨询服务，以帮助员工能够对各种压力源形成系统的认知并掌握解决心理问题的方法。

（四）加强员工自我心理调适

每个人在不同阶段、不同层面、在遇到不同的问题时都或多或少或轻或重出现心理问题，只是人们有时候没有意识到或不愿承认而已。因此，要正确认识和面对心理问题的产生，加强对自身心理问题的调适。第一，对工作压力应有一个正确的认识。一个人对工作期望不能过高，虽然谁都会有需求与欲望，但这要与本人的能力及社会条件相符合。要做到知足常乐，要学会接受现实，正视现实，承认差别，提高战胜挫折的心理承受能力和把握自己命运和行为的能力。第二，正确对待失败与挫折。挫折、失败、逆境总是会给人带来不愉快的情绪体验，长期紧张情绪状态，有损身心健康。因此，受挫后尽量用另一种可能成功的目标来补偿代替，充分表现自己的能力，以获得集体、他人对自己的承认，获得心理上的快慰感。

▷ 第三节　员工帮助计划

一、员工帮助计划的含义

(一) 员工帮助计划的概念

员工帮助计划 (employee assistance program, EAP) 最早源于20世纪40年代的美国，是企业为解决企业员工因酗酒而引发的心理问题，制定了旨在帮助员工戒酒的计划 (occupational alcoholism program, OAP), OAP 是 EAP 的最早的形式。20世纪60～70年代员工酗酒、吸毒和药物滥用等问题更加严重，家庭暴力、精神抑郁越来越影响员工的情绪、行为和工作表现。于是，企业开始聘请专家帮助员工解决这些问题，EAP 开始在企业中出现。目前，EAP 已发展成为和员工发展计划等结合在一起的综合性服务项目，其内容涉及压力管理、裁员危机、职业生涯发展、员工心理健康等方面。

EAP 有别于一般的福利措施，是一种组织机制，它是组织为员工设计实施的一套系统的、长期的福利与支持项目。它通过专业人员为组织、员工及其家属提供的诊断、评估、专业指导、培训和咨询，旨在帮助解决员工及其家庭成员的各种心理和行为问题，目的是提高员工满意度，从而提高员工在企业中的工作绩效，改善企业的组织气氛与管理效能。

为了更好地理解这个概念，这里要澄清几个问题：一是，成功的 EAP 应清晰聚焦于员工及雇主的工作场所需求。EAP 关注的是影响到组织绩效、员工业绩的员工心理及行为问题。二是，EAP 服务始终是自愿的，即使员工是在管理层的强烈推荐下前来，也有权说不。三是，EAP 是中立的问题解决者，不是雇主的代言人，因此，EAP 工作者应时刻保持客观、中立。四是，EAP 可同时服务于多重客户，如员工、经理、雇主等。五是，EAP 应坚持保密原则。六是，EAP 即向个人 (员工、管理者) 也向组织提供服务。

(二) 员工帮助计划的核心技术

员工帮助计划的核心技术主要包括以下内容：①为组织的领导层提供咨询、培训和辅助，帮助他们管理问题员工、改善工作环境和提升员工的工作表现，扩大员工及其家庭成员对 EAP 的了解。②为有个人问题 (可能会影响到工作表现的) 的员工来访者，提供保密和适时的问题鉴定、评估服务。③利用建设性对质、激励和短程干预，帮助员工来访者处理那些影响到他们工作表现的问题。④对转介员工来访者进行诊断、治疗和帮助，并进行个案监控和追踪服务。⑤为工作组织提供咨询服务，帮助他们与可以提供其他治疗和服务的组织建立和保持联系，帮助他们管理与服务提供者的合同。⑥为工作组织提供咨询，鼓励组织为员工提供健康福利，这些福利覆盖到医学问题和行为问题，包括酒精中毒、药物滥用、心理和情感障碍，但也不限于这些方面。⑦确认 EAP 服务对工作组织和个体工作表现的作用。

二、员工帮助计划的作用

员工帮助计划不仅能促进员工的心理健康，缓解就业压力，提高工作效率，更能降低管理成本及其费用，为企业带来巨大的经济效益和社会效益。

首先，EAP 能促进员工心理健康。EAP 的实施能提高员工的心理健康水平，使员工具备良好的心理状态。员工若不具备良好的心理状态，便会失去工作热情，工作效率、工作满意度、客户服务质量就会降低。EAP 通过帮助员工缓解工作压力、改善工作情绪、提高工作积极性、增强员工自信心、有效处理同事客户关系、迅速适应新的环境、克服不良嗜好等，使企业获得很大收益。

其次，EAP 可以提升企业文化。当前，企业间的竞争不仅是技术水平的竞争，更是企业文化之间的较量。企业内部的人际关系及组织气氛，管理者和员工之间的和谐关系，员工士气及对工作的满意度，企业的忠诚度等都是企业获胜的砝码。EAP 的实施不仅能降低离职率、提升员工士气、改善组织气氛，还能建立尊重员工、关心员工的企业文化，帮助企业更好地应对变革和危机，改善管理风格，提升组织凝聚力。这些正是现代企业文化建设渴望达到的目标。

再次，EAP 能降低管理成本。EAP 的发展首先是因为越来越多的企业认识到 EAP 可以帮助企业省钱。在早期，企业把那些由于心理问题而导致工作效率低下或者不胜任工作的员工解雇，后来发现，员工心理问题的产生，除了和员工个人的心理特征有关外，还和他所从事的工作本身以及整个社会和时代背景有密切关系，它不再仅仅是员工个人的事，也是企业需要关注的问题。另外，企业解雇老员工、聘用和培养新员工需要付出很高的成本和代价。因此，企业不再简单的因员工心理问题解雇员工，而是采取了措施，帮助员工预防和解决工作及生活中的心理问题。

最后，EAP 带来了高投资回报率。国外学者做了很多关于"EAP 成本—收益"的分析研究，发现 EAP 有很高的投资回报率。20 世纪 80 年代美国学者对 EAP 实施的效果进行的成本汇报分析显示，美国企业平均为 EAP 投入 1 美元，可为企业节省运营成本 5～16 美元；康奈尔大学的员工帮助计划研究项目发现，实施 EAP 能提高学校的留职率，减少病假率，节省管理经费；奎克（Quick）等对 EAP 的有效性研究表明，2008 年全美使用 EAP 服务的雇主中，大约有 60% 的企业避免了由员工生病请假给生产带来的损失，同时有 72% 的企业改进了工作效率降低的现状。在日本，政府每隔五年进行一次压力普查，一些企业设立了放松室、发泄室、茶室，来缓解员工的紧张情绪，帮助员工克服身心方面的疾病。

三、员工帮助计划的服务模式

员工帮助计划服务模式是指将服务对象所需要的服务通过有计划的步骤和程序传送到员工，使员工能够顺利接受到服务。它与服务的提供者有着密切的关系，大多数员工帮助计划主要的服务提供者是企业组织和由企业付费的外部服务提供者。选择何种模式主要根据企业的经营状况、规模大小以及目标等来确定。员工帮助计划在西方发展的数十年中，不仅服务的内容变得越来越宽泛，服务的模式也在不断变化。按其提供服务的主体来分，可以分为内部模式、外部模式、组合模式、联合模式。

（一）内部模式

这种模式是在企业内部设置一个员工帮助计划实施的专职部门，由有人力资源管理、心理咨询等专业背景的专职人员从事该服务。内部模式的 EAP 可以放在企业的 HR 部门、工会，也可以独立于所有部门，其帮助内容多以短期咨询为主。这种模式的优点是，EAP 人员对企业文化和存在的问题有着更深的理解和把握，拟订方案更富有针对性；能全面了解员工的状况，并提供及时的服务。缺点是专职人员因为身处同样的环境，在设计方案的过程中难免带有主观性；向同事直接提供帮助有可能因为觉察个人隐私受到威胁而影响服务的使用。此外，企业要耗费一定的人力资源、时间、精力来执行计划。内部模式一般适宜于比较大型的和成熟的企业。

（二）外部模式

外部模式又称为外包模式。这种模式是企业聘请外部专业的 EAP 机构向员工提供帮助，企业与专业的 EAP 公司签订合同，并有专人负责与 EAP 公司联系和协调。这种模式的优点是所有 EAP 服务都由专业人员完成，组织只需要支付一定的报酬就可以得到专业的服务，专业性强；另外，由于工作人员完全是组织之外的第三方，员工在接受服务的时候更能感到个人隐私的安全性、保密性好。缺点是工作人员可能对组织的了解不够，费用也相对较高。

（三）组合模式

这种模式是将内部与外部模式联合起来，部分职责由内部 EAP 人员完成，其他职责由签约外部 EAP 专业人士完成，外部随着内部变化而变化，外部人员起到顾问作用。这种模式的优点是既能保证工作人员的专业性、员工的信任度，同时也有组织内的联系人可以协助推进整体项目，并对质量进行监督，能够充分发挥企业内部和外部的联合优势。

（四）联合模式

是指若干组织联合成立一个专门为其员工提供援助的服务机构，该中心专门配置了专职人员。这种服务模式可以最大限度地节省经费，但是对于现在的中国企业来说很难实施。一方面是由于现在中国很多企业对于 EAP 的了解还不够深入和全面，甚至有的企业可以说是一无所知，所以有明确需求的组织比较少，很难形成规模。另外在人员配置、人员权限、薪酬福利待遇支付等方面，多个组织也有引发争端的可能。

不同的组织由于对 EAP 在本组织中的服务定位不同，因此上述四种模式在西方发达国家都有所发展。然而，对于我国来说由于有着不同于西方企业发展的历史背景和文化背景，根据中国的实际情况，EAP 发展要像美国那样从内部模式开始，我们缺少相应的基础，因此，利用外部模式向员工提供 EAP 服务应该成为我国企业发展 EAP 的首选模式。

员工帮助计划的外部模式是由一批专业 EAP 人员发起并发展的一个自由的、独立的资源，分别向不同的工作组织提供 EAP 服务。这种模式的主要工作内容是为每个客户组织设计、执行和维护适合于他们的 EAP 项目。在项目执行中所开展的具体工作包括对客户组织中的员工和主管进行 EAP 有关事宜的培训、宣传、短期的个体咨询，对员工的问题进行评估和诊断、转介、跟踪和反馈等。

四、员工帮助计划服务的内容

EAP 是一项为工作场所中个人、组织提供咨询服务的工作，它能够帮助管理者了解员工健康状况和职业发展关心的问题。EAP 被企业引进之后，在企业发展的各个阶段，员工面对的各种情境都有其用武之地。如新进员工的入职培训、管理者与员工之间的绩效沟通、企业内冲突的解决、员工压力管理以及组织变革中常见的裁员问题的应对等都需要 EAP 的协助。

（一）裁员心理服务

当今动荡的国际金融环境，迫使企业必须随之调整组织结构、调整人员配备和规模，裁减员工是企业在发展过程中不可避免的问题，这个问题如果处理不当不仅会伤害被裁员工，也会影响留任员工的积极性。因此，对裁员问题的服务，EAP 应在管理者、被裁员工与留任者之中展开。

针对管理者，主要是帮助其处理好裁员沟通和员工安抚以及自身的压力问题，在向员工传达公司决定时，有些管理者生硬地发出"裁人"通知，有些管理者则迟迟不直接面对下属，这些都是不明智的做法。管理者既要秉承公平原则，又要兼顾到人情与关爱。应充分肯定被裁员工工作成绩及对公司的贡献，言语表达要清楚、准确，言简意赅，积极为被裁者提供劳动力市场信息，提供心理支持等。

针对留任员工，主要是帮助他们度过裁员危机。裁员后的幸存者需要继续为公司未来奋斗，他们想知道自己的职位是否有变化，任务、目标是否有变化，因此应当与他们进行广泛的讨论和沟通，消除他们的顾虑、恐慌心理，让他们全身心投入工作。

针对被裁员工，主要是帮助他们处理自身的压力、情绪和心理问题，帮助他们客观与冷静地认清事实，进行自我评估，全面了解自己，认识到自己的优势、价值、重新制定新的工作目标，鼓励和促进他们学习一些具体的工作生活技能，帮助他们重新树立自信。

（二）安全心理服务

企业员工的情绪对其工作质量和效率会产生直接影响，从 EAP 在中国企业应用情况可以发现，有些企业通过引进 EAP 项目，为员工提供安全心理帮助。在生产型企业，如煤炭、石油、建筑等行业，大量一线生产员工是安全工作的保障，员工的心理状态对其安全行为影响极大。由于企业一线员工工作内容相对单一，工作危险程度相对较高，容易在心理上出现压力过大、情绪困扰的状况，严重的会产生心理问题，影响到企业的安全生产。通过 EAP 项目，开展安全心理调查，评估安全隐患心理可能带来的影响，帮助管理者制定改善方案，提高员工行为安全能力，消除企业潜在的安全隐患。

（三）绩效沟通服务

绩效沟通在绩效管理中发挥着重要作用，但是，在企业的绩效管理过程中，沟通却成了最薄弱、最容易被人忽视的一个环节，有的企业仅仅在设定绩效目标时同员工做简单的沟通，有的企业甚至连基本的沟通都没有。在与员工进行沟通的过程中，管理者的压力是很大，EAP 则可以使原本可能艰难的绩效沟通变得顺利和轻松。

通过使用 EAP，可以帮助管理者掌握相应的绩效沟通技巧，有效改善管理者的管理风格。此外，EAP 可以针对员工所遭遇到的各种问题提供协助，帮助 HR 部门的管理者了解员工问题所在，进而提供有效的帮助。

（四）员工压力管理

员工压力过大已经成为影响员工心理健康的主要因素，员工如果不具备良好的心理状态，便会丧失工作热情，严重时会影响工作效率。因此，通过预防性压力管理、压力咨询等具体的 EAP 服务策略可以有效解决员工压力过大问题。

首先进行初级预防，减少或消除压力的来源，建立有支持性及健康的环境，让员工多参与组织的决策；其次进行中级预防，通过开设压力管理课程，帮助员工掌握主要的减压技巧及简单的放松方法；最后进行高级预防，多关注压力人士康复的案例，进行针对性的专业压力辅导服务。

（五）职场冲突管理

职场冲突是指企业内部发生的各式各样的争议。这些争议，如果处理得当，可以产生正面效应而提升组织绩效，促进组织的进步；反之，如果处理不当，势必造成负面影响，而导致士气的低落与业绩的衰退。从积极的角度而言，职场上的冲突是一种自然的现象，也是一种活力与创意的展现。EAP 可以帮助组织降低冲突给员工及管理者带来的压力，提高管理者对员工冲突的解决能力，促进员工对冲突的理解。

首先，开设情绪管理课程。通过对员工情绪管理培训，使员工理性认知自身的情绪与人格特点，准确把握情绪与自身行为的关系，学会调节自我情绪，提高自我情绪的社会适应性，掌握调节情绪的心理学方法与技巧。其次，进行沟通培训。忽略冲突管理的企业，由于组织活力持续内耗，必将减弱其竞争力。因此，企业管理者必须培养冲突管理的技能，懂得如何妥善解决职场冲突，使冲突能产生正面的效应，EAP 在解决冲突方面发挥着重大作用。EAP 专家通过对管理者、员工冲突管理技能的培训，使其学会从新的视角看待冲突问题，掌握有效解决冲突的方法，提高团队效率。

（六）危机干预服务

当自杀、绑架、车祸、地震、火灾、抢劫、工作场所暴力、空难、裁员、疾病、自然灾害、恐怖袭击、流行疾病或其他重大危机事件发生时，无论是管理者还是员工都会产生紧张、焦虑、担忧的心理，需要科学、及时、有效的心理行为干预，引入 EAP 项目可以表达企业对员工的关爱；化解潜在的劳资冲突；弥补管理上的漏洞；尽快恢复工作秩序；减少后续负面影响；维护企业良好形象。帮助管理者和员工尽快重新建立安全感、控制感和恢复常态，以良好的状态回归到工作岗位。

（七）外派员工服务

伴随着中国企业国际化的步伐，越来越多的本土员工开始体会到自身职业生涯的国际化。他们被派到海外市场工作，时间或长或短，来自语言、文化甚至个人情感的很多问题也就接踵而至。解决员工外派中的问题，需要企业和员工共同做出努力。引入 EAP 项目可以给组织、管理者、员工个人、员工家属提供最切实的服务和帮助。在组织层面，树立人文关爱的企业形象，改善海外员工工作状态，降低项目运营风险。管理者层面，改善管理者心理健康水平，开阔心理管理新视野，优化管理风格。员工个人层面，员工心理健康状况得以改善，重大心理疾患发生率降低，自身抗压力和心理弹性增强。员工家属层面，家属学会了自我成长、夫妻沟通、亲子教育等方面的知识和技巧，幸福感大大提升。

五、员工帮助计划的服务步骤

员工帮助计划的实施，有助于组织发现员工的心理问题以及与之相关的组织行为、企业文化和管理等方面的问题，这对企业决策、管理和员工培训与开发是很有意义的。一个完整的 EAP 包括需求评估、宣传推广、教育培训、心理咨询与治疗、效果评估等几项内容。

（一）需求评估

EAP 计划是针对企业员工和组织两个层面进行的，它的目的是通过专业的服务，解决员工的各种心理问题和困扰，改善组织的环境和气氛，从而提高员工的工作效率和企业的生产效益。要达到这个目标，首先要分析员工和组织的需求，找到员工急需解决的问题、企业急需改进的方面，这样才可能找到 EAP 的工作方向。需求评估涉及两个层面：员工层面和组织层面。

（1）员工层面的评估，需要从员工自身的心理年龄特点，所处工作、生活环境，以及工作性质本身的影响来考虑。尽管员工的需求涉及方方面面，但总体来说，有一些共同的核心问题需要在进行员工层面需求评估的时候特别加以考虑。如员工自我定位问题、人际关系问题、生涯发展问题、家庭问题、经济问题、心理与生理问题等等。只有在了解了员工的真正需求之后，确立的计划目标和执行步骤才可能真正解决员工的心理困扰。

（2）组织层面的评估。从组织的管理制度、文化氛围、工作环境、任务目标等方面来分析、评估组织对 EAP 需求的可能。一般来说，人力资源管理方法、新员工入职适应问题、员工职业心理健康、组织变革中员工适应问题等是组织所关心的，EAP 应根据组织的实际情况和要求量身定制符合其需要的服务计划和方案。

（二）宣传推广

EAP 宣传在整体的 EAP 执行中起着服务和工具双重功效。服务功能是指员工能够通过 EAP 的宣传提高自己的心理健康水平与保健意识。一旦出现个人或工作问题并影响到工作绩效和满意度，员工就可以提出申请。工具功能是因为宣传除了介绍知识，还可以起到反馈、监控等多种功能。减少项目实施中可能存在的障碍，使 EAP 进展顺利。

EAP 宣传可以采用海报、宣传手册、电子期刊、网络宣传、健康知识讲座、心理知识培训等多种形式。良好而强大的宣传攻势能促使更多的人了解 EAP 的相关知识，使用 EAP 的服务，提高 EAP 的使用效率。

（三）教育培训

教育培训对于 EAP 项目的顺利开展具有重要的作用，是 EAP 项目成功的基本保证。通过培训，员工加强心理健康方面的意识，了解和掌握了一些调节情绪、缓解压力的知识与技巧，澄清以往对心理健康与心理咨询的认识偏差。

教育培训分为两类：一是进行管理者培训，帮助管理者学会并掌握一定的心理咨询理论和技巧；预防、辨识员工心理问题的发生；在员工出现了心理问题时，能够很快地找到适当的解决方法。二是对员工的培训，主要包括开展保持积极情绪、工作与生活平衡、压力管理、挫折应对、自我成长等专题的培训或团体辅导，帮助员工掌握提高心理素质的基本方法，增强对心理问题的抵抗力，提高员工自我管理、自我调节的技能。

（四）心理咨询与治疗

心理咨询与治疗在 EAP 的实施过程中，也扮演着极为重要的角色。员工通过 EAP 的咨询服务，帮助那些由于个人困扰影响工作的个体，获得自我解决问题的信心和能力，达到使个体成长的目的，改善其工作和生活状态，并最终保证 EAP 项目的实施能够达到预定的效果。

心理咨询与治疗，可以采用热线电话咨询、网上咨询、团体辅导、个人面询等形式，充分解决员工心理困扰问题。

（五）效果评估

EAP 的效果评估，就是通过科学的方法和技术对 EAP 能为企业和员工带来的效果进行客观的评价，简单说，就是看 EAP 的执行能否达到预定的目标。EAP 本身是以员工心理和生活困扰为对象的服务项目，但由于人类心理的特殊性，它的效果很难用实际的经济指标进行直接的换算和衡量，要引入与心理学、统计学、财务管理和管理学都有很大关联的一些特殊的方法，来评估 EAP 的效果。

EAP 的效果评估主要在四个层面进行：①EAP 的使用情况和服务满意度；②EAP 对员工个人的影响；③EAP 对组织运行的影响；④EAP 的投资回报率等。

> ### 复习思考题

1. 什么是工作压力？
2. 压力来源有哪些？
3. 工作压力管理的方法。
4. 什么是心理健康？
5. 常见的职业心理问题。
6. 员工帮助计划的服务模式。
7. 员工帮助计划的服务内容。

> ### 案例分析

A 先生在房地产行业工作了十多年，主要在公司的行政部门负责一些日常的管理工作，同事对他的评价是认真、敬业，领导也很欣赏他。A 先生也很喜欢这份工作，生活和工作对于他来说都算开心。去年九月份，工程部需要一名土建主管，经过讨论，公司决定让 A 先生来担任这个职位。A 先生虽然在这个行业很多年，但是对于工程部不熟悉，看到了这个可以挑战一下自己的机会，他认为突破自己的时候来了，欣然领命。九月中旬到新岗位工作，每天的工作地点也从公司来到了工地上。十月份开始 A 先生出现睡眠不好情况，每天因为工作忧心忡忡，睡不着，吃不下，情绪越来越低落，抵触和排斥的心理也越来越强，不堪重负，年底提交了辞职报告。

思考：

1. A 先生出现这些问题的原因有哪些？
2. 结合案例分析应如何避免这种问题的出现？

参 考 文 献

［1］安鸿章．企业人力资源管理师［M］．3 版．北京：中国劳动社会保障出版社，2014．

［2］边文霞．员工招聘实务［M］．2 版．北京：机械工业出版社，2011．

［3］曹晖，陈新玲．人员招聘与配置［M］．北京：中国劳动社会保障出版社，2008．

［4］曹正进．组织行为学［M］．北京：经济管理出版社，2007．

［5］陈国海，李艳华，吴清．管理心理学［M］．北京：清华大学出版社，2008．

［6］陈维政，余凯成，程文文．人力资源管理与开发［M］．北京：高等教育出版社，2004．

［7］杜映梅，Bessie．职业生涯规划［M］．北京：对外经贸大学出版社，2005．

［8］黄希庭，张志杰．心理学研究方法［M］．北京：高等教育出版社，2005．

［9］贺新闻．招聘管理［M］．北京：高等教育出版社，2016．

［10］江波．人力资源管理心理学［M］．北京：华东师范大学出版社，2014．

［11］靳娟．工作压力管理［M］．北京：人民邮电出版社，2007．

［12］康锐，萧鸣政．企业职务分析中的常见问题及解决方法［J］．中国人才，2001（8）．

［13］刘凤霞．组织与工作设计［M］．天津：天津大学出版社，2015．

［14］刘晓宁，赵路．人力资源管理心理学［M］．北京：对外经贸大学出版社，2010．

［15］刘昕．薪酬管理［M］．2 版．北京：中国人民大学出版社，2007．

［16］刘远我．人才测评——方法与应用［M］．2 版．北京：电子工业出版社，2011．

［17］刘永芳．管理心理学［M］．北京：清华大学出版社，2008．

［18］刘玉梅．管理心理学理论与实践［M］．上海：复旦大学出版社，2009．

［19］李岚．人力资源应用心理学［M］．北京：高等教育出版社，2007．

［20］李中斌，郑文智，董燕，等．培训管理［M］．北京：中国社会科学出版社，2008．

［21］孟慧，等．职业心理学［M］．北京：中国轻工业出版社，2009．

［22］倪龙腾，李开彤，徐霆．正略钧策看企业管理［M］．北京：人民邮电出版社，2007．

［23］彭聃龄．普通心理学［M］．4 版．北京：北京师范大学出版社，2012．

［24］申林．组织行为学与人事心理［M］．长沙：湖南师范大学出版社，2007．

［25］时勘，时雨．人力资源管理——心理学的理论基础与方法［M］．北京：高等教育出版社，2017．

［26］谌新民．员工激励成本收益分析［M］．广州：广东经济出版社，2005．

［27］史蒂文·L．麦克沙恩（Steven L. Mcshane），玛丽·安·冯·格里诺（Mary Ann Voon Glinow）．组织行为学［M］．3 版．井润田，王冰洁，赵卫东，译．北京：机械工业出版社，2007．

［28］斯蒂芬·P．罗宾斯（Stephen P. Robbins）．组织行为学［M］．10 版．孙健敏，李原，译．北京：中国人民大学出版社，2005．

［29］吴志明，孙健敏，武欣，等．人事测评理论与实证研究［M］．北京：机械工业出

版社，2009.

[30] 许明月．招聘与人才测评［M］．天津：天津大学出版社，2017.

[31] 王一敏．职业倦怠综合征［M］．上海：华东师范大学出版社，2006.

[32] 魏江，严进．管理沟通［M］．北京：机械工业出版社，2006.

[33] 王重鸣．心理学研究方法［M］．北京：人民教育出版社，2001.

[34] 徐笑君．职业生涯规划与管理［M］．成都：四川人民出版社，2008.

[35] 严瑜．心理测量与人才评鉴［M］．北京：人民出版社，2008.

[36] 姚裕群．人力资源管理案例教程［M］．北京：中国人民大学出版社，2006.

[37] 俞文钊，苏永华．人事心理学［M］．大连：东北财经大学出版社，2006.

[38] 俞文钊．人力资源管理心理学［M］．上海：上海教育出版社，2005.

[39] 俞国良．社会心理学［M］．北京：北京师范大学出版社，2006.

[40] 朱永新．人力资源管理心理学［M］．上海：华东师范大学出版社，2003.

[41] 张德．组织行为学［M］．北京：高等教育出版社，2008

[42] 张杉杉，罗震雷，徐晓峰．人力资源管理心理学［M］．北京：首都经济贸易大学出版社，2009.

[43] 张宏远．人员培训与开发：理论、方法、实务［M］．北京：人民邮电出版社，2017.

[44] 张西超．员工帮助计划——中国 EAP 的理论与实践［M］．北京：中国社会科学出版社，2006.

[45] 周瑜弘．组织行为学案例精选精析［M］．北京：中国社会科学出版社，2008.

[46] 全国 13 所高等学校《社会心理学》编写组．社会心理学［M］．天津：南开大学出版社，2008.